OEUVRES

DE

VOLTAIRE.

TOME XIV.

DE L'IMPRIMERIE DE FIRMIN DIDOT FRÈRES,
RUE JACOB, N° 24.

OEUVRES
DE
VOLTAIRE

AVEC

PRÉFACES, AVERTISSEMENTS,
NOTES, ETC.

PAR M. BEUCHOT.

TOME XIV.
POÉSIES. — TOME III.

A PARIS,

CHEZ LEFÈVRE, LIBRAIRE,
RUE DE L'ÉPERON, N° 6.

FIRMIN DIDOT FRÈRES, LIBRAIRES,
RUE JACOB, N° 24.

M DCCC XXXIII.

CONTES
EN VERS.

PRÉFACE
DES ÉDITEURS DE L'ÉDITION DE KEHL.

On trouve dans les Contes de M. de Voltaire une poésie plus brillante, une philosophie aussi vraie, moins naïve, mais plus relevée et plus profonde que dans ceux de La Fontaine. L'auteur de *Joconde* est un voluptueux rempli d'esprit et de gaîté, auquel il échappe, comme malgré lui, quelques traits de philosophie; celui de *l'Éducation d'un prince* est un philosophe qui, pour faire passer des leçons utiles, a pris un masque qu'il savait devoir plaire au grand nombre des lecteurs. Dans un moindre nombre d'ouvrages, les sujets sont plus variés; ce n'est pas toujours, comme dans La Fontaine, une femme séduite, ou un mari trompé; la véritable morale y est plus respectée; la fourberie, la violation des serments, n'y sont point traitées si légèrement. La volupté y est plus décente; et, à l'exception d'un petit nombre de pièces échappées à sa première jeunesse[1], le ton du libertinage en est absolument banni.

M. de Voltaire a fait des *satires*[2] comme Boileau; et comme Boileau il a peut-être parlé trop souvent de ses ennemis personnels. Mais les ennemis de Boileau n'étaient que ceux du bon goût, et les ennemis de Voltaire furent ceux du genre humain. L'un fut injuste à l'égard de Quinault, auquel il ne pardonna jamais ni la mollesse aimable de sa versification, ni cette galanterie qui blessait l'austérité et la justesse de son goût. L'autre fut injuste envers J.-J. Rousseau, mais Rousseau s'était déclaré l'ennemi des lumières et de la philosophie.

---

[1] A la suite de *la Henriade*, on trouve, dans l'édition donnée par Desfontaines en 1724, un conte intitulé *le Banquet*, et qui est donné comme étant de Voltaire. Le doute sur son authenticité est si général, qu'aucun éditeur des *OEuvres de Voltaire* ne l'a encore reproduit; je ne commencerai pas. Je parle ailleurs de deux autres contes attribués à Voltaire; voyez ci-après ma note, page 29. B.

[2] Voyez ci-après mon *Avis*, au-devant des Satires. B.

Il paraissait vouloir attirer la persécution sur les mêmes hommes qui avaient pris sa défense, lorsque lui-même en avait été l'objet. Mais M. de Voltaire fut de bonne foi ainsi que Boileau. Ils n'ont méconnu, l'un dans Quinault, l'autre dans Rousseau, que des talents pour lesquels leur caractère et leur esprit ne leur donnaient aucun attrait naturel.

Si M. de Voltaire a pris quelquefois le ton violent et presque cynique de Juvénal, c'est qu'il avait à punir, comme lui, le vice et l'hypocrisie.

Dans le recueil des *Poésies mêlées*[1], on a évité d'en multiplier trop le nombre, et d'en insérer qui fussent d'une autre main. Souvent ce choix a été assez difficile. Dans le cours d'un long ouvrage en vers, il eût été presque impossible d'imiter la grace piquante, le coloris brillant, la philosophie douce et libre qui caractérisent toutes les poésies de cet homme illustre : son cachet ne pouvait être aussi reconnaissable dans quinze ou vingt vers presque toujours impromptus. Il était plus aisé, en s'appropriant quelques unes de ses idées et de ses tournures, d'atteindre à une imitation presque parfaite. D'ailleurs il n'a jamais voulu ni recueillir ces pièces, ni en avouer aucune collection. Celles qu'on en a publiées de son vivant, sous ses yeux, contenaient des pièces qu'il n'avait pu faire, et dont il connaissait les auteurs. C'était un moyen qu'il se réservait pour se défendre contre la persécution que chaque édition nouvelle de ses ouvrages réveillait. Il attachait très peu de prix à ces bagatelles, qui nous paraissent si ingénieuses et si piquantes. L'à-propos du moment les fesait naître, et l'instant d'après il les avait oubliées. L'habitude de donner à tout une tournure galante, ou spirituelle, ou plaisante, était devenue si forte, qu'il lui eût été presque impossible de s'exprimer d'une manière commune. Le travail de parler en rimes avait cessé d'en être un pour lui dans tous les genres où la familiarité n'est point un défaut. Il ne faut donc pas s'étonner qu'il estimât peu ce qui ne lui coûtait rien, et que cette modestie ait été sincère.

[1] Voyez l'*Avis* que j'ai mis en tête de ces *Poésies mêlées*. B.

CONTES
EN VERS.

L'ANTI-GITON.

A MADEMOISELLE LECOUVREUR [1].

1714.

O du théâtre aimable souveraine,
Belle Chloé, fille de Melpomène,
Puissent ces vers de vous être goûtés !
Amour le veut, Amour les a dictés.
Ce petit dieu, de son aile légère,
Un arc en main, parcourait l'autre jour
Tous les recoins de votre sanctuaire [2];
Car le théâtre appartient à l'Amour;
Tous ses héros sont enfants de Cythère.
Hélas ! Amour, que tu fus consterné
Lorsque tu vis ce temple profané,
Et ton rival, de son culte hérétique
Établissant l'usage anti-physique [3],
Accompagné de ses mignons fleuris,
Fouler aux pieds les myrtes de Cypris !
    Cet ennemi jadis eut dans Gomorrhe
Plus d'un autel, et les aurait encore,
Si par le feu son pays consumé

En lac un jour n'eût été transformé.
Ce conte n'est de la métamorphose,
Car gens de bien m'ont expliqué la chose
Très doctement; et partant ne veux pas [4]
Mécroire en rien la vérité du cas.
Ainsi que Loth, chassé de son asile,
Ce pauvre dieu courut de ville en ville :
Il vint en Grèce; il y donna leçon
Plus d'une fois à Socrate, à Platon;
Chez des héros il fit sa résidence
Tantôt à Rome, et tantôt à Florence;
Cherchant toujours, si bien vous l'observez,
Peuples polis et par art cultivés.
Maintenant donc le voici dans Lutèce,
Séjour fameux des effrénés desirs,
Et qui vaut bien l'Italie et la Grèce,
Quoi qu'on en dise, au moins pour les plaisirs.
Là, pour tenter notre faible nature,
Ce dieu paraît sous humaine figure,
Et n'a point pris bourdon de pélerin [5],
Comme autrefois l'a pratiqué Jupin,
Qui, voyageant au pays où nous sommes,
Quittait les cieux pour éprouver les hommes.
Il n'a point l'air de ce pesant abbé
Brutalement dans le vice absorbé,
Qui, tourmentant en tout sens son espèce,
Mord son prochain, et corrompt la jeunesse;
Lui, dont l'œil louche et le mufle effronté
Font frissonner la tendre Volupté,
Et qu'on prendrait, dans ses fureurs étranges,

Pour un démon qui viole des anges.
Ce dieu sait trop qu'en un pédant crasseux
Le plaisir même est un objet hideux.
  D'un beau marquis il a pris le visage[a],
Le doux maintien, l'air fin, l'adroit langage;
Trente mignons le suivent en riant;
Philis le lorgne, et soupire en fuyant.
Ce faux Amour se pavane à toute heure
Sur le théâtre aux muses destiné,
Où, par Racine en triomphe amené,
L'Amour galant choisissait sa demeure.
Que dis-je? hélas! l'Amour n'habite plus
Dans ce réduit: désespéré, confus
Des fiers succès du dieu qu'on lui préfère,
L'Amour honnête est allé chez sa mère,
D'où rarement il descend ici-bas.
Belle Chloé, ce n'est que sur vos pas
Qu'il vient encor. Chloé, pour vous entendre,
Du haut des cieux j'ai vu ce dieu descendre
Sur le théâtre; il vole parmi nous
Quand, sous le nom de Phèdre ou de Monime,
Vous partagez entre Racine et vous
De notre encens le tribut légitime.
Si vous voulez que cet enfant jaloux
De ces beaux lieux désormais ne s'envole,
Convertissez ceux qui devant l'idole
De son rival ont fléchi les genoux.

---

[a] L'homme dont il est question avait eu une cuisse emportée à Ramilly (Ramillies) (1732). — C'était à Malplaquet que le marquis avait perdu une jambe; voyez ma note 1, page 8. B.

Il vous créa la prêtresse du temple :
A l'hérétique il faut prêcher d'exemple.
Prêchez donc vite, et venez dès ce jour
Sacrifier au véritable Amour.

NOTE ET VARIANTES

DE L'ANTI-GITON.

¹ La date de 1714 est donnée à cette pièce par les éditeurs de Kehl; et rien, à ma connaissance, ne la contredit.

Ce ne fut cependant qu'en 1720 qu'elle fut imprimée pour la première fois. C'est du moins ce qu'on lit dans l'Avertissement du tome V des *OEuvres diverses de M. de Voltaire*, 1746, in-12.

Prosper Marchand, dans son *Dictionnaire historique*, tome I, page 37, dit que cette satire est dirigée contre Desfontaines. C'est une erreur. Ce n'est rien moins qu'un grand seigneur que Voltaire a eu en vue. Il nous a mis lui-même sur la voie, en disant (vers 52) :

D'un beau marquis, il a pris le visage.

C'est en effet contre le marquis de Courcillon que fut fait *l'Anti-Giton*. L'Avertissement cité plus haut dit qu'en 1720 *l'Anti-Giton* fut imprimé sous le titre de *la Courcillonade*. Enfin des manuscrits que j'ai vus l'intitulent simplement *Vers contre M. de Courcillon*. Dans l'origine cette pièce était adressée à mademoiselle Duclos, célèbre actrice (voyez tome LI, page 32), et sur laquelle on trouve quatre vers dans l'épître à madame de Montbrun-Villefranche (voyez tome XIII, page 12).

Le Courcillon, héros de *l'Anti-Giton*, est Philippe Égon, né vers 1687 de Louis de Courcillon, marquis de Dangeau, et de Sophie, comtesse de Lowestein (voyez tome XLVI, page 353). Philippe Égon, mort le 20 septembre 1719, avait eu une jambe emportée à la bataille de Malplaquet en 1709. B.

2 Var.　Tous les recoins de votre sanctuaire,
Loges, foyers, théâtre tour à tour.
Un chacun sait que ce joli séjour
Fut de tout temps du ressort de Cythère.
Hélas! Amour, etc.

3 Var.　..........l'usage frénétique.

4 Var.　Très doctement: partant je ne veux pas.

5 Var.　Et s'il n'a pris bourdon de pélerin,
Comme autrefois l'a pratiqué Jupin,
Qui, voyageant aux pays où nous sommes,
Quittait ses dieux pour éprouver les hommes,
Trop bien il s'est en marquis déguisé.
Leste équipage, et chère de satrape,
Chez nos blondins l'ont impatronisé.
Momus, Silène, Adonis, et Priape,
Sont à sa table, où messire Apollon
Vient quelquefois jouer du violon.
Au demeurant, il est haut du corsage,
Bien fait et beau. L'Amour dans son jeune âge
Pour compagnon l'aurait pris autrefois,
Si de l'Amour il n'eût bravé les lois.
Dans ses yeux brille et luxure et malice;
Il est joyeux, et de doux entretien.
Faites état qu'il ne défaut en rien,
Quoiqu'on ait dit qu'il lui manque une cuisse.
Finalement on voit de toutes parts
Jeunes menins suivre ses étendards,
Dont glorieux il paraît à toute heure
Sur le théâtre, etc.

LE CADENAS,

ENVOYÉ EN 1716 A MADAME DE B^I.

Je triomphais; l'Amour était le maître,
Et je touchais à ces moments trop courts
De mon bonheur, et du vôtre peut-être :
Mais un tyran veut troubler nos beaux jours.
C'est votre époux : geôlier sexagénaire,
Il a fermé le libre sanctuaire
De vos appas; et, trompant nos desirs,
Il tient la clef du séjour des plaisirs.
Pour éclaircir ce douloureux mystère,
D'un peu plus haut reprenons cette affaire.
Vous connaissez la déesse Cérès :
Or en son temps Cérès eut une fille
Semblable à vous, à vos scrupules près,
Brune piquante, honneur de sa famille,
Tendre surtout, et menant à sa cour
L'aveugle enfant que l'on appelle Amour.
Un autre aveugle, hélas ! bien moins aimable,
Le triste Hymen, la traita comme vous.
Le vieux Pluton, riche autant qu'haïssable,
Dans les enfers fut son indigne époux.
Il était dieu, mais avare et jaloux :
Il fut cocu, car c'était la justice.
Pirithoüs, son fortuné rival,
Beau, jeune, adroit, complaisant, libéral,

Au dieu Pluton donna le bénéfice
De cocuage. Or ne demandez pas
Comment un homme, avant sa dernière heure,
Put pénétrer dans la sombre demeure:
Cet homme aimait; l'Amour guida ses pas.
Mais aux enfers, comme aux lieux où vous êtes,
Voyez qu'il est peu d'intrigues secrètes[2]!
De sa chaudière un traître d'espion
Vit le grand cas, et dit tout à Pluton.
Il ajouta que même, à la sourdine,
Plus d'un damné festoyait Proserpine[3].
Le dieu cornu dans son noir tribunal
Fit convoquer le sénat infernal.
Il assembla les détestables ames
De tous ces saints dévolus aux enfers,
Qui, dès long-temps en cocuage experts,
Pendant leur vie ont tourmenté leurs femmes.
Un Florentin lui dit: « Frère et seigneur,
Pour détourner la maligne influence
Dont votre altesse a fait l'expérience,
Tuer sa dame est toujours le meilleur:
Mais, las! seigneur, la vôtre est immortelle.
Je voudrais donc, pour votre sûreté,
Qu'un cadenas, de structure nouvelle,
Fût le garant de sa fidélité.
A la vertu par la force asservie,
Lors vos plaisirs borneront son envie;
Plus ne sera d'amant favorisé.
Et plût aux dieux que, quand j'étais en vie,
D'un tel secret je me fusse avisé! »

A ce discours les damnés applaudirent,

Et sur l'airain les Parques l'écrivirent.
En un moment, fers, enclumes, fourneaux [4],
Sont préparés aux gouffres infernaux ;
Tisiphoné, de ces lieux serrurière,
Au cadenas met la main la première ;
Elle l'achève, et des mains de Pluton
Proserpina reçut ce triste don.
On m'a conté qu'essayant son ouvrage,
Le cruel dieu fut ému de pitié,
Qu'avec tendresse il dit à sa moitié :
« Que je vous plains ! vous allez être sage. »

Or ce secret, aux enfers inventé,
Chez les humains tôt après fut porté ;
Et depuis ce, dans Venise et dans Rome,
Il n'est pédant, bourgeois, ni gentilhomme,
Qui, pour garder l'honneur de sa maison,
De cadenas n'ait sa provision.
Là, tout jaloux, sans craindre qu'on le blâme,
Tient sous la clef la vertu de sa femme.
Or votre époux dans Rome a fréquenté ;
Chez les méchants on se gâte sans peine,
Et le galant vit fort à la romaine [5] ;
Mais son trésor est-il en sûreté ?
A ses projets l'Amour sera funeste :
Ce dieu charmant sera notre vengeur ;
Car vous m'aimez : et quand on a le cœur
De femme honnête, on a bientôt le reste [6].

NOTES ET VARIANTES

DU CADENAS.

[1] L'auteur avait environ vingt ans quand il fit cette pièce, adressée à une dame contre laquelle son mari avait pris cette étrange précaution; elle fut imprimée en 1724 pour la première fois.

La pièce, dans cette édition, commençait par les vers suivants :

> Jeune beauté, qui ne savez que plaire,
> A vos genoux, comme bien vous savez,
> En qualité de prêtre de Cythère,
> J'ai débité, non morale sévère,
> Mais bien sermons par Vénus approuvés,
> Gentils propos, et toutes les sornettes
> Dont Rochebrune orne ses chansonnettes.
> De ces sermons votre cœur fut touché;
> Jurâtes lors de quitter le péché
> Que parmi nous on nomme indifférence :
> Même un baiser m'en donna l'assurance;
> Mais votre époux, Iris, a tout gâté.
> Il craint l'Amour : époux sexagénaire
> Contre ce dieu fut toujours en colère;
> C'est bien raison : Amour de son côté
> Assez souvent ne les épargne guère.
> Celui-ci donc tient de court vos appas.
> Plus ne venez sur les bords de la Seine,
> Dans ces jardins où Sylvains à centaine
> Et le dieu Pan vont prendre leurs ébats;
> Où tous les soirs nymphes jeunes et blanches,
> Les Courcillons, Polignacs, Villefranches,
> Près du bassin, devant plus d'un Pâris,
> De la beauté vont disputer le prix.
> Plus ne venez au palais des Francines [1],
> Dans ce pays où tout est fiction,
> Où l'Amour seul fait mouvoir cent machines,

[1] Ancien directeur de l'Opéra. K.

Plaindre Thésée et siffler Arion [1].
Trop bien, hélas! à votre époux soumise,
On ne vous voit tout au plus qu'à l'église;
Le scélérat a de plus attenté
Par cas nouveau sur votre liberté.
Pour éclaircir pleinement ce mystère,
D'un peu plus loin reprenons cette affaire.
　Vous connaissez la déesse Cérès;
Or en son temps Cérès eut une fille
Semblable à vous, à vos scrupules près;
Belle, sensible, honneur de sa famille,
Brune surtout, partant pleine d'attraits.
Ainsi que vous par le dieu d'hyménée
La pauvre enfant fut assez malmenée.
Le dieu des morts fut son barbare époux:
Il était louche, avare, hargneux, jaloux;
Il fut cocu; c'était bien la justice.
Pirithoüs, etc.　　K.

[2] Var.　Voyez qu'il est peu d'intrigues secrètes!
Pluton sut tout. Certain de son malheur,
Pestant, jurant, pénétré de douleur;
Le dieu donna sa femme à tous les diables:
Premiers transports sont un peu pardonnables.
Bientôt après devant son tribunal
Il convoqua le sénat infernal;
A son conseil vinrent les saintes ames
De ces maris dévolus aux enfers.　　K.

[3] Var.　Plus d'un damné festoyait Proserpine,
Et qu'elle avait au séjour d'Uriel
Trouvé moyen d'être encor dans le ciel.
Le roi cornu de la race maudite
Mordit soudain sa lèvre décrépite;
Il assembla dans son noir tribunal
De ses pédants le sénat infernal;
Il convoqua les détestables ames, etc.　　K.

[4] De mauvaises versions portent:

　　En un moment, feux, enclumes, fourneaux.　　B.

[1] *Arion*, opéra de Fuzelier, joué sans succès en avril 1714. K.

5 Var.   Et le galant vit fort à la romaine.
Mais ne craignez pour votre liberté;
Tous ses efforts seront pures vétilles:
De par Vénus vous reprendrez vos droits,
Et mon amour est plus fort mille fois
Que cadenas, verroux, portes, ni grilles.   K.

6 Mademoiselle de Scudéri a dit dans un couplet:

L'oreille est le chemin du cœur;
Et le cœur l'est du reste.   ℞.

LE COCUAGE[1].

1716.

Jadis Jupin, de sa femme jaloux,
Par cas plaisant fait père de famille,
De son cerveau fit sortir une fille,
Et dit: Du moins celle-ci vient de nous.
Le bon Vulcain, que la cour éthérée
Fit pour ses maux époux de Cythérée,
Voulait avoir aussi quelque poupon
Dont il fût sûr, et dont seul il fût père;
Car de penser que le beau Cupidon,
Que les Amours, ornements de Cythère,
Qui, quoique enfants, enseignent l'art de plaire,
Fussent les fils d'un simple forgeron,
Pas ne croyait avoir fait telle affaire.
De son vacarme il remplit la maison,
Soins et soucis son esprit tenaillèrent;
Soupçons jaloux son cerveau martelèrent.
A sa moitié vingt fois il reprocha
Son trop d'appas, dangereux avantage.
Le pauvre dieu fit tant, qu'il accoucha
Par le cerveau : de quoi? de Cocuage.
C'est là ce dieu révéré dans Paris,
Dieu malfesant, le fléau des maris.
Dès qu'il fut né, sur le chef de son père
Il essaya sa naissante colère :
Sa main novice imprima sur son front

Les premiers traits d'un éternel affront.
A peine encore eut-il plume nouvelle,
Qu'au bon Hymen il fit guerre immortelle :
Vous l'eussiez vu, l'obsédant en tous lieux,
Et de son bien s'emparant à ses yeux,
Se promener de ménage en ménage,
Tantôt porter la flamme et le ravage,
Et des brandons allumés dans ses mains
Aux yeux de tous éclairer ses larcins ;
Tantôt, rampant dans l'ombre et le silence,
Le front couvert d'un voile d'innocence,
Chez un époux le matois introduit
Fesait son coup sans scandale et sans bruit.
La Jalousie, au teint pâle et livide,
Et la Malice, à l'œil faux et perfide,
Guident ses pas où l'Amour le conduit ;
Nonchalamment la Volupté le suit.
Pour mettre à bout les maris et les belles,
De traits divers ses carquois sont remplis :
Flèches y sont pour le cœur des cruelles ;
Cornes y sont pour le front des maris.
Or ce dieu-là, malfesant ou propice,
Mérite bien qu'on chante son office ;
Et, par besoin ou par précaution,
On doit avoir à lui dévotion,
Et lui donner encens et luminaire.
Soit qu'on épouse ou qu'on n'épouse pas,
Soit que l'on fasse ou qu'on craigne le cas,
De sa faveur on a toujours affaire.
O vous, Iris, que j'aimerai toujours,
Quand de vos vœux vous étiez la maîtresse,

Et qu'un contrat, trafiquant la tendresse,
N'avait encore asservi vos beaux jours,
Je n'invoquais que le dieu des amours.
Mais à présent, père de la Tristesse,
L'Hymen, hélas! vous a mis sous sa loi :
A Cocuage il faut que je m'adresse;
C'est le seul dieu dans qui j'ai de la foi.

NOTE DU COCUAGE.

[1] Les éditeurs de Kehl ont donné à cette pièce la date de 1716; je n'ai rien trouvé qui la contredise. B.

LA MULE DU PAPE[1].

1733.

Frères très chers, on lit dans saint Matthieu
Qu'un jour le diable emporta le bon Dieu[a]
Sur la montagne, et puis lui dit : « Beau sire,
Vois-tu ces mers, vois-tu ce vaste empire,
L'état romain de l'un à l'autre bout ? »
L'autre reprit : « Je ne vois rien du tout,
Votre montagne en vain serait plus haute. »
Le diable dit : « Mon ami, c'est ta faute.
Mais avec moi veux-tu faire un marché ? »
« Oui-dà, dit Dieu, pourvu que sans péché
Honnêtement nous arrangions la chose. »
« Or voici donc ce que je te propose,
Reprit Satan : Tout le monde est à moi ;
Depuis Adam j'en ai la jouissance ;
Je me démets, et tout sera pour toi[2],
Si tu me veux faire la révérence. »

Notre Seigneur, ayant un peu rêvé,
Dit au démon que, quoique en apparence
Avantageux le marché fût trouvé,
Il ne pouvait le faire en conscience ;

---

[a] Le jésuite Bouhours se servit de cette expression : *Jésus-Christ fut emporté par le diable sur la montagne ;* c'est ce qui donna lieu à ce noël qui finit ainsi :
> Car sans lui saurait-on, don, don,
> Que le diable emporta, la, la,
> Jésus notre bon maître ?

Car il avait appris dans son enfance
Qu'étant si riche, on fait mal son salut.
Un temps après, notre ami Belzébut
Alla dans Rome : or c'était l'heureux âge
Où Rome avait fourmilière d'élus ;
Le pape était un pauvre personnage,
Pasteur de gens, évêque, et rien de plus.
L'Esprit malin s'en va droit au saint-père,
Dans son taudis l'aborde, et lui dit : « Frère,
Je te ferai, si tu veux, grand seigneur. »
A ce seul mot l'ultramontain pontife
Tombe à ses pieds, et lui baise la griffe.
Le farfadet, d'un air de sénateur,
Lui met au chef une triple couronne :
« Prenez, dit-il, ce que Satan vous donne ;
Servez-le bien, vous aurez sa faveur. »
O papegots, voilà la belle source
De tous vos biens, comme savez. Et pour ce
Que le saint-père avait en ce tracas
Baisé l'ergot de messer Satanas,
Ce fut depuis chose à Rome ordinaire
Que l'on baisât la mule du saint-père.
Ainsi l'ont dit les malins huguenots
Qui du papisme ont blasonné l'histoire :
Mais ces gens-là sentent bien les fagots ;
Et, grace au ciel, je suis loin de les croire.
Que s'il advient que ces petits vers-ci [3]
Tombent ès mains de quelque galant homme,
C'est bien raison qu'il ait quelque souci
De les cacher, s'il fait voyage à Rome [4].

NOTES ET VARIANTES

DE LA MULE DU PAPE.

1 Cette pièce est de 1733, si une lettre à madame de La Neuville est bien classée; voyez tome LI, page 525. B.

2 VAR. Depuis long-temps; et tout sera pour toi;
        Tu tiendras tout de ma pleine puissance.

3 Dans les OEuvres de Grécourt, on trouve de ce conte une autre version que voici :

>   Frères très chers, on lit en saint Matthieu
>   Qu'un jour le diable emporta le bon Dieu
>   Sur la montagne, et là lui dit : « Beau sire,
>   « Vois-tu ces mers, vois-tu ce vaste empire,
>   « Ce nouveau monde inconnu jusqu'ici,
>   « Rome la grande et sa magnificence ?
>   « Je te ferai maitre de tout ceci,
>   « Si tu me veux faire la révérence. »
>   Lors le Seigneur, ayant un peu rêvé,
>   Dit au démon que, quoique en apparence
>   Avantageux le marché fût trouvé,
>   Il ne pouvait le faire en conscience;
>   Qu'étant trop riche, on fait mal son salut.
>   Un temps après, notre ami Belzébut
>   S'en fut à Rome. Or c'était l'heureux âge
>   Où Rome était fourmilière d'élus:
>   Le pape était un pauvre personnage,
>   Pasteur de gens, évêque, et rien de plus.
>   L'Esprit malin s'en va droit au saint-père,
>   Dans son taudis l'aborde, et lui dit : « Frère,
>   « Si tu voulais tâter de la grandeur?... »
>   « Si j'en voudrais? oui, parbleu! monseigneur. »
>   Marché fut fait : or voilà mon pontife
>   Aux pieds du diable, et lui baisant la griffe.
>   Le farfadet, d'un air de sénateur,
>   Lui met au chef une triple couronne:
>   « Prenez, dit-il, ce que Satan vous donne;

« Servez-le bien, vous aurez sa faveur. »
Or, papagais, voilà l'unique source
De tous vos biens, comme savez; et pour ce
Que le saint-père avait en ce tracas
Baisé l'ergot de messer Satanas,
Ce fut depuis chose à Rome ordinaire
Que l'on baisât la mule du saint-père.
Que s'il advient, etc.

Cette pièce n'est pas la seule de Voltaire que l'on ait attribuée à Grécourt. B.

4 Dans une note sur la première scène de *Tancrède*, les éditeurs de Kehl donnent une autre origine au baisement de la mule du pape; voyez tome VII, page 128. B.

PRÉFACE

DE CATHERINE VADÉ,

POUR LES CONTES DE GUILLAUME VADÉ[1].

1738.

Je pleure encore la mort de mon cousin Guillaume Vadé[2], qui décéda, comme le sait *tout l'univers*, il y a quelques années : il était attaqué de la petite-vérole. Je le gardais, et lui disais en pleurant : Ah ! mon cousin, voilà ce que c'est que de ne pas vous être fait inoculer ! Il en a coûté la vie à votre frère Antoine[3], qui était, comme vous, une des lumières du siècle. Que voulez-vous que je vous dise ? me répondit Guillaume ; j'attendais la permission de la Sorbonne, et je vois bien qu'il faut que je meure pour avoir été trop scrupuleux.

L'état va faire une furieuse perte, lui répondis-je. Ah ! s'écria Guillaume, Alexandre et frère Berthier[4] sont morts ; Sémiramis et la Fillon, Sophocle et Danchet, sont en poussière. — Oui, mon cher cousin ; mais leurs grands noms demeurent à jamais : ne voulez-vous pas revivre dans la plus noble partie de vous-même ? Ne m'accordez-vous pas la permission de donner au public, pour le consoler, les contes à dormir debout dont vous nous régalâtes l'année passée ? Ils fesaient les délices de notre famille ; et Jérôme Carré, votre cousin issu de germain, fesait presque autant de cas de vos ouvrages que des siens : ils plairont sans doute à *tout l'univers*, c'est-à-dire à une trentaine de lecteurs qui n'auront rien à faire.

Guillaume n'avait pas de si hautes prétentions ; il me dit avec une humilité convenable à un auteur, mais bien rare :

Ah! ma cousine, pensez-vous que dans les quatre-vingt-dix mille brochures imprimées à Paris depuis dix ans mes opuscules puissent trouver place, et que je puisse surnager sur le fleuve de l'Oubli, qui engloutit tous les jours tant de belles choses ?

Quand vous ne vivriez que quinze jours après votre mort, lui dis-je, ce serait toujours beaucoup; il y a très peu de personnes qui jouissent de cet avantage. Le destin de la plupart des hommes est de vivre ignorés; et ceux qui ont fait le plus de bruit sont quelquefois oubliés le lendemain de leur mort. Vous serez distingué de la foule; et peut-être même le nom de Guillaume Vadé, ayant l'honneur d'être imprimé dans un ou deux journaux, pourra passer à la dernière postérité. Sous quel titre voulez-vous que j'imprime vos *Opuscules?* Ma cousine, me dit-il, je crois que le nom de *fadaises* est le plus convenable; la plupart des choses qu'on fait, qu'on dit, et qu'on imprime, méritent assez ce titre.

J'admirai la modestie de mon cousin, et j'en fus extrêmement attendrie. Jérôme Carré arriva alors dans la chambre. Guillaume fit son testament, par lequel il me laissait maîtresse absolue de ses manuscrits. Jérôme et moi lui demandâmes où il voulait être enterré; et voici la réponse de Guillaume, qui ne sortira jamais de ma mémoire :

« Je sens bien que n'ayant été élevé dans ce monde à au-
« cune des dignités qui nourrissent les grands sentiments, et
« qui élèvent l'homme au-dessus de lui-même; n'ayant été ni
« conseiller du roi, ni échevin, ni marguillier, on me traitera
« après ma mort avec très peu de cérémonie. On me jettera
« dans les charniers Saint-Innocent, et on ne mettra sur ma
« fosse qu'une croix de bois qui aura déjà servi à d'autres;
« mais j'ai toujours aimé si tendrement ma patrie, que j'ai
« beaucoup de répugnance à être enterré dans un cimetière.
« Il est certain qu'étant mort de la maladie qui m'attaque,
« je puerai horriblement. Cette corruption de tant de corps
« qu'on ensevelit à Paris dans les églises, ou auprès des
« églises, infecte nécessairement l'air; et, comme dit très à

« propos le jeune Ptolémée, en délibérant s'il recevra Pompée
« chez lui :

> « ......Ces troncs pourris exhalent dans les vents
> « De quoi faire la guerre au reste des vivants [5].

« Cette ridicule et odieuse coutume de paver les églises de
« morts cause dans Paris tous les ans des maladies épidé-
« miques, et il n'y a point de défunt qui ne contribue plus ou
« moins à empester sa patrie. Les Grecs et les Romains étaient
« bien plus sages que nous : leur sépulture était hors des
« villes; et il y a même aujourd'hui plusieurs pays en Europe
« où cette salutaire coutume est établie. Quel plaisir ne
« serait-ce pas pour un bon citoyen d'aller engraisser, par
« exemple, la stérile plaine des Sablons, et de contribuer à
« faire naître des moissons abondantes ! Les générations de-
« viendraient utiles les unes aux autres par ce prudent établis-
« sement; les villes seraient plus saines, les terres plus fé-
« condes. En vérité, je ne puis m'empêcher de dire qu'on
« manque de police pour les vivants et pour les morts. »

Guillaume parla long-temps sur ce ton. Il avait de grandes
vues pour le bien public, et il mourut en parlant, ce qui est
une preuve évidente de génie.

Dès qu'il fut passé, je résolus de lui faire des obsèques
magnifiques, dignes du grand nom qu'il avait acquis dans
le monde. Je courus chez les plus fameux libraires de Paris;
je leur proposai d'acheter les œuvres posthumes de mon
cousin Guillaume; j'y joignis même quelques belles disserta-
tions de son frère Antoine, et quelques morceaux de son
cousin issu de germain Jérôme Carré. J'obtins trois louis
d'or comptant, somme que jamais Guillaume n'avait possédée
dans aucun temps de sa vie. Je fis imprimer des billets d'en-
terrement; je priai tous les beaux-esprits de Paris d'honorer
de leur présence le service que je commandai pour le repos
de l'ame de Guillaume; aucun ne vint. Je ne pus assister au
convoi, et Guillaume fut inhumé sans que personne en sût
rien. C'est ainsi qu'il avait vécu; car encore qu'il eût enrichi

la foire de plusieurs opéra comiques qui firent l'admiration de tout Paris, on jouissait des fruits de son génie, et on négligeait l'auteur. C'est ainsi (comme dit le divin Platon[6]) qu'on suce l'orange, et qu'on jette l'écorce; qu'on cueille les fruits de l'arbre, et qu'on l'abat ensuite. J'ai toujours été frappée de cette ingratitude.

Quelque temps après le décès de Guillaume Vadé, nous perdîmes notre bon parent et ami Jérôme Carré, si connu en son temps par la comédie de *l'Écossaise*, qu'il disait avoir traduite pour l'avancement de la littérature honnête. Je crois qu'il est de mon devoir d'instruire le public de la détresse où se trouvait Jérôme dans les derniers jours de sa vie. Voici comme il s'en ouvrit en ma présence à frère Giroflée son confesseur :

« Vous savez, dit-il, qu'à mon baptême on me donna pour
« patrons saint Jérôme, saint Thomas, et saint Raimond de
« Pennafort, et que, quand j'eus le bonheur de recevoir la
« confirmation, on ajouta à mes trois patrons saint Ignace de
« Loyola, saint François-Xavier, saint François de Borgia, et
« saint Régis, tous jésuites; de sorte que je m'appelle Jérôme-
« Thomas-Raimond-Ignace-Xavier-François-Régis Carré. J'ai
« cru long-temps qu'avec tant de noms je ne pouvais manquer
« de rien sur terre. Ah! frère Giroflée, que je me suis trompé!
« Il faut qu'il en soit des patrons comme des valets : plus on
« en a, plus on est mal servi. Mais voyez, s'il vous plaît, quelle
« est ma *déconvenue* (car ce terme est très bon, quoi qu'en
« dise un polisson. Montaigne, Marot, et plusieurs auteurs
« très facétieux, en font souvent usage; il est même dans le
« Dictionnaire de l'académie). Voici donc mon aventure :

« On chasse les révérends pères jésuistes ou jésuites, pour
« ce que leur institut est pernicieux, contraire à tous les
« droits des rois et de la société humaine, etc., etc. Or
« Ignace de Loyola ayant créé cet institut appelé *Régime*,
« après s'être fait fesser au collége de Sainte-Barbe, Xavier,
« François Borgia, Régis, ayant vécu dans ce régime, il est
« clair qu'ils sont tous également répréhensibles, et que voilà

« quatre saints qu'il faut nécessairement que je donne à tous
« les diables.

« Cela m'a fait naître quelques scrupules sur saint Thomas
« et saint Raimond de Pennafort. J'ai lu leurs ouvrages, et
« j'ai été confondu quand j'ai vu dans Thomas et dans Rai-
« mond à peu près les mêmes paroles que dans Busembaum[7].
« Je me suis défait aussitôt de ces deux patrons, et j'ai brûlé
« leurs livres.

« Je me suis vu ainsi réduit au seul nom de Jérôme; mais
« ce Jérôme, le seul patron qui me restait, ne m'a pas été plus
« utile que les autres. Est-ce que Jérôme n'aurait pas de cré-
« dit en paradis? J'ai consulté sur cette affaire un très savant
« homme : il m'a dit que Jérôme était le plus colère de tous
« les hommes; qu'il avait dit de grosses injures au saint évê-
« que de Jérusalem, Jean, et au saint prêtre Rufin; que même
« il appela celui-ci *hydre* et *scorpion*, et qu'il l'insulta après
« sa mort : il m'a montré les passages. Je me vois obligé de
« renoncer enfin à Jérôme, et de m'appeler Carré tout court;
« ce qui est bien désagréable. »

C'est ainsi que Carré déposait sa douleur dans le sein de
frère Giroflée, lequel lui répondit : Vous ne manquerez pas
de saints, mon cher enfant : prenez saint François d'Assise.
Non, dit Carré; sa femme de neige[8] me donnerait quelquefois
des envies de rire, et ceci est une affaire sérieuse. — Hé bien,
prenez saint Dominique. — Non, il est auteur de l'inquisition. — Voulez-vous de saint Bernard? — Il a trop persécuté
ce pauvre Abélard qui avait plus d'esprit que lui, et il se
mêlait de trop d'affaires : donnez-moi un patron qui ait été si
humble que personne n'en ait jamais entendu parler; voilà
mon saint.

Frère Giroflée lui remontra l'impossibilité d'être canonisé
et ignoré. Il lui donna la liste de plusieurs autres patrons
que notre ami ne connaissait pas; ce qui revenait au même :
mais à chaque saint qu'il proposait, il demandait quelque
chose pour son couvent; car il savait que Jérôme Carré avait

de l'argent. Jérôme Carré lui fit alors ce conte, qui m'a paru curieux :

« Il y avait autrefois un roi d'Espagne qui avait promis de
« distribuer des aumônes considérables à tous les habitants
« d'auprès de Burgos qui avaient été ruinés par la guerre. Ils
« vinrent aux portes du palais; mais les huissiers ne voulurent
« les laisser entrer qu'à condition qu'ils partageraient avec
« eux. Le bon homme Cardero se présenta le premier au mo-
« narque, se jeta à ses pieds, et lui dit : Grand roi, je supplie
« votre altesse royale de faire donner à chacun de nous cent
« coups d'étrivières. Voilà une plaisante demande, dit le roi;
« pourquoi me faites-vous cette prière? C'est, dit Cardero,
« que vos gens veulent absolument avoir la moitié de ce que
« vous nous donnerez. Le roi rit beaucoup, et fit un présent
« considérable à Cardero. De là vint le proverbe qu'*il vaut
« mieux avoir affaire à Dieu qu'à ses saints.* »

C'est avec ces sentiments que passa de cette vie à l'autre
mon cher Jérôme Carré, dont je joins ici quelques opuscules[9]
à ceux de Guillaume; et je me flatte que messieurs les Parisiens, pour qui Vadé et Carré ont toujours travaillé, me
pardonneront ma préface.

CATHERINE VADÉ.

NOTES

DE LA PRÉFACE DE CATHERINE VADÉ.

¹ Sous le nom de *Contes de Guillaume Vadé*, Voltaire donna, en 1764, un volume in-8°, dans lequel on trouvait les sept premiers contes qui suivent : *Ce qui plaît aux Dames*, *l'Éducation d'un Prince*, *l'Éducation d'une Fille*, *les Trois Manières*, *Thélème et Macare*, *Azolan*, et *l'Origine des métiers*, et qu'il avait fait précéder de la préface sous le nom de Catherine Vadé.

Peu après parut une brochure de 24 pages, intitulée *le Bijou trop peu payé, et la Brunette anglaise, nouvelles en vers pour servir de supplément aux OEuvres posthumes de Guillaume Vadé*; à Genève, chez les frères Cramer, 1764, in-8°. Le dernier de ces contes a été réimprimé sous le nom de Voltaire à la page 1 de l'*Almanach des Muses* de 1774. Mais ce conte est de Cazotte.

Le succès des *Contes de Guillaume Vadé* suggéra au libraire Duchesne l'idée de publier les *Contes de Jean-Joseph Vadé pour servir de tome second à ceux de Guillaume Vadé*, MCCLXV (au lieu de MDCCLXV), in-8°. Ce volume n'est autre que le quatrième tome des *OEuvres de Vadé*. Il n'y eut point réimpression : le libraire fit les frais d'un frontispice et d'un *Avis de l'éditeur*. B.

² Vadé, auteur de poésies poissardes et de quelques pièces pour les théâtres de la Foire, mort le 4 juillet 1757, s'appelait Jean-Joseph ; il était né en 1720. B.

³ Antoine Vadé est, comme Guillaume Vadé, un personnage imaginaire. B.

⁴ Le P. Berthier n'est mort qu'en 1782 ; mais Voltaire avait publié, en 1759, une *Relation de la maladie, de la confession, de la mort, et de l'apparition du jésuite Berthier*; voyez t. XL, p. 12. B.

⁵ Corneille, *Pompée*, acte I, scène 1. B.

⁶ Le divin Platon est ici pour le roi de Prusse ; voyez la lettre à madame Denis, du 2 septembre 1751, tome LV, page 658. B.

⁷ Voyez tome XVIII, page 151; XL, 17, 29; XLI, 292; et XLII, 646. B.

⁸ Voyez ma note, tome LXVI, page 150. B.

9 Dans le volume publié en 1764, sous le titre de *Contes de Guillaume Vadé*, on trouve d'autres opuscules, soit en vers, soit en prose; parmi ces derniers en est un intitulé *Du théâtre anglais, par Jérôme Carré*, qui, sauf quelques corrections et transpositions, n'est autre que l'*Appel à toutes les nations de l'Europe des jugements d'un écrivain anglais*, tome XL, page 245. B.

CE QUI PLAIT AUX DAMES[1].

    Or maintenant que le beau dieu du jour
Des Africains va brûlant la contrée,
Qu'un cercle étroit chez nous borne son tour,
Et que l'hiver alonge la soirée;
Après souper, pour vous désennuyer,
Mes chers amis, écoutez une histoire
Touchant un pauvre et noble chevalier,
Dont l'aventure est digne de mémoire.
Son nom était messire Jean Robert,
Lequel vivait sous le roi Dagobert.
    Il voyagea devers Rome la sainte,
Qui surpassait la Rome des Césars;
Il rapportait de son auguste enceinte,
Non des lauriers cueillis aux champs de Mars,
Mais des agnus avec des indulgences,
Et des pardons, et de belles dispenses.
Mon chevalier en était tout chargé;
D'argent, fort peu; car dans ces temps de crise
Tout paladin fut très mal partagé :
L'argent n'allait qu'aux mains des gens d'église.
    Sire Robert possédait pour tout bien
Sa vieille armure, un cheval, et son chien :
Mais il avait reçu pour apanage
Les dons brillants de la fleur du bel âge,
Force d'Hercule, et grace d'Adonis[2],

Dons fortunés qu'on prise en tout pays.
 Comme il était assez près de Lutèce,
Au coin d'un bois qui borde Charenton,
Il aperçut la fringante Marthon,
Dont un ruban nouait la blonde tresse;
Sa taille est leste, et son petit jupon
Laisse entrevoir sa jambe blanche et fine.
Robert avance, et lui trouve une mine
Qui tenterait les saints du paradis.
Un beau bouquet de roses et de lis
Est au milieu de deux pommes d'albâtre,
Qu'on ne voit point sans en être idolâtre;
Et de son teint la fleur et l'incarnat
De son bouquet auraient terni l'éclat.
Pour dire tout, cette jeune merveille
A son giron portait une corbeille,
Et s'en allait, avec tous ses attraits,
Vendre au marché du beurre et des œufs frais.
Sire Robert, ému de convoitise,
Descend d'un saut, l'accole avec franchise:
« J'ai vingt écus, dit-il, dans ma valise;
C'est tout mon bien, prenez encor mon cœur:
Tout est à vous. » « C'est pour moi trop d'honneur,
Lui dit Marthon. » Robert presse la belle,
La fait tomber, et tombe aussitôt qu'elle,
Et la renverse, et casse tous ses œufs.
Comme il cassait, son cheval ombrageux,
Épouvanté de la fière bataille,
Au loin s'écarte, et fuit dans la broussaille.
De Saint-Denys un moine survenant
Monte dessus, et trotte à son couvent.

CE QUI PLAÎT AUX DAMES.

Enfin Marthon, rajustant sa coiffure,
Dit à Robert: « Où sont mes vingt écus? »
Le chevalier, tout pantois et confus,
Cherchant en vain sa bourse et sa monture,
Veut s'excuser: nulle excuse ne sert;
Marthon ne peut digérer son injure,
Et va porter sa plainte à Dagobert.
« Un chevalier, dit-elle, m'a pillée,
Et violée, et surtout point payée. »
Le sage prince à Marthon répondit:
« C'est de viol que je vois qu'il s'agit.
Allez plaider devant ma femme Berthe;
En tel procès la reine est très experte:
Bénignement elle vous recevra,
Et sans délai justice se fera. »
Marthon s'incline, et va droit à la reine.
Berthe était douce, affable, accorte, humaine;
Mais elle avait de la sévérité
Sur le grand point de la pudicité.
Elle assembla son conseil de dévotes.
Le chevalier, sans éperons, sans bottes,
La tête nue, et le regard baissé,
Leur avoua ce qui s'était passé;
Que vers Charonne il fut tenté du diable,
Qu'il succomba, qu'il se sentait coupable,
Qu'il en avait un très pieux remord;
Puis il reçut sa sentence de mort.
Robert était si beau, si plein de charmes,
Si bien tourné, si frais, et si vermeil,
Qu'en le jugeant la reine et son conseil
Lorgnaient Robert et répandaient des larmes.

Marthon de loin dans un coin soupira;
Dans tous les cœurs la pitié trouva place.
Berthe au conseil alors remémora
Qu'au chevalier on pouvait faire grace,
Et qu'il vivrait pour peu qu'il eût d'esprit;
« Car vous savez que notre loi prescrit
De pardonner à qui pourra nous dire
Ce que la femme en tous les temps desire;
Bien entendu qu'il explique le cas
Très nettement, et ne nous fâche pas. »
   La chose, étant au conseil exposée,
Fut à Robert aussitôt proposée.
La bonne Berthe, afin de le sauver,
Lui concéda huit jours pour y rêver;
Il fit serment aux genoux de la reine
De comparaître au bout de la huitaine,
Remercia du décret lénitif,
Prit congé d'elle, et partit tout pensif.
   « Comment nommer, disait-il en lui-même,
Très nettement ce que toute femme aime,
Sans la fâcher? La reine et son sénat
Ont aggravé mon trop piteux état.
J'aimerais mieux, puisqu'il faut que je meure,
Que, sans délai, l'on m'eût pendu sur l'heure.»
   Dans son chemin dès que Robert trouvait
Ou femme, ou fille, il priait la passante
De lui conter ce que plus elle aimait.
Toutes fesaient réponse différente,
Toutes mentaient, nulle n'allait au fait.
Sire Robert au diable se donnait.
   Déjà sept fois l'astre qui nous éclaire

Avait doré les bords de l'hémisphère,
Quand sur un pré, sous des ombrages frais,
Il vit de loin vingt beautés ravissantes
Dansant en rond; leurs robes voltigeantes
Étaient à peine un voile à leurs attraits.
Le doux Zéphyr, en se jouant auprès,
Laissait flotter leurs tresses ondoyantes;
Sur l'herbe tendre elles formaient leurs pas,
Rasant la terre, et ne la touchant pas.
Robert approche, et du moins il espère
Les consulter sur la maudite affaire.
En un moment tout disparaît, tout fuit.

Le jour baissait, à peine il était nuit;
Il ne vit plus qu'une vieille édentée,
Au teint de suie, à la taille écourtée,
Pliée en deux, s'appuyant d'un bâton;
Son nez pointu touche à son court menton,
D'un rouge brun sa paupière est bordée;
Quelques crins blancs couvrent son noir chignon;
Un vieux tapis, qui lui sert de jupon,
Tombe à moitié sur sa cuisse ridée :
Elle fit peur au brave chevalier.

Elle l'accoste; et, d'un ton familier,
Lui dit : « Mon fils, je vois à votre mine
Que vous avez un chagrin qui vous mine;
Apprenez-moi vos tribulations :
Nous souffrons tous; mais parler nous soulage;
Il est encor des consolations.
J'ai beaucoup vu : le sens vient avec l'âge.
Aux malheureux quelquefois mes avis
Ont fait du bien quand on les a suivis. »

Le chevalier lui dit: « Hélas! ma bonne,
Je vais cherchant des conseils, mais en vain.
Mon heure arrive, et je dois en personne,
Sans plus attendre, être pendu demain,
Si je ne dis à la reine, à ses femmes,
Sans les fâcher, ce qui plaît tant aux dames. »
 La vieille alors lui dit : « Ne craignez rien,
Puisque vers moi le bon Dieu vous envoie;
Croyez, mon fils, que c'est pour votre bien.
Devers la cour cheminez avec joie :
Allons ensemble, et je vous apprendrai
Ce grand secret de vous tant desiré.
Mais jurez-moi qu'en me devant la vie,
Vous serez juste, et que de vous j'aurai
Ce qui me plaît et qui fait mon envie :
L'ingratitude est un crime odieux.
Faites serment, jurez par mes beaux yeux
Que vous ferez tout ce que je desire. »
Le bon Robert le jura, non sans rire.
« Ne riez point, rien n'est plus sérieux,
Reprit la vieille; » et les voilà tous deux
Qui, côte à côte, arrivent en présence
De reine Berthe et de la cour de France.
Incontinent le conseil assemblé,
La reine assise, et Robert appelé :
« Je sais, dit-il, votre secret, mesdames.
Ce qui vous plaît en tous lieux, en tous temps,
Ce qui surtout l'emporte dans vos ames,
N'est pas toujours d'avoir beaucoup d'amants;
Mais fille, ou femme, ou veuve, ou laide, ou belle,
Ou pauvre, ou riche, ou galante, ou cruelle,

La nuit, le jour, veut être, à mon avis,
Tant qu'elle peut, la maîtresse au logis.
Il faut toujours que la femme commande;
C'est là son goût : si j'ai tort, qu'on me pende. »
    Comme il parlait, tout le conseil conclut
Qu'il parlait juste, et qu'il touchait au but.
Robert absous baisait la main de Berthe,
Quand, de haillons et de fange couverte,
Au pied du trône on vit notre sans dent
Criant justice, et la presse fendant.
On lui fait place, et voici sa harangue :
  « O reine Berthe! ô beauté dont la langue
Ne prononça jamais que vérité,
Vous dont l'esprit connaît toute équité,
Vous dont le cœur s'ouvre à la bienfesance,
Ce paladin ne doit qu'à ma science
Votre secret; il ne vit que par moi.
Il a juré mes beaux yeux et sa foi
Que j'obtiendrais de lui ce que j'espère :
Vous êtes juste, et j'attends mon salaire. »
« Il est très vrai, dit Robert, et jamais
On ne me vit oublier les bienfaits.
Mes vingt écus, mon cheval, mon bagage,
Et mon armure, étaient tout mon partage;
Un moine noir a, par dévotion,
Saisi le tout quand j'assaillis Marthon :
Je n'ai plus rien; et, malgré ma justice,
Je ne saurais payer ma bienfaitrice. »
    La reine dit : « Tout vous sera rendu :
On punira votre voleur tondu.
Votre fortune, en trois parts divisée,

Fera trois lots justement compensés:
Les vingt écus à Marthon la lésée
Sont dus de droit, et pour ses œufs cassés;
La bonne vieille aura votre monture;
Et vous, Robert, vous aurez votre armure. »
    La vieille dit : « Rien n'est plus généreux;
Mais, ce n'est pas son cheval que je veux :
Rien de Robert ne me plaît que lui-même;
C'est sa valeur et ses graces que j'aime.
Je veux régner sur son cœur amoureux;
De ce trésor ma tendresse est jalouse.
Entre mes bras Robert doit vivre heureux :
Dès cette nuit, je prétends qu'il m'épouse. »
    A ce discours, que l'on n'attendait pas,
Robert glacé laisse tomber ses bras;
Puis, fixement contemplant la figure
Et les haillons de notre créature,
Dans son horreur il recula trois pas,
Signa son front, et, d'un ton lamentable,
Il s'écriait : « Ai-je donc mérité
Ce ridicule et cette indignité?
J'aimerais mieux que votre majesté
Me fiançât à la mère du diable.
La vieille est folle; elle a perdu l'esprit. »
    Lors tendrement notre sans dent reprit :
« Vous le voyez, ô reine! il me méprise;
Il est ingrat; les hommes le sont tous.
Mais je vaincrai ses injustes dégoûts.
De sa beauté j'ai l'ame trop éprise,
Je l'aime trop, pour qu'il ne m'aime pas.
Le cœur fait tout : j'avoue avec franchise

Que je commence à perdre mes appas ;
Mais j'en serai plus tendre et plus fidèle.
On en vaut mieux, on orne son esprit ;
On sait penser ; et Salomon a dit
Que femme sage est plus que femme belle.
Je suis bien pauvre : est-ce un si grand malheur ?
La pauvreté n'est point un déshonneur.
N'est-on content que sur un lit d'ivoire ?
Et vous, madame, en ce palais de gloire,
Quand vous couchez côte à côte du roi,
Dormez-vous mieux, aimez-vous mieux que moi ?
De Philémon vous connaissez l'histoire :
Amant aimé, dans le coin d'un taudis,
Jusqu'à cent ans il caressa Baucis.
Les noirs Chagrins, enfants de la Richesse,
N'habitent point sous nos rustiques toits ;
Le Vice fuit où n'est point la Mollesse.
Nous servons Dieu, nous égalons les rois ;
Nous soutenons l'honneur de vos provinces ;
Nous vous fesons de vigoureux soldats ;
Et, croyez-moi, pour peupler vos états,
Les pauvres gens valent mieux que vos princes.
Que si le ciel à mes chastes desirs
N'accorde pas le bonheur d'être mère,
L'hymen encore offre d'autres plaisirs :
Les fleurs du moins sans les fruits peuvent plaire.
On me verra, jusqu'à mon dernier jour,
Cueillir les fleurs de l'arbre de l'amour. »
  - La décrépite, en parlant de la sorte,
Charma le cœur des dames du palais :
On adjugea Robert à ses attraits.

De son serment la sainteté l'emporte
Sur son dégoût. La dame encor voulut
Être, à cheval, entre ses bras menée
A sa chaumière, où ce noble hyménée
Doit s'achever dans la même journée;
Et tout fut fait comme à la vieille il plut.

 Le cavalier sur son coursier remonte,
Prend tristement sa femme entre ses bras,
Saisi d'horreur, et rougissant de honte,
Tenté cent fois de la jeter à bas,
De la noyer; mais il ne le fit pas :
Tant des devoirs de la chevalerie
La loi sacrée était alors chérie.

 Sa tendre épouse, en trottant avec lui,
S'étudiait à charmer son ennui,
Lui rappelait les exploits de sa race,
Lui racontait comment le grand Clovis
Assassina trois rois de ses amis,
Comment du ciel il mérita la grace.
Elle avait vu le beau pigeon béni
Du haut des cieux apportant à Remi
L'ampoule sainte et le céleste chrême
Dont ce grand roi fut oint dans son baptême.
Elle mêlait à ses narrations
Des sentiments et des réflexions,
Des traits d'esprit et de morale pure,
Qui, sans couper le fil de l'aventure,
Fesaient penser l'auditeur attentif,
Et l'instruisaient, mais sans l'air instructif.
Le bon Robert, à toutes ces merveilles,
Le cœur ému, prêtait ses deux oreilles,

Tout délecté quand sa femme parlait,
Prêt à mourir quand il la regardait.
 L'étrange couple arrive à la chaumière
Que possédait l'affreuse aventurière.
Elle se trousse, et, de sa sale main,
De son époux arrange le festin ;
Frugal repas fait pour ce premier âge
Plus célébré qu'imité par le sage.
Deux ais pourris sur trois pieds inégaux
Formaient la table où les époux soupèrent,
A peine assis sur deux minces tréteaux.
Des deux époux les regards se baissèrent.
La décrépite égaya le repas
Par des propos plaisants et délicats,
Par ces bons mots qui piquent, et qu'on aime,
Si naturels que l'on croirait soi-même
Les avoir dits. Robert fut si content,
Qu'il en sourit, et qu'il crut un moment
Qu'elle pourrait lui paraître moins laide.
Elle voulut, quand le souper finit,
Que son époux vînt avec elle au lit.
Le désespoir, la fureur le possède ;
A cette crise il souhaite la mort.
Mais il se couche, il se fait cet effort:
Il l'a promis, le mal est sans remède.
 Ce n'étaient point deux sales demi-draps
Percés de trous et rongés par les rats,
Mal étendus sur de vieilles javelles,
Mal recousus encor par des ficelles,
Qui révoltaient le guerrier malheureux ;
Du saint hymen les devoirs rigoureux

S'offraient à lui sous un aspect horrible.
« Le ciel, dit-il, voudrait-il l'impossible?
A Rome on dit que la grace d'en-haut
Donne à-la-fois le vouloir et le faire :
La grace et moi nous sommes en défaut.
Par son esprit ma femme a de quoi plaire ;
Son cœur est bon : mais dans le grand conflit
Peut-on jouir du cœur ou de l'esprit ? »
Ainsi parlant, le bon Robert se jette,
Froid comme glace, au bord de sa couchette ;
Et, pour cacher son cruel déplaisir,
Il feint qu'il dort, mais il ne peut dormir.

La vieille alors lui dit d'une voix tendre,
En le pinçant : « Ah ! Robert, dormez-vous ?
Charmant ingrat, cher et cruel époux,
Je suis rendue, hâtez-vous de vous rendre ;
De ma pudeur les timides accents
Sont subjugués par la voix de mes sens.
Régnez sur eux ainsi que sur mon ame ;
Je meurs, je meurs ! Ciel ! à quoi réduis-tu
Mon naturel qui combat ma vertu ?
Je me dissous, je brûle, je me pâme.
Ah ! le plaisir m'enivre malgré moi ;
Je n'en puis plus ! faut-il mourir sans toi ?
Va, je le mets dessus ta conscience. »

Robert avait un fonds de complaisance,
Et de candeur, et de religion ;
De son épouse il eut compassion.
« Hélas ! dit-il, j'aurais voulu, madame,
Par mon ardeur égaler votre flamme ;
Mais que pourrai-je ! » « Allez, vous pourrez tout,

Reprit la vieille; il n'est rien à votre âge
Dont un grand cœur enfin ne vienne à bout,
Avec des soins, de l'art, et du courage.
Songez combien les dames de la cour
Célébreront ce prodige d'amour.
Je vous parais peut-être dégoûtante,
Un peu ridée, et même un peu puante;
Cela n'est rien pour des héros bien nés :
Fermez les yeux, et bouchez-vous le nez. »
 Le chevalier, amoureux de la gloire,
Voulut enfin tenter cette victoire :
Il obéit; et, se piquant d'honneur,
N'écoutant plus que sa rare valeur,
Aidé du ciel, trouvant dans sa jeunesse
Ce qui tient lieu de beauté, de tendresse,
Fermant les yeux, se mit à son devoir.
« C'en est assez, lui dit sa tendre épouse;
J'ai vu de vous ce que j'ai voulu voir :
Sur votre cœur j'ai connu mon pouvoir;
De ce pouvoir ma gloire était jalouse.
J'avais raison : convenez-en, mon fils :
Femme toujours est maîtresse au logis.
Ce qu'à jamais, Robert, je vous demande,
C'est qu'à mes soins vous vous laissiez guider :
Obéissez; mon amour vous commande
D'ouvrir les yeux et de me regarder. »
 Robert regarde : il voit, à la lumière
De cent flambeaux sur vingt lustres placés,
Dans un palais, qui fut cette chaumière,
Sous des rideaux de perles rehaussés,

Une beauté dont le pinceau d'Apelle
Ou de Vanlo, ni le ciseau fidèle
Du bon Pigal, Le Moine, ou Phidias,
N'auraient jamais imité les appas.
C'était Vénus, mais Vénus amoureuse,
Telle qu'elle est quand, les cheveux épars,
Les yeux noyés dans sa langueur heureuse,
Entre ses bras elle attend le dieu Mars.

« Tout est à vous, ce palais, et moi-même ;
Jouissez-en, dit-elle à son vainqueur :
Vous n'avez point dédaigné la laideur,
Vous méritez que la beauté vous aime. »

Or maintenant j'entends mes auditeurs
Me demander quelle était cette belle
De qui Robert eut les tendres faveurs.
Mes chers amis, c'était la fée Urgèle,
Qui dans son temps protégea nos guerriers,
Et fit du bien aux pauvres chevaliers.

O l'heureux temps que celui de ces fables,
Des bons démons, des esprits familiers,
Des farfadets, aux mortels secourables !
On écoutait tous ces faits admirables
Dans son château, près d'un large foyer.
Le père et l'oncle, et la mère et la fille,
Et les voisins, et toute la famille,
Ouvraient l'oreille à monsieur l'aumônier,
Qui leur fesait des contes de sorcier.

On a banni les démons et les fées ;
Sous la raison les graces étouffées
Livrent nos cœurs à l'insipidité ;

Le raisonner tristement s'accrédite;
On court, hélas! après la vérité:
Ah! croyez-moi, l'erreur a son mérite.

NOTES

DE CE QUI PLAIT AUX DAMES.

1 Ce conte fut imprimé séparément en vingt-deux pages in-8°, avec la date de 1764; mais il circulait dans le dernier mois de l'année précédente (voyez la lettre à Damilaville, du 7 décembre 1763). Les *Mémoires secrets* en parlent au 12 décembre 1763. Collé, dans son *Journal* (tome I, page 212), dit que cet ouvrage n'est qu'un *mauvais conte*. C'est une preuve de plus que la haine est aveugle. Collé est resté seul de son avis. Dans sa lettre à Damilaville, du 19 décembre 1763, Voltaire dit ce conte imité d'un vieux roman. Il ajoute que le même sujet a été traité par Dryden. Le conte de cet auteur anglais est intitulé *the Wife of Bath*, et est une imitation en vers du conte de Chaucer ayant le même titre, et pris lui-même dans un ancien ouvrage.

Favart a composé *la Fée Urgèle, ou Ce qui plaît aux Dames, comédie en quatre actes, mêlée d'ariettes, représentée par les comédiens italiens, à Fontainebleau, le 26 octobre 1765, et à Paris le 4 décembre suivant.* Cette pièce de Favart, restée long-temps au répertoire, a été, en 1821, réduite en un acte pour le théâtre du *Gymnase dramatique*, qui ne pouvait alors donner de pièces en ayant davantage. B.

2 Dans *la Pucelle*, chant X, vers 399 et 400, on lit:

Qui d'un Hercule eut la force en partage,
Et d'Adonis le gracieux visage.

Voyez aussi tome XXXIV, pages 107 et 342. B.

L'ÉDUCATION D'UN PRINCE[1].

Puisque le dieu du jour, en ses douze voyages,
Habite tristement sa maison du Verseau,
Que les monts sont encore assiégés des orages,
Et que nos prés riants sont engloutis sous l'eau,
Je veux au coin du feu vous faire un nouveau conte:
Nos loisirs sont plus doux par nos amusements.
Je suis vieux, je l'avoue, et je n'ai point de honte
De goûter avec vous le plaisir des enfants.

Dans Bénévent jadis régnait un jeune prince
Plongé dans la mollesse, ivre de son pouvoir,
Élevé comme un sot, et, sans en rien savoir,
Méprisé des voisins, haï dans sa province.
Deux fripons gouvernaient cet état assez mince;
Ils avaient abruti l'esprit de monseigneur,
Aidés dans ce projet par son vieux confesseur:
Tous trois se relayaient. On lui fesait accroire
Qu'il avait des talents, des vertus, de la gloire;
Qu'un duc de Bénévent, dès qu'il était majeur,
Était du monde entier l'amour et la terreur;
Qu'il pouvait conquérir l'Italie et la France;
Que son trésor ducal regorgeait de finance;
Qu'il avait plus d'argent que n'en eut Salomon
Sur son terrain pierreux du torrent de Cédron.
Alamon (c'est le nom de ce prince imbécile)
Avalait cet encens, et, lourdement tranquille,

Entouré de bouffons et d'insipides jeux,
Quand il avait dîné croyait son peuple heureux.
 Il restait à la cour un brave militaire,
Émon, vieux serviteur du feu prince son père,
Qui, n'étant point payé, lui parlait librement,
Et prédisait malheur à son gouvernement.
Les ministres jaloux, qui bientôt le craignirent,
De ce pauvre honnête homme aisément se défirent.
Émon fut exilé, le maître n'en sut rien.
Le vieillard, confiné dans une métairie,
Cultivait sagement ses amis et son bien,
Et pleurait à-la-fois son maître et sa patrie.
Alamon loin de lui laissait couler sa vie
Dans l'insipidité de ses molles langueurs.
Des sots Bénéventins quelquefois les clameurs
Frappaient pour un moment son ame appesantie.
Ce bruit sourd et lointain, qu'avec peine il entend,
S'affaiblit dans sa course, et meurt en arrivant.
Le poids de la misère accablait la province;
Elle était dans les pleurs, Alamon dans l'ennui:
Les tyrans triomphaient. Dieu prit pitié de lui;
Il voulut qu'il aimât, pour en faire un bon prince.
 Il vit la jeune Amide; il la vit, l'entendit;
Il commença de vivre, et son cœur se sentit.
Il était beau, bien fait, et dans l'âge de plaire.
Son confesseur madré découvrit le mystère:
Il en fit un scrupule à son sot pénitent,
D'autant plus timoré qu'il était ignorant:
Et les deux scélérats, qui tremblaient que leur maître
Ne se connût un jour, et vînt à les connaître,
Envoyèrent Amide avec le pauvre Émon.

Elle fit son paquet, et le trempa de larmes.
On n'osait résister. Le timide Alamon,
Vainement attendri, s'arrachait à ses charmes;
Car son esprit flottant, d'un vain remords touché,
Commençant à s'ouvrir, n'était point débouché.

 Comme elle allait partir, on entend: « Bas les armes,
A la fuite, à la mort, combattons, tout périt,
Alla, san Germano, Mahomet, Jésus-Christ! »
On voit un peuple entier fuyant de place en place.
Un guerrier en turban, plein de force et d'audace,
Suivi de musulmans, le cimeterre en main,
Sur des morts entassés se frayant un chemin,
Portant dans le palais le fer avec les flammes,
Égorgeait les maris, mettait à part les femmes.
Cet homme avait marché de Cume à Bénévent,
Sans que le ministère en eût le moindre vent;
La Mort le devançait, et dans Rome la sainte
Saint Pierre avec saint Paul étaient transis de crainte.
C'était, mes chers amis, le superbe Abdala,
Pour corriger l'Église envoyé par Alla.

 Dès qu'il fut au palais, tout fut mis dans les chaînes,
Prince, moines, valets, ministres, capitaines.
Tels que les fils d'Io, l'un à l'autre attachés,
Sont portés dans un char aux plus voisins marchés,
Tels étaient monseigneur et ses référendaires,
Enchaînés par les pieds avec le confesseur,
Qui, toujours se signant et disant ses rosaires,
Leur prêchait la constance, et se mourait de peur.

 Quand tout fut garrotté, les vainqueurs partagèrent
Le butin, qu'en trois lots les émirs arrangèrent:
Les hommes, les chevaux, et les châsses des saints.

D'abord on dépouilla les bons Bénéventins :
Les tailleurs ont toujours déguisé la nature ;
Ils sont trop charlatans, l'homme n'est point connu.
L'habit change les mœurs ainsi que la figure :
Pour juger d'un mortel, il faut le voir tout nu.
   Du chef des musulmans le duc fut le partage.
Il était, comme on sait, dans la fleur de son âge ;
Il paraissait robuste, on le fit muletier.
Il profita beaucoup dans ce nouveau métier.
Ses muscles, énervés par l'infame mollesse,
Prirent dans le travail une heureuse vigueur :
Le malheur l'instruisit, il dompta la paresse ;
Son avilissement fit naître sa valeur.
La valeur sans pouvoir est assez inutile ;
C'est un tourment de plus. Déjà paisiblement
Abdala s'établit dans son appartement,
Boit le vin des vaincus, malgré son évangile.
Les dames de la cour, les dames de la ville,
Conduites chaque nuit par son eunuque noir,
A son petit coucher arrivent à la file,
Attendent ses regards, et briguent son mouchoir.
Les plaisirs partageaient les moments de sa vie.
   Monseigneur cependant, au fond de l'écurie,
Avec ses compagnons, ci-devant ses sujets,
Une étrille à la main, prenait soin des mulets.
Pour comble de malheur, il vit la belle Amide,
Que le noir circoncis, ministre de l'Amour,
Au superbe Abdala conduisait à son tour.
Prêt à s'évanouir, il s'écria : « Perfide !
Ce malheur me manquait, voici mon dernier jour. »
L'eunuque à son discours ne pouvait rien comprendre.

Dans un autre langage Amide répondit
D'un coup d'œil douloureux, d'un regard noble et tendre,
Qui pénétrait à l'ame, et ce regard lui dit :
« Consolez-vous, vivez, songez à me défendre ;
Vengez-moi, vengez-vous : votre nouvel emploi
Ne vous rend à mes yeux que plus digne de moi. »
Alamon l'entendit, et reprit l'espérance.
 Amide comparut devant son excellence :
Le corsaire jura que jusques à ce jour
Il avait en effet connu la jouissance,
Mais qu'en voyant Amide il connaissait l'amour.
Pour lui plaire encor plus elle fit résistance ;
Et ces refus adroits, annonçant les plaisirs,
En les fesant attendre irritaient ses desirs.
Les femmes ont toujours des prétextes honnêtes :
« Je suis, lui dit Amide, au rang de vos conquêtes ;
Vous êtes invincible en amour, aux combats,
Et tout est à vos pieds, ou veut être en vos bras ;
Mais souffrez que trois jours mon bonheur se diffère,
Et, pour me consoler de ces tristes délais,
A mon timide amour accordez deux bienfaits. »
« Qu'ordonnez-vous ? parlez, répondit le corsaire ;
Il n'est rien que mon cœur refuse à vos attraits. »
« Des faveurs que j'attends, dit-elle, la première
Est de faire donner deux cents coups d'étrivière
A trois Bénéventins que j'ai mandés exprès ;
La seconde, seigneur, est d'avoir deux mulets,
Pour m'aller quelquefois promener en litière,
Avec un muletier qui soit selon mon choix. »
Abdala répliqua : « Vos desirs sont mes lois. »
Ainsi dit, ainsi fait. Le très indigne prêtre,

Et les deux conseillers, corrupteurs de leur maître,
Eurent chacun leur dose, au grand contentement
De tous les prisonniers et de tout Bénévent ;
Et le jeune Alamon goûta le bien suprême
D'être le muletier de la beauté qu'il aime.
 « Ce n'est pas tout, dit-elle, il faut vaincre et régner.
La couronne ou la mort à présent vous appelle :
Vous avez du courage, Émon vous est fidèle ;
Je veux aussi vous l'être, et ne rien épargner
Pour vous rendre honnête homme, et servir ma patrie.
Au fond de son exil allez trouver Émon ;
Puisque vous avez tort, demandez-lui pardon.
Il donnera pour vous les restes de sa vie ;
Tout sera préparé, revenez dans trois jours.
Hâtez-vous : vous savez que je suis destinée
Aux plaisirs d'Abdala la troisième journée.
Les moments sont bien chers à la guerre, en amours. »
Alamon répondit : « Je vous aime, et j'y cours. »
Il part. Le brave Émon, qu'avait instruit Amide,
Aimait son prince ingrat devenu malheureux.
Il avait rassemblé des amis généreux,
Et de soldats choisis une troupe intrépide.
Il embrassa son prince, ils pleurèrent tous deux ;
Ils s'arment en secret, ils marchent en silence.
Amide parle aux siens, et réveille en leur cœur,
Tout esclaves qu'ils sont, des sentiments d'honneur.
Alamon réunit l'audace et la prudence ;
Il devint un héros sitôt qu'il combattit.
Le Turc, aux voluptés livré sans défiance,
Surpris par les vaincus, à son tour se perdit.
Alamon triomphant au palais se rendit,

Au moment que le Turc, ignorant sa disgrace,
Avec la belle Amide allait se mettre au lit.
Il rentra dans ses droits, et se mit à sa place.

 Le confesseur arrive avec mes deux fripons,
Tout fraîchement sortis de leurs sales prisons,
Disant avoir tout fait, et n'ayant rien pu faire :
Ils pensaient conserver leur empire ordinaire.
Les lâches sont cruels : le moine conseilla
De faire au pied des murs empaler Abdala.
« Misérables! c'est vous qui méritez de l'être,
Dit le prince éclairé, prenant un ton de maître :
Dans un lâche repos vous m'aviez corrompu [2].
Je dois tout à ce Turc, et tout à ma maîtresse.
Vous m'aviez fait dévot, vous trompiez ma jeunesse :
Le malheur et l'amour me rendent ma vertu.
Allez, brave Abdala; je dois vous rendre grace
D'avoir développé mon esprit et mon cœur.
C'est à vous que je dois mon repos, mon bonheur.
De leçons désormais il faut que je me passe ;
Je vous suis obligé; mais n'y revenez pas.
Soyez libre, partez; et si les destinées
Vous donnent trois fripons pour régir vos états,
Envoyez-moi chercher; j'irai, n'en doutez pas,
Vous rendre les leçons que vous m'avez données. »

NOTE ET VARIANTE

DE L'ÉDUCATION D'UN PRINCE.

¹ Ce conte est aussi de la fin de 1763 (voyez, t. LXI, p. 253, la lettre à Damilaville, du 1ᵉʳ janvier 1764). Il a fourni à Rauquil-Lieutaud le sujet d'un drame héroïque en trois actes et en vers, intitulé *le Duc de Bénévent, représenté, pour la première fois, par les comédiens italiens ordinaires du roi, le 16 juillet 1784*; Paris, Vente, 1784, in-8°.

Le Prince de Catane, opéra en trois actes, par feu Castel, joué le 4 mars 1813, imprimé la même année in-8°, a la même origine.

Voltaire lui-même en avait tiré son *Baron d'Otrante*; voyez tome VIII, page 455. B.

² VAR. Dans un lâche repos vous m'aviez corrompu;
Vous m'aviez fait dévot, vous trompiez ma jeunesse;
Je n'aurais jamais su ce que c'est que vertu :
Je dois tout à ce Turc, et tout à ma maîtresse;
Le malheur et l'amour me rendent ma valeur.
Allez, brave Abdala; je dois vous rendre grace
D'avoir développé mon esprit et mon cœur
De leçons désormais il faut que je me passe
Je vous suis obligé; mais n'y revenez pas
Soyez libre, et partez ; etc.

GERTRUDE,

ou

L'ÉDUCATION D'UNE FILLE[1].

Mes amis, l'hiver dure, et ma plus douce étude
Est de vous raconter les faits des temps passés.
Parlons ce soir un peu de madame Gertrude.
Je n'ai jamais connu de plus aimable prude.
Par trente-six printemps, sur sa tête amassés,
Ses modestes appas n'étaient point effacés;
Son maintien était sage, et n'avait rien de rude;
Ses yeux étaient charmants, mais ils étaient baissés.
Sur sa gorge d'albâtre une gaze étendue
Avec un art discret en permettait la vue.
L'industrieux pinceau, d'un carmin délicat,
D'un visage arrondi relevant l'incarnat,
Embellissait ses traits sans outrer la nature;
Moins elle avait d'apprêt, plus elle avait d'éclat :
La simple propreté composait sa parure.

Toujours sur sa toilette est la sainte Écriture;
Auprès d'un pot de rouge on voit un *Massillon*,
Et le *Petit Carême* est surtout sa lecture[2].
Mais ce qui nous charmait dans sa dévotion,
C'est qu'elle était toujours aux femmes indulgente :
Gertrude était dévote, et non pas médisante.

Elle avait une fille; un dix avec un sept

Composait l'âge heureux de ce divin objet,
Qui depuis son baptême eut le nom d'Isabelle.
Plus fraîche que sa mère, elle était aussi belle :
A côté de Minerve on eût cru voir Vénus.
Gertrude à l'élever prit des soins assidus.
Elle avait dérobé cette rose naissante
Au souffle empoisonné d'un monde dangereux ;
Les conversations, les spectacles, les jeux,
Ennemis séduisants de toute ame innocente,
Vrais piéges du démon[3], par les saints abhorrés,
Étaient dans la maison des plaisirs ignorés.

   Gertrude en son logis avait un oratoire,
Un boudoir de dévote, où, pour se recueillir,
Elle allait saintement occuper son loisir,
Et fesait l'oraison qu'on dit jaculatoire.
Des meubles recherchés, commodes, précieux,
Ornaient cette retraite, au public inconnue ;
Un escalier secret, loin des profanes yeux,
Conduisait au jardin, du jardin dans la rue.

   Vous savez qu'en été les ardeurs du soleil
Rendent souvent les nuits aux beaux jours préférables ;
La lune fait aimer ses rayons favorables :
Les filles en ce temps goûtent peu le sommeil.
Isabelle, inquiète, en secret agitée,
Et de ses dix-sept ans doucement tourmentée,
Respirait dans la nuit sous un ombrage frais,
En ignorait l'usage, et s'étendait auprès ;
Sans savoir l'admirer regardait la nature ;
Puis se levait, allait, marchait à l'aventure,
Sans dessein, sans objet qui pût l'intéresser ;
Ne pensant point encore, et cherchant à penser.

Elle entendit du bruit au boudoir de sa mère:
La curiosité l'aiguillonne à l'instant.
Elle ne soupçonnait nulle ombre de mystère;
Cependant elle hésite, elle approche en tremblant,
Posant sur l'escalier une jambe en avant,
Étendant une main, portant l'autre en arrière,
Le cou tendu, l'œil fixe, et le cœur palpitant,
D'une oreille attentive avec peine écoutant.
D'abord elle entendit un tendre et doux murmure,
Des mots entrecoupés, des soupirs languissants.
« Ma mère a du chagrin, dit-elle entre ses dents,
Et je dois partager les peines qu'elle endure. »
Elle approche: elle entend ces mots pleins de douceur:
«André, mon cher André, vous faites mon bonheur! »
Isabelle à ces mots pleinement se rassure.
« Ma tendresse, dit-elle, a pris trop de souci;
Ma mère est fort contente, et je dois l'être aussi. »
Isabelle, à la fin, dans son lit se retire,
Ne peut fermer les yeux, se tourmente et soupire.
« André fait des heureux! et de quelle façon[4]?
Que ce talent est beau! mais comment s'y prend-on?»
Elle revit le jour avec inquiétude.
Son trouble fut d'abord aperçu par Gertrude.
Isabelle était simple, et sa naïveté
Laissa parler enfin sa curiosité.
« Quel est donc cet André, lui dit-elle, madame,
Qui fait, à ce qu'on dit, le bonheur d'une femme? »
Gertrude fut confuse; elle s'aperçut bien
Qu'elle était découverte, et n'en témoigna rien.
Elle se composa, puis répondit: « Ma fille,
Il faut avoir un saint pour toute une famille;

Et, depuis quelque temps, j'ai choisi saint André.
Je lui suis très dévote, il m'en sait fort bon gré;
Je l'invoque en secret, j'implore ses lumières;
Il m'apparaît souvent, la nuit, dans mes prières:
C'est un des plus grands saints qui soient en paradis. »

 A quelque temps de là, certain monsieur Denis,
Jeune homme bien tourné, fut épris d'Isabelle.
Tout conspirait pour lui: Denis fut aimé d'elle,
Et plus d'un rendez-vous confirma leur amour.
Gertrude en sentinelle entendit à son tour
Les belles oraisons, les antiennes charmantes,
Qu'Isabelle entonnait quand ses mains caressantes
Pressaient son tendre amant de plaisir enivré.

 Gertrude les surprit, et se mit en colère.
La fille répondit: « Pardonnez-moi, ma mère,
J'ai choisi saint Denis, comme vous saint André.»

 Gertrude, dès ce jour, plus sage et plus heureuse,
Conservant son amant, et renonçant aux saints,
Quitta le vain projet de tromper les humains.
On ne les trompe point: la malice envieuse
Porte sur votre masque un coup d'œil pénétrant;
On vous devine mieux que vous ne savez feindre;
Et le stérile honneur de toujours vous contraindre
Ne vaut pas le plaisir de vivre librement.

 La charmante Isabelle, au monde présentée,
Se forma, s'embellit, fut en tous lieux goûtée.
Gertrude en sa maison rappela pour toujours
Les doux Amusements, compagnons des Amours;
Les plus honnêtes gens y passèrent leur vie:
Il n'est jamais de mal en bonne compagnie,

NOTES
DE L'ÉDUCATION D'UNE FILLE.

1 Ce conte est de la fin de 1763 ; Voltaire en parle dans sa lettre à Damilaville, du 1er janvier 1764; on l'imprima séparément en sept pages in-8°; Favart en composa son *Isabelle et Gertrude;* voyez tome LXII, page 469. B.

2 C'était la lecture favorite de Voltaire, qui avait, dit-on, sur sa table de nuit *Athalie* et le *Petit Carême*. B.

3 Dans *la Prude*, acte II, scène 1, Voltaire a dit du jeu et du bal :
   Ce sont, ma chère, inventions du diable. B.

4 Dans une première édition, au lieu de ce vers et du suivant, on en lit un seul qui est sans rime :
   Songeant à cet André qui rend les gens heureux. B.

LES TROIS MANIÈRES[1].

Que les Athéniens étaient un peuple aimable!
Que leur esprit m'enchante, et que leurs fictions
Me font aimer le vrai sous les traits de la fable!
La plus belle, à mon gré, de leurs inventions
Fut celle du théâtre, où l'on fesait revivre
Les héros du vieux temps, leurs mœurs, leurs passions.
Vous voyez aujourd'hui toutes les nations
Consacrer cet exemple, et chercher à le suivre.
Le théâtre instruit mieux que ne fait un gros livre[2].
Malheur aux esprits faux dont la sotte rigueur
Condamne parmi nous les jeux de Melpomène!
Quand le ciel eut formé cette engeance inhumaine,
La nature oublia de lui donner un cœur.
    Un des plus grands plaisirs du théâtre d'Athène
Était de couronner, dans des jeux solennels,
Les meilleurs citoyens, les plus grands des mortels :
En présence du peuple on leur rendait justice.
Ainsi j'ai vu Villars, ainsi j'ai vu Maurice,
Qu'un maudit courtisan quelquefois censura,
Du champ de la victoire allant à l'Opéra,
Recevoir des lauriers de la main d'une actrice.
Ainsi quand Richelieu revenait de Mahon
(Qu'il avait pris pourtant en dépit de l'envie),
Partout sur son passage il eut la comédie;
On lui battit des mains encor plus qu'à Clairon.

Au théâtre d'Eschyle, avant que Melpomène
Sur son cothurne altier vînt parcourir la scène,
On décernait les prix accordés aux amants.
Celui qui, dans l'année, avait pour sa maîtresse
Fait les plus beaux exploits, montré plus de tendresse,
Mieux prouvé par les faits ses nobles sentiments,
Se voyait couronné devant toute la Grèce.
Chaque belle plaidait la cause de son cœur,
De son amant aimé racontait les mérites,
Après un beau serment, dans les formes prescrites,
De ne pas dire un mot qui sentît l'orateur,
De n'exagérer rien, chose assez difficile
Aux femmes, aux amants, et même aux avocats.
On nous a conservé l'un de ces beaux débats,
Doux enfants du loisir de la Grèce tranquille.
C'était, il m'en souvient, sous l'archonte Eudamas.

Devant les Grecs charmés trois belles comparurent :
La jeune Églé, Téone, et la triste Apamis.
Les beaux-esprits de Grèce au spectacle accoururent.
Ils étaient grands parleurs, et pourtant ils se turent,
Écoutant gravement, en demi-cercle assis.
Dans un nuage d'or Vénus avec son fils
Prêtait à leur dispute une oreille attentive.
La jeune Églé commence, Églé simple et naïve,
De qui la voix touchante et la douce candeur
Charmaient l'oreille et l'œil, et pénétraient au cœur.

ÉGLÉ.

Hermotime, mon père, a consacré sa vie
Aux muses, aux talents, à ces dons du génie
Qui des humains jadis ont adouci les mœurs ;
Tout entier aux beaux-arts, il a fui les honneurs ;

LES TROIS MANIÈRES.

Et sans ambition, caché dans sa famille,
Il n'a voulu donner pour époux à sa fille
Qu'un mortel comme lui favorisé des dieux,
Cultivant tous les arts, et qui saurait le mieux
En vers nobles et doux élégamment décrire,
Animer sur la toile, et chanter sur la lyre
Ce peu de vains attraits que m'ont donné les cieux.
Lygdamon m'adorait. Son esprit sans culture
Devait, je l'avouerai, beaucoup à la nature :
Ingénieux, discret, poli sans compliment ;
Parlant avec justesse, et jamais savamment ;
Sans talents, il est vrai, mais sachant s'y connaître ;
L'Amour forma son cœur, les Graces son esprit.
Il ne savait qu'aimer ; mais qu'il était grand maître
Dans ce premier des arts que lui seul il m'apprit !

 Quand mon père eut formé le dessein tyrannique
De m'arracher l'objet de mon cœur amoureux,
Et de me réserver pour quelque peintre heureux
Qui ferait de bons vers, et saurait la musique,
Que de larmes alors coulèrent de mes yeux !
Nos parents ont sur nous un pouvoir despotique ;
Puisqu'ils nous ont fait naître, ils sont pour nous des dieux.
Je mourais, il est vrai, mais je mourais soumise.

 Lygdamon s'écarta, confus, désespéré,
Cherchant loin de mes yeux un asile ignoré.
Six mois furent le terme où ma main fut promise :
Ce délai fut fixé pour tous les prétendants.
Ils n'avaient tous, hélas ! dans leurs tristes talents,
A peindre que l'ennui, la douleur, et les larmes.
Le temps qui s'avançait redoublait mes alarmes.
Lygdamon tant aimé me fuyait pour toujours :

J'attendais mon arrêt, et j'étais au concours.
  Enfin de vingt rivaux les ouvrages parurent:
Sur leurs perfections mille débats s'émurent.
Je ne pus décider, je ne les voyais pas.
Mon père se hâta d'accorder son suffrage
Aux talents trop vantés du fier et dur Harpage:
On lui promit ma foi, j'allais être en ses bras.
  Un esclave empressé frappe, arrive à grands pas,
Apportant un tableau d'une main inconnue.
Sur la toile aussitôt chacun porta la vue.
C'était moi : je semblais respirer et parler;
Mon cœur en longs soupirs paraissait s'exhaler;
Et mon air, et mes yeux, tout annonce que j'aime.
L'art ne se montrait pas; c'est la nature même,
La nature embellie; et, par de doux accords,
L'ame était sur la toile aussi bien que le corps.
Une tendre clarté s'y joint à l'ombre obscure,
Comme on voit, au matin, le soleil de ses traits
Percer la profondeur de nos vastes forêts,
Et dorer les moissons, les fruits, et la verdure.
Harpage en fut surpris; il voulut censurer:
Tout le reste se tut, et ne put qu'admirer.
Quel mortel ou quel dieu, s'écriait Hermotime,
Du talent d'imiter fait un art si sublime!
A qui ma fille enfin devra-t-elle sa foi?
Lygdamon se montrant lui dit : « Elle est à moi!
L'Amour seul est son peintre, et voilà son ouvrage.
C'est lui qui dans mon cœur imprima cette image;
C'est lui qui sur la toile a dirigé ma main.
Quel art n'est pas soumis à son pouvoir divin?
Il les anime tous. » Alors, d'une voix tendre,

Sur son luth accordé Lygdamon fit entendre
Un mélange inouï de sons harmonieux :
On croyait être admis dans le concert des dieux.
Il peignit comme Apelle, il chanta comme Orphée.
    Harpage en frémissait; sa fureur étouffée
S'exhalait sur son front, et brûlait dans ses yeux.
Il prend un javelot de ses mains forcenées;
Il court, il va frapper. Je vis l'affreux moment
Où le traître à sa rage immolait mon amant,
Où la mort d'un seul coup tranchait deux destinées.
Lygdamon l'aperçoit, il n'en est point surpris;
Et de la même main sous qui son luth résonne,
Et qui sut enchanter nos cœurs et nos esprits,
Il combat son rival, l'abat, et lui pardonne.
Jugez si de l'amour il mérite le prix,
Et permettez du moins que mon cœur le lui donne.
    Ainsi parlait Églé. L'Amour applaudissait,
Les Grecs battaient des mains, la belle rougissait;
Elle en aimait encor son amant davantage.

    Téone se leva : son air et son langage
Ne connurent jamais les soins étudiés;
Les Grecs, en la voyant, se sentaient égayés.
Téone, souriant, conta son aventure
En vers moins alongés, et d'une autre mesure,
Qui courent avec grace, et vont à quatre pieds,
Comme en fit Hamilton, comme en fait la nature.

TÉONE.

    Vous connaissez tous Agathon;
    Il est plus charmant que Nirée;
    A peine d'un naissant coton
    Sa ronde joue était parée.

Sa voix est tendre: il a le ton
Comme les yeux de Cythérée.
Vous savez de quel vermillon
Sa blancheur vive est colorée ;
La chevelure d'Apollon
N'est pas si longue et si dorée.
Je le pris pour mon compagnon
Aussitôt que je fus nubile.
Ce n'est pas sa beauté fragile
Dont mon cœur fut le plus épris :
S'il a les graces de Pâris,
Mon amant a le bras d'Achille.

Un soir, dans un petit bateau,
Tout auprès d'une île Cyclade,
Ma tante et moi goûtions sur l'eau
Le plaisir de la promenade,
Quand de Lydie un gros vaisseau
Vint nous aborder à la rade.
Le vieux capitaine écumeur
Venait souvent dans cette plage
Chercher des filles de mon âge
Pour les plaisirs du gouverneur.
En moi je ne sais quoi le frappe ;
Il me trouve un air assez beau :
Il laisse ma tante, il me happe ;
Il m'enlève comme un moineau,
Et va me vendre à son satrape.

Ma bonne tante, en glapissant,
Et la poitrine déchirée,
S'en retourne au port du Pirée
Raconter au premier passant

LES TROIS MANIÈRES.

Que sa Téone est égarée;
Que de Lydie un armateur,
Un vieux pirate, un revendeur
De la féminine denrée,
S'en est allé livrer ma fleur
Au commandant de la contrée.
   Pensez-vous alors qu'Agathon
S'amusât à verser des larmes,
A me peindre avec un crayon,
A chanter sa perte et mes charmes
Sur un petit psaltérion?
Pour me ravoir il prit les armes:
Mais n'ayant pas de quoi payer
Seulement le moindre estafier,
Et se fiant sur sa figure,
D'une fille il prit la coiffure,
Le tour de gorge et le panier.
Il cacha sous son tablier
Un long poignard et son armure,
Et courut tenter l'aventure
Dans la barque d'un nautonier.
   Il arrive au bord du Méandre
Avec son petit attirail.
A ses attraits, à son air tendre,
On ne manqua pas de le prendre
Pour une ouaille du bercail
Où l'on m'avait déjà fait vendre;
Et, dès qu'à terre il put descendre,
On l'enferma dans mon sérail.
Je ne crois pas que de sa vie
Une fille ait jamais goûté

Le quart de la félicité
Qui combla mon ame ravie
Quand, dans un sérail de Lydie,
Je vis mon Grec à mon côté,
Et que je pus en liberté
Récompenser la nouveauté
D'une entreprise si hardie.
Pour époux il fut accepté.
Les dieux seuls daignèrent paraître[3]
A cet hymen précipité ;
Car il n'était point là de prêtre :
Et, comme vous pouvez penser,
Des valets on peut se passer
Quand on est sous les yeux du maître.

 Le soir, le satrape amoureux,
Dans mon lit, sans cérémonie,
Vint m'expliquer ses tendres vœux.
Il crut, pour apaiser ses feux,
N'avoir qu'une fille jolie,
Il fut surpris d'en trouver deux.
« Tant mieux, dit-il, car votre amie,
Comme vous, est fort à mon gré.
J'aime beaucoup la compagnie :
Toutes deux je contenterai,
N'ayez aucune jalousie. »
Après sa petite leçon,
Qu'il accompagnait de caresses,
Il voulait agir tout de bon ;
Il exécutait ses promesses,
Et je tremblais pour Agathon.
Mais mon Grec, d'une main guerrière,

Le saisissant par la crinière,
Et tirant son estramaçon,
Lui fit voir qu'il était garçon,
Et parla de cette manière :
« Sortons tous trois de la maison,
Et qu'on me fasse ouvrir la porte ;
Faites bien signe à votre escorte
De ne suivre en nulle façon.
Marchons tous les trois au rivage ;
Embarquons-nous sur un esquif.
J'aurai sur vous l'œil attentif :
Point de geste, point de langage :
Au premier signe un peu douteux,
Au clignement d'une paupière,
A l'instant je vous coupe en deux,
Et vous jette dans la rivière. »
Le satrape était un seigneur
Assez sujet à la frayeur :
Il eut beaucoup d'obéissance :
Lorsqu'on a peur on est fort doux.
Sur la nacelle, en diligence,
Nous l'embarquâmes avec nous.
Sitôt que nous fûmes en Grèce,
Son vainqueur le mit à rançon :
Elle fut en sonnante espèce.
Elle était forte, il m'en fit don :
Ce fut ma dot et mon douaire.
Avouez qu'il a su plus faire
Que le bel-esprit Lygdamon,
Et que j'aurais fort à me plaindre,
S'il n'avait songé qu'à me peindre,

Et qu'à me faire une chanson.

Les Grecs furent charmés de la voix douce et vive,
Du naturel aisé, de la gaîté naïve,
Dont la jeune Téone anima son récit.
La grace, en s'exprimant, vaut mieux que ce qu'on dit.
On applaudit, on rit: les Grecs aimaient à rire.
Pourvu qu'on soit content, qu'importe qu'on admire?
Apamis s'avança les larmes dans les yeux :
Ses pleurs étaient un charme, et la rendaient plus belle.
Les Grecs prirent alors un air plus sérieux,
Et, dès qu'elle parla, les cœurs furent pour elle.
Apamis raconta ses malheureux amours
En mètres qui n'étaient ni trop longs, ni trop courts;
Dix syllabes par vers, mollement arrangées,
Se suivaient avec art, et semblaient négligées.
Le rhythme en est facile, il est mélodieux.
L'hexamètre est plus beau, mais parfois ennuyeux.

APAMIS.

L'astre cruel sous qui j'ai vu le jour
M'a fait pourtant naître dans Amathonte,
Lieux fortunés où la Grèce raconte
Que le berceau de la mère d'Amour
Par les Plaisirs fut apporté sur l'onde;
Elle y naquit pour le bonheur du monde,
A ce qu'on dit, mais non pas pour le mien.
Son culte aimable et sa loi douce et pure
A ses sujets n'avaient fait que du bien,
Tant que sa loi fut celle de nature.
Le rigorisme a souillé ses autels :
Les dieux sont bons, les prêtres sont cruels.

Les novateurs ont voulu qu'une belle
Qui par malheur deviendrait infidèle
Allât finir ses jours au fond de l'eau
Où la déesse avait eu son berceau,
Si quelque amant ne se noyait pour elle.
Pouvait-on faire une loi si cruelle?
Hélas! faut-il le frein du châtiment
Aux cœurs bien nés pour aimer constamment?
Et si jamais, à la faiblesse en proie,
Quelque beauté vient à changer d'amant,
C'est un grand mal; mais faut-il qu'on la noie?

Tendre Vénus, vous qui fîtes ma joie
Et mon malheur; vous qu'avec tant de soin
J'avais servie avec le beau Bathyle,
D'un cœur si droit, d'un esprit si docile;
Vous le savez, je vous prends à témoin
Comme j'aimais, et si j'avais besoin
Que mon amour fût nourri par la crainte.
Des plus beaux nœuds la pure et douce étreinte
Fesait un cœur de nos cœurs amoureux.

Bathyle et moi nous respirions ces feux
Dont autrefois a brûlé la déesse.
L'astre des cieux, en commençant son cours,
En l'achevant, contemplait nos amours;
La nuit savait quelle était ma tendresse.

Arénorax, homme indigne d'aimer,
Au regard sombre, au front triste, au cœur traître,
D'amour pour moi parut s'envenimer,
Non s'attendrir : il le fit bien connaître.
Né pour haïr, il ne fut que jaloux.
Il distilla les poisons de l'envie;

Il fit parler la noire calomnie.
O délateurs! monstres de ma patrie,
Nés de l'enfer, hélas! rentrez-y tous.
L'art contre moi mit tant de vraisemblance,
Que mon amant put même s'y tromper;
Et l'imposture accabla l'innocence.
   Dispensez-moi de vous développer
Le noir tissu de sa trame secrète;
Mon tendre cœur ne peut s'en occuper,
Il est trop plein de l'amant qu'il regrette.
A la déesse en vain j'eus mon recours,
Tout me trahit; je me vis condamnée
A terminer mes maux et mes beaux jours
Dans cette mer où Vénus était née.
   On me menait au lieu de mon trépas:
Un peuple entier mouillait de pleurs mes pas,
Et me plaignait d'une plainte inutile,
Quand je reçus un billet de Bathyle;
Fatal écrit qui changeait tout mon sort!
Trop cher écrit, plus cruel que la mort!
Je crus tomber dans la nuit éternelle
Quand je l'ouvris, quand j'aperçus ces mots:
« Je meurs pour vous, fussiez-vous infidèle. »
C'en était fait : mon amant dans les flots
S'était jeté pour me sauver la vie.
On l'admirait en poussant des sanglots.
Je t'implorais, ô mort, ma seule envie,
Mon seul devoir! On eut la cruauté
De m'arrêter lorsque j'allais le suivre;
On m'observa: j'eus le malheur de vivre;
De l'imposteur la sombre iniquité

LES TROIS MANIÈRES.

Fut mise au jour, et trop tard découverte.
Du talion il a subi la loi ;
Son châtiment répare-t-il ma perte ?
Le beau Bathyle est mort, et c'est pour moi !
  Je viens à vous, ô juges favorables !
Que mes soupirs, que mes funèbres soins,
Touchent vos cœurs ; que j'obtienne du moins
Un appareil à des maux incurables.
A mon amant dans la nuit du trépas
Donnez le prix que ce trépas mérite ;
Qu'il se console aux rives du Cocyte,
Quand sa moitié ne se console pas ;
Que cette main qui tremble et qui succombe,
Par vos bontés encor se ranimant,
Puisse à vos yeux écrire sur sa tombe :
« Athène et moi couronnons mon amant. »
Disant ces mots, ses sanglots l'arrêtèrent ;
Elle se tut, mais ses larmes parlèrent.
    Chaque juge fut attendri.
    Pour Églé d'abord ils penchèrent ;
    Avec Téone ils avaient ri ;
    J'ignore, et j'en suis bien marri,
    Quel est le vainqueur qu'ils nommèrent.
    Au coin du feu, mes chers amis,
    C'est pour vous seuls que je transcris
    Ces contes tirés d'un vieux sage.
    Je m'en tiens à votre suffrage ;
    C'est à vous de donner le prix :
    Vous êtes mon aréopage.

NOTES
DES TROIS MANIÈRES.

1 Voltaire, dans sa lettre à d'Argental, du 30 décembre 1763, dit être toujours occupé à faire des *Contes de ma Mère l'Oie*, et envoie une correction pour celui des *Trois Manières;* voyez ci-après ma note 3. B.

2 Voltaire a dit depuis, dans *la Guerre civile de Genève*, chant V (tome XII, page 297):

> Mieux qu'un sermon l'aimable comédie
> Instruit les gens, les rapproche, les lie.   B.

3 D'après la lettre à d'Argental, du 30 décembre 1763, il paraît que l'auteur avait d'abord mis:

> Les dieux seuls purent comparaître.   B.

THÉLÈME ET MACARE[1].

Thélème est vive, elle est brillante;
Mais elle est bien impatiente;
Son œil est toujours ébloui,
Et son cœur toujours la tourmente.
Elle aimait un gros réjoui
D'une humeur toute différente.
Sur son visage épanoui
Est la sérénité touchante;
Il écarte à-la-fois l'ennui,
Et la vivacité bruyante.
Rien n'est plus doux que son sommeil,
Rien n'est plus beau que son réveil;
Le long du jour il vous enchante.
Macare est le nom qu'il portait.
Sa maîtresse inconsidérée
Par trop de soins le tourmentait:
Elle voulait être adorée.
En reproches elle éclata:
Macare en riant la quitta,
Et la laissa désespérée.
Elle courut étourdiment
Chercher de contrée en contrée
Son infidèle et cher amant,
N'en pouvant vivre séparée.
Elle va d'abord à la cour.

« Auriez-vous vu mon cher amour,
N'avez-vous point chez vous Macare? »
Tous les railleurs de ce séjour
Sourirent à ce nom bizarre.
« Comment ce Macare est-il fait?
Où l'avez-vous perdu, ma bonne?
Faites-nous un peu son portrait. »
« Ce Macare qui m'abandonne,
Dit-elle, est un homme parfait,
Qui n'a jamais haï personne,
Qui de personne n'est haï,
Qui de bon sens toujours raisonne,
Et qui n'eut jamais de souci.
A tout le monde il a su plaire. »
On lui dit: « Ce n'est pas ici
Que vous trouverez votre affaire,
Et les gens de ce caractère
Ne vont pas dans ce pays-ci. »
Thélème marcha vers la ville.
D'abord elle trouve un couvent,
Et pense dans ce lieu tranquille
Rencontrer son tranquille amant.
Le sous-prieur lui dit: « Madame,
Nous avons long-temps attendu
Ce bel objet de votre flamme,
Et nous ne l'avons jamais vu.
Mais nous avons en récompense
Des vigiles, du temps perdu,
Et la discorde, et l'abstinence. »
Lors un petit moine tondu
Dit à la dame vagabonde:

« Cessez de courir à la ronde
Après votre amant échappé;
Car, si l'on ne m'a pas trompé,
Ce bon homme est dans l'autre monde. »
   A ce discours impertinent
Thélème se mit en colère :
« Apprenez, dit-elle, mon frère,
Que celui qui fait mon tourment
Est né pour moi, quoi qu'on en dise :
Il habite certainement
Le monde où le destin m'a mise,
Et je suis son seul élément :
Si l'on vous fait dire autrement,
On vous fait dire une sottise. »
   La belle courut de ce pas
Chercher au milieu du fracas
Celui qu'elle croyait volage.
« Il sera peut-être à Paris,
Dit-elle, avec les beaux-esprits
Qui l'ont peint si doux et si sage. »
L'un d'eux lui dit : « Sur mon avis,
Vous pourriez vous tromper peut-être :
Macare n'est qu'en nos écrits;
Nous l'avons peint sans le connaître. »
   Elle aborda près du Palais,
Ferma les yeux, et passa vite :
Mon amant ne sera jamais
Dans cet abominable gîte :
Au moins la cour a des attraits,
Macare aurait pu s'y méprendre;
Mais les noirs suivants de Thémis

Sont les éternels ennemis
De l'objet qui me rend si tendre. »
 Thélème au temple de Rameau,
Chez Melpomène, chez Thalie,
Au premier spectacle nouveau,
Croit trouver l'amant qui l'oublie.
Elle est priée à ces repas
Où président les délicats,
Nommés la bonne compagnie.
Des gens d'un agréable accueil
Y semblent, au premier coup d'œil,
De Macare être la copie.
Mais plus ils étaient occupés
Du soin flatteur de le paraître,
Et plus à ses yeux détrompés
Ils étaient éloignés de l'être.
 Enfin Thélème au désespoir,
Lasse de chercher sans rien voir,
Dans sa retraite alla se rendre.
Le premier objet qu'elle y vit
Fut Macare auprès de son lit,
Qui l'attendait pour la surprendre.
« Vivez avec moi désormais,
Dit-il, dans une douce paix,
Sans trop chercher, sans trop prétendre;
Et si vous voulez posséder
Ma tendresse avec ma personne,
Gardez de jamais demander
Au-delà de ce que je donne. »
 Les gens de grec enfarinés
Connaîtront Macare et Thélème,

Et vous diront, sous cet emblème,
A quoi nous sommes destinés.
Macare[a], c'est toi qu'on desire ;
On t'aime, on te perd ; et je croi
Que je t'ai rencontré chez moi ;
Mais je me garde de le dire :
Quand on se vante de t'avoir,
On en est privé par l'envie :
Pour te garder il faut savoir
Te cacher, et cacher sa vie.

[a] Feu M. Vadé a fait aux lecteurs la justice de croire qu'ils savent que *Macare* est le Bonheur, et *Thélème,* le Desir ou la Volonté.

NOTE DE THÉLÈME ET MACARE.

[1] L'édition originale de ce conte est intitulée *Macare et Thélème*, et contient la lettre au duc de La Vallière, du 6 février 1764 ; voyez tome LXI, page 313. B.

AZOLAN,

ou

LE BÉNÉFICIER[1].

A son aise dans son village
Vivait un jeune musulman,
Bien fait de corps, beau de visage,
Et son nom était Azolan.
Il avait transcrit l'Alcoran,
Et par cœur il allait l'apprendre.
Il fut, dès l'âge le plus tendre,
Dévot à l'ange Gabriel.
Ce ministre emplumé du ciel
Un jour chez lui daigna descendre :
« J'ai connu, dit-il, mon enfant,
Ta dévotion non commune :
Gabriel est reconnaissant,
Et je viens faire ta fortune ;
Tu deviendras dans peu de temps
Iman de la Mecque et Médine ;
C'est, après la place divine
Du grand commandeur des croyants,
Le plus opulent bénéfice
Que Mahomet puisse donner.
Les honneurs vont t'environner
Quand tu seras en exercice ;

Mais il faut me faire serment
De ne toucher femme ni fille;
De n'en voir jamais qu'à la grille,
Et de vivre très chastement. »
 Le beau jeune homme étourdiment,
Pour avoir des biens de l'église,
Conclut cet accord imprudent,
Sans penser faire une sottise.
Monsieur l'iman fut enchanté
De l'éclat de sa dignité,
Et même encor de la finance
Dont il se vit d'abord payé
Par un receveur d'importance,
Qui la partageait par moitié.
 Tant d'honneur et tant d'opulence
N'étaient rien sans un peu d'amour.
Tous les matins, au point du jour,
Le jeune Azolan tout en flamme,
Et par son serment empêché,
Se dit, dans le fond de son ame,
Qu'il a fait un mauvais marché.
Il rencontre la belle Amine,
Aux yeux charmants, au teint fleuri:
Il l'adore, il en est chéri.
« Adieu la Mecque, adieu Médine;
Adieu l'éclat d'un vain honneur,
Et tout ce pompeux esclavage;
La seule Amine aura mon cœur:
Soyons heureux dans mon village. »
 L'archange aussitôt descendit
Pour lui reprocher sa faiblesse.

Le tendre amant lui répondit :
« Voyez seulement ma maîtresse.
Vous vous êtes moqué de moi :
Notre marché fait mon supplice ;
Je ne veux qu'Amine et sa foi :
Reprenez votre bénéfice.
Du bon prophète Mahomet
J'adore à jamais la prudence :
Aux élus l'amour il permet ;
Il fait bien plus, il leur promet
Des Amines pour récompense.
Allez, mon très cher Gabriel,
J'aurai toujours pour vous du zèle ;
Vous pouvez retourner au ciel ;
Je n'y veux pas aller sans elle. »

NOTE D'AZOLAN.

[1] Ce conte, qui circulait manuscrit en avril 1764, a fourni le sujet de : *Azolan ou le Serment indiscret*, ballet héroïque en trois actes, paroles de Lemonnier, musique de Floquet, représenté sur le théâtre de l'Opéra le 15 novembre 1774 ; imprimé la même année, in-4°. B.

L'ORIGINE DES MÉTIERS.

Quand Prométhée eut formé son image
D'un marbre blanc façonné par ses mains,
Il épousa, comme on sait, son ouvrage :
Pandore fut la mère des humains.
　Dès qu'elle put se voir et se connaître,
Elle essaya son sourire enchanteur,
Son doux parler, son maintien séducteur,
Parut aimer, et captiva son maître ;
Et Prométhée, à lui plaire occupé,
Premier époux, fut le premier trompé.
　Mars visita cette beauté nouvelle :
L'éclat du dieu, son air mâle et guerrier,
Son casque d'or, son large bouclier,
Tout le servit, et Mars triompha d'elle.
　Le dieu des mers, en son humide cour,
Ayant appris cette bonne fortune,
Chercha la belle, et lui parla d'amour :
Qui cède à Mars peut se rendre à Neptune.
　Le blond Phébus, de son brillant séjour,
Vit leurs plaisirs, eut la même espérance :
Elle ne put faire de résistance
Au dieu des vers, des beaux arts, et du jour.
　Mercure était le dieu de l'éloquence :
Il sut parler, il eut aussi son tour.
　Vulcain, sortant de sa forge embrasée,

Déplut d'abord, et fut fort mal traité;
Mais il obtint par importunité
Cette conquête aux autres dieux aisée.
　　Ainsi Pandore occupa ses beaux ans,
Puis s'ennuya sans en savoir la cause.
Quand une femme aima dans son printemps,
Elle ne peut jamais faire autre chose;
Mais pour les dieux, ils n'aiment pas long-temps.
Elle avait eu pour eux des complaisances :
Ils la quittaient; elle vit dans les champs
Un gros satyre, et lui fit les avances.
　　Nous sommes nés de tous ces passe-temps;
C'est des humains l'origine première :
Voilà pourquoi nos esprits, nos talents,
Nos passions, nos emplois, tout diffère.
L'un eut Vulcain, l'autre eut Mars pour son père,
L'autre un satyre; et bien peu d'entre nous
Sont descendus du dieu de la lumière.
De nos parents nous tenons tous nos goûts.
Mais le métier de la belle Pandore,
Quoique peu rare, est encor le plus doux;
Et c'est celui que tout Paris honore [2].

NOTES

DE L'ORIGINE DES MÉTIERS.

[1] Ce conte circulait aussi manuscrit en avril 1764. B.

[2] C'est ici que finissaient les *Contes de Guillaume Vadé:* ceux qui suivent leur sont de beaucoup postérieurs. B.

LA BÉGUEULE,

CONTE MORAL[1].

1772.

Dans ses écrits un sage Italien
Dit que le mieux est l'ennemi du bien[2];
Non qu'on ne puisse augmenter en prudence,
En bonté d'ame, en talents, en science;
Cherchons le mieux sur ces chapitres-là:
Partout ailleurs évitons la chimère.
Dans son état heureux qui peut se plaire,
Vivre à sa place, et garder ce qu'il a!
La belle Arsène en est la preuve claire.
Elle était jeune; elle avait à Paris
Un tendre époux empressé de complaire
A son caprice, et souffrant son mépris.
L'oncle, la sœur, la tante, le beau-père,
Ne brillaient pas parmi les beaux-esprits;
Mais ils étaient d'un fort bon caractère.
Dans le logis des amis fréquentaient;
Beaucoup d'aisance, une assez bonne chère;
Les passe-temps que nos gens connaissaient,
Jeu, bal, spectacle, et soupers agréables,
Rendaient ses jours à peu près tolérables:
Car vous savez que le bonheur parfait
Est inconnu; pour l'homme il n'est pas fait.
Madame Arsène était fort peu contente

De ces plaisirs. Son superbe dégoût,
Dans ses dédains, fuyait ou blâmait tout.
On l'appelait la belle impertinente.
   Or admirez la faiblesse des gens :
Plus elle était distraite, indifférente,
Plus ils tâchaient, par des soins complaisants,
D'apprivoiser son humeur méprisante;
Et plus aussi notre belle abusait
De tous les pas que vers elle on fesait.
Pour ses amants encor plus intraitable,
Aise de plaire, et ne pouvant aimer,
Son cœur glacé se laissait consumer
Dans le chagrin de ne voir rien d'aimable.
D'elle à la fin chacun se retira.
De courtisans elle avait une liste;
Tout prit parti; seule elle demeura
Avec l'orgueil, compagnon dur et triste :
Bouffi, mais sec, ennemi des ébats,
Il renfle l'ame, et ne la nourrit pas [3].
La dégoûtée avait eu pour marraine
La fée Aline. On sait que ces esprits
Sont mitoyens entre l'espèce humaine
Et la divine; et monsieur Gabalis [4]
Mit par écrit leur histoire certaine.
La fée allait quelquefois au logis
De sa filleule, et lui disait : « Arsène,
Es-tu contente à la fleur de tes ans?
As-tu des goûts et des amusements?
Tu dois mener une assez douce vie. »
L'autre en deux mots répondait : « Je m'ennuie. »
« C'est un grand mal, dit la fée, et je croi

Qu'un beau secret c'est de vivre chez soi. »
   Arsène enfin conjura son Aline
De la tirer de son maudit pays.
« Je veux aller à la sphère divine :
Faites-moi voir votre beau paradis;
Je ne saurais supporter ma famille,
Ni mes amis. J'aime assez ce qui brille,
Le beau, le rare; et je ne puis jamais
Me trouver bien que dans votre palais;
C'est un goût vif dont je me sens coiffée. »
« Très volontiers, » dit l'indulgente fée.
   Tout aussitôt dans un char lumineux
Vers l'orient la belle est transportée.
Le char volait; et notre dégoûtée,
Pour être en l'air, se croyait dans les cieux.
Elle descend au séjour magnifique
De la marraine. Un immense portique,
D'or ciselé dans un goût tout nouveau,
Lui parut riche et passablement beau;
Mais ce n'est rien quand on voit le château.
Pour les jardins, c'est un miracle unique;
Marly, Versaille, et leurs petits jets d'eau,
N'ont rien auprès qui surprenne et qui pique.
La dédaigneuse, à cette œuvre angélique,
Sentit un peu de satisfaction.
Aline dit : « Voilà votre maison;
Je vous y laisse un pouvoir despotique,
Commandez-y. Toute ma nation
Obéira sans aucune réplique.
J'ai quatre mots à dire en Amérique,
Il faut que j'aille y faire quelques tours;

Je reviendrai vers vous en peu de jours.
J'espère au moins, dans ma douce retraite,
Vous retrouver l'ame un peu satisfaite. »
 Aline part. La belle en liberté
Reste et s'arrange au palais enchanté,
Commande en reine, ou plutôt en déesse.
De cent beautés une foule s'empresse
A prévenir ses moindres volontés.
A-t-elle faim ? cent plats sont apportés ;
De vrai nectar la cave était fournie,
Et tous les mets sont de pure ambrosie ;
Les vases sont du plus fin diamant.
Le repas fait, on la mène à l'instant
Dans les jardins, sur les bords des fontaines,
Sur les gazons, respirer les haleines
Et les parfums des fleurs et des zéphyrs.
Vingt chars brillant de rubis, de saphirs,
Pour la porter se présentent d'eux-mêmes,
Comme autrefois les trépieds de Vulcain
Allaient au ciel, par un ressort divin,
Offrir leur siége aux majestés suprêmes.
De mille oiseaux les doux gazouillements,
L'eau qui s'enfuit sur l'argent des rigoles,
Ont accordé leurs murmures charmants ;
Les perroquets répétaient ses paroles,
Et les échos les disaient après eux.
Telle Psyché, par le plus beau des dieux
A ses parents avec art enlevée,
Au seul Amour dignement réservée,
Dans un palais des mortels ignoré,
Aux éléments commandait à son gré.

Madame Arsène est encor mieux servie :
Plus d'agréments environnaient sa vie;
Plus de beautés décoraient son séjour;
Elle avait tout; mais il manquait l'Amour.
Pour égayer notre mélancolique,
On lui donna le soir une musique
Dont les accords et les accents nouveaux
Feraient pâmer soixante cardinaux.
Ces sons vainqueurs allaient au fond des ames;
Mais elle vit, non sans émotion,
Que pour chanter on n'avait que des femmes.
« Dans ce palais point de barbe au menton !
A quoi, dit-elle, a pensé ma marraine?
Point d'homme ici! Suis-je dans un couvent?
Je trouve bon que l'on me serve en reine;
Mais sans sujets la grandeur est du vent.
J'aime à régner, sur des hommes s'entend;
Ils sont tous nés pour ramper dans ma chaîne :
C'est leur destin, c'est leur premier devoir;
Je les méprise, et je veux en avoir. »
Ainsi parlait la recluse intraitable;
Et cependant les nymphes sur le soir
Avec respect ayant servi sa table,
On l'endormit au son des instruments.

   Le lendemain mêmes enchantements,
Mêmes festins, pareille sérénade;
Et le plaisir fut un peu moins piquant.
Le lendemain lui parut un peu fade;
Le lendemain fut triste et fatigant :
Le lendemain lui fut insupportable.
   Je me souviens du temps trop peu durable

Où je chantais, dans mon heureux printemps,
Des lendemains plus doux et plus plaisants [5].
 La belle enfin chaque jour fêtoyée
Fut tellement de sa gloire ennuyée,
Que, détestant cet excès de bonheur,
Le paradis lui fesait mal au cœur.
Se trouvant seule, elle avise une brèche
A certain mur; et, semblable à la flèche
Qu'on voit partir de la corde d'un arc,
Madame saute, et vous franchit le parc.
 Au même instant palais, jardins, fontaines,
Or, diamants, émeraudes, rubis,
Tout disparaît à ses yeux ébaubis;
Elle ne voit que les stériles plaines
D'un grand désert, et des rochers affreux :
La dame alors, s'arrachant les cheveux,
Demande à Dieu pardon de ses sottises.
La nuit venait, et déjà ses mains grises
Sur la nature étendaient ses rideaux.
Les cris perçants des funèbres oiseaux,
Les hurlements des ours et des panthères,
Font retentir les antres solitaires.
Quelle autre fée, hélas! prendra le soin
De secourir ma folle aventurière!
Dans sa détresse elle aperçut de loin,
A la faveur d'un reste de lumière,
Au coin d'un bois, un vilain charbonnier,
Qui s'en allait par un petit sentier,
Tout en sifflant, retrouver sa chaumière.
«Qui que tu sois, lui dit la beauté fière,
Vois en pitié le malheur qui me suit;

Car je ne sais où coucher cette nuit. »
Quand on a peur, tout orgueil s'humanise.
  Le noir pataud, la voyant si bien mise,
Lui répondit : « Quel étrange démon
Vous fait aller dans cet état de crise,
Pendant la nuit, à pied, sans compagnon?
Je suis encor très loin de ma maison.
Çà, donnez-moi votre bras, ma mignonne;
On recevra ta petite personne
Comme on pourra. J'ai du lard et des œufs.
Toute Française, à ce que j'imagine,
Sait, bien ou mal, faire un peu de cuisine.
Je n'ai qu'un lit; c'est assez pour nous deux. »
  Disant ces mots, le rustre vigoureux
D'un gros baiser sur sa bouche ébahie
Ferme l'accès à toute repartie;
Et par avance il veut être payé
Du nouveau gîte à la belle octroyé.
« Hélas! hélas! dit la dame affligée,
Il faudra donc qu'ici je sois mangée
D'un charbonnier ou de la dent des loups! »
Le désespoir, la honte, le courroux,
L'ont suffoquée : elle est évanouie.
Notre galant la rendait à la vie.
La fée arrive, et peut-être un peu tard.
Présente à tout, elle était à l'écart.
« Vous voyez bien, dit-elle à sa filleule,
Que vous étiez une franche bégueule.
Ma chère enfant, rien n'est si périlleux
Que de quitter le bien pour être mieux. »
  La leçon faite, on reconduit ma belle

Dans son logis. Tout y changea pour elle
En peu de temps, sitôt qu'elle changea.
Pour son profit elle se corrigea.
Sans avoir lu les beaux moyens de plaire
Du sieur Moncrif[6], et sans livre, elle plut.
Que fallait-il à son cœur?... qu'il voulût.
Elle fut douce, attentive, polie,
Vive et prudente; et prit même en secret
Pour charbonnier un jeune amant discret,
Et fut alors une femme accomplie.

ENVOI A MADAME DE FLORIAN[7].

Chloé, quand mon impertinente
A la fin connut la façon
De devenir femme charmante,
C'est de vous qu'elle prit leçon;
Mais elle est loin de son modèle.
Votre sort est plus singulier :
Vous aviez pis qu'un charbonnier,
Et vous avez mieux choisi qu'elle.

NOTES

DE LA BÉGUEULE.

¹ Les *Mémoires secrets* du 1ᵉʳ mai 1772 disent que ce conte circula sous le nom du R. P. Nonotte. Je n'ai vu aucune édition portant ce nom. C'est de ce conte que Favart a tiré sa *Belle Arsène;* voyez tome LXVII, page 416. Beaunoir, né en 1746, mort en 1823, fit jouer, en 1775, sur le théâtre de Nicolet ou des grands Danseurs de corde du roi, *l'Amant voleur*, comédie en trois actes, non imprimée, dont le sujet est pris dans *la Bégueule*. MM. Brazier, Merle et Carmouche ont fait représenter, en 1826, sur le théâtre de la Porte Saint-Martin, *la Bégueule, ou la Princesse et le Charbonnier*, vaudeville féerie en deux actes, imprimé la même année. B.

² Voltaire cite le vers italien dans son article ART DRAMATIQUE du *Dictionnaire philosophique:* voyez tome XXVII, page 117. B.

³ Montaigne, chapitre XXIV du livre I de ses *Essais*, a dit *il enfle l'ame*. L'emprunt de Voltaire a été signalé par M. Leclerc dans son édition de Montaigne. B.

⁴ *Le comte de Gabalis, ou Entretiens sur les sciences secrètes* (par l'abbé Montfaucon de Villiers), 1670, in-12. B.

⁵ Allusion au lendemain du septième chant de *la Pucelle;* voyez tome XI, page 123. B.

⁶ Moncrif a fait un livre intitulé *Essais sur la nécessité et les moyens de plaire*, 1738, in-12. B.

⁷ Jolie Genevoise qui, après avoir fait divorce avec Rilliet son mari, homme d'esprit, mais un peu bizarre, avait épousé M. de Florian, gentilhomme de Languedoc, alors veuf d'une nièce de M. de Voltaire. K. — Voyez tome LXVII, page 349. B.

LES FINANCES.

1775.

Quand Terray nous mangeait[1], un honnête bourgeois,
Lassé des contre-temps d'une vie inquiète,
Transplanta sa famille au pays champenois :
Il avait près de Reims une obscure retraite ;
Son plus clair revenu consistait en bon vin.
   Un jour qu'il arrangeait sa cave et son ménage,
Il fut dans sa maison visité d'un voisin,
Qui parut à ses yeux le seigneur du village :
Cet homme était suivi de brillants estafiers,
Sergents de la finance, habillés en guerriers.
Le bourgeois fit à tous une humble révérence,
Du meilleur de son cru prodigua l'abondance ;
Puis il s'enquit tout bas quel était le seigneur
Qui fesait aux bourgeois un tel excès d'honneur.
   « Je suis, dit l'inconnu, dans les fermes nouvelles,
Le royal directeur des *aides* et *gabelles*.
«Ah ! pardon, monseigneur ! Quoi ! vous *aidez* le roi ?»
«Oui, l'ami.» «Je révère un si sublime emploi :
Le mot d'*aide* s'entend ; *gabelles* m'embarrasse.
D'où vient ce mot ?» «D'un Juif appelé *Gabelus*[a].»
«Ah, d'un Juif ! je le crois.» «Selon les nobles *us*
De ce peuple divin, dont je chéris la race,

[a] Il y eut en effet le Juif Gabelus qui eut des affaires d'argent avec le bon homme Tobie : et plusieurs doctes très sensés tirent de l'hébreu l'étymologie de *gabelle*, car on sait que c'est de l'hébreu que vient le français.

Je viens prendre chez vous les *droits* qui me sont dus.
J'ai fait quelques progrès, par mon expérience,
Dans l'art de *travailler un royaume en finance*.
Je fais loyalement deux parts de votre bien :
La première est au roi, qui n'en retire rien;
La seconde est pour moi. Voici votre mémoire.
Tant pour les brocs de vin qu'ici nous avons bus;
Tant pour ceux qu'aux marchands vous n'avez point vendus,
Et pour ceux qu'avec vous nous comptons encor boire;
Tant pour le sel marin duquel nous présumons
Que vous deviez garnir vos savoureux jambons[a].
Vous ne l'avez point pris, et vous deviez le prendre.
Je ne suis point méchant, et j'ai l'ame assez tendre.
Composons, s'il vous plaît. Payez dans ce moment
Deux mille écus tournois par accommodement. »
 Mon badaud écoutait d'une mine attentive
Ce discours éloquent qu'il ne comprenait pas;
Lorsqu'un autre seigneur en son logis arrive,
Lui fait son compliment, le serre entre ses bras :
« Que vous êtes heureux ! votre bonne fortune,
En pénétrant mon cœur, à nous deux est commune.
Du *domaine* royal je suis le *contrôleur* :
J'ai su que depuis peu vous goûtez le bonheur
D'être seul héritier de votre vieille tante.
Vous pensiez n'y gagner que mille écus de rente :
Sachez que la défunte en avait trois fois plus.
Jouissez de vos biens, par mon savoir accrus.
Quand je vous enrichis, souffrez que je demande,

---

[1] Un homme qui a tant de cochons doit prendre tant de sel pour les saler; et s'ils meurent, il doit prendre la même quantité de sel, sans quoi il est mis à l'amende, et on vend ses meubles.

Pour vous être trompé, dix mille francs d'amende[a].

Aussitôt ces messieurs, discrètement unis,
Font des biens au soleil un petit inventaire;
Saisissent tout l'argent, démeublent le logis.
La femme du bourgeois crie et se désespère;
Le maître est interdit; la fille est tout en pleurs;
Un enfant de quatre ans joue avec les voleurs:
Heureux pour quelque temps d'ignorer sa disgrace!

Son aîné, grand garçon, revenant de la chasse,
Veut secourir son père, et défend la maison:
On les prend, on les lie, on les mène en prison;
On les juge, on en fait de nobles Argonautes,
Qui, du port de Toulon devenus nouveaux hôtes[b],
Vont ramer pour le roi vers la mer de Cadix.
La pauvre mère expire en embrassant son fils;
L'enfant abandonné gémit dans l'indigence;
La fille sans secours est servante à Paris.

C'est ainsi qu'on *travaille un royaume en finance.*

[a] Les contrôleurs du domaine évaluent toujours le bien dont tout collatéral hérite au triple de la valeur, le taxent suivant cette évaluation, imposent une amende excessive, vendent le bien à l'encan, et l'achètent à bon marché.

[b] L'aventure est arrivée à la famille d'Antoine Fusigat.

NOTE DES FINANCES.

[1] Le premier hémistiche de cette pièce prouve qu'elle est postérieure à la retraite de l'abbé Terray, qui eut lieu le 24 auguste 1774 (voyez tome LXVIII, page 34). L'abbé, pendant son ministère, avait pris à Voltaire 200,000 livres (voyez tome XII, page 313; et LXVI, 456). *Les Finances* sont au tome XIII de l'édition encadrée, qui est de 1775. B.

LE DIMANCHE,

ou

LES FILLES DE MINÉE[1].

A MADAME ARNANCHE.

1775.

Vous demandez, madame Arnanche,
Pourquoi nos dévots paysans,
Les cordeliers à la grand'manche,
Et nos curés catéchisans,
Aiment à boire le dimanche?
J'ai consulté bien des savants.
Huet, cet évêque d'Avranche,
Qui pour la Bible toujours penche,
Prétend qu'un usage si beau
Vient de Noé le patriarche,
Qui, justement dégoûté d'eau,
S'enivrait au sortir de l'arche.
Huet se trompe : c'est Bacchus,
C'est le législateur du Gange,
Ce dieu de cent peuples vaincus,
Cet inventeur de la vendange.
C'est lui qui voulut consacrer
Le dernier jour hebdomadaire
A boire, à rire, à ne rien faire :

On ne pouvait mieux honorer
La divinité de son père.
Il fut ordonné par les lois
D'employer ce jour salutaire
A ne faire œuvre de ses doigts
Qu'avec sa maîtresse et son verre.
 Un jour, ce digne fils de Dieu
Et de la pieuse Sémèle
Descendit du ciel au saint lieu
Où sa mère, très peu cruelle,
Dans son beau sein l'avait conçu,
Où son père, l'ayant reçu,
L'avait enfermé dans sa cuisse;
Grands mystères bien expliqués,
Dont autrefois se sont moqués
Des gens d'esprit pleins de malice.
 Bacchus à peine se montrait
Avec Silène et sa monture,
Tout le peuple les adorait ;
La campagne était sans culture ;
Dévotement on folâtrait ;
Et toute la cléricature
Courait en foule au cabaret.
 Parmi ce brillant fanatisme,
Il fut un pauvre citoyen
Nommé Minée, homme de bien,
Et soupçonné de jansénisme.
Ses trois filles filaient du lin,
Aimaient Dieu, servaient le prochain,
Évitaient la fainéantise,
Fuyaient les plaisirs, les amants,

Et, pour ne point perdre de temps,
Ne fréquentaient jamais l'église.

Alcithoé dit à ses sœurs :
« Travaillons et fesons l'aumône ;
Monsieur le curé dans son prône
Donne-t-il des conseils meilleurs ?
Filons, et laissons la canaille
Chanter des versets ennuyeux :
Quiconque est honnête et travaille
Ne saurait offenser les dieux.
Filons, si vous voulez m'en croire ;
Et, pour égayer nos travaux,
Que chacune conte une histoire
En fesant tourner ses fuseaux. »
Les deux cadettes approuvèrent
Ce propos tout plein de raison,
Et leur sœur, qu'elles écoutèrent,
Commença de cette façon :

« Le travail est mon dieu, lui seul régit le monde ;
Il est l'ame de tout : c'est en vain qu'on nous dit
Que les dieux sont à table ou dorment dans leur lit.
J'interroge les cieux, l'air, et la terre, et l'onde :
Le puissant Jupiter fait son tour en dix ans [2],
Son vieux père Saturne avance à pas plus lents,
Mais il termine enfin son immense carrière ;
Et dès qu'elle est finie, il recommence encor.

« Sur son char de rubis, mêlés d'azur et d'or,
Apollon va lançant des torrents de lumière.
Quand il quitta les cieux, il se fit médecin,

Architecte, berger, ménétrier, devin ;
Il travailla toujours. Sa sœur l'aventurière
Est Hécate aux enfers, Diane dans les bois,
Lune pendant les nuits, et remplit trois emplois.

« Neptune chaque jour est occupé six heures
A soulever des eaux les profondes demeures,
Et les fait dans leur lit retomber par leur poids.

«Vulcain, noir et crasseux, courbé sur son enclume,
Forge à coups de marteau les foudres qu'il allume.

« On m'a conté qu'un jour, croyant le bien payer,
Jupiter à Vénus daigna le marier.
Ce Jupiter, mes sœurs, était grand adultère ;
Vénus l'imita bien : chacun tient de son père.
Mars plut à la friponne ; il était colonel,
Vigoureux, impudent, s'il en fut dans le ciel,
Talons rouges, nez haut, tous les talents de plaire ;
Et tandis que Vulcain travaillait pour la cour,
Mars consolait sa femme en parfait petit-maître,
Par air, par vanité, plutôt que par amour.

« Le mari méprisé, mais très digne de l'être,
Aux deux amants heureux voulut jouer d'un tour.
D'un fil d'acier poli, non moins fin que solide,
Il façonne un réseau que rien ne peut briser.
Il le porte la nuit au lit de la perfide.
Lasse de ses plaisirs, il la voit reposer
Entre les bras de Mars ; et, d'une main timide,
Il vous tend son lacet sur le couple amoureux ;
Puis, marchant à grands pas, encor qu'il fût boiteux,
Il court vite au Soleil conter son aventure :
«Toi qui vois tout, dit-il, viens, et vois ma parjure.
Cependant que Phosphore au bord de l'orient

Au-devant de ton char ne paraît point encore,
Et qu'en versant des pleurs la diligente Aurore
Quitte son vieil époux pour son nouvel amant,
Appelle tous les dieux; qu'ils contemplent ma honte,
Qu'ils viennent me venger. « Apollon est malin;
Il rend avec plaisir ce service à Vulcain.
En petits vers galants sa disgrace il raconte;
Il assemble en chantant tout le conseil divin.
Mars se réveille au bruit, aussi bien que sa belle:
Ce dieu très éhonté ne se dérangea pas;
Il tint, sans s'étonner, Vénus entre ses bras,
Lui donnant cent baisers qui sont rendus par elle.
Tous les dieux à Vulcain firent leur compliment;
Le père de Vénus en rit long-temps lui-même.
On vanta du lacet l'admirable instrument,
Et chacun dit: « Bon homme, attrapez-nous de même. »

Lorsque la belle Alcithoé
Eut fini son conte pour rire,
Elle dit à sa sœur Thémire:
« Tout ce peuple chante *Évoé;*
Il s'enivre, il est en délire;
Il croit que la joie est du bruit.
Mais vous, que la raison conduit,
N'auriez-vous donc rien à nous dire? »
Thémire à sa sœur répondit:
« La populace est la plus forte;
Je crains ces dévots, et fais bien:
A double tour fermons la porte,
Et poursuivons notre entretien.
Votre conte est de bonne sorte;

D'un vrai plaisir il me transporte:
Pourrez-vous écouter le mien?

« C'est de Vénus qu'il faut parler encore ;
Sur ce sujet jamais on ne tarit :
Filles, garçons, jeunes, vieux, tout l'adore ;
Mille grimauds font des vers sans esprit
Pour la chanter. Je m'en suis souvent plainte.
Je détestais tout médiocre auteur :
Mais on les passe, on les souffre, et la sainte
Fait qu'on pardonne au sot prédicateur.

« Cette Vénus que vous avez dépeinte
Folle d'amour pour le dieu des combats,
D'un autre amour eut bientôt l'ame atteinte :
Le changement ne lui déplaisait pas.
Elle trouva devers la Palestine
Un beau garçon dont la charmante mine,
Les blonds cheveux, les roses, et les lis,
Les yeux brillants, la taille noble et fine,
Tout lui plaisait ; car c'était Adonis.
Cet Adonis, ainsi qu'on nous l'atteste,
Au rang des dieux n'était pas tout-à-fait ;
Mais chacun sait combien il en tenait.
Son origine était toute céleste ;
Il était né des plaisirs d'un inceste.
Son père était son aïeul Cynira,
Qui l'avait eu de sa fille Myrrha ;
Et Cynira (ce qu'on a peine à croire)
Était le fils d'un beau morceau d'ivoire.
Je voudrais bien que quelque grand docteur
Pût m'expliquer sa généalogie :

J'aime à m'instruire; et c'est un grand bonheur
D'être savante en la théologie.

« Mars fut jaloux de son charmant rival;
Il le surprit avec sa Cythérée,
Le nez collé sur sa bouche sacrée,
Fesant des dieux. Mars est un peu brutal;
Il prit sa lance, et, d'un coup détestable,
Il transperça ce jeune homme adorable,
De qui le sang produit encor des fleurs.
J'admire ici toutes les profondeurs
De cette histoire; et j'ai peine à comprendre
Comment un dieu pouvait ainsi pourfendre
Un autre dieu. Çà, dites-moi, mes sœurs,
Qu'en pensez-vous? parlez-moi sans scrupule :
Tuer un dieu n'est-il pas ridicule? »

« Non, dit Climène; et puisqu'il était né,
C'est à mourir qu'il était destiné.
Je le plains fort; sa mort paraît trop prompte.
Mais poursuivez le fil de votre conte. »

Notre Thémire, aimant à raisonner,
Lui répondit : « Je vais vous étonner.
Adonis meurt; mais Vénus la féconde[3],
Qui peuple tout, qui fait vivre et sentir,
Cette Vénus qui créa le Plaisir,
Cette Vénus qui répare le monde,
Ressuscita, sept jours après sa mort,
Le dieu charmant dont vous plaignez le sort. »

« Bon, dit Climène, en voici bien d'une autre :
Ma chère sœur, quelle idée est la vôtre?
Ressusciter les gens! je n'en crois rien. »

« Ni moi non plus, dit la belle conteuse;

Et l'on peut être une fille de bien
En soupçonnant que la fable est menteuse.
Mais tout cela se croit très fermement
Chez les docteurs de ma noble patrie,
Chez les rabbins de l'antique Syrie,
Et vers le Nil, où le peuple en dansant,
De son Isis entonnant la louange,
Tous les matins fait des dieux, et les mange.
Chez tous ces gens Adonis est fêté.
On vous l'enterre avec solennité :
Six jours entiers l'enfer est sa demeure;
Il est damné tant en corps qu'en esprit.
Dans ces six jours chacun gémit et pleure;
Mais le septième il ressuscite, on rit.
Telle est, dit-on, la belle allégorie,
Le vrai portrait de l'homme et de la vie :
Six jours de peine, un seul jour de bonheur.
Du mal au bien toujours le destin change :
Mais il est peu de plaisirs sans douleur,
Et nos chagrins sont souvent sans mélange. »

De la sage Climène enfin c'était le tour.
Son talent n'était pas de conter des sornettes,
De faire des romans, ou l'histoire du jour,
De ramasser des faits perdus dans les gazettes.
Elle était un peu sèche, aimait la vérité,
La cherchait, la disait avec simplicité;
Se souciant fort peu qu'elle fût embellie,
Elle eût fait un bon tome à l'*Encyclopédie*.
Climène à ses deux sœurs adressa ce discours :
« Vous m'avez de nos dieux raconté les amours,

> Les aventures, les mystères :
>
> Si nous n'en croyons rien, que nous sert d'en parler?
> Un mot devrait suffire : on a trompé nos pères,
>
> Il ne faut pas leur ressembler.
> Les Béotiens, nos confrères,
>
> Chantent au cabaret l'histoire de nos dieux ;
> Le vulgaire se fait un grand plaisir de croire
>
> Tous ces contes fastidieux
>
> Dont on a dans l'enfance enrichi sa mémoire.
> Pour moi, dût le curé me gronder après boire,
> Je m'en tiens à vous dire, avec mon peu d'esprit,
> Que je n'ai jamais cru rien de ce qu'on m'a dit.
> D'un bout du monde à l'autre on ment et l'on mentit;
> Nos neveux mentiront comme ont fait nos ancêtres.
>
> Chroniqueurs, médecins, et prêtres,
>
> Se sont moqués de nous dans leur fatras obscur :
>
> Moquons-nous d'eux, c'est le plus sûr.
> Je ne crois point à ces prophètes
> Pourvus d'un esprit de Python,
> Qui renoncent à leur raison
> Pour prédire des choses faites.
>
> Je ne crois pas qu'un Dieu nous fasse nos enfants;
>
> Je ne crois point la guerre des géants ;
>
> Je ne crois point du tout à la prison profonde
> D'un rival de Dieu même en son temps foudroyé ;
> Je ne crois point qu'un fat ait embrasé ce monde,
>
> Que son grand-père avait noyé ;
>
> Je ne crois aucun des miracles
>
> Dont tout le monde parle, et qu'on n'a jamais vus ;
>
> Je ne crois aucun des oracles

Que des charlatans ont vendus;
Je ne crois point...» La belle, au milieu de sa phrase,
S'arrêta de frayeur : un bruit affreux s'entend;
    La maison tremble; un coup de vent
    Fait tomber le trio qui jase.
Avec tout son clergé Bacchus entre en buvant :
« Et moi, je crois, dit-il, mesdames les savantes,
    Qu'en fesant trop les beaux-esprits,
    Vous êtes des impertinentes.
    Je crois que de mauvais écrits
    Vous ont un peu tourné la tête.
    Vous travaillez un jour de fête;
    Vous en aurez bientôt le prix,
    Et ma vengeance est toute prête :
    Je vous change en chauve-souris. »

    Aussitôt de nos trois recluses [4]
    Chaque membre se raccourcit;
    Sous leur aisselle il s'étendit
    Deux petites ailes velues.
    Leur voix pour jamais se perdit;
    Elles volèrent dans les rues,
    Et devinrent oiseaux de nuit.
    Ce châtiment fut tout le fruit
    De leurs sciences prétendues.
    Ce fut une grande leçon
    Pour tout bon raisonneur qui fronde:
    On connut qu'il est dans ce monde
    Trop dangereux d'avoir raison.
    Ovide a conté cette affaire;

La Fontaine en parle après lui ;
Moi je la répète aujourd'hui,
Et j'aurais mieux fait de me taire.

NOTES

DES FILLES DE MINÉE.

1 La première édition de ce conte parut sous le nom de M. de La Visclède, secrétaire perpétuel de l'académie de Marseille; il était suivi d'une *Lettre* en prose sous le même nom. K. — C'est, je crois, dans sa lettre à madame du Deffand, du 17 mai 1775, que Voltaire parle des *Filles de Minée*. La *Lettre de M. de La Visclède*, c'est-à-dire écrite sous le nom de cet académicien, est au tome XLVIII, page 261 ; elle ne parut qu'en 1776. B.

2 *Dix ans* est une erreur inconcevable de la part de Voltaire, qui, non seulement dans ses *Éléments de la philosophie de Newton*, troisième partie, chapitre 12 (voyez tome XXXVIII, page 275), avait dit que la révolution de Jupiter est de près de *douze ans;* mais qui, dans le quatrième de ses *Discours sur l'Homme*, avait employé le terme de *douze ans*. B.

3 Imitation des premiers vers du poëme de Lucrèce. B.

4 Une édition de 1775, que j'ai sous les yeux, porte *recluses*. La rime exige ce mot. Cependant beaucoup d'éditions ont mis *récluses*. B.

SÉSOSTRIS [1].

Vous le savez, chaque homme a son génie
Pour l'éclairer et pour guider ses pas
Dans les sentiers de cette courte vie.
A nos regards il ne se montre pas,
Mais en secret il nous tient compagnie.
On sait aussi qu'ils étaient autrefois
Plus familiers que dans l'âge où nous sommes :
Ils conversaient, vivaient avec les hommes
En bons amis, surtout avec les rois.
   Près de Memphis, sur la rive féconde
Qu'en tous les temps, sous des palmiers fleuris,
Le dieu du Nil embellit de son onde,
Un soir au frais, le jeune Sésostris
Se promenait, loin de ses favoris,
Avec son ange, et lui disait : « Mon maître,
Me voilà roi : j'ai dans le fond du cœur
Un vrai desir de mériter de l'être :
Comment m'y prendre ? » Alors son directeur
Dit : « Avançons vers ce grand labyrinthe
Dont Osiris forma [2] la belle enceinte ;
Vous l'apprendrez. » Docile à ses avis,
Le prince y vole [3]. Il voit dans le parvis
Deux déités d'espèce différente :
L'une paraît une beauté touchante,
Au doux sourire, aux regards enchanteurs,
Languissamment couchée entre des fleurs,

D'Amours badins, de Graces entourée,
Et de plaisir encor tout enivrée.
Loin derrière elle étaient trois assistants,
Secs, décharnés, pâles, et chancelants.
Le roi demande à son guide fidèle
Quelle est la nymphe et si tendre et si belle,
Et que font là ces trois vilaines gens.
Son compagnon lui répondit : « Mon prince,
Ignorez-vous quelle est cette beauté ?
A votre cour, à la ville, en province,
Chacun l'adore, et c'est la Volupté.
Ces trois vilains, qui vous font tant de peine,
Marchent souvent après leur souveraine :
C'est le Dégoût, l'Ennui, le Repentir,
Spectres hideux, vieux enfants du Plaisir. »
  L'Égyptien fut affligé d'entendre
De ce propos la triste vérité.
« Ami, dit-il, veuillez aussi m'apprendre
Quelle est plus loin cette autre déité
Qui me paraît moins facile et moins tendre,
Mais dont l'air noble et la sérénité
Me plaît assez. Je vois à son côté
Un sceptre d'or, une sphère, une épée,
Une balance; elle tient dans sa main
Des manuscrits dont elle est occupée ;
Tout l'ornement qui pare son beau sein
Est une égide. Un temple magnifique
S'ouvre à sa voix, tout brillant de clarté ;
Sur le fronton de l'auguste portique
Je lis ces mots, *A l'immortalité.*
Y puis-je entrer ? » « L'entreprise est pénible,

Repartit l'ange ; on a souvent tenté
D'y parvenir, mais on s'est rebuté.
Cette beauté, qui vous semble inflexible,
Peut quelquefois se laisser enflammer.
La Volupté [4], plus douce et plus sensible,
A plus d'attraits ; l'autre sait mieux aimer.
Il faut, pour plaire à la fière immortelle,
Un esprit juste, un cœur pur et fidèle :
C'est la Sagesse ; et ce brillant séjour
Qu'on vient d'ouvrir est celui de la Gloire.
Le bien qu'on fait y vit dans la mémoire ;
Votre beau nom y doit paraître un jour.
Décidez-vous entre ces deux déesses :
Vous ne pouvez les servir à-la-fois. »

Le jeune roi lui dit : « J'ai fait mon choix.
Ce que j'ai vu doit régler mes tendresses.
D'autres voudront les aimer [5] toutes deux :
L'une un moment pourrait me rendre heureux ;
L'autre par moi peut rendre heureux le monde. »
A la première, avec un air galant,
Il appliqua deux baisers en passant ;
Mais il donna son cœur à la seconde.

NOTE ET VARIANTES
DE SÉSOSTRIS.

¹ Ce conte est une allégorie en l'honneur de Louis XVI, qui régnait depuis environ vingt mois. Composé en février 1776, il fut d'abord envoyé à d'Argental, et bientôt répandu (voyez lettres à d'Argental, du 6 mars 1776, et à Marmontel, du 8 mars). B.

² VAR.   Dont Osiris fonda.

³ VAR.   Le prince y court.

⁴ VAR.   Cette beauté qui paraît peu sensible,
Fille du ciel, mère de tous les arts,
Surtout de l'art de gouverner la terre,
D'être un héros soit en paix, soit en guerre,
Est la Sagesse; et ce noble séjour
Qu'on vient d'ouvrir.....

Cette version est prise dans le *Mercure*, tome Ier d'avril 1776 : un vers y est sans rime. B.

⁵ VAR.   D'autres voudront les servir.

LE SONGE CREUX [1].

Je veux conter comment la nuit dernière,
D'un vin d'Arbois largement abreuvé,
Par passe-temps dans mon lit j'ai rêvé
Que j'étais mort, et ne me trompais guère.
Je vis d'abord notre portier Cerbère,
De trois gosiers aboyant à-la-fois;
Il me fallut traverser trois rivières;
On me montra les trois sœurs filandières,
Qui font le sort des peuples et des rois.
Je fus conduit vers trois juges sournois,
Qu'accompagnaient trois gaupes effroyables,
Filles d'enfer et geôlières des diables;
Car, Dieu merci, tout se fesait par trois.
Ces lieux d'horreur effarouchaient ma vue,
Je frémissais à la sombre étendue
Du vaste abîme où des esprits pervers
Semblaient avoir englouti l'univers.
Je réclamais la clémence infinie
Des puissants dieux, auteurs de tous les biens.
Je l'accusais, lorsqu'un heureux génie
Me conduisit aux champs élysiens,
Au doux séjour de la paix éternelle,
Et des plaisirs, qui, dit-on, sont nés d'elle.
On me montra, sous des ombrages frais,
Mille héros connus par les bienfaits
Qu'ils ont versés sur la race mortelle,

Et qui pourtant n'existèrent jamais :
Le grand Bacchus, digne en tout de son père ;
Bellérophon, vainqueur de la Chimère ;
Cent demi-dieux des Grecs et des Romains.
En tous les temps tout pays eut ses saints.
  Or, mes amis, il faut que je déclare
Que si j'étais rebuté du Tartare,
Cet Élysée et sa froide beauté
M'avaient aussi promptement dégoûté.
Impatient de fuir cette cohue,
Pour m'esquiver je cherchais une issue,
Quand j'aperçus un fantôme effrayant,
Plein de fumée, et tout enflé de vent,
Et qui semblait me fermer le passage.
« Que me veux-tu ? dis-je à ce personnage. »
« Rien, me dit-il, car je suis le Néant.
Tout ce pays est de mon apanage. »
De ce discours je fus un peu troublé.
« Toi le Néant ! jamais il n'a parlé.... »
« Si fait, je parle ; on m'invoque, et j'inspire
Tous les savants qui sur mon vaste empire
Ont publié tant d'énormes fatras.... »
« Eh bien, mon roi, je me jette en tes bras.
Puisqu'en ton sein tout l'univers se plonge,
Tiens, prends mes vers, ma personne, et mon songe :
Je porte envie au mortel fortuné
Qui t'appartient au moment qu'il est né. »

NOTE

DU SONGE CREUX.

[1] Les éditeurs de Kehl ont placé le *Songe creux* à la fin des contes, sans en donner la date. Je pense qu'ils l'ont imprimé sur manuscrit; car je ne l'ai trouvé dans aucune des éditions qui ont précédé celles de Kehl. B.

FIN DES CONTES.

SATIRES.

AVIS DU NOUVEL ÉDITEUR.

Dans un *Recueil des pièces du régiment de la Calotte*, à Paris, chez J. Colombat, 1726, petit in-12, est à la page 261 un *Brevet pour aggréger le sieur Camuzat dans le régiment de la Calotte, par Voltaire*. Je ne puis croire que cette pièce, dont au reste personne n'a parlé, soit de Voltaire. Dans le même recueil, page 267, est le *Brevet pour aggréger le sieur Arouet de Voltaire dans le régiment de la Calotte, par Camuzat*. Cette dernière pièce est dans l'édition de 1752-54 des *Mémoires pour servir à l'histoire de la Calotte*, en six volumes in-12; mais le *Brevet pour Camuzat* n'y est pas.

BEUCHOT.

SATIRES.

LE BOURBIER.

1714[1].

Pour tous rimeurs, habitants du Parnasse,
De par Phébus il est plus d'une place :
Les rangs n'y sont confondus comme ici :
Et c'est raison. Ferait beau voir aussi[2]
Le fade auteur d'un roman ridicule
Sur même lit couché près de Catulle ;
Ou bien La Motte ayant l'honneur du pas
Sur le harpeur[3] ami de Mécénas :
Trop bien Phébus sait de sa république
Régler les rangs et l'ordre hiérarchique ;
Et, dispensant honneur et dignité,
Donne à chacun ce qu'il a mérité.
Au haut du mont sont fontaines d'eau pure,
Riants jardins, non tels qu'à Châtillon
En a planté l'ami de Crébillon[4],
Et dont l'art seul a fourni la parure :
Ce sont jardins ornés par la nature.
Là sont lauriers, orangers toujours verts ;
Séjournent là gentils feseurs de vers.
Anacréon, Virgile, Horace, Homère,
Dieux qu'à genoux le bon Dacier révère,
D'un beau laurier y couronnent leur front.

Un peu plus bas, sur le penchant du mont,
Est le séjour de ces esprits timides,
De la raison partisans insipides,
Qui, compassés dans leurs vers languissants,
A leur lecteur font haïr le bon sens.
Adonc, amis, si, quand ferez voyage,
Vous abordez la poétique plage,
Et que La Motte ayez desir de voir,
Retenez bien qu'illec est son manoir.
Là ses consorts ont leurs têtes ornées
De quelques fleurs presque en naissant fanées,
D'un sol aride incultes nourrissons,
Et digne prix de leurs maigres chansons.
Cettui pays n'est pays de Cocagne.
Il est enfin, au pied de la montagne,
Un bourbier noir, d'infecte profondeur,
Qui fait sentir très malplaisante odeur
A tout chacun, fors à la troupe impure
Qui va nageant dans ce fleuve d'ordure.
Et qui sont-ils ces rimeurs diffamés?
Pas ne prétends que par moi soient nommés.
Mais quand verrez chansonniers, feseurs d'odes,
Rogues corneurs de leurs vers incommodes,
Peintres, abbés, brocanteurs, jetonniers,
D'un vil café superbes casaniers,
Où tous les jours, contre Rome et la Grèce,
De maldisants se tient bureau d'adresse,
Direz alors, en voyant tel gibier :
Ceci paraît citoyen du bourbier.
De ces grimauds la croupissante race
En cettui lac incessamment coasse

Contre tous ceux qui, d'un vol assuré,
Sont parvenus au haut du mont sacré.
En ce seul point cettui peuple s'accorde,
Et va cherchant la fange la plus orde
Pour en noircir les menins d'Hélicon,
Et polluer le trône d'Apollon.
C'est vainement; car cet impur nuage
Que contre Homère, en son aveugle rage,
La gent moderne assemblait avec art,
Est retombé sur le poëte Houdart:
Houdart, ami de la troupe aquatique,
Et de leurs vers approbateur unique,
Comme est aussi le tiers état auteur
Dudit Houdart unique admirateur;
Houdart enfin, qui, dans un coin du Pinde,
Loin du sommet où Pindare se guinde,
Non loin du lac est assis, ce dit-on,
Tout au-dessus de l'abbé Terrasson.

NOTES

DU BOURBIER.

[1] Cette pièce, qui n'était pas dans les éditions de Kehl, est quelquefois intitulée *le Parnasse;* et ce fut à son occasion que Chaulieu adressa à Voltaire l'épître qui commence ainsi:

> Que j'aime ta noble audace,
> Arouet, qui d'un plein saut
> Escalades le Parnasse,
> Et tout à coup, près d'Horace,

Sur le sommet le plus haut
Brigues la première place, etc.

Les éditeurs de Chaulieu ne savaient pas quelle était la pièce de Voltaire à laquelle se rapportait celle de l'abbé. Cependant *le Bourbier* ou *le Parnasse* a souvent été imprimé, savoir : dans les *Nouvelles littéraires*, 1715, tome I, page 151 ; à la suite d'une édition de *la Ligue* (*Henriade*), Amsterdam, 1724, in-12, page 194; dans *le Voltariana*, page 270 ; dans *Mon petit Portefeuille*, 1774, tome II, page 121 ; dans *l'Histoire littéraire de Voltaire*, par Luchet, tome I, page 26 ; dans *l'Almanach littéraire* ou *Étrennes d'Apollon pour* 1793, page 5 ; madame Dunoyer l'avait aussi inséré dans ses *Lettres galantes*. Voltaire avait composé cette satire de dépit de voir son *Ode sur le vœu de Louis XIII* (voyez tome XII, page 398) jugée indigne du prix que La Motte-Houdart fit adjuger à l'abbé Du Jarry (voyez tome LII, page 287). Ce fut peut-être le même sentiment de dépit qui, long-temps après *le Bourbier*, dicta à Voltaire le vers contre La Motte qu'on lit dans l'exorde de *la Pucelle* (voyez tome XI, page 16). Voltaire publia aussi des observations sur l'ode de Du Jarry (voyez tome XXXVII, page 1). On lui a même attribué une épigramme (voyez ci-après le n° VII des *Poésies mêlées*). B.

² Une note du temps nous apprend qu'il est question de Jean de La Chapelle, auteur des *Amours de Catulle*, 1770, in-12 ; des *Amours de Tibulle*, 1712-1713, deux volumes in-12. Il ne faut pas confondre cet écrivain avec l'ami de Bachaumont. B.

³ Horace. B.

⁴ L'ami de Crébillon est Joseph-Bernard Soyrot, contrôleur général des finances de Bourgogne, né à Châtillon-sur-Seine en 1750, mort le 27 avril 1730. B.

LA CRÉPINADE[1].

Le diable un jour, se trouvant de loisir,
Dit : « Je voudrais former à mon plaisir
Quelque animal dont l'ame et la figure
Fût à tel point au rebours de nature,
Qu'en le voyant l'esprit le plus bouché
Y reconnût mon portrait tout craché. »
Il dit, et prend une argile ensoufrée,
Des eaux du Styx imbue et pénétrée;
Il en modèle un chef-d'œuvre naissant,
Pétrit son homme, et rit en pétrissant.
D'abord il met sur une tête immonde
Certain poil roux que l'on sent à la ronde;
Ce crin de juif orne un cuir bourgeonné,
Un front d'airain, vrai casque de damné;
Un sourcil blanc cache un œil sombre et louche;
Sous un nez large il tord sa laide bouche.
Satan lui donne un ris sardonien
Qui fait frémir les pauvres gens de bien,
Cou de travers, omoplate en arcade,
Un dos cintré propre à la bastonnade;
Puis il lui souffle un esprit imposteur,
Traître et rampant, satirique et flatteur.
Rien n'épargnait : il vous remplit la bête
De fiel au cœur, et de vent dans la tête.
Quand tout fut fait, Satan considéra

Ce beau garçon, le baisa, l'admira;
Endoctrina, gouverna son ouaille;
Puis dit à tous : « Il est temps qu'il rimaille. »
Aussitôt fait, l'animal rimailla,
Monta sa vielle, et Rabelais pilla;
Il griffonna des *Ceintures magiques* [2],
Des *Adonis*, des *Aïeux chimériques*;
Dans les cafés il fit le bel-esprit ;
Il nous chanta Sodome et Jésus-Christ;
Il fut sifflé, battu pour son mérite,
Puis fut errant, puis se fit hypocrite;
Et, pour finir, à son père il alla.
Qu'il y demeure. Or je veux sur cela
Donner au diable un conseil salutaire :
« Monsieur Satan, lorsque vous voudrez faire
Quelque bon tour au chétif genre humain,
Prenez-vous-y par un autre chemin.
Ce n'est le tout d'envoyer son semblable
Pour nous tenter: Crépin, votre féal,
Vous servant trop, vous a servi fort mal :
Pour nous damner, rendez le vice aimable. »

NOTES
DE LA CRÉPINADE.

1. J.-B. Rousseau avait fait une satire intitulée *la Baronade*, contre le baron de Breteuil son bienfaiteur, dont il avait été le secrétaire, et il avait eu l'impudence de prétendre ne s'être brouillé avec M. de Voltaire que par zèle pour la religion : hypocrisie révoltante dans un homme connu par tant d'épigrammes irréligieuses, et banni pour crime de subornation. Ces circonstances rendent cette satire excusable : l'ingratitude et l'hypocrisie doivent être traitées sans ménagement. K. — Tout le monde n'a pas autant d'indulgence : « Il est triste qu'un homme comme M. de Voltaire, qui, jusque là, avait eu la gloire de ne se jamais servir de son talent pour accabler ses ennemis, ait voulu perdre cette gloire. » Telles sont les expressions employées par Voltaire lui-même dans sa *Vie de Rousseau*, à propos de *la Crépinade* (voyez tome XXXVII, page 519). Il témoigne ailleurs d'autres regrets pour quelques expressions violentes contre Rousseau (voyez tome XIII, page 103; et XXXVIII, 339).

La Crépinade est de 1736, du même temps que l'*Ode sur l'ingratitude* (tome XII, page 416). Voltaire l'envoya à La Faye en septembre 1736 (voyez tome LII, page 301). L'auteur donna ce titre à sa satire, parce que le père de J.-B. Rousseau était cordonnier. B.

2. Titres d'ouvrages dramatiques de J.-B. Rousseau; voyez tome XXXVII, pages 495, 490, et 519. B.

AVERTISSEMENT

DES ÉDITEURS DE L'ÉDITION DE KEHL.

Ces deux ouvrages [1] ont attiré à M. de Voltaire les reproches non seulement des dévots, mais de plusieurs philosophes austères et respectables. Ceux des dévots ne pouvaient mériter que du mépris ; et on leur a répondu dans la *Défense du Mondain*. Toute prédication contre le luxe n'est qu'une insolence ridicule dans un pays où les chefs de la religion appellent leur maison un *palais*, et mènent dans l'opulence une vie molle et voluptueuse.

Les reproches des philosophes méritent une réponse plus grave. Toute grande société est fondée sur le droit de propriété ; elle ne peut fleurir qu'autant que les individus qui la composent sont intéressés à multiplier les productions de la terre et celles des arts, c'est-à-dire autant qu'ils peuvent compter sur la libre jouissance de ce qu'ils acquièrent par leur industrie ; sans cela les hommes, bornés au simple nécessaire, sont exposés à en manquer. D'ailleurs l'espèce humaine tend naturellement à se multiplier, puisqu'un homme et une femme qui ont de quoi se nourrir et nourrir leur famille, élèveront en général un plus grand nombre d'enfants que les deux qui sont nécessaires pour les remplacer. Ainsi toute peuplade qui n'augmente point souffre, et l'on sait que dans tout pays où la culture n'augmente point, la population ne peut augmenter.

Il faut donc que les hommes puissent acquérir en propriété plus que le nécessaire, et que cette propriété soit respectée, pour que la société soit florissante. L'inégalité des fortunes, et par conséquent le luxe, y est donc utile.

[1] *Le Mondain* et *la Défense du Mondain*. B.

On voit d'un autre côté que moins cette inégalité est grande, plus la société est heureuse. Il faut donc que les lois, en laissant à chacun la liberté d'acquérir des richesses et de jouir de celles qu'il possède, tendent à diminuer l'inégalité ; mais si elles établissent le partage égal des successions ; si elles n'étendent point trop la permission de tester ; si elles laissent au commerce, aux professions de l'industrie, toute leur liberté naturelle ; si une administration simple d'impôts rend impossibles les grandes fortunes de finance ; si aucune grande place n'est héréditaire ni lucrative, dès-lors il ne peut s'établir une grande inégalité ; en sorte que l'intérêt de la prospérité publique est ici d'accord avec la raison, la nature, et la justice.

Si l'on suppose une grande inégalité établie, le luxe n'est point un mal ; en effet, le luxe diminue en grande partie les effets de cette inégalité, en fesant vivre le pauvre aux dépens des fantaisies du riche. Il vaut mieux qu'un homme qui a cent mille écus de rente nourrisse des doreurs, des brodeuses ou des peintres, que s'il employait son superflu, comme les anciens Romains, à se faire des créatures, ou bien, comme nos anciens seigneurs, à entretenir de la valetaille, des moines, ou des bêtes fauves.

La corruption des mœurs naît de l'inégalité d'état ou de fortune, et non pas du luxe : elle n'existe que parcequ'un individu de l'espèce humaine en peut acheter ou soumettre un autre.

Il est vrai que le luxe le plus innocent, celui qui consiste à jouir des délices de la vie, amollit les ames, et en leur rendant une grande fortune nécessaire, les dispose à la corruption ; mais en même temps il les adoucit. Une grande inégalité de fortune, dans un pays où les délices sont inconnues, produit des complots, des troubles, et tous les crimes si fréquents dans les siècles de barbarie.

Il n'est donc qu'un moyen sûr d'attaquer le luxe ; c'est de détruire l'inégalité des fortunes par les lois sages qui l'auraient empêché de nuire. Alors le luxe diminuera sans que l'industrie y perde rien; les mœurs seront moins corrompues; les ames pourront être fortes sans être féroces.

Les philosophes qui ont regardé le luxe comme la source des maux de l'humanité ont donc pris l'effet pour la cause; et ceux qui ont fait l'apologie du luxe, en le regardant comme la source de la richesse réelle d'un état, ont pris pour un bon régime de santé un remède qui ne fait que diminuer les ravages d'une maladie funeste.

C'est ici toute l'erreur qu'on peut reprocher à M. de Voltaire; erreur qu'il partageait avec les hommes les plus éclairés sur la politique qu'il y eût en France, quand il composa cette satire.

Quant à ce qu'il dit dans la première pièce, et qui se borne à prétendre que les commodités de la vie sont une bonne chose, cela est vrai, pourvu qu'on soit sûr de les conserver, et qu'on n'en jouisse point aux dépens d'autrui.

Il n'est pas moins vrai que la frugalité, qu'on a prise pour une vertu, n'a été souvent que l'effet du défaut d'industrie, ou de l'indifférence pour les douceurs de la vie, que les brigands des forêts de la Tartarie poussent au moins aussi loin que les stoïciens.

Les conseils que donne Mentor à Idoménée, quoique inspirés par un sentiment vertueux, ne seraient guère praticables, surtout dans une grande société; et il faut avouer que cette division des citoyens en classes distinguées entre elles par les habits n'est d'une politique ni bien profonde ni bien solide.

Les progrès de l'industrie, il faut en convenir, ont contribué, sinon au bonheur, du moins au bien-être, des hommes; et l'opinion que le siècle où a vécu M. de Voltaire valait mieux que ceux qu'on regrette tant n'est point particulière à cet illustre philosophe; elle est celle de beaucoup d'hommes très éclairés.

Ainsi, en ayant égard à l'espèce d'exagération que permet la poésie, surtout dans un ouvrage de plaisanterie, ces pièces ne méritent aucun reproche grave, et moins qu'aucun autre celui de dureté ou de personnalité que leur a fait J.-J. Rousseau ; car c'est précisément parceque le commerce, l'industrie, le luxe, lient entre eux les nations et les états de la société, adoucissent les hommes, et font aimer la paix, que M. de Voltaire en a quelquefois exagéré les avantages.

Nous avouerons avec la même franchise que la vie d'un honnête homme, peinte dans *le Mondain*, est celle d'un sybarite, et que tout homme qui mène cette vie ne peut être, même sans avoir aucun vice, qu'un homme aussi méprisable qu'ennuyé ; mais il est aisé de voir que c'est une pure plaisanterie. Un homme qui, pendant soixante et dix ans, n'a point peut-être passé un seul jour sans écrire ou sans agir en faveur de l'humanité, aurait-il approuvé une vie consumée dans de vains plaisirs ? Il a voulu dire seulement qu'une vie inutile, perdue dans les voluptés, est moins criminelle et moins méprisable qu'une vie austère employée dans l'intrigue, souillée par les ruses de l'hypocrisie, ou les manœuvres de l'avidité.

LE MONDAIN[a].

1736.

Regrettera qui veut le bon vieux temps[1],
Et l'âge d'or, et le règne d'Astrée,
Et les beaux jours de Saturne et de Rhée,
Et le jardin de nos premiers parents;
Moi je rends grace à la nature sage
Qui, pour mon bien, m'a fait naître en cet âge
Tant décrié par nos tristes frondeurs[2] :
Ce temps profane est tout fait pour mes mœurs.
J'aime le luxe, et même la mollesse,
Tous les plaisirs, les arts de toute espèce,

---

[a] Cette pièce est de 1736. C'est un badinage dont le fond est très philosophique et très utile : son utilité se trouve expliquée dans la pièce suivante. Voyez aussi, page 133, la lettre de M. de Melon à madame la comtesse de Verrue (1748). — C'est dans la lettre à Cideville, du 5 août 1736, que Voltaire parle pour la première fois du *Mondain*, qui était déjà entre les mains de Formont. Les copies se multiplièrent, et (voyez ci-après page 131) l'auteur fut persécuté. Luchet dit que cette disgrace fut causée par les plaisanteries sur Adam. Il ajoute que quelques personnes l'ont attribuée aux vers sur Colbert qui sont dans la *Défense du Mondain* :

    Ah! que Colbert était un esprit sage !

Éloge que le cardinal de Fleury prit pour une ironie contre lui. Il est possible que les vers sur Adam fussent le prétexte, et que les vers sur Colbert fussent la cause. Voltaire sortit de France à la fin de 1736, et se réfugia en Hollande. Il était de retour à Cirey en mars 1737. Son exil (voyez t. LV, p. 459) ne dura donc guère que deux mois.

Piron a fait contre *le Mondain* une pièce de quatre-vingt-deux vers, qu'il a intitulée *l'Anti-Mondain*.

Dans plusieurs éditions des Œuvres de Voltaire, on a donné au *Mondain* le titre de *Défense du Mondain*; et à la *Défense du Mondain*, celui du *Mondain*. Cette singulière faute a été corrigée du vivant de l'auteur. B.

La propreté, le goût, les ornements :
Tout honnête homme a de tels sentiments.
Il est bien doux pour mon cœur très immonde
De voir ici l'abondance à la ronde,
Mère des arts et des heureux travaux,
Nous apporter, de sa source féconde,
Et des besoins et des plaisirs nouveaux.
L'or de la terre et les trésors de l'onde,
Leurs habitants et les peuples de l'air,
Tout sert au luxe, aux plaisirs de ce monde.
O le bon temps que ce siècle de fer !
Le superflu, chose très nécessaire [3],
A réuni l'un et l'autre hémisphère.
Voyez-vous pas ces agiles vaisseaux
Qui, du Texel, de Londres, de Bordeaux,
S'en vont chercher, par un heureux échange,
De nouveaux biens, nés aux sources du Gange,
Tandis qu'au loin, vainqueurs des musulmans,
Nos vins de France enivrent les sultans ?
Quand la nature était dans son enfance,
Nos bons aïeux vivaient dans l'ignorance [4],
Ne connaissant ni le *tien* ni le *mien*.
Qu'auraient-ils pu connaître ? ils n'avaient rien,
Ils étaient nus ; et c'est chose très-claire
Que qui n'a rien n'a nul partage à faire.
Sobres étaient. Ah ! je le crois encor :
Martialo [a] n'est point du siècle d'or.
D'un bon vin frais ou la mousse ou la sève

---

[a] Auteur du *Cuisinier français* (1748). — A.-A. Barbier, auteur du *Dictionnaire des ouvrages anonymes*, dit que le nom est Massialo ; d'autres écrivent Massialot. B.

Ne gratta point le triste gosier d'Eve;
La soie et l'or ne brillaient point chez eux.
Admirez-vous pour cela nos aïeux?
Il leur manquait l'industrie et l'aisance :
Est-ce vertu? c'était pure ignorance.
Quel idiot, s'il avait eu pour lors
Quelque bon lit, aurait couché dehors?
Mon cher Adam, mon gourmand, mon bon père[5],
Que fesais-tu dans les jardins d'Éden?
Travaillais-tu pour ce sot genre humain?
Caressais-tu madame Ève ma mère?
Avouez-moi que vous aviez tous deux
Les ongles longs, un peu noirs et crasseux,
La chevelure un peu mal ordonnée,
Le teint bruni, la peau bise et tannée.
Sans propreté l'amour le plus heureux
N'est plus amour, c'est un besoin honteux.
Bientôt lassés de leur belle aventure,
Dessous un chêne ils soupent galamment
Avec de l'eau, du millet, et du gland;
Le repas fait, ils dorment sur la dure :
Voilà l'état de la pure nature.

Or maintenant voulez-vous, mes amis,
Savoir un peu, dans nos jours tant maudits,
Soit à Paris, soit dans Londre, ou dans Rome,
Quel est le train des jours d'un honnête homme?
Entrez chez lui : la foule des beaux-arts,
Enfants du goût, se montre à vos regards.
De mille mains l'éclatante industrie
De ces dehors orna la symétrie.
L'heureux pinceau, le superbe dessin

Du doux Corrège et du savant Poussin
Sont encadrés dans l'or d'une bordure;
C'est Bouchardon[a] qui fit cette figure,
Et cet argent fut poli par Germain[b].
Des Gobelins l'aiguille et la teinture
Dans ces tapis surpassent la peinture.
Tous ces objets sont vingt fois répétés
Dans des trumeaux tout brillants de clartés.
De ce salon je vois par la fenêtre,
Dans des jardins, des myrtes en berceaux;
Je vois jaillir les bondissantes eaux.
Mais du logis j'entends sortir le maître :
Un char commode, avec graces orné,
Par deux chevaux rapidement traîné,
Paraît aux yeux une maison roulante,
Moitié dorée, et moitié transparente :
Nonchalamment je l'y vois promené;
De deux ressorts la liante souplesse
Sur le pavé le porte avec mollesse.
Il court au bain : les parfums les plus doux
Rendent sa peau plus fraîche et plus polie[6].
Le plaisir presse; il vole au rendez-vous
Chez Camargo, chez Gaussin, chez Julie;
Il est comblé d'amour et de faveurs[7].
Il faut se rendre à ce palais magique[c]
Où les beaux vers, la danse, la musique,

---

[a] Fameux sculpteur, né à Chaumont en Champagne (1748).

[b] Excellent orfèvre, dont les dessins et les ouvrages sont du plus grand goût (1748). — Thomas Germain, né à Paris le 19 août 1674, y est mort le 14 août 1748. B.

[c] L'Opéra (1739).

L'art de tromper les yeux par les couleurs,
L'art plus heureux de séduire les cœurs,
De cent plaisirs font un plaisir unique.
Il va siffler quelque opéra nouveau[8],
Ou, malgré lui, court admirer Rameau.
Allons souper. Que ces brillants services,
Que ces ragoûts ont pour moi de délices!
Qu'un cuisinier est un mortel divin!
Chloris, Églé, me versent de leur main
D'un vin d'Aï dont la mousse pressée[9],
De la bouteille avec force élancée,
Comme un éclair fait voler le bouchon;
Il part, on rit; il frappe le plafond.
De ce vin frais l'écume petillante
De nos Français est l'image brillante.
Le lendemain donne d'autres desirs,
D'autres soupers, et de nouveaux plaisirs.

Or maintenant, monsieur du Télémaque[10],
Vantez-nous bien votre petite Ithaque,
Votre Salente, et vos murs malheureux,
Où vos Crétois, tristement vertueux,
Pauvres d'effet, et riches d'abstinence,
Manquent de tout pour avoir l'abondance:
J'admire fort votre style flatteur,
Et votre prose, encor qu'un peu traînante;
Mais, mon ami, je consens de grand cœur
D'être fessé dans vos murs de Salente,
Si je vais là pour chercher mon bonheur.
Et vous, jardin de ce premier bon homme,
Jardin fameux par le diable et la pomme[11],
C'est bien en vain que, par l'orgueil séduits,

Huet, Calmet, dans leur savante audace,
Du paradis ont recherché la place :
Le paradis terrestre est où je suis[a].

[a] Les curieux d'anecdotes seront bien aises de savoir que ce badinage, non seulement très innocent, mais dans le fond très utile, fut composé dans l'année 1736, immédiatement après le succès de la tragédie d'*Alzire*. Ce succès anima tellement les ennemis littéraires de l'auteur, que l'abbé Desfontaines alla dénoncer la petite plaisanterie du *Mondain* à un prêtre nommé Couturier, qui avait du crédit sur l'esprit du cardinal de Fleury. Desfontaines falsifia l'ouvrage, y mit des vers de sa façon, comme il avait fait à *la Henriade*. L'ouvrage fut traité de scandaleux, et l'auteur de *la Henriade*, de *Mérope*, de *Zaïre*, fut obligé de s'enfuir de sa patrie. Le roi de Prusse lui offrit alors le même asile qu'il lui a donné depuis; mais l'auteur aima mieux aller retrouver ses amis dans sa patrie. Nous tenons cette anecdote de la bouche même de M. de Voltaire (1752). — Le texte de cette note, telle que je la reproduis, est de 1756; mais en 1752 il n'y avait que quatre mots de plus. Après le mot *donné*, on lisait : *avec tant de grandeur*. Voltaire était alors en Prusse. En 1756, il était sur les bords du lac de Genève. B.

NOTES ET VARIANTES
DU MONDAIN.

1 Ce vers et le huitième sont imités de *l'Art d'aimer* d'Ovide, chant III, vers 121-122. B.

2 Var. Tant décrié par nos pauvres docteurs.

3 Fréron, dans l'*Année littéraire,* 1764, tome VIII, fait l'éloge de ce vers. B.

4 Var. Nos bons aïeux vivaient dans l'innocence.

5 Var. Mon cher Adam, mon gourmand, mon bon père,
Je crois te voir, dans un recoin d'Éden,
Grossièrement forger le genre humain,
En secouant madame Ève, ma mère :
Deux singes verts, deux chèvres pieds fourchus,
Sont moins hideux au pied de leur feuillée.
Par le soleil votre face hâlée,

> Vos bras velus, votre main écaillée,
> Vos ongles longs, crasseux, noirs, et crochus,
> Votre peau bise, endurcie, et brûlée,
> Sont les attraits, sont les charmes flatteurs,
> Dont l'assemblage attire vos ardeurs.
> Bientôt lassés, etc.

Une autre version porte :

> Mon cher Adam, mon vieux et tendre père,
> Je crois te voir, en un recoin d'Éden,
> Grossièrement forger le genre humain,
> En tourmentant madame Ève, ma mère.
> Deux singes verts, deux chèvres pieds fourchus,
> Sont moins hideux au fond de leur feuillée.
> ....
> ....
> Dont l'assemblage allume vos ardeurs.
> Bientôt lassés, etc.

Les deux versions du quatrième vers de cette variante sont rapportées par Voltaire dans sa lettre au marquis d'Argens, du 2 février 1737; voyez tome LII, page 400. B.

⁶ Voltaire avait d'abord mis :

> Rendent sa peau douce, fraîche et polie.

Dans sa lettre à Tressan, du 9 décembre 1736, il donne la version actuelle comme meilleure : et cependant il a dit dans le chant Ier de *la Pucelle*, vers 139 (voyez tome XI, page 21) :

> Qui font la peau douce, fraîche et polie.   B.

⁷ VAR.   Le tendre amour s'enivre de faveurs.

⁸ VAR.   Il va siffler le *Jason* de Rousseau.

⁹ Dans sa lettre à La Faye, du mois de septembre 1736, Voltaire écrit :

> Certain vin frais dont la mousse pressée,
> De la bouteille avec force élancée,
> Avec éclat fait voler le bouchon.   B.

¹⁰ VAR.   Or maintenant, Mentor et Télémaque.

¹¹ VAR.   Jardin fameux par Ève et par sa pomme.
   C'est bien en vain que, tristement séduits.

LETTRE DE M. DE MELON[a],

CI-DEVANT SECRÉTAIRE DU RÉGENT DU ROYAUME,

A MADAME LA COMTESSE DE VERRUE,

SUR L'APOLOGIE DU LUXE.

J'ai lu, madame, l'ingénieuse Apologie du luxe; je regarde ce petit ouvrage comme une excellente leçon de politique, cachée sous un badinage agréable. Je me flatte d'avoir démontré, dans mon *Essai politique sur le commerce*, combien ce goût des beaux-arts et cet emploi des richesses, cette ame d'un grand état qu'on nomme *luxe*, sont nécessaires pour la circulation de l'espèce et pour le maintien de l'industrie; je vous regarde, madame, comme un des grands exemples de cette vérité. Combien de familles de Paris subsistent uniquement par la protection que vous donnez aux arts[b]? Que l'on cesse d'aimer les tableaux, les estampes, les curiosités en toute sorte de genre, voilà vingt mille hommes, au moins, ruinés tout d'un coup dans Paris, et qui sont forcés d'aller chercher de l'emploi chez l'étranger. Il est bon que dans un canton suisse on fasse des lois somptuaires, par la raison qu'il ne faut pas qu'un pauvre vive comme un riche. Quand les

---

[a] Cette lettre fut écrite dans le temps que la pièce du *Mondain* parut, en 1736 (1752). — Sur Melon, voyez tome XXXVII, page 529. B.

[b] Madame la comtesse de Verrue, mère de madame la princesse de Carignan, dépensait cent mille francs par an en curiosités: elle s'était formé un des beaux cabinets de l'Europe en raretés et en tableaux. Elle rassemblait chez elle une société de philosophes, auxquels elle fit des legs par son testament. Elle mourut avec la fermeté et la simplicité de la philosophie la plus intrépide (1752).

Hollandais ont commencé leur commerce, ils avaient besoin d'une extrême frugalité; mais à présent que c'est la nation de l'Europe qui a le plus d'argent, elle a besoin de luxe[1], etc.

NOTE DE LA LETTRE DE M. MELON.

[1] La lettre à M. le comte de Saxe (depuis maréchal), qui depuis 1771 s'imprime ordinairement à la suite de la lettre de M. de Melon, a été reportée dans la *Correspondance,* année 1737, n° 543, tome LII, page 423. B.

DÉFENSE DU MONDAIN,

ou

L'APOLOGIE DU LUXE[1].

1737.

A table hier, par un triste hasard,
J'étais assis près d'un maître cafard,
Lequel me dit : « Vous avez bien la mine
D'aller un jour échauffer la cuisine
De Lucifer ; et moi, prédestiné,
Je rirai bien quand vous serez damné[2]. »
« Damné ! comment ? pourquoi ? » « Pour vos folies.
Vous avez dit en vos œuvres non pies,
Dans certain conte en rimes barbouillé,
Qu'au paradis Adam était mouillé
Lorsqu'il pleuvait sur notre premier père ;
Qu'Ève avec lui buvait de belle eau claire ;
Qu'ils avaient même, avant d'être déchus,
La peau tannée et les ongles crochus.
Vous avancez, dans votre folle ivresse,
Prêchant le luxe, et vantant la mollesse,
Qu'il vaut bien mieux (ô blasphèmes maudits !)
Vivre à présent qu'avoir vécu jadis.
Par quoi, mon fils, votre muse pollue
Sera rôtie, et c'est chose conclue. »
    Disant ces mots, son gosier altéré

Humait un vin qui, d'ambre coloré,
Sentait encor la grappe parfumée
Dont fut pour nous la liqueur exprimée.
Un rouge vif enluminait son teint.
Lors je lui dis : « Pour Dieu, monsieur le saint,
Quel est ce vin ? d'où vient-il, je vous prie ?
D'où l'avez-vous ? » « Il vient de Canarie ;
C'est un nectar, un breuvage d'élu :
Dieu nous le donne, et Dieu veut qu'il soit bu. »
« Et ce café, dont après cinq services
Votre estomac goûte encor les délices ? »
« Par le Seigneur il me fut destiné. »
« Bon : mais avant que Dieu vous l'ait donné,
Ne faut-il pas que l'humaine industrie
L'aille ravir aux champs de l'Arabie ?
La porcelaine et la frêle beauté
De cet émail à la Chine empâté,
Par mille mains fut pour vous préparée,
Cuite, recuite, et peinte, et diaprée ;
Cet argent fin, ciselé, godronné,
En plat, en vase, en soucoupe tourné,
Fut arraché de la terre profonde,
Dans le Potose, au sein d'un nouveau monde.
Tout l'univers a travaillé pour vous,
Afin qu'en paix, dans votre heureux courroux,
Vous insultiez, pieux atrabilaire,
Au monde entier, épuisé pour vous plaire.
 « O faux dévot, véritable mondain,
Connaissez-vous ; et, dans votre prochain,
Ne blâmez plus ce que votre indolence
Souffre chez vous avec tant d'indulgence.

Sachez surtout que le luxe enrichit
Un grand état, s'il en perd un petit.
Cette splendeur, cette pompe mondaine,
D'un règne heureux est la marque certaine.
Le riche est né pour beaucoup dépenser;
Le pauvre est fait pour beaucoup amasser.
Dans ces jardins regardez ces cascades,
L'étonnement et l'amour des naïades;
Voyez ces flots, dont les nappes d'argent
Vont inonder ce marbre blanchissant;
Les humbles prés s'abreuvent de cette onde;
La terre en est plus belle et plus féconde.
Mais de ces eaux si la source tarit,
L'herbe est séchée, et la fleur se flétrit.
Ainsi l'on voit en Angleterre, en France,
Par cent canaux circuler l'abondance.
Le goût du luxe entre dans tous les rangs :
Le pauvre y vit des vanités des grands;
Et le travail, gagé par la mollesse,
S'ouvre à pas lents la route à la richesse.
 « J'entends d'ici des pédants à rabats,
Tristes censeurs des plaisirs qu'ils n'ont pas,
Qui, me citant Denys d'Halicarnasse,
Dion, Plutarque, et même un peu d'Horace,
Vont criaillant qu'un certain Curius,
Cincinnatus, et des consuls en *us*,
Bêchaient la terre au milieu des alarmes;
Qu'ils maniaient la charrue et les armes;
Et que les blés tenaient à grand honneur
D'être semés par la main d'un vainqueur.
C'est fort bien dit, mes maîtres ; je veux croire

Des vieux Romains la chimérique histoire.
Mais, dites-moi, si les dieux, par hasard,
Fesaient combattre Auteuil et Vaugirard,
Faudrait-il pas, au retour de la guerre,
Que le vainqueur vînt labourer sa terre?
L'auguste Rome, avec tout son orgueil,
Rome jadis était ce qu'est Auteuil.
Quand ces enfants de Mars et de Sylvie,
Pour quelque pré signalant leur furie,
De leur village allaient au champ de Mars,
Ils arboraient du foin[a] pour étendards.
Leur Jupiter, au temps du bon roi Tulle,
Était de bois; il fut d'or sous Luculle.
N'allez donc pas, avec simplicité,
Nommer vertu ce qui fut pauvreté.
 « Oh! que Colbert était un esprit sage!
Certain butor conseillait, par ménage,
Qu'on abolît ces travaux précieux,
Des Lyonnais ouvrage industrieux.
Du conseiller l'absurde prud'homie
Eût tout perdu par pure économie :
Mais le ministre, utile avec éclat,
Sut par le luxe enrichir notre état.

---

[a] Une poignée de foin au bout d'un bâton, nommée *manipulus*, était le premier étendard des Romains (1748). — Dans l'édition de 1739, cette note était ainsi conçue : « Ce qu'on appelait *manipulus* était d'abord une poignée de foin que les Romains mettaient au haut d'une perche, premier étendard des conquérants de l'Europe, de l'Asie mineure et de l'Afrique septentrionale. »

Frédéric ayant écrit que les étendards de foin des Romains lui étaient inconnus (voyez tome LII, page 393), Voltaire lui adressa quelques explications (voy. t. LII, p. 435); et c'est peut-être aussi l'origine de la note. B.

De tous nos arts il agrandit la source;
Et du midi, du levant, et de l'Ourse,
Nos fiers voisins, de nos progrès jaloux,
Payaient l'esprit qu'ils admiraient en nous.
Je veux ici vous parler d'un autre homme,
Tel que n'en vit Paris, Pékin, ni Rome :
C'est Salomon, ce sage fortuné,
Roi philosophe, et Platon couronné,
Qui connut tout, du cèdre jusqu'à l'herbe [3] :
Vit-on jamais un luxe plus superbe ?
Il fesait naître au gré de ses desirs
L'argent et l'or, mais surtout les plaisirs.
Mille beautés servaient à son usage. »
« Mille ? » « On le dit ; c'est beaucoup pour un sage.
Qu'on m'en donne une, et c'est assez pour moi,
Qui n'ai l'honneur d'être sage ni roi. »

Parlant ainsi, je vis que les convives
Aimaient assez mes peintures naïves ;
Mon doux béat très peu me répondait,
Riait beaucoup, et beaucoup plus buvait ;
Et tout chacun présent à cette fête
Fit son profit de mon discours honnête.

NOTES
DE LA DÉFENSE DU MONDAIN.

1 Dans sa lettre à Frédéric, de janvier 1737 (voyez tome LII, page 385), Voltaire lui annonce le prochain envoi de la *Défense du Mondain*. Mais si les vers sur Colbert furent, comme on l'a dit (voyez page 126), la cause des persécutions que Voltaire eut à essuyer, la *Défense du Mondain* devait être composée dès décembre 1736. B.

2 Voltaire, dans son Avertissement, mis en tête de l'*Éloge et Pensées de Pascal*, 1778, in-8°, raconte ce qui suit : « Je me sou-
« viens, dit-il, que le jésuite Buffier, qui venait quelquefois chez
« le dernier président de Maisons, mort trop jeune, y ayant ren-
« contré un des plus rudes jansénistes, lui dit : *Et ego in interitu
« vestro ridebo vos et subsannabo*. Le jeune Maisons, qui étudiait
« alors Térence, lui demanda si ce passage était des *Adelphes* ou de
« *l'Eunuque*. Non, dit Buffier, c'est la Sagesse elle-même qui parle
« ainsi dans son premier chapitre des PROVERBES. B.

3 C'est ce qui est dit dans la *Bible*, troisième livre des Rois, chapitre IV, verset 33. B.

SUR L'USAGE DE LA VIE[1].

POUR RÉPONDRE
AUX CRITIQUES QU'ON AVAIT FAITES DU MONDAIN.

Sachez, mes très chers amis,
Qu'en parlant de l'abondance,
J'ai chanté la jouissance
Des plaisirs purs et permis,
Et jamais l'intempérance.
Gens de bien voluptueux,
Je ne veux que vous apprendre
L'art peu connu d'être heureux :
Cet art, qui doit tout comprendre,
Est de modérer ses vœux.
Gardez de vous y méprendre.
Les plaisirs, dans l'âge tendre,
S'empressent à vous flatter :
Sachez que, pour les goûter,
Il faut savoir les quitter,
Les quitter pour les reprendre [2].
Passez du fracas des cours
A la douce solitude ;
Quittez les jeux pour l'étude :
Changez tout, hors vos amours.
D'une recherche importune
Que vos cœurs embarrassés

Ne volent point, empressés,
Vers les biens que la fortune
Trop loin de vous a placés :
Laissez la fleur étrangère
Embellir d'autres climats ;
Cueillez d'une main légère
Celle qui naît sous vos pas.
Tout rang, tout sexe, tout âge,
Reconnaît la même loi ;
Chaque mortel en partage
A son bonheur près de soi.
L'inépuisable nature
Prend soin de la nourriture
Des tigres et des lions,
Sans que sa main abandonne
Le moucheron qui bourdonne
Sur les feuilles des buissons ;
Et tandis que l'aigle altière
S'applaudit de sa carrière
Dans le vaste champ des airs,
La tranquille Philomèle
A sa compagne fidèle
Module ses doux concerts.
Jouissez donc de la vie,
Soit que dans l'adversité
Elle paraisse avilie,
Soit que sa prospérité
Irrite l'œil de l'envie.
Tout est égal, croyez-moi :
On voit souvent plus d'un roi
Que la tristesse environne ;

Les brillants de la couronne
Ne sauvent point de l'ennui :
Ses mousquetaires, ses pages [3],
Jeunes, indiscrets, volages,
Sont plus fortunés que lui.
La princesse et la bergère
Soupirent également ;
Et si leur ame diffère,
C'est en un point seulement :
Philis a plus de tendresse,
Philis aime constamment,
Et bien mieux que son altesse...
Ah ! madame la princesse [4],
Comme je sacrifierais
Tous vos augustes attraits
Aux larmes de ma maîtresse !
Un destin trop rigoureux
A mes transports amoureux
Ravit cet objet aimable ;
Mais, dans l'ennui qui m'accable,
Si mes amis sont heureux,
Je serai moins misérable [5].

NOTES ET VARIANTES

DES VERS SUR L'USAGE DE LA VIE.

¹ C'est depuis 1775 que cette pièce s'imprime à la suite de la *Défense du Mondain*. Elle avait été imprimée, en 1770, à la page 379 du tome X des *Nouveaux mélanges*. B.

² Dans son quatrième *Discours sur l'Homme* (voyez t. XII, p. 75), Voltaire a dit :

> Quittons les voluptés pour savoir les reprendre. B.

³ Toutes les éditions antérieures à 1833, portent :

> Ses valets de pied, ses pages.

C'est dans une copie de la main de Longchamp, secrétaire de Voltaire, que j'ai trouvé la version que je donne. B.

⁴ Var.   O czarine, archiduchesse,
     Comme je sacrifierais, etc.

⁵ Dans des stances au roi de Prusse (voyez tome XII, page 533), Voltaire a dit :

> Buvez, soyez toujours heureux,
> Et je serai moins misérable. B.

# LE PAUVRE DIABLE,

OUVRAGE EN VERS AISÉS,

DE FEU M. VADÉ,

MIS EN LUMIÈRE

PAR CATHERINE VADÉ,

SA COUSINE.

1758[1].

---

[1] Voyez la note à la page suivante.

NOTE.

[1] C'est Voltaire lui-même qui a mis à cette pièce la date de 1758 ; mais je crois devoir faire remarquer qu'elle n'est que de 1760. C'est en effet à cette date que les éditeurs de Kehl l'ont comprise dans leur table chronologique. Le Franc de Pompignan venait de prononcer, pour sa réception à l'académie française, un *discours au moins déplacé*, que Voltaire a immortalisé par les facéties qu'il publia à cette occasion. Ce qui prouve que *le Pauvre Diable* n'est que de 1760, c'est que, 1° Voltaire en parle pour la première fois dans sa lettre à Dalembert, du 10 juin 1760, et pour la seconde dans celle à M. d'Argental, du 27 juin 1760. 2° Ce fut en 1760 que parut *le Pauvre Diable, chant second*, misérable rapsodie, sans aucun sel, où Voltaire est traité aussi mal qu'on peut l'être par un écrivain sans esprit ; il n'est pas à croire qu'on eût attendu deux ans pour faire cette suite et critique du *Pauvre Diable*. 3° On sait aujourd'hui que le héros de cette pièce est Siméon Valette, mort le 29 décembre 1801. (Voyez sur ce personnage une notice intéressante, par M. Tourlet, dans le *Magasin encyclopédique*, année 1811, II, 75.) Or Voltaire ne connut Valette qu'à la fin de 1759, ainsi qu'on le voit par ses lettres à Dalembert, des 25 auguste et 15 décembre de cette année.

La brochure qui parut en 1760 sous le titre de *Réponse au Pauvre Diable*, et dont j'ai parlé tome XXVI, page 330, ne diffère que par le frontispice, et l'addition du feuillet qui le suit, des *Pièces échappées du portefeuille de M. de Voltaire, comte de Tournay*, 1759, in-12. Il n'y a point eu de réimpression.

J'ai vu un exemplaire in-4° du *Pauvre Diable*, sur lequel étaient écrits ces mots, de la main de Voltaire : « Melle Catherinne Vadé a lhonneur de « vous envoier cette coyonerie, feu Vadé vous était très attaché. » B.

A MAITRE
ABRAHAM CHAUMEIX.

Comme il est parlé de vous dans cet ouvrage de feu mon cousin Vadé[1], je vous le dédie. C'est mon *Vade mecum :* vous direz sans doute *Vade retro* [2]; et vous trouverez dans l'œuvre de mon cousin plusieurs passages contre l'état, contre la religion, les mœurs, etc.; partant vous pouvez le dénoncer, car je préfère mon devoir à mon cousin Vadé.

Faites l'analyse de l'ouvrage; ne manquez pas d'y répandre un *filet de vinaigre* en souvenance de votre premier métier. J'ai des *préjugés légitimes* [3] que vous êtes un des plus absurdes barbouilleurs de papier qui se soient jamais mêlés de raisonner; ainsi personne n'est plus en droit que vous d'obtenir, par vos raisonnements et par votre crédit, qu'on brûle ce petit poëme, comme si c'était un mandement d'évêque, ou le *Nouveau Testament* de frère Berruyer. Continuez de faire honneur à votre siècle, ainsi que tous les personnages dont il est question dans ce livret que je vous présente.

CATHERINE VADÉ.

A Paris, rue Thibautodé, chez maître Jean Gauchat, attenant le gîte de l'auteur des *Nouvelles ecclésiastiques;* 27 mars 1758.

NOTES

SUR LA DÉDICACE DU PAUVRE DIABLE.

1 Jean-Joseph Vadé était mort en 1757, à trente-sept ans. Voltaire a mis à quelques autres de ses ouvrages le nom de Vadé, mais avec des prénoms qui n'étaient pas ceux du personnage réel; voyez page 29. B.

2 Marc, chapitre VIII, verset 33. B.

3 Abraham Chaumeix avait fait un livre intitulé *Préjugés légitimes contre l'Encyclopédie*. K. — L'ouvrage de Chaumeix parut en 1758-59, en quatre volumes in-12. B.

LE PAUVRE DIABLE[a].

Quel parti prendre? où suis-je, et qui dois-je être?
Né dépourvu, dans la foule jeté,
Germe naissant par le vent emporté,
Sur quel terrain puis-je espérer de craître?
Comment trouver un état, un emploi?
Sur mon destin, de grace, instruisez-moi.
— Il faut s'instruire et se sonder soi-même,
S'interroger, ne rien croire que soi,
Que son instinct; bien savoir ce qu'on aime;
Et, sans chercher des conseils superflus,
Prendre l'état qui vous plaira le plus.
— J'aurais aimé le métier de la guerre.
— Qui vous retient? allez; déjà l'hiver
A disparu; déjà gronde dans l'air
L'airain bruyant, ce rival du tonnerre:
Du duc Broglie[1] osez suivre les pas:
Sage en projets, et vif dans les combats,
Il a transmis sa valeur aux soldats;
Il va venger les malheurs de la France:

---

[a] On nous assure que l'auteur s'amusa à composer cet ouvrage en 1758, pour détourner de la carrière dangereuse des lettres un jeune homme sans fortune, qui prenait pour du génie sa fureur de faire de mauvais vers. Le nombre de ceux qui se perdent par cette passion malheureuse est prodigieux. Ils se rendent incapables d'un travail utile; leur petit orgueil les empêche de prendre un emploi subalterne, mais honnête, qui leur donnerait du pain; ils vivent de rimes et d'espérances, et meurent dans la misère (1771).

Sous ses drapeaux marchez dès aujourd'hui,
Et méritez d'être aperçu de lui.

—Il n'est plus temps; j'ai d'une lieutenance
Trop vainement demandé la faveur,
Mille rivaux briguaient la préférence:
C'est une presse! En vain Mars en fureur
De la patrie a moissonné la fleur,
Plus on en tue, et plus il s'en présente;
Ils vont trottant des bords de la Charente,
De ceux du Lot, des coteaux champenois,
Et de Provence, et des monts francs-comtois,
En botte, en guêtre, et surtout en guenille,
Tous assiégeant la porte de Cremille[a],
Pour obtenir des maîtres de leur sort
Un beau brevet qui les mène à la mort.
Parmi les flots de la foule empressée,
J'allai montrer ma mine embarrassée;
Mais un commis, me prenant pour un sot,
Me rit au nez, sans me répondre un mot;
Et je voulus, après cette aventure,
Me retourner vers la magistrature.

—Eh bien, la robe est un métier prudent;
Et cet air gauche et ce front de pédant
Pourront encor passer dans les enquêtes:
Vous verrez là de merveilleuses têtes!
Vite achetez un emploi de Caton,
Allez juger: êtes-vous riche?—Non,
Je n'ai plus rien, c'en est fait.—Vil atome!

---

[a] M. de Cremille, lieutenant général, était chargé alors du département de la guerre, sous M. le maréchal de Belle-Isle (1771). — Voyez la note, tome LV, page 77. B.

Quoi! point d'argent, et de l'ambition!
Pauvre impudent! apprends qu'en ce royaume
Tous les honneurs sont fondés sur le bien.
L'antiquité tenait pour axiome
Que rien n'est rien, que de rien ne vient rien [2].
Du genre humain connais quelle est la trempe;
Avec de l'or je te fais président,
Fermier du roi, conseiller, intendant:
Tu n'as point d'aile, et tu veux voler! rampe.
—Hélas, monsieur, déjà je rampe assez.
Ce fol espoir qu'un moment a fait naître,
Ces vains desirs pour jamais sont passés:
Avec mon bien j'ai vu périr mon être.
Né malheureux, de la crasse tiré,
Et dans la crasse en un moment rentré,
A tous emplois on me ferme la porte.
Rebut du monde, errant, privé d'espoir,
Je me fais moine, ou gris, ou blanc, ou noir,
Rasé, barbu, chaussé, déchaux, n'importe.
De mes erreurs déchirant le bandeau,
J'abjure tout; un cloître est mon tombeau,
J'y vais descendre; oui, j'y cours.—Imbécile,
Va donc pourrir au tombeau des vivants.
Tu crois trouver le repos; mais apprends
Que des soucis c'est l'éternel asile,
Que les ennuis en font leur domicile,
Que la discorde y nourrit ses serpents;
Que ce n'est plus ce ridicule temps
Où le capuce et la toque à trois cornes,
Le scapulaire et l'impudent cordon,
Ont extorqué des hommages sans bornes.

Du vil berceau de son illusion,
La France arrive à l'âge de raison;
Et les enfants de François et d'Ignace,
Bien reconnus, sont remis à leur place.
  Nous fesons cas d'un cheval vigoureux
Qui, déployant quatre jarrets nerveux,
Frappe la terre, et bondit sous son maître :
J'aime un gros bœuf, dont le pas lent et lourd,
En sillonnant un arpent dans un jour,
Forme un guéret où mes épis vont naître.
L'âne me plaît : son dos porte au marché
Les fruits du champ que le rustre a bêché;
Mais pour le singe, animal inutile,
Malin, gourmand, saltimbanque indocile,
Qui gâte tout et vit à nos dépens,
On l'abandonne aux laquais fainéants.
Le fier guerrier, dans la Saxe, en Thuringe,
C'est le cheval; un Pequet, un Pleneuf[a],
Un trafiquant, un commis, est le bœuf;
Le peuple est l'âne, et le moine est le singe.
  —S'il est ainsi, je me décloître. O ciel !
Faut-il rentrer dans mon état cruel !
Faut-il me rendre à ma première vie !
  —Quelle était donc cette vie ? —Un enfer,
Un piége affreux, tendu par Lucifer.
J'étais sans bien, sans métier, sans génie,
Et j'avais lu quelques méchants auteurs;

---

[a] Pequet était un premier commis des affaires étrangères ; Pleneuf était un entrepreneur des vivres (1771). — J'ai parlé d'Antoine Pecquet, t. XX, p. 509. Berthelot de Pleneuf était le père de la marquise de Prie, à qui est dédié *l'Indiscret;* voyez t. II, p. 281, et ma note, t. XXII, p. 308. B.

Je croyais même avoir des protecteurs.
Mordu du chien de la Métromanie,
Le mal me prit, je fus auteur aussi.
— Ce métier-là ne t'a pas réussi,
Je le vois trop : çà, fais-moi, pauvre diable,
De ton désastre un récit véritable.
Que fesais-tu sur le Parnasse ? — Hélas !
Dans mon grenier, entre deux sales draps,
Je célébrais les faveurs de Glycère,
De qui jamais n'approcha ma misère;
Ma triste voix chantait d'un gosier sec
Le vin mousseux, le frontignan, le grec [3],
Buvant de l'eau dans un vieux pot à bière;
Faute de bas, passant le jour au lit,
Sans couverture, ainsi que sans habit,
Je fredonnais des vers sur la paresse ;
D'après Chaulieu, je vantais la mollesse.
 Enfin un jour qu'un surtout emprunté
Vêtit à cru ma triste nudité [4],
Après midi, dans l'antre de Procope [5]
(C'était le jour que l'on donnait *Mérope*),
Seul en un coin, pensif, et consterné,
Rimant une ode, et n'ayant point dîné,
Je m'accostai d'un homme à lourde mine,
Qui sur sa plume a fondé sa cuisine,
Grand écumeur des bourbiers d'Hélicon,
De Loyola chassé pour ses fredaines,
Vermisseau né du cul de Desfontaines,
Digne en tous sens de son extraction,
Lâche Zoïle, autrefois laid giton ;

Cet animal se nommait Jean Fréron[a].
  J'étais tout neuf, j'étais jeune, sincère,
Et j'ignorais son naturel félon :
Je m'engageai, sous l'espoir d'un salaire,
A travailler à son hebdomadaire,
Qu'aucuns nommaient alors patibulaire.
Il m'enseigna comment on dépeçait
Un livre entier, comme on le recousait,
Comme on jugeait du tout par la préface[6],
Comme on louait un sot auteur en place,
Comme on fondait avec lourde roideur
Sur l'écrivain pauvre et sans protecteur.
Je m'enrôlai, je servis le corsaire ;
Je critiquai, sans esprit et sans choix[7],
Impunément le théâtre, la chaire,
Et je mentis pour dix écus par mois.
  Quel fut le prix de ma plate manie ?
Je fus connu, mais par mon infamie,
Comme un gredin que la main de Thémis
A diapré[8] de nobles fleurs de lis,
Par un fer chaud gravé sur l'omoplate.
Triste et honteux, je quittai mon pirate,
Qui me vola, pour fruit de mon labeur,
Mon honoraire, en me parlant d'honneur.
  M'étant ainsi sauvé de sa boutique,

---

[a] Fréron ne se nomme pas Jean, mais Caterin. Il semble que cet homme soit le cadavre d'un coupable qu'on abandonne au scalpel des chirurgiens. Il a été méchant, et il en a été puni. Il dit, dans une de ses feuilles de l'année 1756 : « Je ne hais pas la médisance, peut-être même ne haïrais-je « pas la calomnie. » Un homme qui écrit ainsi ne doit pas être surpris qu'on lui rende justice (1771).

Et n'étant plus compagnon satirique,
Manquant de tout, dans mon chagrin poignant,
J'allai trouver Le Franc de Pompignan[a],

[a] L'homme dont il s'agit ici était d'ailleurs un magistrat et un homme de lettres et de mérite. Il eut le malheur de prononcer à l'académie un discours peu mesuré, et même très offensant. Il est vrai que sa tragédie de *Didon* est faite sur le modèle de celle de Metastasio ; mais aussi il y a de beaux morceaux qui sont à l'auteur français. Il faut avouer qu'en général la pièce est mal écrite. Il n'y a qu'à voir le commencement :

> Tous mes ambassadeurs, irrités et confus,
> Trop souvent de la reine ont subi les refus.
> Voisin de ses états, faibles dans leur naissance,
> Je croyois que Didon, redoutant ma vengeance,
> Se résoudrait sans peine à l'hymen glorieux
> D'un monarque puissant, fils du maître des dieux.
> Je contiens cependant la fureur qui m'anime ;
> Et déguisant encor mon dépit légitime,
> Pour la dernière fois, en proie à ses hauteurs,
> Je viens sous le faux nom de mes ambassadeurs,
> Au milieu de la cour d'une reine étrangère,
> D'un refus obstiné pénétrer le mystère ;
> Que sais-je ?... n'écouter qu'un transport amoureux.

Des ambassadeurs ne subissent point des refus; on essuie, on reçoit des refus.

Si tous ses ambassadeurs irrités et confus ont subi des refus, comment ce Jarbe pouvait-il croire que Didon se soumettrait sans peine à cet hymen glorieux ? Jarbe d'ailleurs a-t-il envoyé tous ses ambassadeurs ensemble, ou l'un après l'autre ?

Il contient cependant la fureur qui l'anime, et il déguise encore son dépit légitime. S'il déguise ce dépit légitime, et s'il est si furieux, il ne croit donc pas que Didon l'épousera sans peine. Épouser quelqu'un sans peine, et déguiser son dépit légitime, ne sont pas des expressions bien nobles, bien tragiques, bien élégantes.

Il vient, sous le faux nom de ses ambassadeurs, être en proie à des hauteurs ! Comment vient-on sous le faux nom de ses ambassadeurs ? on peut venir sous le nom d'un autre, mais on ne vient point sous le nom de plusieurs personnes. De plus, si on vient sous le nom de quelqu'un, on vient à la vérité sous un faux nom, puisqu'on prend un nom qui n'est pas le sien, mais on ne prend pas le faux nom d'un ambassadeur quand on prend le véritable nom de cet ambassadeur même.

Il veut pénétrer le mystère d'un refus obstiné. Qu'est-ce que le mystère

Ainsi que moi natif de Montauban,
Lequel jadis a brodé quelque phrase
Sur la Didon qui fut de Métastase;
Je lui contai tous les tours du croquant:
« Mon cher pays, secourez-moi, lui dis-je,
Fréron me vole, et pauvreté m'afflige. »
« De ce bourbier vos pas seront tirés,
Dit Pompignan; votre dur cas me touche:
Tenez, prenez mes cantiques sacrés;
Sacrés ils sont, car personne n'y touche 9;
Avec le temps un jour vous les vendrez:
Plus, acceptez mon chef-d'œuvre tragique
De *Zoraïd*ᵃ; la scène est en Afrique:

d'un refus si net, et déclaré avec tant de hauteur? Il peut y avoir du mystère dans des délais, dans des réponses équivoques, dans des promesses mal tenues; mais quand on a déclaré avec des hauteurs à tous vos ambassadeurs qu'on ne veut point de vous, il n'y a certainement là aucun mystère.

Que sais-je?... n'écouter qu'un transport amoureux. Que sait-il? il n'écoutera qu'un transport, il sera terrible dans le tête-à-tête.

Le grand malheur de tant d'auteurs est de n'employer presque jamais le mot propre; ils sont contents pourvu qu'ils riment, mais les connaisseurs ne sont pas contents (1771).

— Voltaire avait, en 1736, publié le *Fragment d'une lettre sur Didon* (que j'ai eu tort de mettre en 1734; voyez tome XXXVII, page 344); il répéta encore ses observations en 1774; voyez tome XXXII, page 437. B.

ᵃ *Zoraïde* était une tragédie africaine du même auteur. Les comédiens le prièrent de leur faire une seconde lecture pour y corriger quelque chose; il leur écrivit cette lettre:

« Je suis fort surpris, messieurs, que vous exigiez une seconde lecture d'une tragédie telle que *Zoraïde*. Si vous ne vous connaissez pas en mérite, je me connais en procédés, et je me souviendrai assez long-temps des vôtres pour ne plus m'occuper d'un théâtre où l'on distingue si peu les personnes et les talents. Je suis, messieurs, autant que vous méritez que je le sois, votre, etc. » (1771).

— Le sujet de *Zoraïde* est, comme *Alzire*, la peinture des mœurs amé-

A la Clairon vous le présenterez ;
C'est un trésor : allez, et prospérez. »
 Tout ranimé par son ton didactique,
Je cours en hâte au parlement comique,
Bureau de vers, où maint auteur pelé
Vend mainte scène à maint acteur sifflé.
J'entre, je lis d'une voix fausse et grêle
Le triste drame écrit pour la Denèle^a.
Dieu paternel, quels dédains, quel accueil !
De quelle œillade altière, impérieuse,
La Dumesnil rabattit mon orgueil !
La Dangeville est plaisante et moqueuse :
Elle riait ; Grandval me regardait
D'un air de prince, et Sarrazin dormait ;
Et, renvoyé penaud par la cohue,
J'allai gronder et pleurer dans la rue.
 De vers, de prose, et de honte étouffé,
Je rencontrai Gresset dans un café ;
Gresset doué du double privilége^b

---

ricaines opposée au portrait des mœurs européanes. Voyez la réclamation de Voltaire adressée aux comédiens français, tome LII, page 121. B.

 ^a Quinault-Denèle était dans ce temps-là une assez bonne comédienne, pour qui principalement *Zoraïde* avait été faite. Les noms qui suivent sont les noms des comédiens de ce temps-là (1771).

 ^b Gresset, auteur du petit poëme de *Ver-Vert*, d'autres ouvrages dans ce goût, et de quelques comédies. Il y a des vers très heureux dans tout ce qu'il a fait. Il était jésuite quand il fit imprimer son *Ver-Vert*. Le contraste de son état et des termes de b..... et f..... qu'on voyait dans ce petit poëme, fit un très grand éclat dans le monde, et donna à l'auteur une grande réputation. Ce poëme n'était fondé à la vérité que sur des plaisanteries de couvent, mais il promettait beaucoup ; l'auteur fut obligé de sortir des jésuites. Il donna la comédie du *Méchant*, pièce un peu froide, mais dans laquelle il y a des scènes extrêmement bien écrites. Revenu depuis à la dévotion, il fit imprimer une *Lettre* dans laquelle il avertissait le public qu'il

D'être au collége un bel-esprit mondain,
Et dans le monde un homme de collége;
Gresset dévot; long-temps petit badin,
Sanctifié par ses palinodies,
Il prétendait avec componction
Qu'il avait fait jadis des comédies,
Dont à la Vierge il demandait pardon.
— Gresset se trompe, il n'est pas si coupable:
Un vers heureux et d'un tour agréable
Ne suffit pas; il faut une action,
De l'intérêt, du comique, une fable,
Des mœurs du temps un portrait véritable,
Pour consommer cette œuvre du démon.
Mais que fit-il dans ton affliction?
— Il me donna les conseils les plus sages.
« Quittez, dit-il, les profanes ouvrages;
Faites des vers moraux contre l'amour;
Soyez dévot, montrez-vous à la cour. »
Je crois mon homme, et je vais à Versaille:
Maudit voyage! hélas! chacun se raille
En ce pays d'un pauvre auteur moral;
Dans l'antichambre il est reçu bien mal,
Et les laquais insultent sa figure
Par un mépris pire encor que l'injure.
Plus que jamais confus, humilié,
Devers Paris je m'en revins à pied.

---

ne donnerait plus de comédies, de peur de se damner. Il pouvait cesser de travailler pour le théâtre sans le dire. Si tous ceux qui ne font point de comédies en avertissaient tout le monde, il y aurait trop d'avertissements imprimés. Cet avis au public fut plus sifflé que ne l'aurait été une pièce nouvelle, tant le public est malin (1771).

L'abbé Trublet alors avait la rage[a]
D'être à Paris un petit personnage;
Au peu d'esprit que le bon homme avait
L'esprit d'autrui par supplément servait.
Il entassait adage sur adage;
Il compilait, compilait, compilait;
On le voyait sans cesse écrire, écrire
Ce qu'il avait jadis entendu dire,
Et nous lassait sans jamais se lasser:
Il me choisit pour l'aider à penser.
Trois mois entiers ensemble nous pensâmes,
Lûmes beaucoup, et rien n'imaginâmes.

L'abbé Trublet m'avait pétrifié;
Mais un bâtard du sieur de La Chaussée
Vint ranimer ma cervelle épuisée,
Et tous les deux nous fîmes par moitié
Un drame court et non versifié,
Dans le grand goût du larmoyant comique,
Roman moral, roman métaphysique.

— Eh bien, mon fils, je ne te blâme pas.
Il est bien vrai que je fais peu de cas
De ce faux genre, et j'aime assez qu'on rie;
Souvent je bâille au tragique bourgeois,

---

[a] L'abbé Trublet, auteur de quatre tomes d'*Essais de littérature*. Ce sont de ces livres inutiles, où l'on ramasse de prétendus bons mots qu'on a entendu dire autrefois, des sentences rebattues, des pensées d'autrui délayées dans de longues phrases, de ces livres enfin dont on pourrait faire douze tomes avec le seul secours du Polyanthe (1771). — On appelle *Polyanthea* le volume intitulé *Florilegii magni, seu Polyantheæ floribus novissimis sparsæ libri* XXIII, etc. C'est un recueil par ordre alphabétique de matières, de définitions, pensées, maximes, adages d'auteurs célèbres. Voyez, sur l'abbé Trublet, la note tome LIII, pages 139-140. B.

Aux vains efforts d'un auteur amphibie
Qui défigure et qui brave à-la-fois,
Dans son jargon, Melpomène et Thalie.
Mais après tout, dans une comédie,
On peut parfois se rendre intéressant
En empruntant l'art de la tragédie,
Quand par malheur on n'est point né plaisant.
Fus-tu joué? ton drame hétéroclite
Eut-il l'honneur d'un peu de réussite?
— Je cabalai; je fis tant qu'à la fin
Je comparus au tripot d'arlequin.
J'y fus hué : ce dernier coup de grace
M'allait sans vie étendre sur la place;
On me porta dans un logis voisin,
Prêt d'expirer de douleur et de faim,
Les yeux tournés, et plus froid que ma pièce.
— Le pauvre enfant! son malheur m'intéresse;
Il est naïf. Allons, poursuis le fil
De tes récits : ce logis, quel est-il?
— Cette maison d'une nouvelle espèce,
Où je restai long-temps inanimé,
Était un antre, un repaire enfumé,
Où s'assemblait six fois en deux semaines
Un reste impur de ces énergumènes[a],

---

[a] Il y avait en effet alors, auprès de l'hôtel de la Comédie italienne, une maison où s'assemblaient tous les convulsionnaires, et où ils fesaient des miracles. Ils étaient protégés par un président au parlement, nommé Du Bois, après l'avoir été par un Carré de Mongeron, conseiller au même parlement. Cette secte de convulsionnaires, celle des moraves, des ménonistes, des piétistes, font voir comment certaines religions peuvent aisément s'établir dans la populace, et gagner ensuite les classes supérieures. Il y avait alors plus de six mille convulsionnaires à Paris. Plusieurs d'entre eux fe-

De Saint-Médard effrontés charlatans,
Trompeurs, trompés, monstres de notre temps.
Missel en main, la cohorte infernale
Psalmodiait en ce lieu de scandale,
Et s'exerçait à des contorsions
Qui feraient peur aux plus hardis démons.
Leurs hurlements en sursaut m'éveillèrent;
Dans mon cerveau mes esprits remontèrent;
Je soulevai mon corps sur mon grabat,
Et m'avisai que j'étais au sabbat.
Un gros rabbin de cette synagogue,
Que j'avais vu ci-devant pédagogue,
Me reconnut : le bouc s'imagina
Qu'avec ses saints je m'étais couché là [10].
Je lui contai ma honte et ma détresse.
Maître Abraham [a], après cinq ou six mots
De compliment, me tint ce beau propos :
« J'ai comme toi croupi dans la bassesse,
Et c'est le lot des trois quarts des humains :
Mais notre sort est toujours dans nos mains.
Je me suis fait auteur, disant la messe,
Persécuteur, délateur, espion;
Chez les dévots je forme des cabales :

saient des choses très extraordinaires. On rôtissait des filles sans que leur peau fût endommagée; on leur donnait des coups de bûche sur l'estomac sans les blesser; et cela s'appelait donner des secours. Il y eut des boiteux qui marchèrent droit, et des sourds qui entendirent. Tous ces miracles commençaient par un psaume qu'on récitait en langue vulgaire; on était saisi du Saint-Esprit, on prophétisait; et quiconque dans l'assemblée se serait permis de rire aurait couru risque d'être lapidé. Ces farces ont duré vingt ans chez les Welches (1771).

[a] C'est Abraham Chaumeix, vinaigrier et théologien, dont on a parlé ailleurs (1771). — Voyez ci-après une note du *Russe à Paris*. B.

Je cours, j'écris, j'invente des scandales,
Pour les combattre et pour me faire un nom,
Pieusement semant la zizanie,
Et l'arrosant d'un peu de calomnie [11].
Imite-moi, mon art est assez bon;
Suis, comme moi, les méchants à la piste;
Crie à l'impie, à l'athée, au déiste,
Au géomètre; et surtout prouve bien
Qu'un bel-esprit ne peut-être chrétien :
Du rigorisme embouche la trompette;
Sois hypocrite, et ta fortune est faite. »
 A ce discours saisi d'émotion,
Le cœur encore aigri de ma disgrace [12],
Je répondis en lui couvrant la face
De mes cinq doigts; et la troupe en besace,
Qui fut témoin de ma vive action,
Crut que c'était une convulsion.
A la faveur de cette opinion,
Je m'esquivai de l'antre de Mégère.
—C'est fort bien fait; si ta tête est légère,
Je m'aperçois que ton cœur est fort bon.
Où courus-tu présenter ta misère?
—Las! où courir dans mon destin maudit!
N'ayant ni pain, ni gîte, ni crédit,
Je résolus de finir ma carrière,
Ainsi qu'ont fait au fond de la rivière
Des gens de bien, lesquels n'en ont rien dit.
 O changement! ô fortune bizarre!
J'apprends soudain qu'un oncle trépassé,
Vieux janséniste et docteur de Navarre,
Des vieux docteurs certes le plus avare,

LE PAUVRE DIABLE.

Ab intestat, malgré lui, m'a laissé
D'argent comptant un immense héritage.
 Bientôt, changeant de mœurs et de langage,
Je me décrasse; et m'étant dérobé
A cette fange où j'étais embourbé,
Je prends mon vol, je m'élève, je plane;
Je veux tâter des plus brillants emplois,
Être officier, signaler mes exploits,
Puis de Thémis endosser la soutane,
Et, moyennant vingt mille écus tournois,
Être appelé le tuteur de nos rois.
J'ai des amis, je leur fais grande chère;
J'ai de l'esprit alors, et tous mes vers
Ont comme moi l'heureux talent de plaire:
Je suis aimé des dames que je sers.
Pour compléter tant d'agréments divers,
On me propose un très bon mariage;
Mais les conseils de mes nouveaux amis,
Un grain d'amour ou de libertinage,
La vanité, le bon air, tout m'engage
Dans les filets de certaine Laïs
Que Belzébut fit naître en mon pays,
Et qui depuis a brillé dans Paris.
Elle dansait à ce tripot lubrique
Que de l'Église un ministre impudique
(Dont Marion fut servie assez mal)[a]
Fit élever près du Palais-Royal.
 Avec éclat j'entretins donc ma belle;

---

[a] Marion de Lorme, courtisane du temps du cardinal de Richelieu, et qui fit une assez grande fortune avec ce ministre, qui était fort généreux (1771).

Croyant l'aimer, croyant être aimé d'elle,
Je prodiguais les vers et les bijoux;
Billets de change étaient mes billets doux :
Je conduisais ma Laïs triomphante,
Les soirs d'été, dans la lice éclatante
De ce rempart, asyle des amours,
Par Outrequin rafraîchi tous les jours[a]..
Quel beau vernis brillait sur sa voiture!
Un petit peigne orné de diamants
De son chignon surmontait la parure;
L'Inde à grands frais tissut ses vêtements;
L'argent brillait dans la cuvette ovale
Où sa peau blanche et ferme, autant qu'égale,
S'embellissait dans des eaux de jasmin.
A son souper, un surtout de Germain[13]
Et trente plats chargeaient sa table ronde
Des doux tributs des forêts et de l'onde.
Je voulus vivre en fermier général :
Que voulez-vous, hélas! que je vous dise?
Je payai cher ma brillante sottise,
En quatre mois je fus à l'hôpital.

   Voilà mon sort, il faut que je l'avoue.
Conseillez-moi. — Mon ami, je te loue

---

[a] La mode était alors de se promener en carrosse ou à pied sur les boulevarts de Paris, que M. Outrequin avait soin de faire arroser tous les jours pendant l'été. Les jeunes gens se piquaient d'y faire paraître leurs maîtresses dans les voitures les plus brillantes. On y voyait des filles de l'Opéra couvertes de diamants; elles renouaient leurs cheveux avec des peignes où il y avait autant de diamants que de dents. Les boulevarts étaient bordés de cafés, de boutiques de marionnettes, de joueurs de gobelets, de danseurs de corde, et de tout ce qui peut amuser la jeunesse (1771).

D'avoir enfin déduit sans vanité
Ton cas honteux, et dit la vérité;
Prête l'oreille à mes avis fidèles.
Jadis l'Égypte eut moins de sauterelles
Que l'on ne voit aujourd'hui dans Paris
De malotrus, soi-disant beaux-esprits,
Qui, dissertant sur les pièces nouvelles,
En font encor de plus sifflables qu'elles:
Tous l'un de l'autre ennemis obstinés,
Mordus, mordants, chansonneurs, chansonnés [14],
Nourris de vent au temple de mémoire,
Peuple crotté qui dispense la gloire.
J'estime plus ces honnêtes enfants
Qui de Savoie arrivent tous les ans,
Et dont la main légèrement essuie
Ces longs canaux engorgés par la suie:
J'estime plus celle qui, dans un coin,
Tricote en paix les bas dont j'ai besoin;
Le cordonnier qui vient de ma chaussure
Prendre à genoux la forme et la mesure,
Que le métier de tes obscurs Frérons.
Maître Abraham, et ses vils compagnons,
Sont une espèce encor plus odieuse.
Quant aux catins, j'en fais assez de cas;
Leur art est doux, et leur vie est joyeuse:
Si quelquefois leurs dangereux appas
A l'hôpital mènent un pauvre diable,
Un grand benêt, qui fait l'homme agréable,
Je leur pardonne, il l'a bien mérité.

 Écoute, il faut avoir un poste honnête.
Les beaux projets dont tu fus tourmenté

Ne troublent plus ta ridicule tête;
Tu ne veux plus devenir conseiller;
Tu n'as point l'air de te faire officier,
Ni courtisan, ni financier, ni prêtre.
Dans mon logis il me manque un portier:
Prends ton parti, réponds-moi, veux-tu l'être?
— Oui-dà, monsieur. — Quatre fois dix écus
Seront par an ton salaire; et, de plus,
D'assez bon vin chaque jour une pinte
Rajustera ton cerveau qui te tinte;
Va dans ta loge; et surtout garde-toi
Qu'aucun Fréron n'entre jamais chez moi.
— J'obéirai sans réplique à mon maître,
En bon portier; mais en secret, peut-être,
J'aurais choisi, dans mon sort malheureux,
D'être plutôt le portier des Chartreux[a].

---

[a] *Le Portier des Chartreux* est un livre qui n'est pas de la morale la plus austère. On y trouve un portrait de l'abbé Desfontaines, plus hardi que tous ceux qu'on lit dans Pétrone. Cet ouvrage est de l'auteur de la petite comédie intitulée *le B......* L'auteur était d'ailleurs aussi savant dans l'antiquité que dans l'histoire des mœurs modernes; et il a composé des discours sérieux pour des personnages très graves, qui ne savaient pas les faire euxmêmes (1771 et 1775). — Le comte de Caylus, à qui est adressée la lettre 230 (voyez tome LI, page 407; et aussi XII, 380), est auteur de la comédie intitulée *le Bordel ou le J. F. puni*, comédie en prose, en trois actes, 1736, in-8°; mais c'est par plaisanterie que Voltaire lui attribue *le Portier des Chartreux*, imprimé, pour la première fois, sous le titre d'*Histoire de Dom B......, portier des Chartreux*, 1748, deux parties in-8°; réimprimé plusieurs fois, tantôt sous le titre d'*Histoire de Gouberdom* (nom anagrammatique), *portier des Chartreux*, 1772, in-8°, 1790, deux parties; tantôt sous celui de *Mémoires de Saturnin*, 1787, deux parties in-18, 1803, deux volumes in-18, etc. L'auteur de ce roman obscène est Jean-Charles Gervaise de La Touche, avocat au parlement de Paris depuis 1744, mort en 1782; il était né à Amiens. B.

NOTES ET VARIANTES
DU PAUVRE DIABLE.

1 Victor-François, duc de Broglie, né le 19 octobre 1718, créé maréchal de France le 16 décembre 1759, mort à Munster en 1804. Son père et son aïeul avaient été aussi maréchaux de France; voyez tome XIX, page 21. B.

2 C'est ce qu'ont dit Lucrèce et Perse dans des vers que Voltaire cite ou rappelle souvent; voyez tome XXXIX, page 589; et XXXIV, 392. B.

3 VAR. ....le xérès, le vin grec.

4 VAR. ....ma pauvre nudité.

5 Ce café existe encore; voyez ma note, t. LI, p. 473. B.

6 L'abbé Mercier de Saint-Léger, qui achetait de Fréron les livres nouveaux dont celui-ci rendait compte, ne trouvait d'ordinaire que la préface dont les feuillets fussent coupés. (*Magasin encycl.*, 1812, tome VI, page 414). B.

VAR.   Je critiquai sans esprit et sans choix;
       Et je mentis pour dix écus par mois
       Comme un laquais : je parvins à déplaire
       Même en province, à tel point que parfois
       De nos écrits on fit de vils emplois.

8 VAR.   Avait gaufré.

9 Dans sa lettre à d'Argental, du 27 avril 1760, Voltaire dit que les Cantiques de Le Franc sont *d'autant plus sacrés que personne n'y touche*. On a remarqué que Voltaire a, par inadvertance, fait rimer le mot *touche* avec lui-même. B.

10 VAR. ....caché là.

11 VAR.   L'assaisonnant d'un peu de calomnie.
          Imite-moi, mon sort est assez bon.

12 VAR. ....navré de ma disgrâce.

13 Voyez la note, page 129. B.

14 VAR.   Sifflés, sifflants................

LA VANITÉ[1].

1760.

Qu'as-tu, petit bourgeois[a] d'une petite ville?
Quel accident étrange, en allumant ta bile,
A sur ton large front répandu la rougeur?
D'où vient que tes gros yeux petillent de fureur?
Réponds donc.—L'univers doit venger mes injures[b];
L'univers me contemple, et les races futures
Contre mes ennemis déposeront pour moi.
—L'univers, mon ami, ne pense point à toi,
L'avenir encor moins : conduis bien ton ménage,
Divertis-toi, bois, dors, sois tranquille, sois sage.
De quel nuage épais ton crâne est offusqué!
—Ah! j'ai fait un discours, et l'on s'en est moqué!

---

[a] Un provincial, dans un mémoire, a imprimé ces mots: « Il faut que « tout l'univers sache que leurs majestés se sont occupées de mon discours. « Le roi l'a voulu voir; toute la cour l'a voulu voir. » Il dit, dans un autre endroit, que « sa naissance est encore au-dessus de son discours. » Un frère de la Doctrine chrétienne a trouvé peu d'humilité chrétienne dans les paroles de ce monsieur; et pour le corriger, il a mis en lumière ces vers chrétiens, applicables à tous ceux qui ont plus de vanité qu'il ne faut (1760). — Voyez, page 183, la note *d* du *Russe à Paris*; et aussi tome XL, page 157. B.

[b] Un provincial, dans un mémoire concernant une petite querelle académique, avait imprimé ces propres mots: « Il faut que tout l'univers « sache que leurs majestés se sont occupées de mon discours à l'académie. »

Et comme, dans ce discours, dont leurs majestés ne s'étaient point occupées, l'auteur avait insulté plusieurs académiciens, il n'est pas étonnant qu'il se soit attiré une petite correction dans la pièce de vers intitulée *la Vanité*. Car s'il est mal de commencer la guerre, il est très pardonnable de se défendre (1771).

Des plaisants de Paris j'ai senti la malice ;
Je vais me plaindre au roi, qui me rendra justice ;
Sans doute il punira ces ris audacieux.
— Va, le roi n'a point lu ton discours ennuyeux.
Il a trop peu de temps, et trop de soins à prendre :
Son peuple à soulager, ses amis à défendre,
La guerre à soutenir ; en un mot, les bourgeois
Doivent très rarement importuner les rois.
La cour te croira fou : reste chez toi, bon homme.
— Non, je n'y puis tenir ; de brocards on m'assomme.
Les *quand*, les *qui*, les *quoi*, pleuvant de tous côtés [a],
Sifflent à mon oreille, en cent lieux répétés.
On méprise à Paris mes chansons judaïques,
Et mon *Pater* anglais [b], et mes rimes tragiques,
Et ma prose aux quarante ! Un tel renversement
D'un état policé détruit le fondement :
L'intérêt du public se joint à ma vengeance ;

---

[a] Ce sont de petites feuilles volantes qui coururent dans Paris vers ce temps-là (1771).

[b] C'est la prière de Pope, connue sous le nom de *Prière du déiste*. Il est vrai qu'elle n'était pas chrétienne, mais elle était universelle. On ne s'en scandalisa point à Londres, non seulement parcequ'on permet beaucoup de choses aux poëtes, mais parcequ'on était las de persécuter Pope, et surtout parcequ'il se trouve en Angleterre beaucoup plus de philosophes que de persécuteurs.

M. Le Franc de Pompignan la traduisit en vers français ; mais après l'avoir traduite, il ne devait pas insulter tous les gens de lettres de Paris, dans son discours de réception à l'académie française. Il pouvait faire sa cour sans insulter ses confrères. Ce discours fut la source de quantité d'épigrammes, de chansons, et de petites pièces de vers, dont aucune ne touche à l'honneur, et qui n'empêchent pas, comme on l'a déjà dit ailleurs, que l'homme qui s'était attiré cette querelle ne pût avoir beaucoup de mérite (1771). — Le *ailleurs* dont il s'agit dans cette note est une des notes du *Pauvre Diable* ; voyez page 155. B.

Je prétends des plaisants réprimer la licence.
Pour trouver bons mes vers il faut faire une loi ;
Et de ce même pas je vais parler au roi.

   Ainsi, nouveau venu, sur les rives de Seine,
Tout rempli de lui-même, un pauvre énergumène
De son plaisant délire amusait les passants.
Souvent notre amour-propre éteint notre bon sens ;
Souvent nous ressemblons aux grenouilles d'Homère,
Implorant à grands cris le fier dieu de la guerre,
Et les dieux des enfers, et Bellone, et Pallas,
Et les foudres des cieux, pour se venger des rats.

   Voyez dans ce réduit ce crasseux janséniste,
Des nouvelles du temps infidèle copiste[a],
Vendant sous le manteau ces mémoires sacrés
De bedeaux de paroisse, et de clercs tonsurés.
Il pense fermement, dans sa superbe extase,
Ressusciter les temps des combats d'Athanase.
Ce petit bel-esprit, orateur du barreau,
Alignant froidement ses phrases au cordeau,
Citant mal-à-propos des auteurs qu'il ignore,
Voit voler son beau nom du couchant à l'aurore :

---

[a] C'est le gazetier des *Nouvelles ecclésiastiques*; on en a déjà parlé ailleurs.

   C'est en effet une chose assez plaisante que l'importance mise par ce gazetier à ces petites querelles ignorées dans le reste du monde, méprisées dans Paris par tous les gens de bon sens, et connues seulement par ceux qui les excitaient, et par la canaille des convulsionnaires. Le gazetier ecclésiastique assura dans plusieurs feuilles que les temps d'Arius et d'Athanase avaient été moins orageux, et qu'on devait s'attendre aux événements les plus funestes, depuis qu'on avait mis un porte-dieu à Bicêtre, et un colporteur au pilori (1771). — Le *ailleurs* dont Voltaire veut parler ici est une de ses notes du *Russe à Paris* (voyez page 187), qui, dans l'édition de 1771, précédait *la Vanité*. B.

Ses flatteurs, à dîner, l'appellent Cicéron.
Berthier dans son collége est surnommé Varron.
Un vicaire à Chaillot croit que tout homme sage
Doit penser dans Pékin comme dans son village;
Et la vieille badaude, au fond de son quartier,
Dans ses voisins badauds voit l'univers entier.
 Je suis loin de blâmer le soin très légitime
De plaire à ses égaux, et d'être en leur estime.
Un conseiller du roi, sur la terre inconnu,
Doit dans son cercle étroit, chez les siens bien venu,
Être approuvé du moins de ses graves confrères;
Mais on ne peut souffrir ces bruyants téméraires,
Sur la scène du monde ardents à s'étaler.
Veux-tu te faire acteur? on voudra te siffler.
Gardons-nous d'imiter ce fou de Diogène,
Qui pouvant chez les siens, en bon bourgeois d'Athène,
A l'étude, au plaisir doucement se livrer,
Vécut dans un tonneau pour se faire admirer.
Malheur à tout mortel, et surtout dans notre âge,
Qui se fait singulier pour être un personnage!
Piron seul eut raison, quand, dans un goût nouveau [a],
Il fit ce vers heureux, digne de son tombeau:
Ci-gît qui ne fut rien. Quoi que l'orgueil en dise,
Humains, faibles humains, voilà votre devise.
Combien de rois, grands dieux! jadis si révérés,
Dans l'éternel oubli sont en foule enterrés!
La terre a vu passer leur empire et leur trône.

---

[a] Piron, auteur de *la Métromanie*, jolie pièce qui a eu beaucoup de succès. Il a fait son épitaphe, qui commence par ce vers:
 Ci-gît, qui? quoi? ma foi, personne, rien (1771).

On ne sait en quel lieu florissait Babylone.
Le tombeau d'Alexandre, aujourd'hui renversé,
Avec sa ville altière a péri dispersé.
César n'a point d'asile où son ombre repose;
Et l'ami Pompignan ² pense être quelque chose!

NOTES

DE LA VANITÉ.

1 *La Vanité* est de la fin de juin. Voltaire nomme cette pièce dans sa lettre à madame d'Épinay, du 30 juin 1760. Il en parle même dans la lettre à d'Argental, du 27 (voyez tome LVIII, pages 468 et 469). Il donnait *la Vanité* comme l'ouvrage d'un frère de la Doctrine chrétienne; et c'est sous cette qualité que l'auteur est indiqué dans une édition en sept pages in-8°, et dans la note ci-dessus page 168.

La Vanité et autres pièces, soit en vers, soit en prose, font partie du volume intitulé *Recueil de facéties parisiennes pour les six premiers mois de l'an* 1760 (voyez tome XL, page 152). Elles y sont précédées de l'Avertissement que voici :

« Le sieur L.-F., auteur de la *Prière du déiste* que l'on trouvera ici, et du *Voyage de Provence*, ayant été admis à l'académie française, fit attendre six mois sa harangue de remerciement, et la prononça enfin le 10 mars 1760. Mais au lieu de remercier l'académie, il fit un long discours contre les belles-lettres et contre l'académie, dans lequel il dit que « l'abus des talents, le mépris de
« la religion, la haine de l'autorité sont le caractère dominant des
« productions de ses confrères; que tout porte l'empreinte d'une
« littérature dépravée, d'une morale corrompue, et d'une philo-
« sophie altière qui sape également le trône et l'autel; que les
« gens de lettres déclament tout haut contre les richesses (parce-
« qu'on ne déclame pas tout bas), et qu'ils portent envie secrète-
« ment aux riches, etc. » Cet étrange discours si déplacé, si peu mesuré, si injuste, valut alors au sieur L.-F. les pièces qu'on va lire. Le sieur L.-F., au lieu de se rétracter honnêtement comme il le devait, composa un *Mémoire* justificatif, qu'il dit avoir *présenté au roi*, et il s'exprime ainsi dans ce *Mémoire* : « Il faut que l'uni-
« vers sache que le roi s'est occupé de mon Mémoire, etc. » Il dit ensuite : « Un homme de ma naissance. » Ayant poussé la modestie à cet excès, il voulut encore avoir celle de faire mettre au titre de son ouvrage : *Mémoire de M. L.-F., imprimé par ordre du roi;* mais comme sa majesté ne fait point imprimer les ouvrages qu'elle ne

peut lire, ce titre fut supprimé. Cette démarche lui attira l'*Épître d'un frère de la Charité*, qu'on trouvera aussi dans ce recueil. »

Cet Avertissement, qui a quelque air de famille avec la note de la page 168, est-il de Morellet ou de Voltaire? je n'ose prononcer: mais il m'a semblé que c'était ici que cet Avertissement pouvait ou devait trouver place. B.

² Voltaire, dans sa lettre à Thieriot, du 8 décembre 1760 (voyez tome LIX, page 165), raconte que Pompignan étant allé se plaindre au dauphin, ce prince dit tout haut:

Notre ami Pompignan pense être quelque chose! B.

LE RUSSE A PARIS.

1760.

AVERTISSEMENT

DES ÉDITEURS DE L'ÉDITION DE KEHL.

Nous avons rétabli les notes de cette satire d'après les premières éditions. L'auteur avait cru devoir en supprimer quelques unes. Ce qui occupait les esprits en 1760 était oublié en 1775. Il faut se rappeler, en les lisant, l'époque où elles ont été faites, et la nécessité où se trouvait M. de Voltaire de dévoiler l'hypocrisie des hommes qui, sous le masque du patriotisme, comme sous le manteau de la religion, cherchaient à perdre auprès de Louis XV des écrivains vertueux et amis du bien public, dont tout le crime était d'avoir excité leur envie, ou blessé leur orgueil.

LE RUSSE A PARIS,

PETIT POEME EN VERS ALEXANDRINS,
COMPOSÉ A PARIS, AU MOIS DE MAI 1760, PAR M. IVAN ALETHOF,
SECRÉTAIRE DE L'AMBASSADE RUSSE.

Tout le monde sait que M. Alethof ayant appris le français à Archangel, dont il était natif, cultiva les belles-lettres avec une ardeur incroyable, et y fit des progrès plus incroyables encore : ses travaux ruinèrent sa santé. Il était aisé à émouvoir, comme Horace, *irasci celer;* il ne pardonnait jamais aux auteurs qui l'ennuyaient. Un livre du sieur Gauchat, et un discours du sieur Le Franc de Pompignan, le mirent dans une telle colère qu'il en eut une fluxion de poitrine; depuis ce temps il ne fit que languir, et mourut à Paris le 1er juin 1760, avec tous les sentiments d'un vrai catholique grec, persuadé de l'infaillibilité de l'église grecque. Nous donnons au public son dernier ouvrage, qu'il n'a pas eu le temps de perfectionner; c'est grand dommage : mais nous nous flattons d'imprimer dans peu ses autres poëmes, dans lesquels on trouvera plus d'érudition, et un style beaucoup plus châtié.

DIALOGUE

D'UN PARISIEN ET D'UN RUSSE.

1760 [1].

LE PARISIEN.

Vous avez donc franchi les mers hyperborées,
Ces immenses déserts et ces froides contrées
Où le fils d'Alexis, instruisant tous les rois,
A fait naître les arts, et les mœurs, et les lois?
Pourquoi vous dérober aux sept astres de l'Ourse,
Beaux lieux où nos Français, dans leur savante course,
Allèrent, de Borée arpentant l'horizon,
Geler auprès du pôle aplati par Newton[a];

[a] Ce furent Huygens et Newton qui prouvèrent, le premier par la théorie des forces centrifuges, le second par celle de la gravitation, que le globe doit être un peu aplati aux pôles, et un peu élevé à l'équateur; que par conséquent les degrés du méridien sont plus petits à l'équateur, et au pôle un peu plus longs. La différence, selon Newton, est d'un deux cent trentième, et, selon Huygens, d'un cinq cent soixante et dix-huitième.

On trouva au contraire, par les mesures prises en France, que les degrés du méridien étaient plus grands au sud qu'au nord. De là on conclut que la terre était aplatie au pôle, comme Newton et Huygens l'avaient prouvé par une théorie sûre. C'était tout justement le contraire de ce qu'on devait conclure. Les mesures de France étaient fausses, et la conclusion plus fausse encore.

Cette affaire ne fut portée ni au parlement ni en Sorbonne, comme celle de l'inoculation y a été déférée. L'académie des sciences se rétracta au bout de vingt ans, et Fontenelle avoua dans son histoire que, si les degrés étaient plus longs vers le nord, la terre devait être aplatie au pôle.

Cela fesait voir qu'on s'était non seulement trompé en France sur la théorie, mais qu'on s'était aussi trompé dans les mesures (1771).

— Les erreurs qu'elles renfermaient ont été reconnues et corrigées de-

Et de ce grand projet utile à cent couronnes ª,
Avec un quart de cercle enlever deux Laponnes ᵇ ?
Est-ce un pareil dessein qui vous conduit chez nous?

LE RUSSE.

Non, je viens m'éclairer, m'instruire auprès de vous;
Voir un peuple fameux, l'observer, et l'entendre.

LE PARISIEN.

Aux bords de l'occident que pouvez-vous apprendre?
Dans vos vastes états vous touchez à-la-fois
Au pays de Christine, à l'empire chinois :
Le héros de Narva sentit votre vaillance;
Le brutal janissaire a tremblé dans Byzance;
Les hardis Prussiens ont été terrassés;
Et, vainqueurs en tous lieux, vous en savez assez.

LE RUSSE.

J'ai voulu voir Paris : les fastes de l'histoire
Célèbrent ses plaisirs et consacrent sa gloire.

---

puis. Il est prouvé que la terre est aplatie, comme les expériences du pendule l'avaient prouvé, comme les lois de l'équilibre des fluides paraissent l'exiger. La proportion des axes de la terre s'approche davantage de celle de Newton que de celle de Huygens; ce qui confirme ce qu'avait découvert Newton, que la force de la pesanteur est le résultat de la force attractive de tous les éléments de la terre, et non une force dirigée vers le centre, suivant l'hypothèse de Huygens; mais les observations du pendule ne sont pas d'accord avec les mesures des degrés du méridien, dans l'hypothèse de la terre homogène, et ces mesures ne s'accordent pas à donner à la terre une figure régulière. K.

ª Moreau de Maupertuis fit accroire au cardinal de Fleury que cette dispute purement philosophique intéressait tous les navigateurs; qu'il y allait de leur vie. Il n'y allait certainement que de la curiosité (1771).

ᵇ C'était deux filles de Tornéa, qui étaient sœurs. Le père commença un procès criminel contre Maupertuis; mais on ne put du cercle polaire envoyer à Paris un huissier (1771).

— Voltaire a parlé ailleurs des deux Laponnes enlevées par Maupertuis; voyez tome XII, page 72; et XXXIII, 182. B.

Tout mon cœur tressaillait à ces récits pompeux
De vos arts triomphants, de vos aimables jeux.
Quels plaisirs, quand vos jours marqués par vos conquêtes
S'embellissaient encore à l'éclat de vos fêtes!
L'étranger admirait dans votre auguste cour
Cent filles de héros conduites par l'Amour;
Ces belles Montbazons, ces Châtillons brillantes,
Ces piquantes Bouillons, ces Nemours si touchantes,
Dansant avec Louis sous des berceaux de fleurs [a],
Et du Rhin subjugué couronnant les vainqueurs;
Perrault du Louvre auguste élevant la merveille;
Le grand Condé pleurant aux vers du grand Corneille [2];
Tandis que, plus aimable, et plus maître des cœurs,
Racine, d'Henriette exprimant les douleurs [b],
Et voilant ce beau nom du nom de Bérénice,
Des feux les plus touchants peignait le sacrifice.

Cependant un Colbert, en vos heureux remparts,
Ranimait l'industrie, et rassemblait les arts:
Tous ces arts en triomphe amenaient l'abondance.
Sur cent châteaux ailés les pavillons de France [c],
Bravant ce peuple altier, complice de Cromwel,

---

[a] Cela est vrai à la lettre. Il y avait à la fête de Versailles de grands berceaux de verdure, ornés de fleurs qui formaient des dessins pittoresques. Ce fut là que Louis XIV, qui était dans tout l'éclat de la jeunesse et de la beauté, dansa avec mademoiselle de La Vallière et d'autres dames (1771).

[b] Rien n'est plus connu que l'histoire de la tragédie de *Bérénice*. La princesse Henriette d'Angleterre, fille de Charles Ier, et femme de Monsieur, frère unique de Louis XIV, donna ce sujet à traiter à Corneille et à Racine. On sait comment Corneille en fit une tragédie aussi froide et aussi ennuyeuse que mal écrite; et comment Racine en fit une pièce très touchante, malgré ses défauts (1771).

[c] Louis XIV était parvenu jusqu'à garnir ses ports de près de deux cents vaisseaux de guerre (1771).

Effrayaient la Tamise et les ports du Texel.

Sans doute les beaux fruits de ces âges illustres,
Accrus par la culture et mûris par vingt lustres,
Sous vos savantes mains ont un nouvel éclat.
Le temps doit augmenter la splendeur de l'état;
Mais je la cherche en vain dans cette ville immense.

LE PARISIEN.

Aujourd'hui l'on étale un peu moins d'opulence.
Nous nous sommes défaits d'un luxe dangereux[a];
Les esprits sont changés, et les temps sont fâcheux.

LE RUSSE.

Et que vous reste-t-il de vos magnificences?

LE PARISIEN.

Mais... nous avons souvent de belles remontrances[b];
Et le nom d'Ysabeau[c], sur un papier timbré,

[a] Cela fut écrit en 1760, temps auquel le malheur des temps, les disgraces dans la guerre, et la mauvaise administration des finances, avaient obligé le roi et la plupart des gens riches à faire porter à la monnaie une grande partie de leur vaisselle d'argent. On servait alors les potages et les ragoûts dans des plats de faïence qu'on appelait des *cus noirs* (1771).
— Sur les plats appelés *cus noirs*, voyez ma note, t. LVIII, p. 252. B.

[b] On n'a pas ici la témérité de vouloir jeter le plus léger soupçon de partialité sur les remontrances; le zèle les dicte, la bonté les reçoit, l'équité y a souvent égard. On observe seulement que lorsque les Anglais se ruinent pour désoler nos côtes, insulter nos ports, détruire nos colonies et notre commerce, nous devons donner quelque chose pour nous défendre. Certes, en voyant notre roi se défaire de sa vaisselle d'argent, et se priver de ce qui fait le nécessaire d'un monarque, quel est le citoyen qui ne suivra pas un exemple si noble et si touchant? (1760). — La générosité de Louis XV, envoyant son argenterie à la monnaie pour secourir l'état, est portée à sa juste valeur par ce que raconte Chamfort. « Louis XV, dit-il, demanda au duc d'Ayen (depuis maréchal de Noailles) s'il avait envoyé sa vaisselle à la monnaie. Le duc répondit que non. Moi, dit le roi, j'ai envoyé la mienne. — Ah! sire, dit M. d'Ayen, quand Jésus-Christ mourut le vendredi saint, il savait bien qu'il ressusciterait le dimanche. B.

[c] Greffier au parlement de Paris (1760).

Est dans tous nos périls un secours assuré.

LE RUSSE.

C'est beaucoup ; mais enfin, quand la riche Angleterre
Épuise ses trésors à vous faire la guerre,
Les papiers d'Ysabeau ne vous suffiront pas :
Il faut des matelots, des vaisseaux, des soldats...

LE PARISIEN.

Nous avons à Paris de plus grandes affaires.

LE RUSSE.

Quoi donc?

LE PARISIEN.

   Jansénius... la bulle... ses mystères[a].
De deux sages partis les cris et les efforts,
Et des billets sacrés payables chez les morts[b],
Et des convulsions[c], et des réquisitoires,
Rempliront de nos temps les brillantes histoires.
Le Franc de Pompignan, par ses divins écrits[d]

---

[a] La querelle de la bulle *Unigenitus* fut un de ces ridicules sérieux qui ont troublé la France assez long-temps. On n'ignore pas que Louis XIV eut le malheur de se mêler des disputes absurdes entre les jansénistes et les molinistes ; que cette extravagance jeta de l'amertume sur la fin de ses jours, et que cette guerre théologique, pour n'avoir pas été assez méprisée, renaquit ensuite assez violemment. C'était la honte de l'esprit humain ; mais on était accoutumé à cette honte (1771).

[b] Valère Maxime (lib. II, cap. 6, *de ext. Instit.*) dit que les druides prêtaient de l'argent aux pauvres, à la charge qu'ils le rendraient en l'autre monde.—Je ne trouve cette note dans aucune édition du vivant de l'auteur. Mais les éditeurs de Kehl la donnent comme étant de Voltaire. B.

[c] La folie inconcevable des convulsions fut un des fruits de la bulle *Unigenitus*. Il y en avait encore en 1760, et elles avaient commencé en 1724. Sans les philosophes, qui jetèrent sur cette démence infame tout le ridicule qu'elle méritait, cette fureur de l'esprit de parti aurait eu des suites très dangereuses (1771).

[d] M. Le Franc de Pompignan, dans un mémoire qu'il dit avoir présenté

Plus que Palissot même occupe nos esprits[a];
Nous quittons et la Foire et l'Opéra-Comique,
Pour juger de Le Franc le style académique.

au roi en 1760, s'exprime ainsi, page 17 : « Il faut que tout l'univers sache « que... le roi s'est occupé de mon discours, non comme d'une nouveauté « passagère, mais comme d'une production digne de l'attention particulière « des souverains. »

Quel producteur que ce Pompignan! quelle modestie! de quel ton il parle à l'univers! comme l'univers est occupé de lui!

Ce même Le Franc de Pompignan dit, page 10 : « Un homme de ma « naissance et de mon état. » La naissance de Le Franc!

Ce même Le Franc de Pompignan dit encore que pendant qu'il était juge des aides en Quercy, *il écrivait de la prose pour l'utilité de ses compatriotes.* Voici la prose utile de M. Le Franc de Pompignan. Il eut la bonté, en 1756, d'écrire au roi, et de lui reprocher le bien que le roi fesait à la nation, en fesant lui-même, à Trianon, l'essai de la méthode de remédier à la carie des blés. Sa majesté daigna faire envoyer la recette dans toutes les provinces : c'est une de ses attentions paternelles pour son peuple; nous l'en bénissons, nos enfants l'en béniront. M. Le Franc de Pompignan semble insulter à sa bienfesance; il lui dit : « Ces expériences ne rendront « pas nos champs moins incultes. Le parc de Versailles ne décide pas de « l'état de nos campagnes. Vous traitez vos sujets plus impitoyablement que « des forçats; on exerce sur eux des vexations horribles : sortez de l'en- « ceinte de votre palais somptueux, vous verrez un royaume qui sera bien- « tôt un désert... »

Telle est la prose coulante et agréable du sieur Le Franc de Pompignan. Le roi n'a jamais donné un plus grand exemple de clémence qu'en daignant pardonner à ce bourgeois de Quercy un peu trop vif. Est-ce à ce titre qu'on l'a reçu à l'académie?

Le même Le Franc de Pompignan, auteur du *Voyage de Provence*, de *la Prière du Déiste*, et de quelques psaumes traduits en vers bien durs, et de plusieurs pièces de théâtre, dont une seule a pu être jouée, nie qu'on lui ait refusé quelque temps les provisions de sa charge en Quercy, pour le punir de *la Prière du Déiste*, parcequ'il fut d'ailleurs suspendu de sa charge en Quercy pour une autre affaire qui arriva dans un bal en Quercy. Nous n'entrerons point dans ces détails; nous nous contenterons d'observer que ce n'est pas sans raison qu'un père de la Doctrine chrétienne lui a dit :

Pour vivre un peu joyeusement,
Croyez-moi, n'offensez personne :

Le Franc de Pompignan dit *à tout l'univers*
Que le roi lit sa prose, et même encor ses vers.
L'univers cependant voit nos apothicaires

<blockquote>
C'est un petit avis qu'on donne
Au sieur Le Franc de Pompignan.
</blockquote>

Il peut sur cet article présenter un mémoire à l'univers (1760).

— J'ai rapporté, tome XL, page 157, deux phrases de Pompignan dont Voltaire cite une partie. Voici le texte d'un autre passage de Pompignan : «...Donnant tous mes soins, tous les moments de mon loisir à des travaux champêtres, à composer une nombreuse bibliothèque, à écrire des vers pour mon amusement, et de la prose pour l'utilité de mes compatriotes, je ne me suis jamais mêlé *d'aucune querelle littéraire* » (page 10 du *Mémoire présenté au roi*). B.

^a Palissot de Montenoi fit jouer par les comédiens français une comédie intitulée *les Philosophes*, le 2 mai 1760. Il a eu le malheur, dans cette comédie, d'insulter et d'accuser plusieurs personnes d'un mérite supérieur; et il se reprochera sans doute cette faute toute sa vie. On voit, par la lettre qu'il a donnée au public en forme de préface, qu'il a été trompé par de faux mémoires qu'on lui avait donnés. Il justifie sa pièce en rapportant plusieurs passages tirés de l'*Encyclopédie*, et la plupart de ces passages ne se trouvent pas dans l'*Encyclopédie*. Il cite plusieurs traits de quelques mauvais livres intitulés *l'Homme plante* et *la Vie heureuse*, comme si ces livres étaient composés par quelques uns de ceux qui ont mis la main à l'*Encyclopédie* : mais ces livres détestables, contre lesquels il s'élève avec une juste indignation, sont d'un médecin nommé La Métrie, natif de Saint-Malo, de l'académie de Berlin, qui les composa à Berlin il y a plus de douze ans, dans des accès d'ivresse. Ce La Métrie n'a jamais été en relation avec aucun des citoyens qui sont maltraités dans la pièce des *Philosophes*.

Ceux qu'on insulte dans cette pièce sont M. Duclos, secrétaire perpétuel de l'académie française, auteur de plusieurs ouvrages très estimables; M. Dalembert, de la même académie et de celle des sciences, célèbre par sa vaste littérature, par ses connaissances profondes dans les mathématiques, et par son génie; M. Diderot, dont le public fait le même éloge; M. le chevalier de Jaucourt, homme d'une grande naissance, auteur de cent excellents articles qui enrichissent le *Dictionnaire encyclopédique*; M. Helvétius, admirable (ce mot n'est pas trop fort) par une action unique : il a quitté deux cent mille livres de rente pour cultiver les belles-lettres en paix, et il fait du bien avec ce qui lui reste. La facilité et la bonté de son caractère lui ont fait hasarder, dans un livre d'ailleurs plein d'esprit, des

Combattre en parlement les jésuites leurs frères[a] ;
Car chacun vend sa drogue, et croit sur son pailler
Fixer, comme Le Franc, les yeux du monde entier.
Que dit-on dans Moscou de ces nobles querelles?

propositions fausses et très répréhensibles, dont il s'est repenti le premier, à l'exemple du grand Fénelon. L'auteur de la comédie des *Philosophes* se repent aussi d'avoir porté le poignard dans ses blessures ; il a des remords d'avoir imputé des maximes et des vues pernicieuses aux plus honnêtes gens qui soient en France, à des hommes qui n'ont jamais fait le moindre mal à personne, et qui n'en ont jamais dit. En qualité de citoyen, il souhaite que le *Dictionnaire encyclopédique* se continue, que les libraires qui ont fait cette grande entreprise ne soient pas ruinés, que les souscripteurs ne perdent point leurs avances.

Ce livre, qui se perfectionnait sous tant de mains, devenait cher et nécessaire à la nation. J'ai vu l'article Roi en manuscrit; des étrangers ont pleuré de tendresse au portrait qu'on fait de Louis XV, et ils ont souhaité d'être ses sujets; la reine son épouse regretterait l'article REINE, si sa vertu modeste pouvait lui faire regretter les plus justes louanges. Au mot GUERRE, on croirait que celui qui commande aujourd'hui nos armées, et plusieurs lieutenants généraux, ont été désignés par l'auteur, qui est lui-même un excellent officier. Le mot SIÉGE forme un article bien important pour nous; la prise du Port-Mahon immortalise le nom du général et le nom français : en un mot, cet ouvrage eût fait notre gloire, et il est bien honteux qu'il ait essuyé à-la-fois la persécution et le ridicule (1760). — L'auteur de l'article GUERRE dans l'*Encyclopédie* est le comte de Tressan. L'officier qui commandait les armées, en 1760, est le duc de Broglie. B.

[a] Le 14 mai 1760, jour de l'anniversaire de la mort de Henri IV, les apothicaires de Paris firent saisir, dans un couvent de jésuites qu'on appelait la maison professe, des drogues que les jésuites vendaient en fraude, et leur firent un procès au parlement, qui condamna ces pères. On disait qu'ils débitaient chez eux ces drogues pour empoisonner les jansénistes (1771). —Dans les éditions soit in-4°, soit in-8° de 1760, il y avait : « On saisit des drogues et du vert-de-gris chez les frères jésuites de la rue Saint-Antoine, le 10 mai 1760, jour de l'anniversaire de la mort de Henri-le-Grand. Il y a un grand procès sur cette contrebande entre les frères jésuites et les apothicaires, sur quoi un janséniste a imprimé que les frères jésuites, après avoir empoisonné les ames, voulaient aussi empoisonner les corps; mais ce sont de mauvaises plaisanteries. » Dans sa lettre à d'Argental, du 6 juillet 1760, Voltaire dit qu'au lieu du 10 (mai), il faut lire 14. Il parle

LE RUSSE.
En aucun lieu du monde on ne m'a parlé d'elles.
Le Nord, la Germanie, où j'ai porté mes pas,
Ne savent pas un mot de ces fameux débats.
LE PARISIEN.
Quoi! du clergé français la gazette prudente [a],
Cet ouvrage immortel que le pur zèle enfante,
Le *Journal du Chrétien*, le *Journal de Trévoux* [b],

des expressions de *jésuites empoisonneurs de corps* dans sa lettre à Thieriot, du 30 juin 1760. La note que je viens de rapporter fut supprimée par l'auteur en 1761. Celle qu'on lit aujourd'hui est de 1771.

Le 2 septembre 1760, le lieutenant général de police rendit une sentence qui déclare valable la saisie faite chez les jésuites de trois boîtes de thériaque et de trois de confection de hyacinthe. Voyez *Journal encyclopédique*, 1760, septembre, tome II, page 153; voyez aussi lettre à d'Argental, 6 juillet 1760, et celle à Lutzelbourg, 2 juillet 1760. B.

[a] C'est ce qu'on appelle la *Gazette ecclésiastique*. Ce journal clandestin commença en 1724, et dure encore. C'est un ramas de petits faits concernant des bedeaux de paroisse, des porte-dieu, des thèses de théologie, des refus de sacrements, des billets de confession : c'est surtout dans le temps de ces billets de confession que cette gazette a eu le plus de vogue. L'archevêque de Paris, Christophe de Beaumont, avait imaginé ces lettres de change tirées à vue sur l'autre monde, pour faire refuser le viatique à tous les mourants qui se seraient confessés à des prêtres jansénistes. Ce comble de l'extravagance et de l'horreur causa beaucoup de troubles, et mit la *Gazette ecclésiastique* alors dans un grand crédit: elle tomba quand cette sottise fut finie. Elle était, dit-on, comme les crapauds, qui ne peuvent s'enfler que de venin (1771). — La *Gazette ecclésiastique* n'a commencé qu'en 1727. B.

[b] Le *Journal chrétien* ou *du chrétien* fut d'abord composé par un récollet nommé Hayer, l'abbé Trublet, l'abbé Dinouart, un nommé Joannet. Ils dédièrent leur besogne à la reine, dans l'espérance d'avoir quelque bénéfice; en quoi ils se trompèrent. Ils mirent d'abord leur *Mercure chrétien* à 30 sous, puis à 20, puis à 15, puis à 12. Voyant qu'ils ne réussissaient pas, ils s'avisèrent d'accuser d'athéisme tous les écrivains, à tort et à travers. Ils s'adressèrent malheureusement à M. de Saint-Foix, qui leur fit un procès criminel, et les obligea de se rétracter. Depuis ce temps-là leur

N'ont point passé les mers et volé jusqu'à vous?

LE RUSSE.

Non..

LE PARISIEN.

Quoi! vous ignorez des mérites si rares?

LE RUSSE.

Nous n'en avons jamais rien appris.

LE PARISIEN.

Les barbares!
Hélas! en leur faveur mon esprit abusé
Avait cru que le Nord était civilisé.

LE RUSSE.

Je viens pour me former sur les bords de la Seine;
C'est un Scythe grossier voyageant dans Athène
Qui vous conjure ici, timide et curieux,
De dissiper la nuit qui couvre encor ses yeux.
Les modernes talents que je cherche à connaître
Devant un étranger craignent-ils de paraître?
Le cygne de Cambray, l'aigle brillant de Meaux,
Dans ce temps éclairé n'ont-ils pas des égaux?
Leurs disciples, nourris de leur vaste science,
N'ont-ils pas hérité de leur noble éloquence?

LE PARISIEN.

Oui, le flambeau divin qu'ils avaient allumé
Brille d'un nouveau feu, loin d'être consumé:
Nous avons parmi nous des pères de l'Église.

LE RUSSE.

Nommez-moi donc ces saints que le ciel favorise.

---

journal fut entièrement décrié, et ces pauvres diables furent obligés de l'abandonner.

Pour le *Journal de Trévoux*, il a subi le sort des jésuites ses auteurs, il est tombé avec eux (1771).

LE PARISIEN.

Maître Abraham Chaumeix, Hayer le récollet ª,
Et Berthier le jésuite, et le diacre Trublet,
Et le doux Caveyrac, et Nonotte, et tant d'autres [b] :

ª Cet Abraham Chaumeix était ci-devant vinaigrier, et, s'étant fait convulsionnaire, il devint un homme considérable dans le parti, surtout depuis qu'il se fut fait crucifier avec une couronne d'épines sur la tête, le 2 mars 1749, dans la rue Saint-Denys, vis-à-vis Saint-Leu et Saint-Gilles. Ce fut lui qui dénonça au parlement de Paris le *Dictionnaire encyclopédique*. Il a été couvert d'opprobre, et obligé de se réfugier à Moscou, où il s'est fait maître d'école.

Hayer le récollet n'est connu que par le *Journal chrétien*; le jésuite Berthier, par le *Journal de Trévoux*, et surtout par une facétie plaisante intitulée *Relation de la maladie, de la confession, de la mort, et de l'apparition du jésuite Berthier* (1771).

— Jean-Nicolas Hayer, né à Sarlouis, mort le 14 juillet 1780, est auteur de *la Religion vengée*, etc. (voyez tome LVII, page 206), et autres ouvrages. J'ai parlé du *Journal* (ou *Mémoires*) *de Trévoux*, tome XXXIII, page 267; *la Relation de la maladie*, etc., de Berthier est dans la présente édition, tome XL, page 12. B.

[b] Le doux Caveyrac est ici par antiphrase; il n'y a rien de si peu doux que son *Apologie de la révocation de l'édit de Nantes et de la Saint-Barthélemi*. Ce n'est pas qu'on doive en inférer absolument qu'il eût fait la Saint-Barthélemi, s'il eût été à la place du Balafré. On justifie quelquefois les plus abominables actions qu'on ne voudrait pas avoir faites. On fait un livre pour plaire à un évêque, pour attraper un petit bénéfice, une petite pension du clergé, qu'on n'attrape point; et ensuite on écrirait pour les huguenots avec autant de zèle qu'on a écrit contre eux. Tout cela n'est, au bout du compte, que du papier perdu et de l'honneur perdu; ce qui est fort peu de chose pour ces gens-là.

Nonotte est un ex-jésuite que notre auteur philosophe a fait connaître par les ignorances dont il l'a convaincu, et par les ridicules dont il l'a accablé avec très juste raison (1771).

— Il y avait Rabot dans les premières éditions. Nous n'avons rien pu découvrir sur ce Rabot. Il en serait de même de la plupart des autres feseurs de libelles immortalisés par M. de Voltaire, s'il ne s'était donné la peine d'ajouter à leurs noms des notes instructives. K.

— L'ouvrage de Caveyrac, dont Voltaire parle ci-dessus, est intitulé *Apologie de Louis XIV et de son conseil sur la révocation de l'édit de Nantes*, 1758, in-8°; voyez tome XLI, pages 28, 73, 246, etc. B.

Ils sont tous parmi nous ce qu'étaient les apôtres
Avant qu'un feu divin fût descendu sur eux :
De leur siècle profane instructeurs généreux [a],
Cachant de leur savoir la plus grande partie,
Écrivant sans esprit par pure modestie,
Et par piété même ennuyant les lecteurs.

LE RUSSE.

Je n'ai point encor lu ces solides auteurs :
Il faut que je vous fasse un aveu condamnable.
Je voudrais qu'à l'utile on joignît l'agréable ;
J'aime à voir le bon sens sous le masque des ris ;
Et c'est pour m'égayer que je viens à Paris.
Ce peintre ingénieux de la nature humaine,
Qui fit voir en riant la raison sur la scène,
Par ceux qui l'ont suivi serait-il éclipsé ?

LE PARISIEN.

Vous parlez de Molière : oh ! son règne est passé ;
Le siècle est bien plus fin ; notre scène épurée
Du vrai beau qu'on cherchait est enfin décorée.
Nous avons les *Remparts* [b], nous avons *Ramponeau* [c] ;

---

[a] Peu d'auteurs se sont servis du mot *instructeur*, qui semble manquer à notre langue. On voit bien que c'est un Russe qui parle. Ce terme répond à celui de *coukaski*, qui est très énergique en slavon (1760).

[b] Les comédies qu'on joue sur les boulevards (1760).

[c] Ramponeau était un cabaretier de la Courtille, dont la figure comique et le mauvais vin qu'il vendait bon marché lui acquirent pendant quelque temps une réputation éclatante. Tout Paris courut à son cabaret ; des princes du sang même allèrent voir M. Ramponeau.

Une troupe de comédiens établis sur les remparts s'engagea à lui payer une somme considérable pour se montrer seulement sur leur théâtre, et pour y jouer quelques rôles muets. Les jansénistes firent un scrupule à Ramponeau de se produire sur la scène ; ils lui dirent que Tertullien avait écrit contre la comédie ; qu'il ne devait pas ainsi prostituer sa dignité de cabaretier ; qu'il y allait de son salut. La conscience de Ramponeau fut

Au lieu du *Misanthrope* on voit Jacques Rousseau,
Qui, marchant sur ses mains, et mangeant sa laitue[a],
Donne un plaisir bien noble au public qui le hue.
Voilà nos grands travaux, nos beaux-arts, nos succès,
Et l'honneur éternel de l'empire français.
A ce brillant tableau connaissez ma patrie.

LE RUSSE.

Je vois dans vos propos un peu de raillerie;
Je vous entends assez : mais parlons sans détour :
Votre nuit est venue après le plus beau jour.
Il en est des talents comme de la finance;
La disette aujourd'hui succède à l'abondance :
Tout se corrompt un peu, si je vous ai compris.
Mais n'est-il rien d'illustre au moins dans vos débris?
Minerve de ces lieux serait-elle bannie?
Parmi cent beaux-esprits n'est-il plus de génie?

LE PARISIEN.

Un génie? ah, grand Dieu! puisqu'il faut m'expliquer,

---

alarmée. Il avait reçu de l'argent d'avance, et il ne voulut point le rendre, de peur de se damner. Il y eut procès. M. Élie de Beaumont, célèbre avocat, daigna plaider contre Ramponeau; notre poëte philosophe plaida pour lui, soit par zèle pour la religion, soit pour se réjouir. Ramponeau rendit l'argent, et sauva son ame (1771).

— Voltaire composa dans le temps une facétie qu'il intitula *Plaidoyer de Ramponeau;* voyez tome XL, page 136. B.

[a] La même année 1760, on joua sur le théâtre de la Comédie-Française la comédie des *Philosophes,* avec un concours de monde prodigieux. On voyait sur le théâtre Jean-Jacques Rousseau marchant à quatre pattes et mangeant une laitue. Cette facétie n'était ni dans le goût du *Misanthrope,* ni dans celui du *Tartufe;* mais elle était bien aussi théâtrale que celle de Pourceaugnac qui est poursuivi par des lavements et des fils de p.....

Le reste de la pièce ne parut pas assez gai : mais on ne pouvait pas dire que ce fût là de la comédie larmoyante. On reprocha à l'auteur d'avoir attaqué de très honnêtes gens dont il n'avait pas à se plaindre (1771).

S'il en paraissait un que l'on pût remarquer,
Tant de témérité serait bientôt punie.
Non, je ne le tiens pas assuré de sa vie.
Les Berthiers, les Chaumeix, et jusques aux Frérons,
Déjà de l'imposture embouchent les clairons.
L'hypocrite sourit, l'énergumène aboie ;
Les chiens de Saint-Médard[a] s'élancent sur leur proie ;
Un petit magistrat à peine émancipé,
Un pédant sans honneur, à Bicêtre échappé[3],
S'il a du bel esprit la jalouse manie,
Intrigue, parle, écrit, dénonce, calomnie,
En crimes odieux travestit les vertus :
Tous les traits sont lancés, tous les rets sont tendus.
On cabale à la cour; on ameute, on excite
Ces petits protecteurs sans place et sans mérite,
Ennemis des talents, des arts, des gens de bien,
Qui se sont faits dévots, de peur de n'être rien.
N'osant parler au roi, qui hait la médisance,
Et craignant de ses yeux la sage vigilance ;
Ces oiseaux de la nuit, rassemblés dans leurs trous,
Exhalent les poisons de leur orgueil jaloux :
« Poursuivons, disent-ils, tout citoyen qui pense.
Un génie ! il aurait cet excès d'insolence !
Il n'a pas demandé notre protection !
Sans doute il est sans mœurs et sans religion ;
Il dit que dans les cœurs Dieu s'est gravé lui-même,
Qu'il n'est point implacable, et qu'il suffit qu'on l'aime.

---

[a] Saint-Médard est une vilaine paroisse d'un très vilain faubourg de Paris, où les convulsions commencèrent. On appelle depuis ce temps-là les fanatiques, chiens de Saint-Médard (1771).

Dans le fond de son ame il se rit des Fantins[a],
De Marie Alacoque[b], et de la Fleur des Saints[c].
Aux erreurs indulgent, et sensible aux misères,
Il a dit, on le sait, que les humains sont frères;
Et, dans un doute affreux lâchement obstiné,
Il n'osa convenir que Newton fût damné.
Le brûler est une œuvre et sage et méritoire. »
　Ainsi parle à loisir ce digne consistoire.
Des vieilles à ces mots, au ciel levant les yeux,
Demandent des fagots pour cet homme odieux;
Et des petits péchés commis dans leur jeune âge
Elles font pénitence en opprimant un sage.

LE RUSSE.

Hélas! ce que j'apprends de votre nation
Me remplit de douleur et de compassion.

LE PARISIEN.

J'ai dit la vérité. Vous la vouliez sans feinte:

---

[a] Fantin, curé de Versailles, fameux directeur qui séduisait ses dévotes, et qui fut saisi volant une bourse de cent louis à un mourant qu'il confessait : il n'était pourtant pas philosophe (1760).

[b] *Marie Alacoque*, ouvrage impertinent de Languet, évêque de Soissons, dans lequel l'absurdité et l'impiété furent poussées jusqu'à mettre dans la bouche de Jésus-Christ quatre vers pour Marie Alacoque (1760). — J'ai donné le titre de l'ouvrage de Languet, tome XXVI, page 11. B.

[c] *La Fleur des Saints*, compilation extravagante du jésuite Ribadeneira; c'est un extrait de *la Légende dorée*, traduit et augmenté par le frère Girard, jésuite.

Nota bene que ce n'était pas ce frère Girard condamné au feu, le 12 octobre 1731, par la moitié du parlement d'Aix, pour avoir abusé de sa pénitente en lui donnant le fouet assez doucement, et pour plusieurs profanations. Il fut absous par l'autre moitié du parlement d'Aix, parcequ'on avait ridiculement mêlé l'accusation de sortilége aux véritables charges du procès. C'est bien dommage que ce frère Girard n'ait pas été philosophe (1760).

— J'ai parlé de *la Fleur des Saints*, tome XXIX, page 33; et XXXIII, 473; sur *la Légende dorée*, voyez tome XVIII, page 476. B.

Mais n'imaginez pas que, tristement éteinte,
La raison sans retour abandonne Paris :
Il est des cœurs bien faits, il est de bons esprits,
Qui peuvent, des erreurs où je la vois livrée,
Ramener au droit sens ma patrie égarée.
Les aimables Français sont bientôt corrigés.

LE RUSSE.

Adieu, je reviendrai quand ils seront changés.

NOTES ET VARIANTE

DU RUSSE A PARIS.

1 C'est encore le 30 juin, mais dans une lettre à Thieriot, que Voltaire parle, pour la première fois, du *Russe à Paris*. La préface et son intitulé sont dans les premières éditions in-4° et in-8°. Dix ans après parut le *Nouveau Russe à Paris, épître à madame Reich*, par *M. de Tcherebatoff*, 1770, in-8°. C'est une épître en vers et en prose à la louange de madame Reich, actrice de l'Opéra; Grimm parle de cette pièce dans sa *Correspondance* (avril 1770). C'est Leclerc des Vosges qui est auteur de la satire politique intitulée *le Russe à Paris, etc.*, par *M. Peters-Subwathekoff*, an VII (1798), in-8°. L'auteur fut persécuté. De nos jours M. Briffaut a fait imprimer dans *la Gazette de France*, du 22 décembre 1812, un dialogue en vers intitulé *le Temps passé et le Temps présent*, qu'il a reproduit dans ses *Dialogues, Contes*, etc., 1824, deux volumes in-18. B.

2 C'était à la première représentation de *Cinna*; voyez tome XX, page 317. B.

3 VAR. Le fripon le plus vil, le plus déshonoré,
    Dans la basse débauche obscurément vautré.

LES CHEVAUX ET LES ANES,

ou

ÉTRENNES AUX SOTS.

1761.

A ces beaux jeux inventés dans la Grèce,
Combats d'esprit, ou de force, ou d'adresse,
Jeux solennels, écoles des héros,
Un gros Thébain, qui se nommait Bathos,
Assez connu par sa crasse ignorance,
Par sa lésine, et son impertinence,
D'ambition tout comme un autre épris,
Voulut paraître, et prétendit au prix.
C'était la course. Un beau cheval de Thrace,
Aux crins flottants, à l'œil brillant d'audace,
Vif et docile, et léger à la main,
Vint présenter son dos à mon vilain.
Il demandait des housses, des aigrettes,
Un beau harnois, de l'or sur ses bossettes.
Le bon Bathos quelque temps marchanda.
Un certain âne alors se présenta.
L'âne disait : Mieux que lui je sais braire,
Et vous verrez que je sais mieux courir;
Pour des chardons je m'offre à vous servir :
Préférez-moi. Mon Bathos le préfère.
Sûr du triomphe, il sort de sa maison :

Voilà Bathos monté sur son grison.
Il veut courir. La Grèce était railleuse :
Plus l'assemblée était belle et nombreuse,
Plus on sifflait. Les Bathos en ce temps
N'imposaient pas silence aux bons plaisants.

Profitez bien de cette belle histoire,
Vous qui suivez les sentiers de la gloire;
Vous qui briguez ou donnez des lauriers,
Distinguez bien les ânes des coursiers.
En tout état et dans toute science,
Vous avez vu plus d'un Bathos en France;
Et plus d'un âne a mangé quelquefois
Au râtelier des coursiers de nos rois.

L'abbé Dubois, fameux par sa vessie[2],
Mit sur son front, très atteint de folie,
La même mitre, hélas! qui décora
Ce Fénelon que l'Europe admira.
Au Cicéron des oraisons funèbres[3],
Sublime auteur de tant d'écrits célèbres,
Qui succéda dans l'emploi glorieux
De cultiver l'esprit des demi-dieux ?
Un théatin, un Boyer[4]. Mais qu'importe
Quand l'arbre est beau, quand sa sève est bien forte,
Qu'il soit taillé par Bénigne ou Boyer ?
De très bons fruits viennent sans jardinier.

C'est dans Paris, dans notre immense ville,
En grands esprits, en sots toujours fertile,
Mes chers amis, qu'il faut bien nous garder
Des charlatans qui viennent l'inonder.
Les vrais talents se taisent, ou s'enfuient,
Découragés des dégoûts qu'ils essuient.

Les faux talents sont hardis, effrontés,
Souples, adroits, et jamais rebutés.
Que de frelons vont pillant les abeilles!
Que de Pradons s'érigent en Corneilles!
Que de Gauchats^a semblent des Massillons!
Que de Le Dains⁵ succèdent aux Bignons!
Virgile meurt, Bavius le remplace.
Après Lulli nous avons vu Colasse;
Après Le Brun, Coypel obtint l'emploi
De premier peintre ou barbouilleur du roi.
Ah! mon ami, malgré ta suffisance,
Tu n'étais pas premier peintre de France.
Le lourd Crevier^b, pédant crasseux et vain,
Prend hardiment la place de Rollin,
Comme un valet prend l'habit de son maître.
Que voulez-vous? chacun cherche à paraître.

C'est un plaisir de voir ces polissons
Qui du bon goût nous donnent des leçons;
Ces étourdis calculants en finance,
Et ces bourgeois qui gouvernent la France;
Et ces gredins qui, d'un air magistral,
Pour quinze sous griffonnant un journal,
Journal chrétien, connu par sa sottise,
Vont se carrant en princes de l'Église;

---

^a Gauchat, mauvais auteur de quelques brochures (1764).

^b Crevier, mauvais auteur d'une histoire romaine et d'une histoire de l'université, et beaucoup plus fait pour la seconde que pour la première. Il a depuis fait un libelle contre le célèbre Montesquieu, dans lequel il s'efforce de prouver que Montesquieu n'était pas chrétien. Voilà un beau service que cet homme rend à notre religion, de chercher à nous convaincre qu'elle était méprisée par un grand homme. La monture de Bathos paraît assez convenable à ce monsieur (1764).

Et ces faquins, qui, d'un ton familier,
Parlent au roi du haut de leur grenier.
  Nul à Paris ne se tient dans sa sphère,
Dans son métier, ni dans son caractère;
Et, parmi ceux qui briguent quelque nom,
Ou quelque honneur, ou quelque pension,
Qui des dévots affectent la grimace,
L'abbé La Coste[a] est le seul à sa place.
  Le roi, dit-on, bannira ces abus:
Il le voudrait; ses soins sont superflus.
Il ne peut dire en un arrêt en forme:
« Impertinents, je veux qu'on se réforme,
Que le *Journal de Trévoux* soit meilleur,
Guyon[6] moins plat, Moreau[7] plus fin railleur.
La cour enjoint à Jacque hétérodoxe[8]
De courir moins après le paradoxe;
Je lui défends de jamais dénigrer
Des arts charmants qui peuvent l'honorer;
Je veux, j'entends que, sous mon règne auguste,
Tout bon Français ait l'esprit sage et juste;
Que nul robin ne soit présomptueux,
Nul moine fier, nul avocat verbeux.
Ouï le rapport, dans mon conseil j'ordonne
Que la raison s'introduise en Sorbonne,
Que tout auteur sache me réjouir,
Ou m'éclairer; car tel est mon plaisir. »
  Un tel édit serait plus inutile
Que les sermons prêchés par La Neuville[9].
Donc on aurait grande obligation

---

[a] L'abbé La Coste, qui a travaillé à l'*Année littéraire*, de présent employé à Toulon sur les galères du roi (1771).

A qui pourrait par exhortation,
Par vers heureux, et par douce éloquence,
Porter nos gens à moins d'extravagance,
Admonéter par nom et par surnom
Ces ennemis jurés de la raison.
On pourrait dire aux malins molinistes,
A leurs rivaux les rudes jansénistes,
Aux gens du greffe, aux universités,
Aux faux dévots, d'honnêtes vérités.
Je les dirai, n'en soyez point en peine ;
Chacun de vous obtiendra son étrenne.
Messieurs les sots, je dois, en bon chrétien,
Vous fesser tous, car c'est pour votre bien.

Par M. le ch. DE M....RR [10], cornette de cavalerie, et, en cette qualité, ennemi juré des ânes. A Paris, le 1er janvier 1762, pour vos étrennes.

NOTES

DES CHEVAUX ET LES ANES.

[1] De ce qu'il est parlé de ces *Étrennes* dans la lettre à madame de Fontaine, du 1er février 1761 (voyez tome LIX, page 288), il ne faut pas conclure qu'elles sont du commencement de cette année. C'est une preuve seulement que la lettre, telle qu'elle est, n'est qu'un recueil de divers fragments. La date du 1er janvier 1762 est à l'édition originale; la lettre de Voltaire à Richelieu, du 27 janvier 1762, celle du même jour de Dalembert à Voltaire, prouvent encore que cette satire est de 1762, ou de la fin de 1761; car Bernis en parle dans sa lettre du 23 décembre 1761. B.

[2] Voyez tome XXI, page 26; et XXVIII, 162-63. B.

[3] Bossuet. B.

4 Boyer, moine imbécile, que le cardinal de Fleury fit précepteur du dauphin, et désigna en mourant pour ministre de la feuille. Des dévotes lui avaient fait obtenir l'évêché de Mirepoix, qu'il quitta en venant à la cour. Il était l'ennemi déclaré de toute espèce de mérite, et persécuta violemment M. de Voltaire. K.

5 Nom d'un avocat qui prononça un plaidoyer pour faire rayer du tableau un de ses confrères, convaincu d'avoir prouvé que l'excommunication des comédiens du roi, pensionnaires de sa majesté, est abusive, et contraire aux libertés de l'église gallicane. Le Dain fut hué, mais il réussit à faire rayer son confrère. K. — Sur Le Dain ou plutôt Dains, voyez tome XL, page 317. B.

6 Guyon, auteur de l'*Oracle des nouveaux philosophes*, ouvrage distingué par son ridicule dans la foule des libelles sans nombre publiés avec approbation contre le citoyen qui fesait le plus d'honneur à son pays, et un de ceux qui lui ont été le plus utiles. K. — Sur l'*Oracle des nouveaux philosophes*, voyez tome XLII, pages 487 et 695. B.

7 Moreau, avocat au conseil. Il a beaucoup écrit en faveur des fermiers généraux, et contre la philosophie. Il est l'auteur du *Catéchisme des cacouacs*. Dans ses livres sur l'histoire de France, il s'est permis d'altérer et de déguiser les monuments de nos anciennes annales, comme si l'autorité royale avait besoin d'être soutenue par des mensonges : ses livres ont eu le sort qu'ils méritaient, ils ont été méprisés et payés. On a de lui quelques jolis couplets dans le genre flagorneur. K. — Ce Moreau est celui dont il est parlé tome LVII, page 433. B.

8 J.-J. Rousseau. B.

9 Charles Frey de Neuville, jésuite célèbre alors par des sermons remplis d'antithèses, où l'on rencontre de loin en loin quelques traits heureux; d'ailleurs peu fanatique, et plus homme de lettres que jésuite. K. — Sur La Neuville, voyez la note, tome LIV, page 575. B.

10 M....re signifie *Molmire*: c'est dans la lettre de Dalembert, du 27 janvier 1762, qu'est cette explication. B.

ÉLOGE
DE L'HYPOCRISIE[1].

1766[2].

Mes chers amis, il me prend fantaisie
De vous parler ce soir d'hypocrisie.
Grave Vernet, soutiens ma faible voix :
Plus on est lourd, plus on parle avec poids.
Si quelque belle à la démarche fière,
Aux gros tétons, à l'énorme derrière,
Étale aux yeux ses robustes appas,
Les rimailleurs la nommeront Pallas.
Une beauté jeune, fraîche, ingénue,
S'appelle Hébé; Vénus est reconnue
A son sourire, à l'air de volupté
Qui de son charme embellit la beauté.
Mais si j'avise un visage sinistre,
Un front hideux, l'air empesé d'un cuistre,
Un cou jauni sur un moignon penché,
Un œil de porc à la terre attaché
(Miroir d'une ame à ses remords en proie,
Toujours terni, de peur qu'on ne la voie),
Sans hésiter, je vous déclare net
Que ce magot est Tartufe, ou Vernet.
C'est donc à toi, Vernet, que je dédie
Ma très honnête et courte rapsodie
Sur le sujet de notre ami Guignard,

Fesse-matthieu, dévot, et grand paillard.
 Avant-hier advint que de fortune
Je rencontrai ce Guignard sur la brune,
Qui chez Fanchon s'allait glisser sans bruit,
Comme un hibou qui ne sort que de nuit.
Je l'arrêtai, d'un air assez fantasque,
Par sa jaquette, et je lui criai : « Masque,
Je te connais ; l'argent et les catins
Sont à tes yeux les seuls objets divins :
Tu n'eus jamais un autre catéchisme.
Pourquoi veux-tu, de ton plat rigorisme
Nous étalant le dehors imposteur,
Tromper le monde, et mentir à ton cœur ;
Et, tout pétri d'une douce luxure,
Parler en Paul, et vivre en Épicure ? »
 Le sycophante alors me répondit
Qu'il faut tromper pour se mettre en crédit,
Que la franchise est toujours dangereuse,
L'art bien reçu, la vertu malheureuse,
La fourbe utile, et que la vérité
Est un joyau peu connu, très vanté,
D'un fort grand prix, mais qui n'est point d'usage.
 Je répliquai : « Ton discours paraît sage.
L'hypocrisie a du bon quelquefois ;
Pour son profit on a trompé des rois.
On trompe aussi le stupide vulgaire
Pour le gruger, bien plus que pour lui plaire.
Lorsqu'il s'agit d'un trône épiscopal,
Ou du chapeau qui coiffe un cardinal,
Ou, si l'on veut, de la triple couronne
Que quelquefois l'ami Bélzébut donne,

En pareil cas peut-être il serait bon
Qu'on employât quelques tours de fripon.
L'objet est beau, le prix en vaut la peine.
Mais se gêner pour nous mettre à la gêne,
Mais s'imposer le fardeau détesté
D'une inutile et triste fausseté,
Du monde entier méprisée et maudite,
C'est être dupe encor plus qu'hypocrite.
Que Peretti[a] se déguise en chrétien
Pour être pape, il se conduit fort bien.
Mais toi, pauvre homme, excrément de collége,
Dis-moi quel bien, quel rang, quel privilége
Il te revient de ton maintien cagot.
Tricher au jeu sans gagner est d'un sot.
Le monde est fin. Aisément on devine,
On reconnaît le cafard à la mine,
Chacun le hue : on aime à décrier
Un charlatan qui fait mal son métier. »
« Mais convenez que du moins mes confrères
M'applaudiront. » « Tu ne les connais guères.
Dans leur tripot on les a vus souvent
Se comporter comme on fait au couvent.
Tout penaillon y vante sa besace,
Son institut, ses miracles, sa crasse ;
Mais, en secret l'un de l'autre jaloux,

---

[a] Sixte-Quint. Il est vrai qu'il fit long-temps semblant d'être humble et doux, lui qui était si fier et si dur. Voilà pourquoi M. Robert Covelle dit que Sixte-Quint se déguise en chrétien : avec sa permission, je trouve ce terme un peu hardi. (*Note posthume*). — C'est sous le nom de Robert Covelle que Voltaire a publié la *Lettre curieuse à la louange de Vernet* (voyez tome XLII, page 344). Il suppose ici que c'est encore de Robert Covelle qu'est la satire de *l'Hypocrisie*. B.

Modestement ils se détestent tous.
Tes ennemis sont parmi tes semblables.
Les gens du monde au moins sont plus traitables.
Ils sont railleurs; les autres sont méchants.
Crains les sifflets, mais crains les malfesants.
Crois-moi, renonce à la cagoterie;
Mène uniment une plus noble vie;
Rougissant moins, sois moins embarrassé.
Que ton cou tors, désormais redressé,
Sur son pivot garde un juste équilibre.
Lève les yeux, parle en citoyen libre:
Sois franc, sois simple; et, sans affecter rien,
Essaie un peu d'être un homme de bien.»
 Le mécréant alors n'osa répondre.
J'étais sincère, il se sentait confondre.
Il soupira d'un air sanctifié;
Puis détournant son œil humilié;
Courbant en voûte une part de l'échine,
Et du menton se battant la poitrine,
D'un pied cagneux il alla chez Fanchon
Pour lui parler de la religion.

NOTES

DE L'ÉLOGE DE L'HYPOCRISIE.

1 Cette pièce fut faite dans le temps où les prêtres genevois s'avisèrent, pour prouver qu'ils n'étaient pas sociniens, d'essayer s'ils ne pourraient pas rappeler dans Genève les beaux jours où Calvin brûlait, proscrivait, exilait, et gouvernait au nom de Dieu. Les esprits étaient changés, et on se moqua d'eux. K.

2 Cette pièce est, pour le plus tard, du mois de mai 1766; elle est antérieure à la *Lettre curieuse de Robert Covelle*, où elle est rappelée (voyez tome XLII, page 350). C'est aussi contre Vernet que cette satire est dirigée. En la reproduisant l'année suivante dans la vingt-cinquième de ses *Honnêtetés littéraires* (voyez tome XLII, pages 697-98), Voltaire l'intitula *Maître Guignard ou de l'Hypocrisie, diatribe par M. Robert Covelle, dédiée à M. Isaac Bernet, prédicant de Carcassonne*. Dans le tome XXVIII de l'édition in-4°, au lieu de *Bernet*, on lit *Larnet*. B.

LE MARSEILLOIS

ET LE LION.

1768.

AVERTISSEMENT[1].

Feu M. de Saint-Didier[2], secrétaire perpétuel de l'académie de Marseille, auteur du poëme de *Clovis*, s'amusa, quelque temps avant sa mort, à composer cette petite fable, dans laquelle on trouve quelques traits de la philosophie anglaise. Ces traits sont en effet imités de la fable des abeilles de Mandeville[3], mais tout le reste appartient à l'auteur français. Comme il était de Marseille, il n'a pas manqué de prendre un Marseillois[4] pour son héros. Nous avons fait imprimer ce petit ouvrage sur une copie très exacte.

NOTES DE L'AVERTISSEMENT.

[1] Cet Avertissement est de Voltaire, et se trouve dans la première édition, qui est de 1768. Il est question de cette pièce dans les *Mémoires secrets* du 26 octobre. B.

[2] Voyez tome XLVII, page 581. B.

[3] Voyez tome XXVI, page 44; et XIII, 390. B.

[4] Le vers 32 prouve que, du temps de Voltaire, on prononçait Marseillois. On prononçait encore ainsi en 1792 et même en 1796; car, dans ses *Essais en vers et en prose*, Paris, Didot l'ainé, 1796, in-8°, M. Rouget de Lisle a imprimé, page 57 : « Le Chant des Combats, vulgairement l'Hymne « des *Marseillois*. » B.

LE MARSEILLOIS ET LE LION,

PAR M. DE SAINT-DIDIER,

SECRÉTAIRE PERPÉTUEL DE L'ACADÉMIE DE MARSEILLE.

1768.

Dans les sacrés cahiers, méconnus des profanes,
Nous avons vu parler les serpents et les ânes.
Un serpent fit l'amour à la femme d'Adam [a],
Un âne avec esprit gourmanda Balaam [b].

[a] Il est constant que le serpent parlait. La Genèse dit expressément qu'*il était le plus rusé de tous les animaux*. La Genèse ne dit point que Dieu lui donna alors la parole par un acte extraordinaire de sa toute-puissance pour séduire Ève; elle rapporte la conversation du serpent et de la femme, comme on rapporte un entretien entre deux personnes qui se connaissent, et qui parlent la même langue. Cela même est si évident, que le Seigneur punit le serpent d'avoir abusé de son esprit et de son éloquence; il le condamne à se traîner sur le ventre, au lieu qu'auparavant il marchait sur ses pieds. Flavien Josèphe dans ses *Antiquités,* Philon, saint Basile, saint Éphrem, n'en doutent pas. Le révérend père dom Calmet, dont le profond jugement est reconnu de tout le monde, s'exprime ainsi : « Toute l'anti- « quité a reconnu les ruses du serpent, et on a cru qu'avant la malédiction « de Dieu cet animal était encore plus subtil qu'il ne l'est à présent. L'Écri- « ture parle de ses finesses en plusieurs endroits; elle dit qu'il bouche ses « oreilles pour ne pas entendre la voix de l'enchanteur. Jésus-Christ, dans « l'Évangile, nous conseille d'avoir la prudence du serpent » (1768).

[b] Il n'en était pas ainsi de l'âne ou de l'ânesse qui parla à Balaam. Il est vraisemblable que les ânes n'avaient point le don de la parole, car il est dit expressément que le Seigneur ouvrit la bouche de l'ânesse : et même saint Pierre, dans sa seconde épître, dit que *cet animal muet parla d'une voix humaine.* Mais remarquons que saint Augustin, dans sa quarante-huitième question, dit que Balaam ne fut point étonné d'entendre parler son ânesse. Il en conclut que Balaam était accoutumé à entendre parler les autres ani-

Le grand parleur Homère, en vérités fertile,
Fit parler et pleurer les deux chevaux d'Achille[a].
Les habitants des airs, des forêts, et des champs,
Aux humains chez Ésope enseignent le bon sens.
Descartes n'en eut point quand il les crut machines[b] :
Il raisonna beaucoup sur les œuvres divines ;
Il en jugea fort mal, et noya sa raison
Dans ses trois éléments, au coin d'un tourbillon.
Le pauvre homme ignora, dans sa physique obscure,
Et l'homme, et l'animal, et toute la nature.
Ce romancier hardi dupa long-temps les sots :
Laissons là sa folie, et suivons nos propos.

maux. Le révérend père dom Calmet avoue que la chose est très ordinaire. « L'âne de Bacchus, dit-il, le belier de Phryxus, le cheval d'Hercule, l'agneau de Bochoris, les bœufs de Sicile, les arbres même de Dodone, et l'ormeau d'Apollonius de Thyane, ont parlé distinctement. » Voilà de grandes autorités qui servent merveilleusement à justifier M. de Saint-Didier (1768).

[a] La remarque de madame Dacier sur cet endroit d'Homère est également importante et judicieuse. Elle appuie beaucoup sur la sage conduite d'Homère ; elle fait voir que les chevaux d'Achille, Xante, et Balie fils de Podarge, sont d'une race *immortelle*, et qu'ayant déjà pleuré la mort de Patrocle, il n'est point du tout étonnant qu'ils tiennent un long discours à Achille. Enfin, elle cite l'exemple de l'ânesse de Balaam, auquel il n'y a rien à répliquer (1768).

[b] Descartes était certainement un grand géomètre et un homme de beaucoup d'esprit : mais toutes les nations savantes avouent qu'il abandonna la géométrie, qui devait être son guide, et qu'il abusa de son esprit pour ne faire que des romans. L'idée que les animaux ont tous les organes du sentiment pour ne point sentir est une contradiction ridicule. Ses tourbillons, ses trois éléments, son système sur la lumière, son explication des ressorts du corps humain, ses idées innées, sont regardés, par tous les philosophes, comme des chimères absurdes. On convient que dans toute sa physique il n'y a pas une vérité physique. Ce grand exemple apprend aux hommes qu'on ne trouve ces vérités que dans les mathématiques et dans l'expérience (1768).

Un jour un Marseillois, trafiquant en Afrique,
Aborda le rivage où fut jadis Utique.
Comme il se promenait dans le fond d'un vallon,
Il trouva nez à nez un énorme lion,
A la longue crinière, à la gueule enflammée,
Terrible, et tout semblable au lion de Némée.
Le plus horrible effroi saisit le voyageur :
Il n'était pas Hercule; et, tout transi de peur,
Il se mit à genoux, et demanda la vie.
    Le monarque des bois, d'une voix radoucie,
Mais qui fesait encor trembler le Provençal,
Lui dit en bon français : « Ridicule animal,
Tu veux donc qu'aujourd'hui de souper je me passe?
Écoute, j'ai dîné : je veux te faire grace,
Si tu peux me prouver qu'il est contre les lois
Que le soir un lion soupe d'un Marseillois. »
    Le marchand à ces mots conçut quelque espérance.
Il avait eu jadis un grand fonds de science;
Et, pour devenir prêtre, il apprit du latin;
Il savait Rabelais et son saint Augustin[a].

---

[a] Il est rapporté, dans l'histoire de l'académie, que La Fontaine demanda à un docteur s'il croyait que saint Augustin eût autant d'esprit que Rabelais, et que le docteur répondit à La Fontaine : « Prenez garde, monsieur, « vous avez mis un de vos bas à l'envers; » ce qui était vrai.

Ce docteur était un sot. Il devait convenir que saint Augustin et Rabelais avaient tous deux beaucoup d'esprit, et que le curé de Meudon avait fait un mauvais usage du sien. Rabelais était profondément savant, et tournait la science en ridicule. Saint Augustin n'était pas si savant; il ne savait ni le grec ni l'hébreu : mais il employa ses talents et son éloquence à son respectable ministère. Rabelais prodigua indignement les ordures les plus basses; saint Augustin s'égara dans des explications mystérieuses que luimême ne pouvait entendre. On est étonné qu'un orateur tel que lui, ait dit dans son sermon sur le psaume VI :

« Il est clair et indubitable que le nombre de quatre a rapport au corps

D'abord il établit, selon l'usage antique,
Quel est le droit divin du pouvoir monarchique;
Qu'au plus haut des degrés des êtres inégaux
L'homme est mis pour régner sur tous les animaux[a];

« humain, à cause des quatre éléments et des quatre qualités dont il est com-
« posé ; savoir, le chaud et le froid, le sec et l'humide : c'est pourquoi aussi
« Dieu a voulu qu'il fût soumis à quatre différentes saisons; savoir, l'été,
« le printemps, l'automne, et l'hiver.... Comme le nombre de quatre a rap-
« port au corps, le nombre de trois a rapport à l'ame, parceque Dieu nous
« ordonne de l'aimer d'un triple amour; savoir, de tout notre cœur, de
« toute notre ame, et de tout notre esprit.

« Lors donc que les deux nombres de quatre et de trois, dont le premier
« a rapport au corps, c'est-à-dire au vieil homme et au vieux Testament,
« et le second a rapport à l'ame, c'est-à-dire au nouvel homme et au nou-
« veau Testament, seront écoulés et passés, comme le nombre de sept jours
« passe et s'écoule, parcequ'il n'y a rien qui ne se fasse dans le temps et
« par la distribution du nombre quatre au corps, et du nombre trois à
« l'ame; lors, dis-je, que ce nombre de sept sera passé, on verra arriver
« le huitième, qui sera celui du jugement. »

Plusieurs savants ont trouvé mauvais qu'en voulant concilier les deux gé-
néalogies différentes données à saint Joseph, l'une par saint Matthieu, et
l'autre par saint Luc, il dise, dans son sermon 51, « Qu'un fils peut avoir
deux pères, puisqu'un père peut avoir deux enfants. »

On lui a encore reproché d'avoir dit, dans son livre contre les manichéens, que les puissances célestes se déguisaient ainsi que les puissances
infernales en beaux garçons et en belles filles pour s'accoupler ensemble,
et d'avoir imputé aux manichéens cette théurgie impure, dont ils ne furent
jamais coupables.

On a relevé plusieurs de ses contradictions. Ce grand saint était homme;
il a ses faiblesses, ses erreurs, ses défauts, comme les autres saints. Il n'en
est pas moins vénérable, et Rabelais n'est pas moins un bouffon grossier,
un impertinent dans les trois quarts de son livre, quoiqu'il ait été l'homme
le plus savant de son temps, éloquent, plaisant, et doué d'un vrai génie.
Il n'y a pas sans doute de comparaison à faire entre un père de l'Église très
vénérable et Rabelais, mais on peut très bien demander lequel avait plus
d'esprit; et un bas à l'envers n'est pas une réponse (1768).

[a] Dans le *Spectacle de la nature*, M. le prieur de Jonval, qui d'ailleurs
est un homme fort estimable, prétend que toutes les bêtes ont un profond
respect pour l'homme. Il est pourtant fort vraisemblable que les premiers

Que la terre est son trône, et que dans l'étendue
Les astres sont formés pour réjouir sa vue.
Il conclut qu'étant prince, un sujet africain
Ne pouvait sans pécher manger son souverain.
Le lion, qui rit peu, se mit pourtant à rire;
Et, voulant par plaisir connaître cet empire,
En deux grands coups de griffe il dépouilla tout nu
De l'univers entier le monarque absolu.
Il vit que ce grand roi lui cachait sous le linge
Un corps faible monté sur deux fesses de singe,
A deux minces talons deux gros pieds attachés,
Par cinq doigts superflus dans leur marche empêchés,
Deux mamelles sans lait, sans grace, sans usage,
Un crâne étroit et creux couvrant un plat visage,
Tristement dégarni du tissu de cheveux
Dont la main d'un barbier coiffa son front crasseux.
Tel était en effet ce roi sans diadème,
Privé de sa parure, et réduit à lui-même.
Il sentit en effet qu'il devait sa grandeur
Au fil d'un perruquier, aux ciseaux d'un tailleur.
« Ah! dit-il au lion, je vois que la nature
Me fait faire en ce monde une triste figure :
Je pensais être roi; j'avais certes grand tort.

---

ours et les premiers tigres qui rencontrèrent les premiers hommes leur témoignèrent peu de vénération, surtout s'ils avaient faim.

Plusieurs peuples ont cru sérieusement que les étoiles n'étaient faites que pour éclairer les hommes pendant la nuit. Il a fallu bien du temps pour détromper notre orgueil et notre ignorance; mais aussi plusieurs philosophes, et Platon entre autres, ont enseigné que les astres étaient des dieux. Saint Clément d'Alexandrie et Origène ne doutent pas qu'ils n'aient des ames capables de bien et de mal : ce sont des choses très curieuses et très instructives (1768).

Vous êtes le vrai maître, en étant le plus fort.
Mais songez qu'un héros doit dompter sa colère;
Un roi n'est point aimé s'il n'est point débonnaire.
Dieu, comme vous savez, est au-dessus des rois:
Jadis en Arménie il vous donna des lois,
Lorsque dans un grand coffre, à la merci des ondes,
Tous les animaux purs, ainsi que les immondes,
Par Noé mon aïeul enfermés si long-temps[a],
Respirèrent enfin l'air natal de leurs champs:
Dieu fit avec eux tous une étroite alliance,
Un pacte solennel. » « Oh! la plate impudence!
As-tu perdu l'esprit par excès de frayeur?
Dieu, dis-tu, fit un pacte avec nous! » « Oui, seigneur,
Il vous recommanda d'être clément et sage,
De ne toucher jamais à l'homme, son image[b].

---

[a] Il faut pardonner au lion s'il ne connaissait pas Noé. Les Juifs sont les seuls qui l'aient jamais connu. On ne trouve ce nom chez aucun autre peuple de la terre. Sanchoniathon n'en a point parlé; s'il en avait dit un mot, Eusèbe, son abréviateur, en aurait pris un grand avantage. Ce nom ne se trouve point dans le *Zend-Avesta* de Zoroastre. Le *Sadder*, qui en est l'abrégé, ne dit pas un seul mot de Noé. Si quelque auteur égyptien en avait parlé, Flavien Josèphe, qui recherca si exactement tous les passages des livres égyptiens qui pouvaient déposer en faveur des antiquités de sa nation, se serait prévalu du témoignage de ces auteurs. Noé fut entièrement inconnu aux Grecs, et il le fut également aux Indiens et aux Chinois. Il n'en est parlé ni dans le *Veidam*, ni dans le *Shasta*, ni dans les cinq *Kings;* et il est très remarquable que lui et ses ancêtres aient été également ignorés du reste de la terre (1768). — Sur Sanchoniathon et sur Eusèbe, voyez une note de Voltaire, tome XLIII, pages 52-53. B.

[b] Au chapitre IX de la *Genèse*, verset 10 et suivants, le Seigneur fait un pacte avec les animaux, tant domestiques que de la campagne. Il défend aux animaux de tuer les hommes; il dit qu'il en tirera vengeance, parceque l'homme est son image. Il défend de même à la race de Noé de manger du sang des animaux mêlé avec de la chair. Les animaux sont presque toujours traités dans la loi juive à peu près comme les hommes; les uns et les au-

Et si vous me mangez, l'Éternel irrité
Fera payer mon sang à votre majesté. »
« Toi, l'image de Dieu ! toi, magot de Provence !
Conçois-tu bien l'excès de ton impertinence?
Montre l'original de mon pacte avec Dieu.
Par qui fut-il écrit? en quel temps ? dans quel lieu [a]?
Je vais t'en montrer un plus sûr, plus véritable :
De mes quarante dents vois la file effroyable [b];
Ces ongles, dont un seul pourrait te déchirer;
Ce gosier écumant, prêt à te dévorer;
Cette gueule, ces yeux, dont jaillissent des flammes :
Je tiens ces heureux dons du Dieu que tu réclames.
Il ne fait rien en vain : te manger est ma loi ;
C'est là le seul traité qu'il ait fait avec moi.

tres doivent être également en repos le jour du sabbat (Exod., ch. xxiii). Un taureau qui a frappé un homme de sa corne est puni de mort (Exod., ch. xxi). Une bête qui a servi de succube ou d'incube à une personne est aussi mise à mort (Lévit., ch. xx). Il est dit que l'homme n'a rien de plus que la bête (Ecclés., chap. iii et ix). Dans les plaies d'Égypte, les premiers-nés des hommes et des animaux sont également frappés (Exod., ch. xii et xiii). Quand Jonas prêche la pénitence à Ninive, il fait jeûner les hommes et les animaux. Quand Josué prend Jéricho, il extermine également les bêtes et les hommes. Tout cela prouve évidemment que les hommes et les bêtes étaient regardés comme deux espèces du même genre. Les Arabes ont encore le même sentiment : leur tendresse excessive pour leurs chevaux et pour leurs gazelles en est un témoignage assez connu (1768).

[a] Le grand Newton, Samuel Clarke, prétendent que le *Pentateuque* fut écrit du temps de Saül. D'autres savants hommes pensent que ce fut sous Osias ; mais il est décidé que Moïse en est l'auteur, malgré toutes les vaines objections fondées sur les vraisemblances et sur la raison, qui trompe si souvent les hommes (1768).

[b] Ceux qui ont écrit l'histoire naturelle auraient bien dû compter les *dents des lions : mais ils ont oublié cette particularité aussi bien qu'Aristote.* Quand on parle d'un guerrier, il ne faut pas omettre ses armes. M. de Saint-Didier, qui avait vu disséquer à Marseille un lion nouvellement venu d'Afrique, s'assura qu'il avait quarante dents (1768).

Ce Dieu, dont mieux que toi je connais la prudence,
Ne donne pas la faim pour qu'on fasse abstinence.
Toi-même as fait passer sous tes chétives dents
D'imbéciles dindons, des moutons innocents,
Qui n'étaient pas formés pour être ta pâture.
Ton débile estomac, honte de la nature,
Ne pourrait seulement, sans l'art d'un cuisinier,
Digérer un poulet, qu'il faut encor payer.
Si tu n'as point d'argent, tu jeûnes en ermite;
Et moi, que l'appétit en tout temps sollicite,
Conduit par la nature, attentive à mon bien,
Je puis t'avaler cru, sans qu'il m'en coûte rien.
Je te digérerai sans faute en moins d'une heure.
Le pacte universel est qu'on naisse et qu'on meure.
Apprends qu'il vaut autant, raisonneur de travers,
Être avalé par moi que rongé par les vers. »

« Sire, les Marseillois ont une ame immortelle :
Ayez dans vos repas quelque respect pour elle. »
« La mienne apparemment est immortelle aussi.
Va, de ton esprit gauche elle a peu de souci.
Je ne veux point manger ton ame raisonneuse.
Je cherche une pâture et moins fade et moins creuse.
C'est ton corps qu'il me faut; je le voudrais plus gras :
Mais ton ame, crois-moi, ne me tentera pas. »

« Vous avez sur ce corps une entière puissance;
Mais quand on a dîné, n'a-t-on point de clémence?
Pour gagner quelque argent j'ai quitté mon pays :
Je laisse dans Marseille une femme et deux fils;
Mes malheureux enfants, réduits à la misère,
Iront à l'hôpital, si vous mangez leur père. »

« Et moi, n'ai-je donc pas une femme à nourrir?

Mon petit lionceau ne peut encor courir,
Ni saisir de ses dents ton espèce craintive :
Je lui dois la pâture; il faut que chacun vive.
Eh! pourquoi sortais-tu d'un terrain fortuné,
D'olives, de citrons, de pampres couronné?
Pourquoi quitter ta femme et ce pays si rare
Où tu fêtais en paix Madeleine et Lazare[a]?
Dominé par le gain, tu viens dans mon canton

[a] Ce lion paraît fort instruit, et c'est encore une preuve de l'intelligence des bêtes. La Sainte-Baume, où se retira sainte Marie-Madeleine, est fort connue; mais peu de gens savent à fond cette histoire. *La Fleur des Saints* peut en donner quelques notions; il faut lire son article, tome II de *la Fleur des Saints*, depuis la page 59. Ce fut Marie-Madeleine à qui deux anges parlèrent sur le Calvaire, et à qui notre Seigneur parut en jardinier. Ribadeneira, le savant auteur de *la Fleur des Saints*, dit expressément que si cela n'est pas dans l'Évangile, la chose n'en est pas moins indubitable. Elle demeura, dit-il, dans Jérusalem auprès de la vierge Marie, avec son frère Lazare que Jésus avait ressuscité, et Marthe sa sœur, qui avait préparé le repas lorsque Jésus avait soupé dans leur maison.

L'aveugle-né, nommé Celedone, à qui Jésus donna la vue en frottant ses yeux avec un peu de boue, et Joseph d'Arimathie, étaient de la société intime de Madeleine. Mais le plus considérable de ses amis fut le docteur saint Maximin, l'un des soixante et dix disciples.

Dans la première persécution qui fit lapider saint Étienne, les Juifs se saisirent de Marie-Madeleine, de Marthe, de leur servante Marcelle, de Maximin leur directeur, de l'aveugle-né, et de Joseph d'Arimathie. On les embarqua dans un vaisseau sans voiles, sans rames, et sans mariniers; le vaisseau aborda à Marseille, comme l'atteste Baronius. Dès que Madeleine fut à terre, elle convertit toute la Provence. Le Lazare fut évêque de Marseille, Maximin eut l'évêché d'Aix; Joseph d'Arimathie alla prêcher l'Évangile en Angleterre; Marthe fonda un grand couvent; Madeleine se retira dans la Sainte-Baume, où elle brouta l'herbe toute sa vie. Ce fut là que n'ayant plus d'habits elle pria toujours toute nue; mais ses cheveux crûrent jusqu'à ses talons, et les anges venaient la peigner et l'enlever au ciel sept fois par jour, en lui donnant de la musique. On a gardé long-temps une fiole remplie de son sang, et ses cheveux; et tous les ans, le jour du vendredi saint, cette fiole a bouilli à vue d'œil. La liste de ses miracles avérés est innombrable (1768).

Vendre, acheter, troquer, être dupe et fripon;
Et tu veux qu'en jeûnant ma famille pâtisse
De ta sotte imprudence et de ton avarice?
Réponds-moi donc, maraud. » « Sire, je suis battu.
Vos griffes et vos dents m'ont assez confondu.
Ma tremblante raison cède en tout à la vôtre.
Oui, la moitié du monde a toujours mangé l'autre :
Ainsi Dieu le voulut; et c'est pour notre bien.
Mais, sire, on voit souvent un malheureux chrétien,
Pour de l'argent comptant, qu'aux hommes on préfère,
Se racheter d'un Turc, et payer un corsaire.
Je comptais à Tunis passer deux mois au plus;
A vous y bien servir mes vœux sont résolus;
Je vous ferai garnir votre charnier auguste
De deux bons moutons gras, valant vingt francs au juste.
Pendant deux mois entiers ils vous seront portés;
Par vos correspondants chaque jour présentés;
Et mon valet, chez vous, restera pour otage. »

« Ce pacte, dit le roi, me plaît bien davantage
Que celui dont tantôt tu m'avais étourdi.
Viens signer le traité; suis-moi chez le cadi;
Donne des cautions : sois sûr, si tu m'abuses,
Que je n'admettrai point tes mauvaises excuses;
Et que sans raisonner tu seras étranglé,
Selon le droit divin dont tu m'as tant parlé. »

Le marché fut signé; tous les deux l'observèrent,
D'autant qu'en le gardant tous les deux y gagnèrent.
Ainsi dans tous les temps nosseigneurs les lions
Ont conclu leurs traités aux dépens des moutons.

AVERTISSEMENT

DES ÉDITEURS DE L'ÉDITION DE KEHL

SUR LES TROIS EMPEREURS EN SORBONNE[1].

En 1767, la faculté de théologie de Paris censura[2] le roman philosophique intitulé *Bélisaire*. Ce vieux général s'était avisé de dire à l'empereur Justinien que l'on n'éclairait point les esprits avec la flamme des bûchers[3], et qu'il était tenté de croire que Dieu n'avait point condamné à la damnation éternelle les héros de la Grèce et de Rome.

Depuis l'invention de l'imprimerie, la faculté de Paris s'est arrogé le droit de dire son avis en mauvais latin sur les livres qui lui déplaisent; et comme depuis cinquante années le public est en possession de se moquer de cet avis, elle a constamment l'humilité de le traduire en français[4], afin de multiplier les lecteurs et les sifflets.

La censure de *Bélisaire* eut un grand succès. On ne peut se dissimuler que l'obligation imposée, sous peine de damnation, aux princes et aux magistrats, de condamner à la mort quiconque n'est pas de la communion romaine, ne soit une opinion théologique très moderne. La damnation des païens n'a jamais été donnée comme un article de foi dans les premiers siècles de l'Église. On n'avance de pareilles opinions que lorsqu'on est le maître. La faculté fut donc obligée d'avouer que si le fond de la croyance doit toujours rester le

---

[1] Cette satire est de la fin de 1768. Les *Mémoires secrets* en parlent le 4 novembre. B.

[2] Voyez tome XLVI, page 407; et LXIV, 475. B.

[3] Chapitre xv du *Bélisaire* de Marmontel. B.

[4] Voyez ma note, tome LXIV, page 475. B.

même, cependant on peut l'enrichir de temps en temps de quelques nouveaux articles de foi, dont les circonstances n'avaient point permis à notre Seigneur Jésus-Christ et aux saints apôtres de s'occuper.

Cette assertion parut aussi ridicule que scandaleuse; et lorsqu'on vit que le mauvais français de la Sorbonne n'avait pas même le mérite de rendre exactement son mauvais latin, et qu'en se traduisant eux-mêmes ces sages maîtres avaient fait des contre-sens, les ris redoublèrent.

On trouvera dans cette édition plusieurs pièces en prose sur cette facétie théologique[1]. M. de Voltaire s'est plu à attaquer souvent l'opinion que tout infidèle est damné, quelles que soient ses vertus et l'innocence de sa vie. Ce n'est point là une opinion théologique indifférente. Il importe au repos de l'humanité de persuader à tous les hommes qu'un Dieu, leur père commun, récompense la vertu, indépendamment de la croyance, et qu'il ne punit que les méchants.

Cette opinion de la nécessité de croire certains dogmes pour n'être point damné, et d'un supplice éternel réservé à ceux qui les ont niés ou même ignorés, est le premier fondement du fanatisme et de l'intolérance. Tout non conformiste devient un ennemi de Dieu et de notre salut. Il est raisonnable, presque humain, de brûler un hérétique, et d'ajouter quelques heures de plus à un supplice éternel, plutôt que de s'exposer soi et sa famille à être précipités par les séductions de cet impie dans les bûchers éternels.

C'est à cette seule opinion qu'on peut attribuer l'abominable usage de brûler les hommes vivants; usage qui, à la honte de notre siècle, subsiste encore dans les pays catholiques de l'Europe, excepté dans les états de la famille impériale. Heureusement cette opinion est aussi ridicule qu'atroce, et plus

---

[1] *Anecdote sur Bélisaire*, tome XLII, page 624; *Seconde anecdote sur Bélisaire*, XLIII, 1; *Lettre de Gérofle à Cogé*, XLIII, 435; *la Prophétie de la Sorbonne*, XLIII, 558; *Réponse catégorique au sieur Cogé*, XLIII, 560; *Lettre de l'archevêque de Cantorbéry à l'archevêque de Paris*, XLIV, 11. B.

injurieuse à la Divinité que tous les contes des païens sur les aventures galantes des dieux immortels. Aussi, parmi ceux qui sont intéressés au maintien de la théologie, les gens raisonnables voudraient-ils qu'on abandonnât ce prétendu dogme, comme celui de la création du monde il y a juste six mille ans.

On suivrait la même marche à mesure que certains dogmes deviendraient trop révoltants, ou trop clairement absurdes; et au bout d'un certain temps on soutiendrait qu'on ne les a jamais regardés comme articles de foi. Cela est arrivé déjà plus d'une fois, et l'Église s'en est bien trouvée.

Il est juste d'observer ici que Riballier, syndic de Sorbonne, dont on parle dans cette satire, est un homme de mœurs douces, assez tolérant[1], qui céda malgré lui, dans cette circonstance, au délire théologique de ses confrères. Il avait à se faire pardonner sa modération à l'égard des jansénistes; et, pour l'expier, il se mit à persécuter un peu les gens raisonnables.

---

[1] Voyez, tome LXV, page 232, son approbation de l'inoculation. B.

LES TROIS EMPEREURS

EN SORBONNE,

PAR M. L'ABBÉ CAILLE.

1768.

L'héritier de Brunswick et le roi des Danois,
Vous le savez, amis, ne sont pas les seuls princes
Qu'un desir curieux mena dans nos provinces,
Et qui des bons esprits ont réuni les voix :
Nous avons vu Trajan, Titus, et Marc-Aurèle,
Quitter le beau séjour de la gloire immortelle,
Pour venir en secret s'amuser dans Paris.
Quelque bien qu'on puisse être, on veut changer de place :
C'est pourquoi les Anglais sortent de leur pays.
L'esprit est inquiet, et de tout il se lasse :
Souvent un bienheureux s'ennuie en paradis.
   Le trio d'empereurs, arrivé dans la ville,
Loin du monde et du bruit choisit son domicile
Sous un toit écarté, dans le fond d'un faubourg.
Ils évitaient l'éclat : les vrais grands le dédaignent.
Les galants de la cour, et les beautés qui règnent,
Tous les gens du bel air, ignoraient leur séjour :
A de semblables saints il ne faut que des sages ;
Il n'en est pas en foule. On en trouva pourtant,
Gens instruits et profonds qui n'ont rien de pédant,
Qui ne prétendent point être des personnages ;

Qui, des sots préjugés paisiblement vainqueurs,
D'un regard indulgent contemplent nos erreurs;
Qui, sans craindre la mort, savent goûter la vie;
Qui ne s'appellent point *la bonne compagnie*,
Qui la sont en effet. Leur esprit et leurs mœurs
Réussirent beaucoup chez les trois empereurs.
A leur petit couvert chaque jour ils soupèrent;
Moins ils cherchaient l'esprit, et plus ils en montrèrent.
Tous charmés l'un de l'autre, ils étaient bien surpris
D'être sur tous les points toujours du même avis.
Ils ne perdirent point leurs moments en visites;
Mais on les rencontrait aux arsenaux de Mars,
Chez Clio, chez Minerve, aux ateliers des arts.
Ils les encourageaient en prisant leurs mérites.

 On conduisit bientôt nos nouveaux curieux
Aux chefs-d'œuvre brillants d'*Andromaque* et d'*Armide*
Qu'ils préféraient aux jeux du Cirque et de l'Élide:
Le plaisir de l'esprit passe celui des yeux.

 D'un plaisir différent nos trois césars jouirent,
Lorsqu'à l'Observatoire un verre industrieux
Leur fit envisager la structure des cieux,
Des cieux qu'ils habitaient, et dont ils descendirent.

 De là, près d'un beau pont que bâtit autrefois
Le plus grand des Henris, et peut-être des rois,
Marc-Aurèle aperçut ce bronze qu'on révère,
Ce prince, ce héros célébré tant de fois,
Des Français inconstants le vainqueur et le père:
« Le voilà, disait-il, nous le connaissons tous;
Il boit au haut des cieux le nectar avec nous. »
Un des sages leur dit: « Vous savez son histoire.
On adore aujourd'hui sa valeur, sa bonté;

Quand il était au monde, il fut persécuté;
Bury même à présent lui conteste sa gloire[a] :
Pour dompter la critique, on dit qu'il faut mourir :
On se trompe; et sa dent, qui ne peut s'assouvir,
Jusque dans le tombeau ronge notre mémoire. »

Après ces monuments si grands, si précieux,
A leurs regards divins si dignes de paraître,
Sur de moindres objets ils baissèrent les yeux.

Ils voulurent enfin tout voir et tout connaître :
Les boulevards, la Foire, et l'Opéra-Bouffon;
L'école où Loyola corrompit la raison;
Les quatre facultés, et jusqu'à la Sorbonne.

Ils entrent dans l'étable où les docteurs fourrés
Ruminaient saint Thomas, et prenaient leurs degrés.
Au séjour de l'*Ergo*, Ribaudier en personne

---

[a] On dit qu'un écrivain, nommé M. de Bury, a fait une *Histoire de Henri IV*, dans laquelle ce héros est un homme très médiocre. On ajoute qu'il y a dans Paris une petite secte qui s'élève sourdement contre la gloire de ce grand homme. Ces messieurs sont bien cruels envers sa patrie; qu'ils songent combien il est important qu'on regarde comme un être approchant de la divinité un prince qui exposa toujours sa vie pour sa nation, et qui voulut toujours la soulager. Mais il avait des faiblesses. Oui, sans doute; il était homme : mais béni soit celui qui a dit que ses défauts étaient ceux d'un homme aimable, et ses vertus celles d'un grand homme! Plus il fut la victime du fanatisme, plus il doit être presque adoré par quiconque n'est pas convulsionnaire.

Chaque nation, chaque cour, chaque prince a besoin de se choisir un patron pour l'admirer et pour l'imiter. Eh! quel autre choisira-t-on que celui qui dégageait ses amis aux dépens de son sang dans le combat de Fontaine-Française; qui criait, dans la victoire d'Ivry : « Épargnez les com-
« patriotes! » et qui, au faîte de la puissance et de la gloire, disait à son ministre : « Je veux que le paysan ait une poule au pot tous les di-
« manches? » (1769).

—Voltaire a critiqué l'*Histoire de Henri IV*, par Bury; voyez t. XLII, p. 324; XLIV, 469. B.

Estropiait alors un discours en latin.
Quel latin, juste ciel! les héros de l'Empire
Se mordaient les cinq doigts pour s'empêcher de rire.
Mais ils ne rirent plus quand un gros augustin
Du concile gaulois lut tout haut les censures.
Il disait anathème aux nations impures
Qui n'avaient jamais su, dans leurs impiétés,
Qu'auprès de l'Estrapade il fût des facultés.
    « O morts ! s'écriait-il, vivez dans les supplices[a] ;

---

[a] Il est nécessaire de dire au public, qui l'a oublié, qu'un nommé Riballier, principal du collége Mazarin, et un régent nommé Cogé, s'étant avisés d'être jaloux de l'excellent livre moral de *Bélisaire*, cabalèrent pendant un an pour le faire censurer par ceux qu'on appelle *docteurs de Sorbonne*. Au bout d'un an, ils firent imprimer cette censure en latin et en françois; elle n'est cependant ni française ni latine; le titre même est un solécisme : *Censure de la faculté de théologie contre le livre*, etc. On ne dit point *censure contre*, mais *censure de*. Le public pardonne à la faculté de ne pas savoir le français; on lui pardonne moins de ne pas savoir le latin. *Determinatio sacræ facultatis in libellum*, est une expression ridicule. *Determinatio* ne se trouve ni dans Cicéron, ni dans aucun bon auteur; *determinatio in* est un barbarisme insupportable; et ce qui est encore plus barbare, c'est d'appeler *Bélisaire* un libelle, en fesant un mauvais libelle contre lui.

Ce qui est encore plus barbare, c'est de déclarer damnés tous les grands hommes de l'antiquité qui ont enseigné et pratiqué la justice. Cette absurdité est heureusement démentie par saint Paul, qui dit expressément dans son épître aux Juifs tolérés à Rome : « Lorsque les gentils qui n'ont point « la loi font naturellement ce que la loi commande, n'ayant point notre « loi, ils sont loi à eux-mêmes. » Tous les honnêtes gens de l'Europe et du monde entier ont de l'horreur et du mépris pour cette détestable ineptie qui va damnant toute l'antiquité. Il n'y a que des cuistres sans raison et sans humanité qui puissent soutenir une opinion si abominable et si folle, désavouée même dans le fond de leur cœur. Nous ne prétendons pas dire que les docteurs de Sorbonne sont des cuistres, nous avons pour eux une considération plus distinguée; nous les plaignons seulement d'avoir signé un ouvrage qu'ils sont incapables d'avoir fait, soit en français, soit en latin.

Remarquons, pour leur justification, qu'ils se sont intitulés dans le titre

Princes, sages, héros, exemples des vieux temps,
Vos sublimes vertus n'ont été que des vices;
Vos belles actions, des péchés éclatants.
Dieu, juste selon nous, frappe de l'anathème
Épictète, Caton, Scipion l'Africain,
Ce coquin de Titus, l'amour du genre humain,
Marc-Aurèle, Trajan, le grand Henri lui-même[a],
Tous créés pour l'enfer, et morts sans sacrements.
Mais, parmi ses élus, nous plaçons les Cléments[b],

sacrée faculté en langue latine, et qu'ils ont eu la discrétion de supprimer en français ce mot *sacrée* (1769).

— C'est dans l'*Épître aux Romains*, chapitre XI, verset 14, que saint Paul parle de la loi des gentils. B.

[a] En effet le sieur Riballier, qu'on nomme ici Ribaudier, venait de faire condamner en Sorbonne M. Marmontel, pour avoir dit que Dieu pourrait bien avoir fait miséricorde à Titus, à Trajan, à Marc-Aurèle. Ce Riballier est un peu dur (1771).

[b] On ne peut trop répéter que la Sorbonne fit le panégyrique du jacobin Jacques Clément, assassin de Henri III, étudiant en Sorbonne; et que d'une voix unanime elle déclara Henri III déchu de tous ses droits à la royauté, et Henri IV incapable de régner.

Il est clair que, selon les principes cent fois étalés alors par cette faculté, l'assassin parricide Jacques Clément, qu'on invoquait publiquement alors dans les églises, était dans le ciel au nombre des saints; et que Henri III, prince voluptueux, mort sans confession, était damné. On nous dira peut-être que Jacques Clément mourut aussi sans confession; mais il s'était confessé, et même avait communié l'avant-veille, de la main de son prieur Bourgoing son complice, qu'on dit avoir été docteur de Sorbonne, et qui fut écartelé. Ainsi Clément, muni des sacrements, fut non seulement saint, mais martyr. Il avait imité saint Judas, non pas Judas Iscariote, mais Judas Machabée; sainte Judith, qui coupait si bien les têtes des amants avec lesquels elle couchait; saint Salomon, qui assassina son frère Adonias; saint David, qui assassina Urie, et qui en mourant ordonna qu'on assassinât Joab; sainte Jahel, qui assassina le capitaine Sizara; saint Aod, qui assassina son roi Églon; et tant d'autres saints de cette espèce. Jacques Clément était dans les mêmes principes, il avait la foi : on ne peut lui contester l'espérance d'aller au paradis, au jardin; de la charité, il en était dévoré, puis-

Dont nous avons ici solennisé la fête;
De beaux rayons dorés nous ceignîmes sa tête :
Ravaillac et Damiens, s'ils sont de vrais croyants [a],
S'ils sont bien confessés, sont ses heureux enfants.
Un Fréron bien huilé verra Dieu face à face [b];

qu'il s'immolait volontairement pour les rebelles. Il est donc aussi sûr que Jacques Clément est sauvé qu'il est sûr que Marc-Aurèle est damné (1769).

[a] Selon les mêmes principes, Ravaillac doit être dans le paradis, dans le jardin, et Henri IV dans l'enfer qui est sous terre; car Henri IV mourut sans confession, et il était amoureux de la princesse de Condé : Ravaillac, au contraire, n'était point amoureux, et il se confessa à deux docteurs de Sorbonne. Voyez quelles douces consolations nous fournit une théologie qui damne à jamais Henri IV, et qui fait un élu de Ravaillac et de ses semblables! Avouons les obligations que nous avons à Ribaudier de nous avoir développé cette doctrine (1769).

[b] M. Caille a sans doute accolé ces deux noms pour produire le contraste le plus ridicule. On appelle communément à Paris un Fréron tout gredin insolent, tout polisson qui se mêle de faire de mauvais libelles pour de l'argent. Et M. Caille oppose un de ces faquins de la lie du peuple, qui reçoit l'extrême-onction sur son grabat, au grand Turenne, qui fut tué d'un coup de canon sans le secours des saintes huiles, dans le temps qu'il était amoureux de madame de Coetquen. Cette note rentre dans la précédente, et sert à confirmer l'opinion théologique qui accorde la possession du jardin au dernier malotru couvert d'infamie, et qui la refuse aux plus grands hommes et aux plus vertueux de la terre (1769).

— On a prétendu que Turenne avait quitté dès 1670 madame de Coetquen, qui le sacrifiait au chevalier de Lorraine; mais il aima toujours les femmes à la fureur. Ce grand homme, qui, avec des talents militaires du premier ordre et une ame héroïque, avait un esprit peu éclairé et un caractère faible, était, à ce qu'on dit, devenu dévot dans ses dernières années; mais l'aventure de madame de Coetquen est postérieure à son abjuration de la religion protestante. C'était un singulier spectacle qu'un homme qui avait gagné des batailles, occupé le matin de savoir au juste ce qu'il faut croire pour n'être pas damné, et cherchant le soir à se damner en commettant le péché de fornication; et que le siècle où l'on admirait tout cela était un pauvre siècle! Quoi qu'il en soit, il est très vraisemblable que Dieu a pardonné à Turenne ses maîtresses; mais lui a-t-il pardonné d'avoir exécuté l'ordre de brûler le Palatinat, et de n'avoir pas renoncé au commandement plutôt que de faire le métier d'incendiaire? K.

Et Turenne amoureux, mourant pour son pays,
Brûle éternellement chez les anges maudits.
Tel est notre plaisir, telle est la loi de grace. »
　　Les divins voyageurs étaient bien étonnés
De se voir en Sorbonne, et de s'y voir damnés :
Les vrais amis de Dieu répriment leur colère.
Marc-Aurèle lui dit d'un ton très débonnaire[a] :
« Vous ne connaissez pas les gens dont vous parlez ;
Les facultés parfois sont assez mal instruites
Des secrets du Très-Haut, quoiqu'ils soient révélés.

[a] On invite les lecteurs attentifs à relire quelques maximes de l'empereur Antonin, et à jeter les yeux, s'ils le peuvent, sur la *Censure contre Bélisaire*. Ils trouveront dans cette censure des distinctions sur la foi et sur la loi, sur la grace prévenante, sur la prédestination absolue ; et dans Marc-Antonin, ce que la vertu a de plus sublime et de plus tendre. On sera peut-être un peu surpris que de petits Welches, *inconnus aux honnêtes gens*, aient condamné dans la rue des Maçons ce que l'ancienne Rome adora, et ce qui doit servir d'exemple au monde entier. Dans quel abîme sommes-nous descendus ! la nouvelle Rome vient de canoniser un capucin nommé Cucufin, dont tout le mérite, à ce que rapporte le procès de la canonisation, est d'avoir eu des coups de pied dans le cul, et d'avoir laissé répandre un œuf frais sur sa barbe. L'ordre des capucins a dépensé quatre cent mille écus aux dépens des peuples, pour célébrer dans l'Europe l'apothéose de Cucufin, sous le nom de saint Séraphin ; et Ribaudier damne Marc-Aurèle ! O Ribaudier ! la voix de l'Europe commence à tonner contre tant de sottises.

Lecteur éclairé et judicieux (car je ne parle pas aux bégueules imbéciles qui n'ont lu que l'*Année sainte* de Le Tourneux, ou le *Pédagogue chrétien*), de grace apprenez à vos amis quelle est l'énorme distance des *Offices* de Cicéron, du *Manuel* d'Épictète, des *Maximes* de l'empereur Antonin, à tous les plats ouvrages de morale écrits dans nos jargons modernes, bâtards de la langue latine, et dans les effroyables jargons du nord. Avons-nous seulement, dans tous les livres faits depuis six cents ans, rien de comparable à une page de Sénèque ? Non, nous n'avons rien qui en approche, et nous osons nous élever contre nos maitres (1769) !

— Voltaire s'est égayé sur la *Canonisation de saint Cucufin* ; voyez tome XLV, page 164. B.

Dieu n'est ni si méchant ni si sot que vous dites. »

Ribaudier, à ces mots roulant un œil hagard,
Dans des convulsions dignes de Saint-Médard,
Nomma le demi-dieu déiste, athée, impie,
Hérétique, ennemi du trône et de l'autel,
Et lui fit intenter un procès criminel.

Les Romains cependant sortent de l'écurie.
«Mon Dieu, disait Titus, ce monsieur Ribaudier,
Pour un docteur français, me semble bien grossier. »
Nos sages rougissaient pour l'honneur de la France.
« Pardonnez, dit l'un d'eux, à tant d'extravagance :
Nous n'assistons jamais à ces belles leçons.
Nous nous sommes mépris; Ribaudier nous étonne :
Nous pensions en effet vous mener en Sorbonne,
Et l'on vous a conduits aux Petites-Maisons. »

AVERTISSEMENT

DES ÉDITEURS DE L'ÉDITION DE KEHL

SUR LES DEUX SIÈCLES.

Dans un siècle où l'on met de la vanité à être sensible, où l'on veut s'occuper des intérêts de la société sans se donner la peine de les étudier, et pouvoir parler de la nature sans s'asservir au travail pénible de l'observer; où l'on confond la singularité des opinions avec la philosophie, et où l'on se croit au-dessus des préjugés, parcequ'on préfère des rêves nouveaux aux rêves de nos pères : dans un tel siècle, les mauvais drames, les livres extravagants en politique, les systèmes vagues d'histoire naturelle, les paradoxes, doivent devenir communs; et il n'est pas étonnant qu'ils aient excité la bile de M. de Voltaire. Mais ces sottises sont une suite nécessaire de ce sentiment d'humanité, fruit précieux de la philosophie, et que M. de Voltaire a contribué plus que personne à répandre en Europe; de l'importance que les hommes savent attacher enfin à leurs véritables intérêts, à la connaissance de leurs droits, et des sources du bonheur public; enfin du goût général pour les sciences naturelles, et pour une philosophie fondée sur la raison seule, et délivrée du joug de l'autorité et des systèmes. Ce mal dont il se plaint n'est que l'abus du bien que lui-même avait fait.

On le voit alternativement, tantôt relever son siècle, tantôt le traiter avec mépris, selon qu'il était le plus frappé ou des progrès de la raison, ou du succès éphémère de quelques extravagances.

Il ne faut point cependant l'accuser de contradiction : c'est un père qui emploie avec ses enfants, tantôt l'encouragement, et tantôt le reproche.

LES DEUX SIÈCLES[1].

Siècle où je vis briller un un suivi d'un quatre,
Siècle où l'on sut écrire aussi bien que combattre,
D'où vient qu'à nos plaisirs a succédé l'ennui ?
Ressemblons-nous du moins au Romain d'aujourd'hui,
Qui, fier dans l'indigence et grand dans ses misères,
Vante, en tendant la main, les trésors de ses pères ?
Non; d'un plus noble orgueil notre esprit est blessé :
Nous croyons valoir mieux que le bon temps passé.
La sagesse en nos jours a sur nous tant d'empire,
Que nous avons perdu la faculté de rire.
C'est dommage : autrefois Molière était plaisant;
Il sut nous égayer, mais en nous instruisant.
Le comique pleureur aujourd'hui veut séduire,
Et sans nous amuser renonce à nous instruire.
Que je plains un Français quand il est sans gaîté !
Loin de son élément le pauvre homme est jeté.
Je n'aime point Thalie alors que sur la scène
Elle prend gauchement l'habit de Melpomène.
Ces deux charmantes sœurs ont bien changé de ton :
Hors de son caractère on ne fait rien de bon.
Molière en rit là-bas, et Racine en soupire.
  Il ne peut supporter l'insipide délire
De tous ces plats romans mis en vers boursouflés,
Apostrophes aux dieux, lieux communs ampoulés,
Maximes sans raison, nœuds d'intrigues bizarres,
Et la scène française en proie à des barbares.

« Tant mieux, dit un rêveur soi-disant financier,
Qui gouverne l'état du haut de son grenier ;
La chute des beaux-arts est un bien pour la France :
Des revenus du roi ma main tient la balance.
Je verrai des impôts les Français affranchis ;
Vous ennuyez l'état, et moi je l'enrichis.
J'ai su fertiliser la terre avec ma plume ;
J'ai fait contre Colbert un excellent volume.
Le public n'en sait rien ; mais la postérité
M'attend pour me conduire à l'immortalité :
Et, pour prix des calculs où mon esprit se tue,
Je veux avec Jean-Jacque avoir une statue[a]. »

« Taisez-vous, lui répond un philosophe altier,
Et ne vous vantez plus de votre obscur métier.
Vous gouvernez l'état ! quelle triste manie
Peut dans ce cercle étroit captiver un génie ?
Prenez un plus haut vol[2] : gouvernez l'univers ;
Prouvez-nous que les monts sont formés par les mers ;
Jetez les Apennins dans l'abîme de l'onde ;
Descendez par un trou dans le centre du monde[3].
Pour bien connaître l'ame et nos sens inégaux,
Allez des Patagons disséquer les cerveaux ;
Et, tandis que Nedham[4] a créé des anguilles,
Courez chez les Lapons, et ramenez des filles.
Voilà comme on s'illustre en ce siècle profond.

---

[a] On a déjà vu que Jean-Jacques Rousseau le Genevois s'avisa d'écrire, dans une lettre à monsieur l'archevêque de Paris, que l'Europe aurait dû lui élever une statue, à lui Jean-Jacques (1771).

— Dans une des notes de son *Épître au roi de la Chine* (voyez t. XIII, p. 284) Voltaire cite le passage où Rousseau déclare mériter une statue. Or l'*Épître au roi de la Chine* et ses notes sont, dans le volume dont je parle eu ma note première, imprimées avant les *Deux Siècles*. B.

De la nature enfin mes yeux ont vu le fond.
Que Dieu parle à son gré, qu'à sa voix tout s'arrange :
Ce trait a ses beautés : moi je parle, et tout change [5].
Va, ne t'amuse plus aux finances du roi [6],
Viens-t'en créer un monde, et sois dieu comme moi. »
A ces discours brillants, saisi d'un saint scrupule,
L'archidiacre Trublet s'épouvante et recule ;
Et, pour charmer la cour, qui s'y connaît si bien,
Avec un récollet fait le *Journal chrétien*.
Les voilà tous les deux qui, commentant Moïse,
Pour quinze sous par mois sont l'appui de l'Église.
Ils travaillent long-temps : leur libraire conclut
Qu'il va mourir de faim, mais qu'il fait son salut [7].

Un autre fou [8] paraît, suivi de sa sorcière ;
Il veut réduire au gland l'académie entière.
« Renoncez aux cités, venez au fond des bois,
Mortels ; vivez contents sans secours et sans lois ;
Ou, si vous persistez dans l'abus effroyable
De goûter les plaisirs d'un être sociable,
A mes soins vigilants osez vous confier :
Je fais d'un gentilhomme un garçon menuisier.
Ma Julie, avec moi perdant son pucelage,
Accouche d'un fœtus, et n'en est que plus sage.
Rien n'est mal, rien n'est bien ; je mets tout de niveau.
Je marie au dauphin la fille du bourreau :
Les Petites-Maisons, où toujours j'étudie,
Valent bien la Sorbonne et sa théologie. »
Ainsi sur le Pont-Neuf, parmi les charlatans,
L'échappé de Genève ameute les passants,
Grimpé sur les tréteaux qui jadis dans Athène
Avaient servi de loge au chien de Diogène.

Si la philosophie a pris ce noble essor,
L'histoire sous nos mains va s'embellir encor.
Des riens approfondis dans un long répertoire,
Sans éclairer l'esprit, surchargent la mémoire.
 Allons, poudreux valets d'insolents imprimeurs,
Petits abbés crottés, faméliques auteurs,
Ressassez-moi Pétau, copiez-moi Du Cange;
De tous nos vieux écrits compilez le mélange.
Servez d'antiques mets, sous des noms empruntés,
A l'appétit mourant des lecteurs dégoûtés.
Mais surtout écrivez en prose poétique;
Dans un style ampoulé parlez-moi de physique;
Donnez du gigantesque; étourdissez les sots.
Si vous ne pensez pas, créez de nouveaux mots;
Et que votre jargon, digne en tout de notre âge,
Nous fasse de Racine oublier le langage.
 Jadis en sa volière un riche curieux
Rassembla des oiseaux le peuple harmonieux;
Le chantre de la nuit, le serin, la fauvette,
De leurs sons enchanteurs égayaient sa retraite:
Il eut soin d'écarter les lézards et les rats.
Ils n'osaient approcher : ce temps ne dura pas.
Un nouveau maître vint. Ses gens se négligèrent;
La volière tomba; les rats s'en emparèrent.
Ils dirent aux lézards: « Illustres compagnons,
Les oiseaux ne sont plus, et c'est nous qui régnons. »

NOTES ET VARIANTES

DES DEUX SIÈCLES.

1 On n'a jusqu'à ce jour assigné aucune date à cette satire; je la crois de 1771; je la trouve du moins à la page 162 du volume intitulé *Épîtres, Satires, Contes, Odes et Pièces fugitives du poëte philosophe, dont plusieurs n'ont point encore paru, enrichies de notes curieuses et intéressantes;* 1771, in-8°. C'est la première édition que je connaisse des *Deux Siècles*. B.

2 Var. Prenez un vol plus haut.

3 C'est ce qu'avait proposé Maupertuis; voyez tome XXXIX, pages 448, 487, 497. B.

4 Needham; voyez tome XLII, page 146; XLIV, 268, 358; et XXVIII, 381. B.

5 Var. . . . . . . Moi, je parle; tout change.

6 Var. Venez, et laissant là les finances du roi,
　　　Molécule animé, soyez dieu comme moi.

7 C'était avec l'abbé Joannet que l'abbé Trublet fesait le *Journal chrétien*. Le récollet Hayer fesait un autre journal avec l'avocat Soret; l'abbé Dinouart et l'abbé Gauchat en fesaient deux autres. Nous avions alors quatre journaux théologiques. K.

8 Jean-Jacques Rousseau. B.

LE PÈRE NICODÈME
ET JEANNOT[1].

LE PÈRE NICODÈME.
Jeannot, souviens-toi bien que la philosophie
Est un démon d'enfer à qui l'on sacrifie.
Archimède autrefois gâta le genre humain ;
Newton dans notre temps fut un franc libertin ;
Locke a plus corrompu de femmes et de filles
Que Lass à l'hôpital n'a conduit de familles.
Tout chrétien qui raisonne a le cerveau blessé :
Bénissons les mortels qui n'ont jamais pensé.
O bienheureux Larcher, Viret, Cogé, Nonotte[2] !
Que de tous vos écrits la pesanteur dévote
Toujours pour mon esprit eut de charmes puissants !
Le péché n'est, dit-on, que l'abus du bon sens ;
Et, de peur de l'abus, vous bannissez l'usage.
Ah ! fuyons saintement le danger d'être sage.
Pour faire ton salut, ne pense point, Jeannot ;
Abrutis bien ton ame, et fais vœu d'être un sot.

JEANNOT.
Je sens de vos discours l'influence bénigne ;
Je bâille, et de vos soins je me crois déjà digne.
J'ai toujours remarqué que l'esprit rend malin.
Vous vous ressouvenez du bon curé Fantin,
Qui, prêchant, confessant les dames de Versailles[3],

Caressait tour-à-tour et volait ses ouailles;
Ce cher monsieur Billard et son ami Grisel 4,
Grands porteurs de cilice et chanteurs de missel,
Qui prenaient notre argent pour mettre en œuvres pies:
Tous ces gens-là, mon père, étaient de grands génies!
LE PÈRE NICODÈME.
Mon fils, n'en doute pas, ils ont philosophé;
Et soudain leur esprit, par le diable échauffé,
Brûla de tous les feux de la concupiscence.
Dans les bosquets d'Éden l'arbre de la science
Portait un fruit de mort et de corruption;
Notre bon père en eut une indigestion:
Pour lui bien conserver sa fragile innocence,
Il eût fallu planter l'arbre de l'ignorance.
JEANNOT.
C'est bien dit : mais souffrez que Jeannot l'hébété
Propose avec respect une difficulté.
De tous les écrivains dont la pesante plume
Barbouilla sans penser tous les mois un volume,
Le plus ignare en grec, en français, en latin,
C'est notre ami Fréron de Quimper-Corentin.
Sa grosse ame pourtant dans le vice est plongée;
De cent mortels poisons Belzébut l'a rongée.
Je conclurais de là, si j'osais raisonner,
Que le pauvre d'esprit peut encor se damner.
LE PÈRE NICODÈME.
Oui, mais c'est quand ce pauvre ose se croire riche;
C'est quand du bel-esprit un lourd pédant s'entiche;
Quand le démon d'orgueil et celui de la faim
Saisissent à la gorge un maudit écrivain:
Le déloyal alors est possédé du diable.

Chez tout sot bel-esprit le vice est incurable;
Il va trouver enfin, pour prix de ses travers,
Desfontaine et Chausson [5] dans le fond des enfers.
Au pur sein d'Abraham il eût volé peut-être,
Si dans son humble état il eût su se connaître;
Mais il fut réprouvé sitôt qu'il entreprit
D'allier la sottise avec le bel-esprit.

Autrefois un hibou, formé par la nature
Pour fuir l'astre du jour au fond de sa masure,
Lassé de sa retraite, eut le projet hardi
De voir comment est fait le soleil à midi.
Il pria, de son antre, une aigle sa voisine
De daigner le conduire à la sphère divine,
D'où le blond Apollon de ses rayons dorés
Perce les vastes cieux par lui seul éclairés.
L'aigle au milieu des airs le porta sur ses ailes;
Mais bientôt, ébloui des clartés immortelles,
Dont l'éclat n'est pas fait pour ses débiles yeux,
Le mangeur de souris tomba du haut des cieux.
Les oiseaux, accourus à ses plaintes funèbres,
Dévorèrent soudain le courrier des ténèbres.
Profite de sa faute; et, tapi dans ton trou,
Fuis le jour à jamais en fidèle hibou.

JEANNOT.

On a beau se soumettre à fermer la paupière,
On voudrait quelquefois voir un peu de lumière.
J'entends dire en tous lieux que le monde est instruit;
Qu'avec saint Loyola le mensonge s'enfuit;
Qu'Aranda dans l'Espagne, éclairant les fidèles,
A l'inquisition vient de rogner les ailes [6].
Chez les Italiens les yeux se sont ouverts;

Une auguste cité, souveraine des mers,
Des filets de Barjone a rompu quelques mailles.
Le souverain chéri qui naquit dans Versailles
Annula, m'a-t-on dit, ces billets si fameux
Que les morts aux enfers emportaient avec eux 7.
Avec discrétion la sage Tolérance
D'une éternelle paix nous permet l'espérance.
D'abord, avec effroi, j'entendais ces discours;
Mais, par cent mille voix répétés tous les jours,
Ils réveillent enfin mon ame appesantie;
Et j'ai de raisonner la plus terrible envie.

LE PÈRE NICODÈME.

Ah! te voilà perdu. Jeannot n'est plus à moi.
Tous les cœurs sont gâtés... l'esprit bannit la foi!
L'esprit s'étend partout... O divine bêtise!
Versez tous vos pavots; soutenez mon église.
A quel saint recourir dans cette extrémité?
O mon fils! cher enfant de la Stupidité,
Quel ennemi t'arrache au doux sein de ta mère?
On te l'a dit cent fois, malheur à qui s'éclaire!
Ne va point contrister les cœurs des gens de bien.
Courage, allons, rends-toi; lis le *Journal chrétien.*
De Jean-George 8, crois-moi, lis le discours sublime:
C'est pour ton mal qui presse un excellent régime.
Tu peux guérir encore. Oui, Paris dans ses murs
Voit encor, grace à Dieu, des esprits lourds, obscurs,
D'arguments rebattus déterminés copistes,
Tout farcis de lambeaux des premiers jansénistes.
Jette-toi dans leurs bras; dévore leurs leçons:
Apprends d'eux à donner des mots pour des raisons.
Fais des phrases, Jeannot; ma douleur t'en conjure:

Par ce palliatif adoucis ta blessure.
Ne sois point philosophe.
JEANNOT.

Ah! vous percez mon cœur.
Allons, ne voyons goutte, et chérissons l'erreur.
C'est vous qui le voulez. Mais quel fruit tirerai-je
De demeurer un sot au sortir du collége?
LE PÈRE NICODÈME.

Jeannot, je te promets un bon canonicat:
Et peut-être à ton tour deviendras-tu prélat.

NOTES
DU PÈRE NICODÈME ET JEANNOT.

¹ Cette satire doit être aussi de 1771. Elle est à la suite de la précédente dans le volume dont j'ai parlé, page 234. L'auteur en cite un vers dans sa lettre à La Harpe, du 25 février 1772. B.

² Il est beaucoup question de Larcher et de Nonotte dans différents ouvrages en prose de Voltaire; Cogé, régent de rhétorique au collége Mazarin, auteur de quelques mauvaises brochures contre M. de Voltaire, et M. Marmontel, à l'occasion de *Bélisaire*; Viret, cordelier, qui a écrit une brochure contre *le Dîner du comte de Boulainvilliers*; elle était intitulée *Le mauvais dîner*. K.

³ Voyez la note page 193, et tome XLIII, page 214. B.

⁴ Billard, financier et dévot de profession, avait fait une banqueroute considérable. Le petit peuple du quartier Saint-Eustache, qui le voyait communier souvent et aller tous les jours à plusieurs messes, s'empressait de lui porter son argent, et en fut la dupe.
Le parlement en fit justice, et le condamna au pilori. M. l'abbé Grisel, son directeur, fameux par des aventures de testaments, etc.,

fut impliqué dans l'affaire; mais il n'y eut point de preuves juridiques contre lui. K. — Voyez aussi, sur Billard, t. XII, p. 548; sur Grisel ou Grizel, t. XII, p. 548; XL, 317; LIX, 221. B.

5 Voyez tome XII, page 258. B.

6 Voyez tome XXVI, 524-28. L'arrêt contre l'inquisition est du 7 février 1770 : voyez tome LXVII, 320. B.

7 L'archevêque de Paris, Beaumont, exigeait que ceux qui demandaient les sacrements, à la mort, présentassent un billet signé de leur confesseur. Le parlement crut devoir sévir contre ce joug nouveau qu'on voulait imposer aux citoyens. Malheureusement il se trompa sur les moyens : il ordonna d'administrer, au lieu d'ordonner simplement d'enterrer ceux que l'archevêque laisserait mourir sans sacrements. Au bout de six mois, le bon Christophe les aurait offerts à tout le monde. K.

8 Voyez la *Lettre d'un quaker à Jean-George*, tome XLI, page 201. Il y avait dans les premières éditions : *Du fier prélat du Puy;* mais Jean-George ayant quitté son église du Puy pour en épouser une plus riche, il a fallu changer ce vers.

L'évêque actuel du Puy est un homme de qualité, homme d'esprit, sans être bel-esprit, et qui n'a rien de commun avec son prédécesseur. K. — Cette note est de 1785; alors l'évêque du Puy était Marie-Joseph Galard de Terraube, qui avait été sacré le 14 juillet 1774. Après avoir été plus de trente ans évêque du Puy, Jean-George Le Franc de Pompignan avait, en 1774, quitté ce siège pour l'archevêché de Vienne. B.

LES SYSTÈMES[1].

« Lorsque le seul puissant, le seul grand, le seul sage,
De ce monde en six jours eut achevé l'ouvrage,
Et qu'il eut arrangé tous les célestes corps,
De sa vaste machine il cacha les ressorts,
Et mit sur la nature un voile impénétrable.
  J'ai lu chez un rabbin que cet Être ineffable
Un jour devant son trône[2] assembla nos docteurs,
Fiers enfants du sophisme, éternels disputeurs;
Le bon Thomas d'Aquin[a], Scot[b], et Bonaventure[c],
Et jusqu'au Provençal élève d'Épicure[d],

NOTES DE M. DE MORZA.

[a] Nous n'avons de saint Thomas d'Aquin que dix-sept gros volumes bien avérés, mais nous en avons vingt et un d'Albert : aussi celui-ci a été surnommé *le Grand* (1772).

[b] Scot... Scot est le fameux rival de Thomas. C'est lui qu'on a cru mal à propos l'instituteur du dogme de l'*Immaculée conception;* mais il fut le plus intrépide défenseur de l'*Universel de la part de la chose* (1772).

[c] Bonaventure... Nous avons de saint Bonaventure *le Miroir de l'ame, l'Itinéraire de l'esprit à Dieu, la Diète du salut, le Rossignol de la passion, le Bois de vie, l'Aiguillon de l'amour, les Flammes de l'amour, l'Art d'aimer, les Vingt-cinq mémoires, les Quatre vertus cardinales, les Six chemins de l'éternité, les Six ailes des chérubins, les Six ailes des séraphins, les Cinq fêtes de l'enfant Jésus,* etc. (1772).

[d] Gassendi, qui ressuscita pendant quelque temps le système d'Épicure. En effet, il ne s'éloigne pas de penser que l'homme a trois ames : la végétative, qui fait circuler toutes les liqueurs; la sensitive, qui reçoit toutes les impressions; et la raisonnable qui loge dans la poitrine. Mais aussi il avoue l'ignorance éternelle de l'homme sur les premiers principes des choses; et c'est beaucoup pour un philosophe (1772).

Et ce maître René [a], qu'on oublie aujourd'hui,
Grand fou persécuté par de plus fous que lui;
Et tous ces beaux-esprits dont le savant caprice
D'un monde imaginaire a bâti l'édifice.
« Çà, mes amis, dit Dieu, devinez mon secret :
Dites-moi qui je suis, et comment je suis fait ;
Et, dans un supplément, dites-moi qui vous êtes,
Quelle force, en tout sens, fait courir les comètes;
Et pourquoi, dans ce globe, un destin trop fatal
Pour une once de bien mit cent quintaux de mal.
Je sais que, grace aux soins des plus nobles génies,
Des prix sont proposés par les académies:
J'en donnerai. Quiconque approchera du but
Aura beaucoup d'argent, et fera son salut. »
Il dit. Thomas se lève à l'auguste parole;
Thomas le jacobin, l'ange de notre école,
Qui de cent arguments se tira toujours bien,

[a] Descartes était le contraire de Gassendi : celui-ci cherchait, et l'autre croyait avoir trouvé. On sait assez que toute la philosophie de Descartes n'est qu'un roman mal tissu qu'on ne se donne plus la peine ni de réfuter ni d'examiner. Quel homme aujourd'hui perd son temps à rechercher comment des dés, tournant sur eux-mêmes dans le plein, ont produit des soleils, des planètes, des terres, et des mers? Les partisans de ces chimères les appelaient les hautes sciences; ils se moquaient d'Aristote, et ils disaient : Nous avons de la méthode. On peut comparer le système de Descartes à celui de Lass; tous deux étaient fondés sur la synthèse. Descartes vint dans un temps où la raison humaine était égarée. Lass se mit à philosopher en France, lorsque l'argent du royaume était plus égaré encore. Tous deux élevèrent leur édifice sur des vessies. Les tourbillons de Descartes durèrent une quarantaine d'années; ceux de Lass ne subsistèrent que dix-huit mois. On est plus tôt détrompé en arithmétique qu'en philosophie (1772). — Voltaire, dans le chapitre II de son *Précis du Siècle de Louis XV*, donne la raison de cette orthographe. « Un Écossais, nommé « Jean Law, que nous nommons Jean Lass. » B.

Et répondit à tout sans se douter de rien.

« Vous êtes, lui dit-il, l'existence et l'essence [a],
Simple avec attributs, acte pur et substance,
Dans les temps, hors des temps, fin, principe, et milieu,
Toujours présent partout, sans être en aucun lieu. »
L'Éternel, à ces mots, qu'un bachelier admire,
Dit : « Courage, Thomas! » et se mit à sourire.
Descartes prit sa place avec quelque fracas,
Cherchant un tourbillon qu'il ne rencontrait pas,
Et le front tout poudreux de matière subtile,
N'ayant jamais rien lu, pas même l'Évangile :

« Seigneur, dit-il à Dieu, ce bon homme Thomas [3]
Du rêveur Aristote a trop suivi les pas.
Voici mon argument, qui me semble invincible :
Pour être, c'est assez que vous soyez possible [b].

---

[a] Ce sont les propres paroles de saint Thomas d'Aquin. D'ailleurs toute la partie métaphysique de sa *Somme* est fondée sur la métaphysique d'Aristote (1772). — Voyez le vingt-troisième paragraphe du *Philosophe ignorant*, tome XLII, pages 560-62. B.

[b] Voici où est, ce me semble, le défaut de cet argument ingénieux de Descartes. Je conclus l'existence de l'Être nécessaire et éternel, de ce que j'ai aperçu clairement que quelque chose existe nécessairement et de toute éternité; sans quoi il y aurait quelque chose qui aurait été produit du néant et sans cause, ce qui est absurde : donc un être a existé toujours nécessairement et de lui-même. J'ai donc conclu son existence de l'impossibilité qu'il ne soit pas, et non de la possibilité qu'il soit : cela est délicat, et devient plus délicat encore quand on ose sonder la nature de cet Être éternel et nécessaire. Il faut avouer que tous ces raisonnements abstraits sont assez inutiles, puisque la plupart des têtes ne les comprennent pas. Il serait assurément d'une horrible injustice, et d'un énorme ridicule, de faire dépendre le bonheur et le malheur éternel du genre humain de quelques arguments que les neuf dixièmes des hommes ne sont pas en état de comprendre. C'est à quoi ne prendront pas garde tant de scolastiques orgueilleux et peu sensés qui osent enseigner et menacer. Quand un philosophe serait le maître du monde, encore devrait-il proposer ses opinions

Quant à votre univers, il est fort imposant :
Mais, quand il vous plaira, j'en ferai tout autant[a] ;
Et je puis vous former, d'un morceau de matière,
Éléments, animaux, tourbillons, et lumière,
Lorsque du mouvement je saurai mieux les lois. »
Dieu sourit de pitié pour la seconde fois.

L'incertain Gassendi, ce bon prêtre de Digne,
Ne pouvait du Breton souffrir l'audace insigne[4],
Et proposait à Dieu ses atomes crochus[b],

modestement; c'est ainsi qu'en usait Marc-Aurèle et même Julien. Quelle différence de ces grands hommes à Garasse, à Nonotte, à l'abbé Guyon, à l'auteur de la *Gazette ecclésiastique*, à Paulian l'ex-jésuite, et à tant d'autres polissons (1772)!

[a] *Donnez-moi de la matière et du mouvement, et je ferai un monde.* Ces paroles de Descartes sont un peu téméraires; elles n'auraient pas été permises à Platon. Passe qu'Archimède ait dit : Donnez-moi un point fixe dans le ciel, et j'enlèverai la terre; il ne s'agissait plus que de trouver le levier. Mais qu'avec de la matière et du mouvement on fasse des organes sentants et des têtes pensantes, sitôt que Dieu y aura mis une ame, cela est bien fort. Je doute même que Descartes et le P. Mersenne ensemble eussent pu donner à la matière la gravitation vers un centre. Après tout, Descartes avait de la matière et du mouvement; nous n'en manquons pas. Que ne travaillait-il? que ne fesait-il un petit automate de monde? Avouons que dans toutes ces imaginations on ne voit que des enfants qui se jouent (1772).

[b] Démocrite, Épicure, et Lucrèce, avec leurs atomes déclinant dans le vide, étaient pour le moins aussi enfants que Descartes avec ses tourbillons tournoyant dans le plein; et l'on ne peut que déplorer la perte d'un temps précieux employé à étudier sérieusement ces fadaises par des hommes qui auraient pu être utiles.

Où est l'homme de bon sens qui ait jamais conçu clairement que des atomes se soient assemblés pour aller en ligne droite, et pour se détourner ensuite à gauche; moyennant quoi ils ont produit des astres, des animaux, des pensées? Pourquoi de tant de fabricateurs de mondes, ne s'en est-il pas trouvé un seul qui soit parti d'un principe vrai, et reçu de tous les hommes raisonnables? Ils ont adopté des chimères, et ont voulu les expliquer : mais quelle explication! Ils ressemblaient parfaitement aux commentateurs des anciens historiens. La tour de Babel avait vingt mille pieds de haut; donc les maçons avaient des grues de plus de vingt mille pieds pour

Quoique passés de mode, et dès long-temps déchus :
Mais il ne disait rien sur l'essence suprême.

    Alors un petit Juif[5], au long nez, au teint blême,
Pauvre, mais satisfait, pensif et retiré[6],
Esprit subtil et creux, moins lu que célébré,
Caché sous le manteau de Descartes, son maître,
Marchant à pas comptés, s'approcha du grand Être :
« Pardonnez-moi, dit-il en lui parlant tout bas,
Mais je pense, entre nous, que vous n'existez pas[a].

élever leurs pierres. Le lit du roi Og était de quinze pieds. Le serpent, qui eut de longues conversations avec Ève, ne put lui parler qu'en hébreu : car il devait lui parler en sa langue pour être entendu, et non en la langue des serpents ; et Ève devait parler le pur hébreu, puisqu'elle était la mère des Hébreux, et que ce langage n'avait pu encore se corrompre. C'est sur des raisons de cette force que furent appuyés long-temps tous les commentaires et tous les systèmes. Hérodote a dit que le soleil avait changé deux fois de levant et de couchant ; et sur cela on a recherché par quel mouvement ce phénomène s'était opéré. Des savants se sont distillé le cerveau pour comprendre comment le cheval d'Achille avait parlé grec ; comment la nuit que Jupiter passa avec Alcmène fut une fois plus longue qu'elle ne devait être, sans que l'ordre de la nature fût dérangé ; comment le soleil avait reculé au souper d'Atrée et de Thyeste ; par quel secret Hercule était resté trois jours et trois nuits enseveli dans le ventre d'une baleine ; par quel art, au son d'un instrument, les murs de.... Enfin on a compilé et empilé des écrits sans nombre pour trouver la vérité dans les plus absurdes et les plus insipides fables (1772).

[a] Spinosa, dans son fameux livre, si peu lu, ne parle que de Dieu ; et on lui a reproché de ne point connaître de Dieu. C'est qu'il n'a point séparé la Divinité du grand Tout qui existe par elle. C'est le dieu de Straton, c'est le dieu des stoïciens :

    Jupiter est quodcumque vides, quocumque moveris.
        Lucain, *Pharsale*, ch. IX, v. 580.

C'est le dieu d'Aratus, dans le sens d'une philosophie audacieuse. « In Deo « vivimus, movemur et sumus. » (*Actes des Apôtres*, chap. XVII, v. 28).

    La marche de Spinosa est plus géométrique que celle de tous les philosophes de l'antiquité. C'est le premier athée qui ait procédé par lemmes et par théorèmes.

    Bayle, en prenant la doctrine de Spinosa à la lettre, en raisonnant

Je crois l'avoir prouvé par mes mathématiques.
J'ai de plats écoliers et de mauvais critiques :
Jugez-nous... » A ces mots, tout le globe trembla,
Et d'horreur et d'effroi saint Thomas recula.
Mais Dieu, clément et bon, plaignant cet infidèle [7],
Ordonna seulement qu'on purgeât sa cervelle.
Ne pouvant désormais composer pour le prix,
Il partit, escorté de quelques beaux-esprits.

d'après ses paroles, trouve cette doctrine contradictoire et ridicule. En effet, qu'est-ce qu'un Dieu dont tous les êtres seraient des modifications, qui serait jardinier et plante, médecin et malade, homicide et mourant, destructeur et détruit?

Bayle paraît opposer à Spinosa une dialectique très supérieure. Mais quel est le sort de toutes les disputes! Jurieu regardait Bayle comme un compilateur d'idées plus dangereuses que celles de Spinosa; Arnauld et ses partisans tombaient sur Jurieu comme sur un fanatique absurde; les jésuites accusaient Arnauld d'être au fond un ennemi de la religion; et tout Paris voyait dans les jésuites les corrupteurs de la raison et de la morale, et des fabricateurs de lettres de cachet. Pour Spinosa, tout le monde en parlait, et personne ne le lisait.

Voici l'analyse de tous ses principes :

Il ne peut exister qu'une substance ; car qui est par soi doit être un, et ne peut être limité. La substance doit donc être infinie.

Il est impossible qu'une substance en produise une autre, sans qu'il y ait quelque chose de commun entre elles. Or ce quelque chose de commun ne peut exister avant la substance produite : donc la création est impossible.

Une substance ne peut en faire une autre, puisque étant infinie par sa nature, un infini ne peut en créer un autre.

Il n'y a donc qu'un infini; donc tout est mode.

L'intelligence et la matière existent; donc l'intelligence et la matière entrent dans la nature de cet infini.

La substance étant infinie doit avoir une infinité d'attributs : donc l'infinité d'attributs est Dieu; donc Dieu est tout.

Ce système a été assez réfuté par l'humain Fénelon, par le subtil Lami, et surtout de nos jours par M. l'abbé de Condillac, par M. l'abbé Pluquet.

Si d'illustres adversaires peuvent servir en quelque sorte à la gloire d'un

Nos docteurs, qui voyaient avec quelle indulgence
Dieu daignait compatir à tant d'extravagance,
Étalèrent bientôt cent belles visions[8],
De leur esprit pointu nobles inventions;
Ils parlaient, disputaient, et criaient tous ensemble.
Ainsi, lorsqu'à dîner un amateur rassemble[9]
Quinze ou vingt raisonneurs, auteurs, commentateurs,
Rimeurs, compilateurs, chansonneurs, traducteurs,

auteur, on voit que jamais homme n'a été honoré d'ennemis plus respectables. Il a été attaqué par deux cardinaux des plus savants et des plus ingénieux qu'ait eus la France, tous deux chéris à la cour, tous deux ministres et ambassadeurs à Rome. Le premier lui fait la guerre en beaux vers latins dans son *Anti-Lucrèce;* le second, en beaux vers français, dans une épitre instructive et agréable.

Voici quelques uns des vers latins :

> Dogmata complexus, partim vesana Stratonis
> Restituit commenta, suisque erroribus auxit
> Omnigeni Spinosa Dei fabricator, et orbem
> Appellare Deum, ne quis Deus imperet orbi.
> Tamquam esset domus ipsa domum qui condidit, ausus.
> Sic rediviva novo sese munimine cinxit
> Impietas, tumidumque alta caput extulit arce.
> Scilicet ex toto rerum glomeramine numen
> Construxit, cui sint pro corpore corpora cuncta,
> Et cunctæ mentes pro mente, simulque perenni
> Pro vita atque ævo, fuga temporis ipsa caduci
> Et qui sæclorum jugis devolvitur ordo.
> Pana putes.
> *Anti-Lucrèce*, liv. III, vers 805 et suiv.

Voici quelques uns des vers français :

> Cesse de méditer dans ce sauvage lieu :
> Homme, plante, animaux, esprit, corps, tout est Dieu.
> Spinosa le premier connut mon existence :
> Je suis l'être complet et l'unique substance;
> La matière et l'esprit en sont les attributs :
> Si je n'embrassais tout, je n'existerais plus.
> Principe universel, je comprends tous les êtres,
> Je suis le souverain de tous les autres maîtres;
> Les membres différents de ce vaste univers
> Ne composent qu'un tout dont les modes divers,

La maison retentit des cris de la cohue ;
Les passants éhahis s'arrêtent dans la rue.
D'un air persuadé, Malebranche assura
Qu'il faut parler au Verbe, et qu'il nous répondra [a].

> Dans les airs, dans les cieux, sur la terre, et sur l'onde,
> Embellissent entre eux le théâtre du monde.
> BERNIS, *Discours sur la poésie*.

Le livre du *Système de la Nature*, qu'on nous a donné depuis peu, est d'un genre tout différent ; c'est une Philippique contre Dieu. L'auteur prétend que la matière existe seule, et qu'elle produit seule la sensation et la pensée. Pour avancer une idée aussi étrange, il faudrait au moins tâcher de l'appuyer sur quelque principe, et c'est ce que l'auteur ne fait pas. Il a pris cette opinion chez Hobbes ; mais Hobbes se borne à la supposer, il ne l'affirme pas : il dit que des philosophes savants ont prétendu que tous les corps ont du sentiment. « Qui corpora omnia sensu esse præ« dita sustinuerunt. »

Depuis Brama, Zoroastre, et Thaut, jusqu'à nous, chaque philosophe a fait son système ; et il n'y en a pas deux qui soient de même avis. C'est un chaos d'idées, dans lequel personne ne s'est entendu. Le petit nombre des sages est toujours parvenu à détruire les châteaux enchantés, mais jamais à pouvoir en bâtir un logeable. On voit par sa raison ce qui n'est pas ; on ne voit point ce qui est. Dans ce conflit éternel de témérités et d'ignorances, le monde est toujours allé comme il va ; les pauvres ont travaillé, les riches ont joui, les puissants ont gouverné, les philosophes ont argumenté, tandis que des ignorants se partageaient la terre (1772).

[a] Par quelle fatalité le système de Malebranche paraît-il retomber dans celui de Spinosa, comme deux vagues qui semblent se combattre dans une tempête, et le moment d'après s'unissent l'une dans l'autre ?

« Dieu, dit Malebranche, est le lieu des esprits, de même que l'espace « est le lieu des corps. Notre ame ne peut se donner d'idées... Nos idées « sont efficaces, puisqu'elles agissent sur notre esprit. Or rien ne peut agir « sur notre esprit que Dieu... Donc il est nécessaire que nos idées se trou« vent dans la substance efficace de la Divinité. » (Livre III, de l'*Esprit pur*, part. II.)

Voilà les propres paroles de Malebranche. Or si nous ne pouvons avoir des perceptions que dans Dieu, nous ne pouvons donc avoir de sentiment que dans lui, ni faire aucune action que dans lui ; cela me paraît évident. On peut donc en inférer que nous ne sommes que des modifications de lui-même. Il n'y a donc dans l'univers qu'une seule substance. Voilà le spinosisme, le stratonisme tout pur. Et Malebranche pousse les illusions

Arnauld dit que de Dieu la bonté souveraine
Exprès pour nous damner forma la race humaine[a].
Leibnitz avertissait le Turc et le chrétien
Que sans son harmonie[10] on ne comprendra rien[b],

qu'il se fait à lui-même jusqu'à vouloir autoriser son système par des passages de saint Paul et de saint Augustin.

Je ne dis pas que ce savant prêtre de l'Oratoire fût spinosiste, à Dieu ne plaise! je dis qu'il servait d'un plat dont un spinosiste aurait mangé très volontiers. On sait que depuis il s'entretint familièrement avec le Verbe. Eh! pourquoi avec le Verbe plutôt qu'avec le Saint-Esprit? Mais comme il n'y avait personne en tiers dans la conversation, nous ne rendrons point compte de ce qui s'est dit; nous nous contentons de plaindre l'esprit humain, de gémir sur nous-mêmes, et d'exhorter nos pauvres confrères les hommes à l'indulgence (1772).

[a] Il faut avouer que ce système, qui suppose que l'Être tout puissant et tout bon a créé exprès des millions de milliards d'êtres raisonnables et sensibles, pour en favoriser quelques douzaines, et pour tourmenter tous les autres à tout jamais, paraîtra toujours un peu brutal à quiconque a des mœurs douces (1772).

[b] Notre ame étant *simple* (car on suppose que son existence et sa *simplicité* sont prouvées), elle peut résider dans l'étoile du nord ou du petit Chien, et notre corps végéter sur ce globe. L'ame a des idées là-haut, et notre corps fait ici les fonctions correspondantes à ces idées, à peu près comme un homme prêche, tandis qu'un autre fait les gestes; ou plutôt l'ame est l'horloge, et le corps sonne ici les heures. Il y a des gens qui ont étudié cela sérieusement; et l'inventeur de ce système est celui qui a disputé contre Newton, et qui peut même avoir eu raison sur quelques points.

Quant aux *monades*, tout être physique étant composé doit être un résultat d'êtres simples; car dire qu'il est fait d'êtres composés, c'est ne rien dire. Des *monades* sans parties et sans étendue font donc l'étendue et les parties; elles n'ont ni lieu, ni figure, ni mouvement, quoiqu'elles constituent des corps qui ont figure et mouvement dans un lieu.

Chaque *monade* doit être différente d'une autre, sans quoi ce serait un double emploi.

Chaque *monade* doit avoir du rapport avec toutes les autres, parcequ'il y a entre les corps dont ces *monades* font l'assemblage une union nécessaire. Ces rapports entre ces *monades simples, inétendues*, ne peuvent être que des idées, des perceptions. Il n'y a pas de raison pour laquelle une

Que Dieu, le monde, et nous, tout n'est rien sans monades[11].

Le courrier des Lapons[12], dans ses turlupinades[a],
Veut qu'on aille au détroit où vogua Magellan,
Pour se former l'esprit, disséquer un géant.
Notre consul Maillet[b], non pas consul de Rome,
Sait comment ici-bas naquit le premier homme :
D'abord il fut poisson. De ce pauvre animal
Le berceau très changeant[13] fut du plus fin cristal ;
Et les mers des Chinois sont encore étonnées
D'avoir, par leurs courants, formé les Pyrénées.
Chacun fit son système ; et leurs doctes leçons
Semblaient partir tout droit des Petites-Maisons.

Dieu ne se fâcha point : c'est le meilleur des pères ;
Et, sans nous engourdir par des lois trop austères,
Il veut que ses enfants, ces petits libertins,
S'amusent en jouant de l'œuvre de ses mains.

---

monade, ayant des rapports avec une de ses compagnes, n'en ait pas avec toutes. Chaque *monade* voit donc toutes les autres, et par conséquent est un miroir concentrique de l'univers. Il y a un pays où cela s'est enseigné dans des écoles à des gens qui avaient de la barbe au menton (1772).

[a] On a fait assez connaître l'idée d'aller disséquer des cervelles de Patagons, pour voir la nature de l'ame ; d'examiner les songes, pour savoir comment on pense dans la veille ; d'enduire les malades de poix résine, pour empêcher l'air de nuire ; de creuser un trou jusqu'au centre de la terre, pour voir le feu central. Et ce qu'il y a de déplorable, c'est que ces folies ont causé des querelles et des infortunes (1772).

[b] On connaît aussi le système vraisemblable par lequel la mer a formé les montagnes, et la terre est de verre ; mais celui-là n'a encore rien de funeste. Certes ceux qui ont inventé la charrue, la navette, et les poulies, étaient des dieux bienfesants, en comparaison de tous ces rêveurs ; et il est vrai qu'un opéra comique vaut mieux que les systèmes de Cudworth, de Wiston, de Burnet, et de Wodward. Car ces systèmes n'ont appris aucune vérité, et n'ont fait aucun plaisir ; mais l'opéra des *Gueux* et *le Déserteur* ont fait passer très agréablement le temps à plus de cent mille hommes (1772).

Il renvoya le prix à la prochaine année;
Mais il vous fit partir, dès la même journée,
Son ange Gabriel, ambassadeur de paix,
Tout pétri d'indulgence, et porteur de bienfaits [14].

Le ministre emplumé vola dans vingt provinces;
Il visita des saints, des papes, et des princes,
De braves cardinaux et des inquisiteurs,
Dans le siècle passé dévots persécuteurs.
« Messeigneurs, leur dit-il, le bon Dieu vous ordonne
De vous bien divertir, sans molester personne.
Il a su qu'en ce monde on voit certains savants
Qui sont, ainsi que vous, de fieffés ignorants;
Ils n'ont ni volonté ni puissance de nuire:
Pour penser de travers, hélas! faut-il les cuire?
Un livre, croyez-moi, n'est pas fort dangereux,
Et votre signature est plus funeste qu'eux.
En Sorbonne, aux charniers[a], tout se mêle d'écrire:

---

[a] Charniers des Saints-Innocents, belle place de Paris, près du Palais-Royal, et non loin du Louvre. C'est là qu'on enterre tous les gueux, au lieu de les porter hors de la ville, comme on fait partout ailleurs. On y voit plusieurs écrivains qui font les placets au roi, les lettres des cuisinières à leurs amants, et les critiques des pièces nouvelles. On y a travaillé long-temps à l'*Année littéraire*. Il y a le style à cinq sous, et le style à dix sous.

Qu'on écrive les *Imaginations de M. Oufle*, les *Mémoires d'un homme de qualité*, les *Soliloques d'une ame dévote*; que l'on condamne les idées innées, et que l'on condamne ensuite ceux qui les rejettent; qu'on donne au public les lettres de Thérèse à Sophie, ou qu'on dise en mauvais latin[*]
« que la vraie religion a été, selon la variété des temps, variée et diverse
« quant à sa forme et quant à la clarté de la révélation, et que cependant

---

[*] *Veram religionem, etsi quantum ad sui formam et revelationis perspicuitatem*, etc., page 21 d'un livre latin rempli de solécismes et de barbarismes, imputé faussement à la Sorbonne; il est intitulé *Determinatio sacræ facultatis Parisiensis in libellum cui titulus Bélisaire; Parisiis*, 1767 : Censure de la faculté de théologie de Paris, contre le livre

Imitez le bon Dieu qui n'en a fait que rire. »

« elle a toujours été la même depuis Adam, quant à ce qui appartient à la « substance; » que ces belles choses, dis-je, partent des charniers Saints-Innocents, ou de l'imprimerie de la veuve Simon, cela est bien égal : *imitons le bon Dieu, qui n'en a fait que rire.*

Concluons surtout qu'une nation qui s'amuse continuellement de tant de sottises doit être une nation extrêmement opulente et extrêmement heureuse, puisqu'elle est si oisive (1772).

qui a pour titre *Bélisaire*; à Paris, 1767, chez la veuve Simon, etc. (Voyez la note 1 des *Trois Empereurs en Sorbonne*, page 206.)

Voyez aussi *Les trente-sept vérités opposées aux trente-sept impiétés, par un bachelier ubiquiste.* (1772.)

— L'auteur de cet ouvrage (Turgot) était véritablement bachelier en théologie; mais ayant renoncé à cette science, il était devenu un des plus grands philosophes et un des premiers hommes d'état de l'Europe. On appelle *ubiquiste* un docteur ou licencié de la faculté de Paris, qui n'est ni moine ni associé aux maisons de Sorbonne et de Navarre. K.

NOTES ET VARIANTES

DES SYSTÈMES.

1 La première lettre de Voltaire où il soit question des *Systèmes* est celle à Dalembert, du 1er juillet 1772. Mais on voit par cette lettre que la satire avait été précédemment envoyée à Paris. Une édition séparée contient quatre notes que je rapporterai. Les *Systèmes* furent réimprimés, et les notes ajoutées sous le nom de M. de Morza, dans la douzième partie des *Nouveaux Mélanges*, datée de 1772. Voltaire les fit comprendre à la suite de son édition des *Lois de Minos*, en 1773 (voyez ma note 10, page 276 du tome IX). B.

2 Var. Un jour pour s'amuser...

3 Var. ....Votre bon saint Thomas.

4 Var. Du noble Tourangeau blâmait l'audace insigne,

ou

Du noble Tourangeau trouvait.........

⁵ Dans l'édition séparée, dont j'ai parlé, on lit ici en note:

« Baruch-Benjamin Spinosa, qu'on appelle Benoît Spinosa, parceque quelques lecteurs voyant B. Spinosa au titre, prirent ce B. pour Benoît; mais il ne pouvait avoir un prénom chrétien, n'ayant jamais eu l'honneur d'être baptisé. » B.

⁶ Var. . . . . Modeste et retiré.

⁷ Var. . . . . Notre infidèle,
Ordonna seulement qu'on guérit sa cervelle,
Et doucement l'exclut du sénat des savants;
Il partit, mais suivi de quelques partisans.
    Nos sages, qui voyaient, etc.

⁸ Var. Éclatèrent bientôt en belles visions.

⁹ Var. . . . . Une vieille rassemble
Quinze à vingt beaux-esprits, faméliques auteurs.

L'édition qui fournit cette variante est celle dont j'ai déjà parlé; et on y lit en note:

« L'auteur désavoue l'application que la malignité des Parisiens a faite de ce vers à une dame très respectable et très connue, et qui reçoit chez elle des savants estimables, et non pas des chansonniers. *Note de l'édit.* » C'était à madame Geoffrin qu'on avait appliqué le vers. B.

¹⁰ Var. Que dans son harmonie. . . .

¹¹ Var. . . . . Tout n'était que monades.

¹² Dans l'édition séparée on lit en note: « Moreau de Maupertuis. De son vivant on le peignit aplatissant, avec un air d'orgueil, la terre qu'il semblait mépriser: après sa mort la piété de sa famille lui a érigé dans l'église de Saint-Roch un petit mausolée. » B.

¹³ Var. Le berceau vacillant fut du plus fin cristal.

L'édition séparée dont j'ai parlé avait ici une note : « C'est aussi le sentiment du savant, du modeste, du hardi et de l'immortel Buffon. Voici ses paroles; elles sont remarquables : *La terre, dans le premier état, était un globe ou plutôt un sphéroïde de verre;* tome Ier, édition in-12, page 379. *Note de l'édit.* » B.

¹⁴ Var. Grand ami des cœurs purs, et porteur de bienfaits.
Le céleste courrier vola dans vingt provinces.

LES CABALES[1].

1772.

«Barbouilleurs de papier, d'où viennent tant d'intrigues,
Tant de petits partis, de cabales, de brigues?
S'agit-il d'un emploi de fermier général,
Ou du large chapeau qui coiffe un cardinal?
Êtes-vous au conclave? aspirez-vous au trône[a]
Où l'on dit qu'autrefois monta Simon Barjone?
Çà, que prétendez-vous?» «De la gloire.» «Ah, gredin!
Sais-tu bien que cent rois la briguèrent en vain?
Sais-tu ce qu'il coûta de périls et de peines
Aux Condés, aux Sullis, aux Colberts, aux Turennes,
Pour avoir une place au haut du mont sacré,
De sultan Moustapha[2] pour jamais ignoré?
Je ne m'attendais pas qu'un crapaud du Parnasse
Eût pu, dans son bourbier, s'enfler de tant d'audace.»

«Monsieur, écoutez-moi : j'arrive de Dijon,
Et je n'ai ni logis, ni crédit, ni renom.
J'ai fait de méchants vers, et vous pouvez bien croire

NOTES DE M. DE MORZA[*].

[a] Ce trône est très respectable. Il est sans doute l'objet d'une louable émulation. Simon, fils de Jones, nommé Céphas ou Pierre, est un très grand saint; mais il n'eut point de trône. Celui au nom duquel il parlait avait défendu expressément à tous ses envoyés de prendre même le nom de *docteur*, de *maître*, et avait déclaré que qui voudrait être le premier serait le dernier. Les choses sont changées; et dans la suite des temps le trône devint la récompense de l'humilité passée (1772).

[*] M. de Morza n'est autre que Voltaire. B.

Que je n'ai pas le front de prétendre à la gloire;
Je ne veux que l'ôter à quiconque en jouit.
Dans ce noble métier l'ami Fréron m'instruit.
Monsieur l'abbé *Profond*³ m'introduit chez les dames ;
Avec deux beaux-esprits nous ourdissons nos trames.
Nous serons dans un mois l'un de l'autre ennemis ;
Mais le besoin présent nous tient encore unis.
Je me forme sous eux⁴ dans le bel art de nuire :
Voilà mon seul talent ; c'est la gloire où j'aspire. »
    Laissons là de Dijon ce pauvre garnement[a],
Des bâtards de Zoïle imbécile instrument ;
Qu'il coure à l'hôpital, où son destin le mène.
    Allons nous réjouir aux jeux de Melpomène...
Bon ! j'y vois deux partis l'un à l'autre opposés :
Léon dix et Luther étaient moins divisés.
L'un claque, l'autre siffle ; et l'antre du parterre[b]

---

[a] Ce garnement de Dijon est un nommé Clément, maître de quartier dans un collége de Dijon, qui a fait un livre contre MM. de Saint-Lambert, Delille, de Watelet, Dorat, et plusieurs autres personnes. L'auteur des *Cabales* fut maltraité dans ce livre, où règne un air de suffisance, un ton décisif et tranchant qui a été tant blâmé par tous les honnêtes gens dans les hommes les plus accrédités de la littérature, et qui est le comble de l'insolence et du ridicule dans un jeune provincial sans expérience et sans génie (1772). — Il s'est couvert d'opprobre par des libelles aussi affreux qu'absurdes, que la police n'a pas punis, parcequ'elle les a ignorés. Les malheureux qui ont composé de tels libelles pour vivre, comme Clément, La Beaumelle, Sabatier natif de Castres, ressemblent précisément au *Pauvre Diable,* qui est si naturellement peint dans la pièce de ce nom. Il n'est point de vie plus déplorable que la leur (1775).

[b] C'est principalement au parterre de la Comédie-Française, à la représentation des pièces nouvelles, que les cabales éclatent avec le plus d'emportement. Le parti qui fronde l'ouvrage et le parti qui le soutient se rangent chacun d'un côté. Les émissaires reçoivent à la porte ceux qui entrent, et leur disent : Venez-vous pour siffler ? mettez-vous là ; venez-vous pour applaudir ? mettez-vous ici. On a joué quelquefois aux dés la chute

Et les cafés voisins sont le champ de la guerre.
Je vais chercher la paix au temple des chansons.
J'entends crier : « Lulli, Campra, Rameau, Bouffons[a],
Êtes-vous pour la France ou bien pour l'Italie? »
« Je suis pour mon plaisir, messieurs. Quelle folie
Vous tient ici debout sans vouloir écouter?
Ne suis-je à l'Opéra que pour y disputer? »
Je sors, je me dérobe aux flots de la cohue;
Les laquais assemblés cabalaient dans la rue.
Je me sauve avec peine aux jardins si vantés
Que la main de Le Nostre avec art a plantés.
D'autres fous à l'instant[5] une troupe m'arrête.
Tous parlent à-la-fois, tous me rompent la tête...

ou le succès d'une tragédie nouvelle au café de Procope. Ces cabales ont dégoûté les hommes de génie, et n'ont pas peu servi à décréditer un spectacle qui avait fait si long-temps la gloire de la nation (1772).

[a] La même manie a passé à l'Opéra, et a été encore plus tumultueuse. Mais les cabales au Théâtre-Français ont un avantage que les cabales de l'Opéra n'ont pas ; c'est celui de la satire raisonnée. On ne peut à l'Opéra critiquer que des sons : quand on a dit : Cette chaconne, cette loure me déplaît, on a tout dit. Mais à la Comédie on examine des idées, des raisonnements, des passions, la conduite, l'exposition, le nœud, le dénoûment, le langage. On peut vous prouver méthodiquement, et de conséquence en conséquence, que vous êtes un sot qui avez voulu avoir de l'esprit, et qui avez assemblé quinze cents personnes pour leur prouver que vous en savez plus qu'eux. Chacun de ceux qui vous écoutent est, sans le savoir, un peu jaloux de vous; il est en droit de vous critiquer, et vous êtes en droit de lui répondre. Le seul malheur est que vous êtes trop souvent un contre mille.

Il en va autrement en fait de musique; il n'y a que le potier qui soit jaloux du potier, et le musicien du musicien, disait Hésiode. Il y faut seulement ajouter encore les partisans du musicien; mais ceux-là sont ennemis, et ne sont point jaloux. Dans les talents de l'esprit, au contraire, tout le monde est jaloux en secret; et voilà pourquoi tous les gens de lettres, méprisés quand ils n'ont pas réussi, ont été persécutés dès qu'ils ont eu de la réputation (1772).

« Avez-vous lu sa pièce? il tombe, il est perdu ;
Par le dernier journal je le tiens confondu. »
« Qui? de quoi parlez-vous? d'où vient tant de colère?
Quel est votre ennemi? » « C'est un vil téméraire,
Un rimeur insolent qui cause nos chagrins :
Il croit nous égaler en vers alexandrins. »
« Fort bien : de vos débats je conçois l'importance. »
Mais un gros de bourgeois vers ce côté s'avance.
« Choisissez, me dit-on, du vieux ou du nouveau. »
Je croyais qu'on parlait d'un vin qu'on boit sans eau,
Et qu'on examinait si les gourmets de France
D'une vendange heureuse avaient quelque espérance ;
Ou que des érudits balançaient doctement
Entre la loi nouvelle et le vieux Testament.
Un jeune candidat, de qui la chevelure
Passait de Clodion la royale coiffure[a],
Me dit d'un ton de maître, avec peine adouci :
« Ce sont nos parlements dont il s'agit ici ;
Lequel préférez-vous? » « Aucun d'eux, je vous jure :
Je n'ai point de procès, et, dans ma vie obscure,
Je laisse au roi mon maître, en pauvre citoyen,
Le soin de son royaume, où je ne prétends rien.
Assez de grands esprits, dans leur troisième étage,
N'ayant pu gouverner leur femme et leur ménage[b],

---

[a] Il n'y a pas long-temps que les jeunes conseillers allaient au tribunal les cheveux étalés et poudrés de blanc, ou blanc poudrés (1772).

[b] L'Europe est pleine de gens qui, ayant perdu leur fortune, veulent faire celle de leur patrie ou de quelque état voisin. Ils présentent aux ministres des mémoires qui rétabliront les affaires publiques en peu de temps ; et en attendant ils demandent une aumône qu'on leur refuse. Bois-Guillebert, qui écrivit contre le grand Colbert, et qui ensuite osa attribuer sa *Dixme royale* au maréchal de Vauban, s'était ruiné. Ceux qui sont assez

Se sont mis, par plaisir, à régir l'univers.
Sans quitter leur grenier, ils traversent les mers;
Ils raniment l'état, le peuplent, l'enrichissent :
Leurs marchands de papiers sont les seuls qui gémissent.
Moi, j'attends dans un coin que l'imprimeur du roi
M'apprenne, pour dix sous, mon devoir et ma loi.
Tout confus d'un édit qui rogne mes finances [6],
Sur mes biens écornés je règle mes dépenses;
Rebuté de Plutus, je m'adresse à Cérès;
Ses fertiles trésors [7] garnissent mes guérets.
La campagne, en tout temps, par un travail utile,
Répara tous les maux qu'on nous fit à la ville.
On est un peu fâché; mais qu'y faire?... Obéir.
A quoi bon cabaler, quand [8] on ne peut agir? »
« Mais, monsieur, des Capets les lois fondamentales,

---

ignorants pour le citer encore aujourd'hui, croyant citer le maréchal de Vauban, ne se doutent pas que, si on suivait ses beaux systèmes, le royaume serait aussi misérable que lui. Celui qui a imprimé le *Moyen d'enrichir l'état*, sous le nom du comte de Boulainvilliers, est mort à l'hôpital. Le petit La Jonchère, qui a donné tant d'argent au roi en quatre volumes, demandait l'aumône. Telles sont les gens qui enseignent l'art de s'enrichir par le commerce après avoir fait banqueroute, et ceux qui font le tour du monde sans sortir de leur cabinet, et ceux qui, n'ayant jamais possédé une charrue, remplissent nos greniers de froment. D'ailleurs la littérature ne subsiste presque plus que d'infâmes plagiats ou de libelles. Jamais cette profession si belle n'a été ni si universelle ni si avilie (1772).

— J'ai parlé, tome XXXIV, page 40, de l'erreur de Voltaire, qui a confondu Bois-Guillebert et Vauban. L'ouvrage que Voltaire intitule *Moyen d'enrichir l'état* est probablement celui qui a pour titre *Mémoires présentés au duc d'Orléans, régent de France, contenant les moyens de rendre ce royaume très puissant, et d'augmenter considérablement les revenus du roi et du peuple*, 1727, deux volumes in-12. Ces *Mémoires* sont réellement de Boulainvilliers. Quant à l'ouvrage de La Jonchère, il est intitulé *Système d'un nouveau gouvernement en France*, Amsterdam, 1720, quatre volumes in-12. B.

Et le grenier à sel, et les cours féodales,
Et le gouvernement du chancelier Duprat!»
« Monsieur, je n'entends rien aux matières d'état :
Ma loi fondamentale est de vivre tranquille.
La Fronde était plaisante*, et la guerre civile

* La Fronde en effet était fort plaisante, si l'on ne regarde que ses ridicules. Le président Le Cogneux, qui chasse de chez lui son fils le célèbre Bachaumont, conseiller au parlement, pour avoir opiné en faveur de la cour, et qui fait mettre ses chevaux dans la rue; Bachaumont qui lui dit : Mon père, mes chevaux n'ont pas opiné, et qui, de raillerie en raillerie, fait boire son père à la santé du cardinal Mazarin, proscrit par le parlement; le gentilhomme ami du coadjuteur qui vient pour le servir dans la guerre civile, et qui, trouvant un de ses camarades chez ce prélat, lui dit : Il n'est pas juste que les deux plus grands fous du royaume servent sous le même drapeau, il faut se partager, je vais chez le cardinal Mazarin ; et qui en effet va de ce pas battre les troupes auxquelles il était venu se joindre : ce même coadjuteur qui prêche, et qui fait pleurer des femmes; un de ses convives qui leur dit : Mesdames, si vous saviez ce qu'il a gagné avec vous, vous pleureriez bien davantage; ce même archevêque qui va au parlement avec un poignard, et le peuple qui crie : C'est son bréviaire! et toutes les expéditions de cette guerre méditées au cabaret, et les bons mots, et les chansons qui ne finissaient point; tout cela serait bon sans doute pour un opéra comique. Mais les fourberies, les pillages, les rapines, les scélératesses, les assassinats, les crimes de toute espèce dont ces plaisanteries étaient accompagnées, formaient un mélange hideux des horreurs de la Ligue et des farces d'Arlequin. Et c'étaient des gens graves, des *patres conscripti* qui ordonnaient ces abominations et ces ridicules. Le cardinal de Retz dit, dans ses Mémoires, « que le parlement fesait par des arrêts la guerre « civile, qu'il aurait condamnée lui-même par les arrêts les plus san- « glants. »

L'auteur que je commente avait peint cette guerre de singes dans le *Siècle de Louis XIV;* un de ces magistrats qui, ayant acheté leurs charges quarante ou cinquante mille francs, se croyaient en droit de parler orgueilleusement aux lettrés, écrivit à l'auteur que messieurs pourraient le faire repentir d'avoir dit ces vérités, quoique reconnues. Il lui répondit : « Un « empereur de la Chine dit un jour à l'historiographe de l'empire : Je suis « averti que vous mettez par écrit mes fautes; tremblez. L'historiographe « prit sur-le-champ des tablettes. Qu'osez-vous écrire là? — Ce que votre « majesté vient de me dire. L'empereur se recueillit, et dit : Écrivez tout, « mes fautes seront réparées. » (1772).

Amusait la grand'chambre et le coadjuteur.
Barricadez-vous bien ; je m'enfuis ; serviteur. »
　A peine ai-je quitté mon jeune énergumène,
Qu'un groupe de savants m'enveloppe et m'entraîne.
D'un air d'autorité l'un d'eux me tire à part...
« Je vous goûtai, dit-il, lorsque de Saint-Médard [a]
Vous crayonniez gaîment la cabale grossière,
Gambadant pour la grace au coin d'un cimetière [9] ;
Les billets au porteur des chrétiens trépassés [10] ;
Les fils de Loyola sur la terre éclipsés.
Nous applaudîmes tous à votre noble audace,
Lorsque vous nous prouviez qu'un maroufle à besace,
Dans sa crasse orgueilleuse à charge au genre humain,
S'il eût bêché la terre, eût servi son prochain.
Jouissez d'une gloire avec peine achetée;
Acceptez à la fin votre brevet d'athée. »
« Ah! vous êtes trop bon : je sens au fond du cœur
Tout le prix qu'on doit mettre à cet excès d'honneur.
Il est vrai, j'ai raillé Saint-Médard et la bulle;
Mais j'ai sur la nature encor quelque scrupule.
L'univers m'embarrasse, et je ne puis songer
Que cette horloge existe [11], et n'ait point d'horloger [b].

---

[a] On connait le fanatisme des convulsions de Saint-Médard, qui durèrent si long-temps dans la populace, et qui furent entretenues par le président Dubois, le conseiller Carré, et d'autres énergumènes. La terre a été mille fois inondée de superstitions plus affreuses, mais jamais il n'y en eut de plus sotte et de plus avilissante. L'histoire des billets de confession et l'expulsion des jésuites succédèrent bientôt à ces facéties. Observez surtout que nous avons une liste de miracles opérés par ces malheureux, signée de plus de cinq cents personnes. Les miracles d'Esculape, ceux de Vespasien, et d'Apollonius de Thyane, etc., n'ont pas été plus authentiques (1772).

[b] Si une horloge prouve un horloger, si un palais annonce un architecte,

Mille abus, je le sais, ont régné dans l'Église [12];
Fleury le confesseur en parle avec franchise[a].
J'ai pu de les siffler prendre un peu trop de soin :
Eh! quel auteur, hélas! ne va jamais trop loin?
De saint Ignace encore [13] on me voit souvent rire;
Je crois pourtant un Dieu, puisqu'il faut vous le dire.»
« Ah, traître! ah, malheureux! je m'en étais douté.

comment en effet l'univers ne démontre-t-il pas une intelligence suprême? Quelle plante, quel animal, quel élément, quel astre ne porte pas l'empreinte de celui que Platon appelait l'éternel géomètre? Il me semble que le corps du moindre animal démontre une profondeur et une unité de dessein qui doivent à-la-fois nous ravir en admiration, et atterrer notre esprit. Non seulement ce chétif insecte est une machine dont tous les ressorts sont faits exactement l'un pour l'autre; non seulement il est né, mais il vit par un art que nous ne pouvons ni imiter ni comprendre; mais sa vie a un rapport immédiat avec la nature entière, avec tous les éléments, avec tous les astres dont la lumière se fait sentir à lui. Le soleil le réchauffe, et les rayons qui partent de Sirius, à quatre cent millions de lieues au-delà du soleil, pénètrent dans ses petits yeux, selon toutes les règles de l'optique. S'il n'y a pas là immensité et unité de dessein qui démontrent un fabricateur intelligent, immense, unique, incompréhensible, qu'on nous démontre donc le contraire; mais c'est ce qu'on n'a jamais fait. Platon, Newton, Locke, ont été frappés également de cette grande vérité. Ils étaient théistes, dans le sens le plus rigoureux et le plus respectable.

Des objections! on nous en fait sans nombre : des ridicules! on croit nous en donner en nous appelant cause-finaliers; mais des preuves contre l'existence d'une intelligence suprême, on n'en a jamais apporté aucune. Spinosa lui-même est forcé de reconnaître cette intelligence; et Virgile avant lui, et après tant d'autres, avait dit : *Mens agitat molem*. C'est ce *Mens agitat molem* qui est le fort de la dispute entre les athées et les théistes, comme l'avoue le géomètre Clarke dans son livre de l'existence de Dieu; livre le plus éloigné de notre bavarderie ordinaire, livre le plus profond et le plus serré que nous ayons sur cette matière, livre auprès duquel ceux de Platon ne sont que des mots, et auquel je ne pourrais préférer que le naturel et la candeur de Locke (1772).

[a] Fleury, célèbre par ses excellents discours, qui sont d'un sage écrivain et d'un citoyen zélé, connu aussi par son *Histoire ecclésiastique*, qui ressemble trop en plusieurs endroits à la *Légende dorée* (1772).

Va, j'avais bien prévu ce trait de lâcheté,
Alors que de Maillet insultant la mémoire*,
Du monde qu'il forma tu combattis l'histoire...
Ignorant, vois l'effet de mes combinaisons :
Les hommes autrefois ont été des poissons;
La mer de l'Amérique a marché vers le Phase [14];
Les huîtres d'Angleterre ont formé le Caucase :
Nous te l'avions appris, mais tu t'es éloigné
Du vrai sens de Platon, par nous seuls enseigné.
Lâche! oses-tu bien croire une essence suprême?»
«Mais, oui.» «*De la nature* as-tu lu le *Système?*
Par ses propos diffus n'es-tu pas foudroyé?
Que dis-tu de ce livre?» «Il m'a fort ennuyé[b].»

---

[a] Ce consul Maillet fut un de ces charlatans dont on a dit qu'ils voulaient imiter Dieu, et créer un monde avec la parole. C'est lui qui, abusant de l'histoire de quelques bouleversements avérés, arrivés dans ce globe, prétend que les mers avaient formé les montagnes, et que les poissons avaient été changés en hommes. Aussi quand on a imprimé son livre, on n'a pas manqué de le dédier à Cyrano de Bergerac (1772).

[b] Il y a des morceaux éloquents dans ce livre; mais il faut avouer qu'il est diffus et quelquefois déclamateur; qu'il se contredit, qu'il affirme trop souvent ce qui est en question, et surtout qu'il est fondé sur de prétendues expériences dont la fausseté et le ridicule sont aujourd'hui reconnus, et sifflés de tout le monde. Tenons-nous-en à ce dernier article, qui est le plus palpable de tous. C'est cette fameuse transmutation qu'un pauvre jésuite anglais, nommé Needham, crut avoir faite, de jus de mouton et de blé pourri, en petites anguilles, lesquelles produisaient bientôt une race innombrable d'anguilles. Nous en avons parlé ailleurs.

On disait au jésuite Needham que cela n'était bon que du temps d'Aristote, de Gamaliel, de Flavien-Josèphe, et de Philon, où l'on croyait que la génération s'opérait par la corruption, et que le limon d'Égypte formait des rats. Il répondit que notre Sauveur lui-même et ses apôtres avaient dit plusieurs fois qu'il faut que le blé pourrisse et meure pour lever et pour produire, et que par conséquent son blé pourri et son jus de mouton fesaient naître des races d'anguilles infailliblement. On avait beau lui répliquer que Jésus-Christ daignait se conformer aux idées fausses et grossières des pay-

« C'en est assez, ingrat : ta perfide insolence
Dans mon premier concile aura sa récompense.
Va, sot adorateur d'un fantôme impuissant [15],
Nous t'avions jusqu'ici préservé du néant ;
Nous t'y ferons rentrer, ainsi que ce grand Être
Que tu prends bassement pour ton unique maître.
De mes amis, de moi, tu seras méprisé. »
« Soit. » « Nous insulterons à ton génie usé. »
« J'y consens. » « Des fatras de brochures sans nombre
Dans ta bière à grands flots vont tomber sur ton ombre. [16] »
« Je n'en sentirai rien. » « Nous t'abandonnerons
Aux puissants Langlevieux [17], aux immortels Frérons[a]. »

---

sans galiléens, ainsi qu'il daignait se vêtir à leur mode, parler leur langage, et observer tous leurs rites ; mais que la sagesse incarnée devait bien savoir que rien ne peut naître sans germe ; que son système était aussi dangereux qu'extravagant ; que si on pouvait former des anguilles avec du jus de mouton, on ne manquerait pas de former des hommes avec du jus de perdrix ; qu'alors on croirait pouvoir se passer de Dieu, et que les athées s'empareraient de la place. Needham n'en démordait point ; et, aussi mauvais raisonneur que mauvais chimiste, il persista long-temps à se croire créateur d'anguilles ; de sorte que, par une étrange bizarrerie, un jésuite se servait des propres paroles de Jésus-Christ pour établir son opinion ridicule, et les athées se servaient de l'ignorance et de l'opiniâtreté d'un jésuite pour se confirmer dans l'athéisme. On citait partout la découverte de Needham. Un des plus intrépides athées m'assurait que dans la ménagerie du prince Charles à Bruxelles, il y avait un lapin qui fesait tous les mois des enfants à une poule. Enfin l'expérience du jésuite fut reconnue pour ce qu'elle était ; et les athées furent obligés de se pourvoir ailleurs (1772).

—Voyez ce que Voltaire a dit du *Système de la Nature*, tome XXVIII, page 376 ; et ci-dessus, page 249. Il a parlé de Needham, tome XXVIII, page 381 ; XLII, 191 ; XLIII, 374 ; XLIV, 268, 358. B.

[a] C'est ce même Langlevieux La Beaumelle, dont il est parlé dans les notes sur l'épître à M. Dalembert, et ailleurs.

Ce même homme s'est depuis associé avec Fréron ; et, malgré tant d'horreurs et tant de bassesses, il a surpris la protection d'une personne respectable qui ignorait ses excès ridicules ; mais *oportet cognosci malos*.

Nous ajouterons à cette note que Boileau attaqua toujours des personnes

« Ah ! bachelier du diable, un peu plus d'indulgence :
Nous avons, vous et moi, besoin de tolérance.
Que deviendrait le monde et la société,
Si tout, jusqu'à l'athée, était sans charité ?
Permettez qu'ici-bas chacun fasse à sa tête.
J'avouerai qu'Épicure avait une ame honnête,
Mais le grand Marc-Aurèle était plus vertueux.
Lucrèce avait du bon, Cicéron valait mieux.
Spinosa pardonnait à ceux dont la faiblesse [a]

dont il n'avait pas le moindre sujet de se plaindre, et que notre auteur s'est toujours borné à repousser les injures et les calomnies des Rollets de son temps. Il y avait deux partis à prendre, celui de négliger les impostures atroces que La Beaumelle a vomies pendant vingt ans, et celui de les relever. Nous avons jugé le dernier parti plus juste et plus convenable.

C'est rendre un service essentiel à plus de cent familles, de faire connaître le vil scélérat qui a osé les outrager.

Les ministres d'état, et tous ceux qui sont chargés de maintenir l'ordre public, doivent savoir que ces libelles méprisables sont recherchés dans l'Allemagne, dans l'Angleterre, dans tout le nord; qu'il y en a de toute espèce; qu'on les lit avidement, comme on y boit pour du vin de Bourgogne les vins faits à Liége; que la faim et la malice produisent tous les jours de ces ouvrages infames, écrits quelquefois avec assez d'artifice; que la curiosité les dévore; qu'ils font pendant un temps une impression dangereuse; que depuis peu l'Europe a été inondée de ces scandales; et que plus la langue française a de cours dans les pays étrangers, plus on doit l'employer contre les malheureux qui en font un si coupable usage; et qui se rendent si indignes de leur patrie (1772).

— C'est tome XX, page 482, etc., et XLII, 659, que Voltaire a parlé de La Beaumelle, qui s'appelait Langliviel (et non Langlevieux); voyez aussi tome XXXII, page 71; XLIII, 34; et ci-après, page 286. B.

[a] Baruch Spinosa, théologien, circonspect, et fort honnête homme; nous l'appelons ici Baruch, parceque c'est son véritable nom; on ne lui a donné celui de Benoit que par erreur; il ne fut jamais baptisé. Nous avons fait une note plus longue sur ce sophiste à la suite du petit poëme sur les *Systèmes* (1772).

— Vers 1771, les querelles sur les deux parlements, les révolutions du ministère, et les disputes sur la cause universelle, augmentèrent le nombre des ennemis de M. de Voltaire; les philosophes parurent un moment vou-

D'un moteur éternel admirait la sagesse.
Je crois qu'il est un Dieu; vous osez le nier:
Examinons le fait sans nous injurier.

« J'ai desiré cent fois, dans ma verte jeunesse,
De voir notre saint-père, au sortir de la messe,
Avec le grand-lama dansant en cotillon;
Bossuet le funèbre embrassant Fénelon;
Et, le verre à la main, Le Tellier et Noailles
Chantant chez Maintenon des couplets dans Versailles.
Je préférais Chaulieu, coulant en paix ses jours
Entre le dieu des vers et celui des amours,
A tous ces froids savants dont les vieilles querelles
Traînaient si pesamment les dégoûts après elles.

« Des charmes de la paix mon cœur était frappé;
J'espérais en jouir : je me suis bien trompé.
On cabale à la cour, à l'armée, au parterre;
Dans Londres, dans Paris, les esprits sont en guerre;
Ils y seront toujours. La Discorde autrefois,
Ayant brouillé les dieux, descendit chez les rois;
Puis dans l'Église sainte établit son empire,
Et l'étendit bientôt sur tout ce qui respire.
Chacun vantait la paix, que partout on chassa.
On dit que seulement par grace on lui laissa
Deux asiles fort doux : c'est le lit et la table.
Puisse-t-elle y fixer un règne un peu durable !

---

loir s'unir aux prêtres contre lui; mais cette division entre des hommes qui devaient rester toujours unis, pour défendre la cause de la raison et de l'humanité, ne fut point durable. C'est à cette querelle passagère que M. de Voltaire fait allusion à la fin des *Cabales*. K.

— Ce n'est pas seulement dans sa note page 246 que Voltaire parle de Spinosa; voyez aussi t. XLIII, p. 549; et XXVIII, 370. B.

L'un d'eux me plaît encore. Allons, amis, buvons ;
Cabalons pour Chloris, et fesons des chansons. »

NOTES ET VARIANTES

DES CABALES.

1 Les *Cabales* suivirent de près les *Systèmes*, si elles ne les précédèrent pas. Voltaire parle des *Cabales* dans une lettre à Richelieu, du 25 mai 1772. Dans celle à Marmontel, du 23 octobre, il dit ce qui le détermina à les composer. La première édition était intitulée *Les Cabales, œuvre pacifique*, in-8° de 8 pages, et commençait ainsi :

Camarade crotté, d'où viennent tant d'intrigues, etc. B.

2 Mustapha III, né en 1716, sultan en 1757, mort le 21 janvier 1774. Le portrait qu'en fait Catherine, dans sa lettre du 23 décembre 1770, n'est pas flatté. Voyez t. LXVI, p. 544. B.

3 Au lieu de *profond*, la première édition porte *Mably*. Cet abbé était le protecteur de Clément de Dijon. Voyez tome XIII, p. 317 et 324. B.

4 VAR. Je me forme avec eux.

5 VAR. Mais soudain d'autres fous.

6 VAR. Et, docile à l'édit qui fixe mes finances,
Je règle sur mes biens mes plaisirs, mes dépenses.

7 VAR. Ses fertiles bontés.

8 VAR. . . . . .Lorsqu'on ne peut agir.

9 Voyez ci-dessus, page 160, une des notes de l'auteur sur le *Pauvre Diable*. B.

10 VAR. Les Pâris, les Cyrans, illustres trépassés.

11 Dès 1734, Voltaire avait fait cette comparaison (voyez tome XXXVII, page 285). Trente ans plus tard, il reprochait à Maupertuis d'avoir dit qu'une horloge ne prouve point un hor-

loger (voyez tome XLI, page 401). Voltaire a aussi reproduit son idée d'horloge et d'horloger, tome LXIII, page 476; et tome LXV, page 157. B.

12 Var. Mille abus, je le sais, ont fait gémir l'Église;
Fleury l'historien.....

13 Var. Du loyoliste encor.

14 Var. Ce globe était de verre, et les mers étonnées
Ont produit le Caucase, ont fait les Pyrénées.

15 Var. Va, sois adorateur d'un fantôme impuissant.

16 L'édition de laquelle j'ai extrait les variantes contient ce vers, qui ne rime pas avec celui qui le précède :

Vont pleuvoir sur ta tête, enfin pour te confondre. B.

17 Var. A Nonotte, à Jean-Jacque, aux Cléments, aux Frérons.

LA TACTIQUE[1].

1773.

J'étais lundi passé chez mon libraire Caille,[2]
Qui, dans son magasin, n'a souvent rien qui vaille.
« J'ai, dit-il, par bonheur[3], un ouvrage nouveau,
Nécessaire aux humains, et sage autant que beau.
C'est à l'étudier qu'il faut que l'on s'applique;
Il fait seul nos destins: prenez, c'est *la Tactique*. »
« *La Tactique!* lui dis-je: hélas! jusqu'à présent
J'ignorais la valeur de ce mot si savant. »
« Ce nom[4], répondit-il, venu de Grèce en France,
Veut dire le grand art, ou l'art par excellence[a];
Des plus nobles esprits il remplit tous les vœux. »
J'achetai sa *Tactique*, et je me crus heureux.
J'espérais trouver l'art de prolonger ma vie,
D'adoucir les chagrins dont elle est poursuivie,
De cultiver mes goûts, d'être sans passion,
D'asservir mes desirs au joug de la raison,
D'être juste envers tous, sans jamais être dupe.
Je m'enferme chez moi, je lis; je ne m'occupe
Que d'apprendre par cœur un livre si divin.
Mes amis! c'était l'art d'égorger son prochain.

J'apprends qu'en Germanie autrefois un bon prêtre[b]

---

[a] *Tactique* vient originairement du verbe *tasso*, j'arrange. Tactique est proprement l'art d'aller par rangs; c'est l'arrangement des troupes. C'est ce qui fit que Pyrrhus, en voyant le camp des Romains, ne les trouva pas si barbares (1775).

[b] On ne sait encore qui employa le premier les canons dans les batailles

Pétrit, pour s'amuser, du soufre et du salpêtre ;
Qu'un énorme boulet, qu'on lance avec fracas,

et dans les siéges. Une invention qui a changé entièrement l'art de la guerre, dans toute la terre connue, méritait plus de recherches; mais presque toutes les origines sont ignorées. Qui le premier inventa un bateau ? qui imagina de plier une branche de frêne, de l'assujettir avec une corde faite d'un intestin d'animal, et d'y ajuster une verge garnie d'un os ou d'un fer pointu à un bout, et de quatre plumes à l'autre bout ? qui inventa la navette, les fours, les moulins ? De cette prodigieuse multitude d'arts qui secourent notre vie ou qui la détruisent, il n'y en a pas un dont l'inventeur soit connu. C'est que personne n'inventa l'art entier. Les architectes ne sont venus que des milliers de siècles après les cavernes et les huttes.

Les Chinois connaissaient la poudre inflammable, et la fesaient servir à leurs divertissements ingénieux, à leurs fêtes, deux mille ans avant que les jésuites Shall et Verbiest fondissent du canon pour les conquérants tartares, vers l'an 1630. Ce furent donc deux religieux allemands qui enseignèrent l'usage de l'artillerie dans cette vaste partie du monde, comme ce fut, dit-on, un autre Allemand, nommé Schwartz, ou moine noir, qui trouva le secret de la poudre inflammable au quatorzième siècle, sans qu'on ait jamais su l'année de cette invention.

On a prétendu que Roger Bacon, moine anglais, antérieur d'environ cent années au moine allemand, était le véritable inventeur de la poudre. Nous avons rapporté ailleurs les paroles de ce Roger, qui se trouvent dans son *Opus majus*, page 454, grande édition d'Oxford..... « *Nous avons une « preuve des explosions subites dans ce jeu d'enfants qu'on fait par tout le « monde. On enfonce du salpêtre dans une balle de la grosseur d'un pouce, « et on la fait crever avec un bruit si violent qu'elle surpasse le rugissement « du tonnerre, et il en sort une plus grande exhalaison de feu que celle de « la foudre.* »

Il y a bien loin sans doute de cette petite boule de simple salpêtre à notre artillerie, mais elle a pu mettre sur la voie.

Il paraît qu'il est très faux que les Anglais eussent employé le canon dans leur victoire de Crécy en 1346, et dans celle de Poitiers dix ans après. Les actes de la Tour de Londres, recueillis par Rymer, en diraient quelque chose.

Plusieurs de nos historiens ont assuré qu'il existe encore, dans la ville d'Amberg du haut Palatinat, un canon fondu en 1301, et que cette date est encore gravée sur la culasse.

Et voilà justement comme on écrit l'histoire.

On écrivait et on imprimait à Paris cette erreur avec tant d'assurance, que

Doit mirer un peu haut pour arriver plus bas;
Que d'un tube de bronze aussitôt la mort vole
Dans la direction qui fait la parabole*,
Et renverse, en deux coups prudemment ménagés,
Cent automates bleus, à la file rangés.

je fis écrire à M. le comte de Holstein de Bavière, gouverneur du pays d'Amberg. Il donna un certificat authentique qu'un fondeur de canons, nommé Martin, assez fameux pour son temps, était mort en 1501. On mit un petit canon sur son tombeau, avec la date 1501. Il eut la bonté d'envoyer une copie figurée de l'inscription. Il est étonnant qu'on ait pris 1501 pour 1301; mais les historiens aiment l'antique et le merveilleux.

Je n'ai guère plus de foi à la bombarde de Froissart, qui avait plus de « cinquante pieds de long, et qui menoit si grande noise au decliquer, qu'il « sembloit que tous les diables d'enfer fussent en chemin. » C'était apparemment une espèce de baliste.

Je doute beaucoup encore du registre de Du Drach, trésorier des guerres en 1338 : « A Henri Faumechon, pour avoir poudre et autres choses né- « cessaires aux canons devant Puisguillaume. » Du Cange rapporte ce trait, mais il se borne à le rapporter. Il n'examine point s'il y avait alors des trésoriers des guerres. Il ne s'informe pas si on assiégea un Puisguillaume ou un Puisguilliem dans le Périgord. Il ne paraît pas qu'on ait fait le moindre exploit de guerre en Périgord en l'an 1338. Si l'on entend le petit hameau de Puisguillaume en Bourbonnais, on ne voit pas qu'il eût un château. Il faut donc douter, et c'est presque toujours le seul parti à prendre.

Ce qui paraît certain, c'est que trois moines ont contribué à détruire les hommes et les villes par l'artillerie; et en ajoutant à ces trois moines les jésuites Shall et Verbiest, cela fera cinq (1775).

— Dans le troisième alinéa de cette note, Voltaire parle d'un passage de R. Bacon : il est rapporté tome XXVII, page 260. L'historien désigné au commencement du sixième alinéa est Villaret; voyez ma note, t. XLI, p. 145. Quant au vers cité, il est de Voltaire lui-même (*Charlot*, acte I, scène 7); voyez tome VIII, page 304. B.

ª Lorsqu'on tire un boulet, ou qu'on lance une flèche horizontalement, elle tend à décrire une ligne droite; mais la gravitation la fait descendre continuellement dans une autre ligne droite vers le centre de la terre, et de ces deux directions se compose la ligne courbe nommée *parabole*, à la lettre, *allant au-delà*. Si un canonnier s'occupait de toutes les propriétés de cette ligne courbe, il n'aurait jamais le temps de mettre le feu à son canon (1775).

Mousquet, poignard, épée ou tranchante ou pointue,
Tout est bon, tout va bien, tout sert, pourvu qu'on tue.
 L'auteur, bientôt après, peint des voleurs de nuit,
Qui, dans un chemin creux, sans tambour et sans bruit,
Discrètement chargés de sabres [5] et d'échelles,
Assassinent d'abord cinq ou six sentinelles;
Puis, montant lestement aux murs de la cité,
Où les pauvres bourgeois dormaient en sûreté,
Portent dans leurs logis le fer avec les flammes,
Poignardent les maris, couchent avec les dames,
Écrasent les enfants, et, las de tant d'efforts,
Boivent le vin d'autrui sur des monceaux de morts.
Le lendemain matin, on les mène à l'église
Rendre grace au bon Dieu de leur noble entreprise,
Lui chanter en latin qu'il est leur digne appui,
Que dans la ville en feu l'on n'eût rien fait sans lui,
Qu'on ne peut ni voler, ni violer son monde,
Ni massacrer les gens, si Dieu ne nous seconde.
 Étrangement surpris de cet art si vanté,
Je cours chez monsieur Caille, encore épouvanté;
Je lui rends son volume, et lui dis en colère :
« Allez, de Belzébut détestable libraire!
Portez votre *Tactique* au chevalier de Tot;
Il fait marcher les Turcs au nom de Sabaoth.
C'est lui qui, de canons couvrant les Dardanelles,
A tuer les chrétiens [6] instruit les infidèles.
Allez, adressez-vous à monsieur Romanzof,
Aux vainqueurs tout sanglants de Bender et d'Azof;
A Frédéric surtout offrez ce bel ouvrage,
Et soyez convaincu qu'il en sait davantage.

Lucifer l'inspira bien mieux que votre auteur[a] ;
Il est maître passé dans cet art plein d'horreur ;
Plus adroit meurtrier que Gustave et qu'Eugène.
Allez ; je ne crois pas que la nature humaine
Sortit (je ne sais quand) des mains du Créateur,
Pour insulter ainsi l'éternel bienfaiteur,
Pour montrer tant de rage et tant d'extravagance.
L'homme, avec ses dix doigts, sans armes, sans défense,
N'a point été formé pour abréger des jours
Que la nécessité rendait déjà si courts.
La goutte avec sa craie, et la glaire endurcie
Qui se forme en cailloux au fond de la vessie,
La fièvre, le catarrhe, et cent maux plus affreux,
Cent charlatans fourrés, encor plus dangereux,
Auraient suffi sans doute au malheur de la terre,
Sans que l'homme inventât ce grand art de la guerre.

« Je hais tous les héros, depuis le grand Cyrus [7]
Jusqu'à ce roi brillant qui forma Lentulus[b] :
On a beau me vanter leur conduite admirable[8],
Je m'enfuis loin d'eux tous, et je les donne au diable[9].»

En m'expliquant ainsi, je vis que dans un coin
Un jeune curieux m'observait avec soin.
Son habit d'ordonnance avait deux épaulettes,
De son grade à la guerre éclatants interprètes ;
Ses regards assurés, mais tranquilles et doux,
Annonçaient ses talents sans marquer de courroux :

[a] Il s'est élevé sur ces vers une grande dispute. Les uns ont pris ces vers pour un reproche, les autres pour une louange. Il est clair qu'on ne peut faire un plus grand éloge d'un guerrier qu'en le mettant au-dessus du prince Eugène et du grand Gustave. On a dit que vouloir condamner cette comparaison, c'était vouloir faire une querelle d'Allemand (1775).

[b] Le roi de Prusse a formé lui-même tous ses généraux (1775).

De *la Tactique*, enfin, c'était l'auteur lui-même.
« Je conçois, me dit-il, la répugnance extrême
Qu'un vieillard philosophe, ami du monde entier,
Dans son cœur attendri se sent pour mon métier :
Il n'est pas fort humain, mais il est nécessaire.
L'homme est né bien méchant : Caïn tua son frère ;
Et nos frères les Huns, les Francs, les Visigoths,
Des bords du Tanaïs accourant à grands flots,
N'auraient point désolé les rives de la Seine,
Si nous avions mieux su la tactique romaine.
Guerrier, né d'un guerrier, je professe aujourd'hui
L'art de garder son bien, non de voler autrui.
Eh quoi! vous vous plaignez qu'on cherche à vous défendre!
Seriez-vous bien content qu'un Goth vînt mettre en cendre
Vos arbres, vos moissons, vos granges, vos châteaux ?
Il vous faut de bons chiens pour garder vos troupeaux.
Il est, n'en doutez point, des guerres légitimes,
Et tous les grands exploits ne sont pas de grands crimes.
Vous-même, à ce qu'on dit, vous chantiez autrefois
Les généreux travaux de ce cher Béarnois ;
Il soutenait le droit de sa naissance auguste :
La Ligue était coupable, Henri quatre était juste.
Mais, sans vous retracer [10] les faits de ce grand roi,
Ne vous souvient-il plus du jour de Fontenoy,
Quand la colonne anglaise, avec ordre animée,
Marchait à pas comptés à travers notre armée ?
Trop fortuné badaud !... dans les murs de Paris
Vous fesiez, en riant, la guerre aux beaux-esprits ;
De la douce Gaussin le centième idolâtre,
Vous alliez la lorgner sur les bancs du théâtre,
Et vous jugiez en paix les talents des acteurs.

Hélas! qu'auriez-vous fait, vous, et tous les auteurs ;
Qu'aurait fait tout Paris, si Louis, en personne,
N'eût passé, le matin, sur le pont de Calonne ;
Et si tous vos césars à quatre sous par jour
N'eussent bravé l'Anglais, qui partit sans retour ?
Vous savez quel mortel, amoureux de la gloire [11],
Avec quatre canons ramena la victoire.
Ce fut au prix du sang du généreux Grammont,
Et du sage Lutteaux [12], et du jeune Craon,
Que de vos beaux-esprits les bruyantes cohues
Composaient les chansons qui couraient dans les rues ;
Ou qu'ils venaient gaîment, avec un ris malin,
Siffler *Sémiramis*, *Mérope*, et *l'Orphelin* [13].
Ainsi que le dieu Mars, Apollon prend les armes.
L'Église, le barreau, la cour, ont leurs alarmes.
Au fond d'un galetas, Clément et Savatier [a]
Font la guerre au bon sens sur des tas de papier.
Souffrez donc qu'un soldat prenne au moins la défense [14]
D'un art qui fit long-temps la grandeur de la France,
Et qui des citoyens assure le repos. »
  Monsieur Guibert se tut après ce long propos :
Moi, je me tus aussi, n'ayant rien à redire.
De la droite raison je sentis tout l'empire ;
Je conçus que la guerre est le premier des arts,
Et que le peintre heureux des Bourbons, des Bayards [b],
En dictant leurs leçons, était digne peut-être
De commander déjà dans l'art dont il est maître.

---

[a] Voyez les notes sur le *Dialogue de Pégase et du Vieillard* (1775). — Ci-après pages 282 et 289. B.

[b] M. Guibert a fait une tragédie du *Connétable de Bourbon*, dans laquelle le chevalier Bayard dit des choses admirables (1775).

Mais je vous l'avouerai, je formai des souhaits
Pour que ce beau métier ne s'exerçât jamais,
Et qu'enfin l'équité fît régner sur la terre
L'impraticable paix de l'abbé de Saint-Pierre[a].

[a] L'idée d'une paix perpétuelle entre tous les hommes est plus chimérique sans doute que le projet d'une langue universelle. Il est trop vrai que la guerre est un fléau contradictoire avec la nature humaine et avec presque toutes les religions ; et cependant un fléau aussi ancien que cette nature humaine, et antérieur à toute religion. Il est aussi difficile d'empêcher les hommes de se faire la guerre que d'empêcher les loups de manger des moutons.

La guerre est quelque chose de si exécrable, que plus nos nations barbares qui sont venues envahir, ensanglanter, ravager toute notre Europe, se sont un peu policées, plus elles ont adouci les horreurs que la guerre traînait après elle.

Ce n'est point assurément l'ouvrage immense de Grotius, sur le droit prétendu de la guerre et de la paix, qui a rendu les hommes moins féroces ; ce ne sont point ses citations de Carnéade, de Quintilien, de Porphire, d'Aristote, de Juvénal, et du *Pentateuque;* ce n'est point parcequ'après le Déluge il fut défendu de manger les animaux avec leur ame et leur sang, comme le rapporte Barbeirac son commentateur ; ce n'est point, en un mot, par tous les arguments profondément frivoles de Grotius et de Puffendorf ; c'est uniquement parcequ'on ne voit plus parmi nous des hordes sauvages et affamées sortir de leur pays pour en aller détruire un autre. Nos peuples ne font plus la guerre. Des rois, des évêques, des électeurs, des sénateurs, des bourgmestres, ont un certain terrain à défendre. Des hommes qui sont leurs troupeaux paissent dans ce terrain. Les maîtres ont pour eux la laine, le lait, la peau, et les cornes, avec quoi ils entretiennent des chiens armés d'un collier, pour garder le pré, et pour prendre celui du voisin dans l'occasion. Ces chiens se battent ; mais les moutons, les bœufs, les ânes, ne se battent pas : ils attendent patiemment la décision, qui leur apprendra à quel maître leur lait, leur laine, leurs cornes, leur peau, appartiendront.

Quand le prince Eugène assiégeait Lille, les dames de la ville allèrent à la comédie pendant tout le siége ; et dès que la capitulation fut faite, le peuple paya tranquillement à l'empereur ce qu'il payait auparavant au roi de France. Point de pillage, point de massacre, point d'esclavage, comme du temps des Huns, des Alains, des Visigoths, des Francs.

Le duc de Marlborough fesait garder très soigneusement tous les domaines de ce Fénelon, archevêque de Cambrai, citoyen de toute l'Europe par son amour du genre humain; amour plus dangereux peut-être à sa cour que son amour de Dieu.

Quand les Français eurent remporté la célèbre victoire de Fontenoy, tous les habitants de Tournay et des environs s'empressèrent de loger chez eux les prisonniers blessés; tous eurent soin d'eux comme de leurs frères, et les femmes prodiguèrent tant de délicatesses sur leurs tables, que les médecins et les chirurgiens furent obligés de modérer cet excès de zèle, devenu dangereux.

A Rosbach, on vit le roi de Prusse lui-même acheter tout le linge d'un château voisin pour le service de nos blessés; et quand il les eut fait guérir, il les renvoya sur leur parole, en disant: « Je ne puis m'accoutumer à verser « le sang des Français. »

Quelle humanité, quelle belle ame le prince héréditaire de Brunswick ne déploya-t-il pas, lorsqu'il reçut prisonnier à Crevelt ce comte de Gisors, ce fils du maréchal de Belle-Isle, cet espoir du royaume, ce jeune homme si valeureux, si instruit, si aimable! Le prince de Brunswick ne sortit point d'auprès de son lit, et le baigna de larmes, en le voyant expirer entre ses bras. Il pleurait celui des Français auquel il ressemblait davantage.

Portons nos regards chez cette nation nouvelle qui naît tout d'un coup pour être l'émule des plus policées, et l'exemple des autres. Voyons un comte Alexis Orlof prendre un vaisseau turc chargé des femmes, des esclaves, des meubles, de l'or, de l'argent, des bijoux, du plus riche bacha de la Turquie, et lui renvoyer tout à Constantinople. Ce même bacha, quelque temps après, commande un corps d'armée contre les Russes; il s'avance hors des rangs avec un interprète, et demande à parler. « Avez- « vous, dit-il, à votre tête un comte Orlof? — Non; que lui voudriez-vous? « — Me jeter à ses pieds, » répliqua le Turc.

Pouvons-nous rien ajouter à ces traits, sinon l'accueil, les attentions nobles et délicates, les fêtes, les présents, les bienfaits, que reçurent les prisonniers turcs dans Pétersbourg, d'une impératrice qui leur enseignait la guerre, la politesse, et la générosité?

Nous ne voyons point de telles leçons dans Grotius. Il vous dit bien, dans son chapitre du *Droit de ravager*, que les Juifs étaient obligés de ravager au nom du Seigneur; mais il ne trouve chez le peuple saint aucun trait qui ressemble aux exemples profanes que nous venons de rapporter.

Voilà donc le dictame que l'humanité des grands cœurs répand sur les maux que fait la guerre: mais ces consolations divines nous démontrent que la guerre est infernale (1775).

NOTES ET VARIANTES
DE LA TACTIQUE.

¹ *La Tactique* fut composée au commencement de novembre 1773. En l'envoyant à l'abbé de Voisenon, le 19 novembre, Voltaire lui disait l'avoir faite il y a une quinzaine de jours, après avoir eu chez lui le comte de Guibert, qui avait publié un *Essai général de Tactique* (voyez tome IX, page 371). La pièce de Voltaire blessa vivement le roi de Prusse. A la lettre de Voltaire du 8 décembre 1773, il fit, le 4 janvier 1774, une réponse ironique. Le dépit perce encore dans la lettre du 9 février (voyez tome LXVIII, page 441)

La Tactique circula d'abord en manuscrit; la première édition, qui doit avoir été donnée par l'abbé de Voisenon, est intitulée *La Tactique, pièce de vers de M. de Voltaire, envoyée de Ferney, par l'auteur, à M. l'abbé de Voisenon, le 30 novembre 1773*, in-8° de 8 pages. Les pages 7 et 8 contiennent la *Réponse de M. l'abbé de Voisenon*, en trente vers de huit syllabes. Une autre édition, qui dut suivre de près, a pour titre: *La Tactique, par M. de Voltaire, avec quelques épîtres nouvelles du même auteur, et les réponses qui y ont été faites*, in-8° de 32 pages. Les *vers attribués à M. de Voltaire au sujet d'une ordonnance de sa sainteté qui défend un abus très condamnable*, qui sont page 23, sont de Bordes; les douze premiers ne sont pas reproduits dans la réimpression qui fait partie du tome XIII de *l'Évangile du jour*, où la pièce est intitulée *Vers sur un bref attribué au pape Clément XIV contre la castration*.

Dans le premier volume de janvier 1774, le *Mercure* contient *la Tactique*, que Voltaire fit, à la fin de la même année, réimprimer à la suite de *Don Pèdre* (voyez tome IX, page 366). B.

² Le libraire Caille, dont il est ici question, était de Genève, et y habitait; piqué du second vers où il est accusé de n'avoir *souvent rien qui vaille*, il fit afficher qu'il ne vendait que les ouvrages de M. de Voltaire. B.

³ VAR. . . . . . Par malheur.

⁴ VAR. Ce mot...

5 VAR. ....De fusils et d'échelles.

6 VAR. Dans leur propre science.

7 VAR. ....Et Nembrod et Cyrus.

8 VAR. Le monde vante en vain leur valeur indomptable.

9 Voyez, sur le dernier hémistiche de ce vers, tome LXVIII, les lettres 6649, 6667 et 6692. B.

10 VAR. Mais, sans plus retracer.

11 Richelieu : c'est à ce vers et au suivant que Voltaire fait allusion dans sa lettre du 10 décembre 1773. B.

12 Voltaire en a parlé dans son *Poëme de Fontenoy* (tome XII, page 132), et dans le *Précis du Siècle de Louis XV* (tome XXI, page 136). B.

13 Il y a ici, ce me semble, un petit anachronisme. La bataille de Fontenoy, achetée au prix du sang des Lutteaux, des Craon, etc., est de 1745. *Sémiramis* n'est que de 1748; *l'Orphelin de la Chine*, de 1755. B.

14 VAR. Souffrez donc, s'il vous plaît, qu'on prenne la défense.

DIALOGUE

DE PÉGASE ET DU VIEILLARD.

1774.

PÉGASE.

Que fais-tu dans ces champs, au coin d'une masure?
LE VIEILLARD.
J'exerce un art utile, et je sers la nature;
Je défriche un désert, je sème, et je bâtis[a].
PÉGASE.
Que je vois en pitié tes sens appesantis!
Que tes goûts sont changés, et que l'âge te glace!
Ne reconnais-tu plus ton coursier du Parnasse?
Monte-moi.
LE VIEILLARD.
  Je ne puis. Notre maître Apollon,
Comme moi, dans son temps fut berger et maçon.
PÉGASE.
Oui; mais rendu bientôt à sa grandeur première,
Dans les plaines du ciel il sema la lumière;

NOTES DE M. DE MORZA.

[a] En effet, notre auteur a défriché quelques terrains plus rebelles que ceux des plus mauvaises landes de Bordeaux et de la Champagne pouilleuse, et ils ont produit le plus beau froment; mais ces tentatives très longues et très dispendieuses ne peuvent être imitées par des colons. Il faudrait que le gouvernement s'en chargeât, qu'il recommandât ce travail immense à un intendant, l'intendant à un subdélégué, et qu'on fît venir de la cavalerie sur les lieux (1775).

Il reprit sa guitare; il fit de nouveaux vers;
Des filles de Mémoire il régla les concerts.
Imite en tout le dieu dont tu cites l'exemple :
Les doctes sœurs encor pourraient t'ouvrir leur temple;
Tu pourrais, dans la foule heureusement guidé,
Et, suivant d'assez loin le sublime Vadé[a],
Retrouver une place au séjour du génie.

LE VIEILLARD.

Hélas! j'eus autrefois cette noble manie.
D'un espoir orgueilleux honteusement déçu,
Tu sais, mon cher ami, comme je fus reçu,
Et comme on bafoua mes grandes entreprises :
A peine j'abordai, les places étaient prises.
Le nombre des élus au Parnasse est complet;
Nous n'avons qu'à jouir : nos pères ont tout fait :
Quand l'œillet, le narcisse, et les roses vermeilles,
Ont prodigué leur suc aux trompes des abeilles,
Les bourdons sur le soir y vont chercher en vain
Ces parfums épuisés qui plaisaient au matin.

Ton Parnasse d'ailleurs, et ta belle écurie,
Ce palais de la Gloire, est l'antre de l'Envie.
Homère, cet esprit si vaste et si puissant,
N'eut qu'un imitateur, et Zoïle en eut cent.

Je gravis avec peine à cette double cime
Où la mesure antique a fait place à la rime,
Où Melpomène en pleurs étale en ses discours

---

[a] Vadé, écrivain de la Foire, sous le nom duquel l'auteur de *l'Écossaise* se cacha par modestie (1774). — *L'Écossaise* a été donnée sous le nom de Jérôme Carré, et non sous celui de Vadé (voyez tome VII, page 1), mais l'auteur de *l'Écossaise* a pris aussi le nom de Vadé; voyez t. XLI, p. 537; et ci-dessus, pages 23 et 29. B.

Des rois du temps passé la gloire et les amours.
Pour contempler de près cette grande merveille,
Je me mis dans un coin sous les pieds de Corneille.
Bientôt Martin Fréron [a], prompt à me corriger,
M'aperçut dans ma niche, et m'en fit déloger.
Par ce juge équitable exilé du Parnasse,
Sans secours, sans amis, humble dans ma disgrâce,
Je voulus adoucir par des égards flatteurs,
Par quelques soins polis, mes frères les auteurs.
Je n'y réussis point; leur bruyante séquelle
A connu rarement l'amitié fraternelle :
Je n'ai pu désarmer Sabotier [b] mon rival.

[a] Martin Fréron; Martin n'est pas son nom de baptême, ce n'est que son nom de guerre. Il s'est déchaîné, dit-on, pendant vingt ans contre l'auteur de ce dialogue, pour faire vendre ses feuilles. « Qua mensura mensi fueritis, « eadem remetietur vobis. » Il s'est attiré *l'Écossaise*, et nous en sommes bien fâchés (1775).

[b] L'abbé Sabotier ou Sabatier, natif de Castres, ne s'est pas exercé dans les mêmes genres que le chantre de Henri IV, et le peintre qui a dessiné *le Siècle de Louis XIV et de Louis XV;* ainsi il ne peut être son rival. S'il s'était adonné aux mêmes études, il aurait été son maître.

Cet abbé avait fait, en 1771, un dictionnaire de littérature, dans lequel il prodiguait des éloges outrés; il ne se vendit point. Mais il en fit un autre, en 1772, intitulé *les Trois Siècles,* dans lequel il prodiguait des calomnies, et il se vendit. Il insulta MM. Dalembert, de Saint-Lambert, Marmontel, Thomas, Diderot, Beauzée, La Harpe, Delille, et vingt autres gens de lettres vivants, dont il faudrait respecter la mémoire s'ils étaient morts.

Mais celui que MM. Sabotier et Clément ont déchiré avec l'acharnement le plus emporté est un vieillard de quatre-vingts ans qui ne pouvait pas se défendre.

Il est permis, il est utile de dire son sentiment sur des ouvrages, surtout quand on le motive par des raisons solides, ou du moins séduisantes. S'il ne s'agissait que de littérature, nous dirions qu'il est très injuste d'accuser l'auteur de *la Henriade* et du *Siècle de Louis XIV*, occupé de célébrer la gloire des grands hommes de ce siècle, de ne leur avoir pas rendu justice. Nous dirions que personne n'a parlé avec plus de sensibilité des admirables

Le Parnasse a bien fait de n'avoir qu'un cheval :
Si nous en avions deux, ils se mordraient sans doute.

scènes de Corneille, de *la perfection désespérante* du style de Racine (comme s'exprime M. de La Harpe), de la perfection non moins désespérante de *l'Art poétique*, et de plusieurs belles épîtres de Boileau.

Nous dirions que sa liste des grands écrivains de ce siècle mémorable contient *l'Éloge* raisonné *de* l'inimitable *Molière*, qu'il regarde comme supérieur à tous les comiques de l'antiquité; celui de La Fontaine, qui a surpassé Phèdre par sa naïveté et par ses graces; celui de Quinault, qui n'eut ni modèles ni rivaux dans ses opéra. Nous dirions qu'il a rendu des hommages aux Bossuet, aux Fénelon, à tous les hommes de génie, à tous les savants.

Nous ajouterions qu'il aurait été indigne d'apprécier leurs extrêmes beautés s'il n'avait pas connu leurs fautes, inséparables de la faiblesse humaine; que c'eût été une grande impertinence de mettre sur le même rang *Cinna* et *Pertharite*, *Polyeucte* et *Théodore*, et d'admirer également les excellentes fables de La Fontaine, et celles qui sont moins heureuses. Il faut plus encore; il faut savoir discerner dans le même ouvrage une beauté au milieu des défauts, et un vice de langage, un manque de justesse dans les pensées les plus sublimes : c'est en quoi consiste le goût. Et *nous pourrions* assurer que l'auteur du *Siècle de Louis XIV*, après soixante ans de travaux, était peut-être alors aussi en droit de dire son avis que l'est aujourd'hui M. Sabotier.

Mais il s'agit ici d'accusations plus importantes. C'est peu que cet abbé, dans l'espérance de plaire à ses supérieurs, dont il ignore l'équité et le discernement, impute à cent littérateurs de nos jours des sentiments odieux : il a la cruauté de les appeler *indévots*, *impies*. Il dit en propres mots que l'auteur de *la Henriade* nie *l'immortalité de l'ame*. C'était bien assez de lui ravir l'immortalité d'*Alzire*, de *Zaïre*, de *Mérope*, dont nous sommes certains qu'il est peu jaloux, et dont il ne prend point le parti. Il est trop dur de dépouiller une ame de quatre-vingts ans de la seule vie qui puisse lui rester dans le temps à venir. Ce procédé est injuste et maladroit, et d'autant plus maladroit qu'il nous met dans la nécessité de révéler quelle est l'ame de l'abbé dans le temps présent.

Nous l'avons vu et lu, et nous le tenons entre nos mains, *le Spinosa commenté*, expliqué, éclairci, embelli, écrit tout entier de la main de M. l'abbé Sabotier, natif de Castres; et nous déposerons ce monument chez un notaire ou chez un greffier, dès qu'il nous en aura donné la permission; car nous ne voulons pas disposer d'un tel écrit sans l'aveu de l'auteur. C'est un égard que nous nous devons les uns aux autres.

J'ai vu les beaux-esprits, je sais ce qu'il en coûte.
Il fallut, malgré moi, combattre soixante ans

Pour les poésies légères de ce grand critique et de ce grand missionnaire, nous en userons un peu plus librement. Voici les preuves de la piété de cet abbé, qui est si peu indulgent pour les péchés de son prochain ; voici les preuves du bon goût de celui qui trouve les vers de MM. de Saint-Lambert, Delille, de La Harpe, si mauvais :

En sortant de la prison où ses mœurs respectables l'avaient fait renfermer à Strasbourg, il s'amusa, pour se dissiper, à faire un conte intitulé *le... mauvais lieu*. Ce conte commence ainsi ; et remarquez bien que nous l'avons écrit de sa main, de la même main que *le Spinosa*.

> Du temps que la dame Pâris
> Tenait école florissante
> De jeux d'amour à juste prix,
> D'une écolière assez savante
> Sur les bords de la Seine un jour le pied glissa :
> La chose assurément n'était pas merveilleuse,
> Mais la chute dans l'eau n'était pas périlleuse,
> Lorsqu'un mousquetaire passa.
> Il crut que ce serait une perte publique
> Que la perte de tant d'appas :
> Aussi, plein d'ardeur héroïque,
> Mit-il, sans hésiter, chemise et pourpoint bas, etc.

Nous épargnons sans hésiter, aux yeux de nos chastes lecteurs, la suite de ce morceau délicat. Ce n'est qu'un échantillon de l'élégante poésie de M. l'abbé *des Trois Siècles*.

Nous lui demandons bien pardon de publier un autre morceau de sa prose, bien plus touchant et bien plus décisif (et toujours de sa main, et signé Sabotier de Castres) :

« On n'aime ici que les processions, les sermons, et les messes. Les gens
« qui ont eu la force de secouer le joug des préjugés de l'enfance, du fana-
« tisme et de l'erreur, en un mot les hommes qui pensent bien, n'osent
« se faire connaître, etc., etc. »

Nous donnerons le reste, si cela lui fait plaisir.

Jugez maintenant, lecteur, s'il sied bien à ce galant homme de traiter un secrétaire d'une de nos académies d'impie et de scélérat, et d'en dire autant de nos littérateurs les plus illustres. On croit qu'il aura incessamment un bénéfice : mais quelle récompense aura le censeur royal qui lui a fait obtenir une permission tacite d'outrager la vertu et le bon goût?

On dit qu'il est tonsuré, et qu'étant bientôt élevé aux dignités de l'Église, il croira en Dieu, ne fût-ce que par reconnaissance; car, malgré son spi-

Les plus grands écrivains, les plus profonds savants,
Toujours en faction, toujours en sentinelle :
Ici c'est l'abbé Guyon[a], plus bas c'est La Beaumelle[b].

nosisme, il saura qu'il n'y a point de société policée qui n'admette un Être suprême, rémunérateur de la vertu, et vengeur du crime. Nous le prions de se souvenir de ce vers de M. de Voltaire :

Si Dieu n'existait pas, il faudrait l'inventer.

Ce philosophe écrivait il n'y a pas long-temps, à un grand prince : « C'est « de tous les vers médiocres que j'ai jamais faits, le moins médiocre, et celui « dont je suis le moins mécontent » (1774).

Il avait grande raison : un athée est peut-être presque aussi dangereux, si on l'ose dire, qu'un fanatique ; car si le fanatique est un loup enragé qui égorge et qui suce le sang publiquement, en croyant bien faire, l'athée pourra commettre tous les crimes secrets, sachant bien qu'il fait mal, et comptant sur l'impunité. Voilà pourquoi les deux grands législateurs Locke et Penn, qui ont admis toutes les religions dans la Caroline et dans la Pensylvanie, en ont formellement exclu les athées (1775).

— Le premier des ouvrages de Sabatier dont il est question dans le premier alinéa de cette note est intitulé *Dictionnaire de littérature*, 1770, trois volumes in-8° (voyez une de mes notes sur la lettre 6594 *bis*). J'ai parlé des *Trois Siècles*, tome IX, page 284, et indiqué plusieurs endroits où Voltaire en parle (voyez aussi tome XI, page 284).

Dans le huitième alinéa, Voltaire dit que Sabatier avait commenté Spinosa. Dans sa lettre à Marmontel, du 24 juillet 1773, Voltaire dit avoir le *manuscrit écrit tout entier de sa main et signé* Bathésabit, ce qui est à peu près l'anagramme de son nom. Cet ouvrage de Sabatier n'a été imprimé qu'en 1806 (voyez tome XLVII, page 602).

Quoi que Voltaire en dise dans son dixième alinéa, Sabatier, dans sa *Correspondance littéraire* (lettre 3), assure n'être jamais allé à Strasbourg ; mais dans sa lettre 45, l'abbé nie avoir traduit Boccace, qu'il a traduit cependant.

Le conte dont Voltaire rapporte les premiers vers ne se trouve pas dans *les Quarts d'Heure d'un joyeux solitaire ou Contes de M****, La Haye, 1766, in-12, recueil obscène qu'on sait être de l'abbé Sabatier, mais qui est sans doute antérieur à la composition du conte, qui ne s'y trouve pas.

Le vers *Si Dieu n'existait pas*, etc., est dans l'*Épître à l'auteur du livre des Trois Imposteurs*; voyez tome XIII, page 265. B.

[a] L'abbé Guyon, auteur d'un libelle insipide contre notre auteur, intitulé l'*Oracle des philosophes* (1774).

[b] Langleviel, dit La Beaumelle, autre écrivain de libelles aussi ridicules

Leur nombre est dangereux. J'aime mieux désormais
Les languissants plaisirs d'une insipide paix.
 Il faut que je te fasse une autre confidence :
La poste, comme on sait, console de l'absence ;
Les frères, les époux, les amis, les amants,
Surchargent les courriers de leurs beaux sentiments.
J'ouvre souvent mon cœur en prose ainsi qu'en rime ;
J'écris une sottise, aussitôt on l'imprime.
On y joint méchamment le recueil clandestin
De mon cousin Vadé, de mon oncle Bazin.
Candide, emprisonné dans mon vieux secrétaire,
En criant, *Tout est bien*, s'enfuit chez un libraire[a] ;
Jeanne et la tendre Agnès, et le gourmand Bonneau,
Courent en étourdis de Genève à Breslau.
Quatre bénédictins, avec leurs doctes plumes,
Auraient peine à fournir ce nombre de volumes.
On ne va point, mon fils, fût-on sur toi monté,
Avec ce gros bagage à la postérité.
Pour comble de malheur, une troupe importune
De bâtards indiscrets, rebut de la fortune,
Nés le long du *charnier* nommé *des Innocents*,
Se glisse[b] sous la presse avec mes vrais enfants.

---

qu'affreux contre la cour. Il faut pardonner à notre auteur s'il n'a puni ces gredins qu'en imprimant leurs noms, et en exposant simplement leurs calomnies (1774).

— Le nom de famille de La Beaumelle est Angliviel. B.

[a] On a imprimé cinq ou six volumes des prétendues lettres de notre auteur ; cela n'est pas honnête. On en a falsifié plusieurs ; cela est encore moins honnête ; mais les éditeurs ont voulu gagner de l'argent (1774).

[b] On a glissé dans le recueil de ses ouvrages bien des morceaux qui ne sont pas de lui, comme une traduction des Apocryphes de Fabricius, qui est de M. Bigex ; un dialogue de *Périclès et d'un Russe*, fort estimé, dont

C'en est trop. Je renonce à tes neuf immortelles :
J'ai beaucoup de respect et d'estime pour elles ;
Mais tout change, tout s'use, et tout amour prend fin.
Va, vole au mont sacré ; je reste en mon jardin.

PÉGASE.

Tes dégoûts vont trop loin, tes chagrins sont injustes.

l'auteur est M. Suard; des vers sur la mort de mademoiselle Lecouvreur, moins estimés, commençant par ceux-ci :

> Quel contraste frappe mes yeux ?
> Melpomène ici désolée
> Élève, avec l'aveu des dieux,
> Un magnifique mausolée.

Cette pièce est du sieur Bonneval, jadis précepteur chez M. de Montmartel : s'il a eu l'aveu des dieux, il n'a pas eu celui d'Apollon.

On trouve dans la collection des ouvrages de M. de Voltaire de prétendus vers de M. Clairaut, qui n'en fit jamais ; une pièce qui a pour titre *les Avantages de la raison*, dans laquelle il n'y a ni raison ni rime; une épître à mademoiselle Sallé, qui est de M. Thieriot; une épître à l'abbé de Rothelin, qui est de M. de Formont; des vers sur la mort de madame du Châtelet, dont nous ignorons l'auteur ;

Des vers au duc d'Orléans, régent, qu'il n'a jamais faits ;

Une ode intitulée *le Vrai Dieu*, qui est d'un jésuite nommé Lefèvre;

Une épître de l'abbé de Grécourt, platement licencieuse, qui commence par ces mots : *Belle maman, soyez l'arbitre*; des vers au médecin Silva et à l'oculiste Gendron; une réponse à un M. de B....., qui commence ainsi :

> Oui, mon cher B....., il est l'ame du monde ;
> Sa chaleur le pénètre et sa clarté l'inonde,
> Effets d'une même action.
> Sa plus belle production
> Est cette lumière éthérée
> Dont Newton le premier, d'une main inspirée,
> Sépara les couleurs par la réfraction.

Les beaux vers ! et que les gens qui les attribuent à M. de Voltaire ont le goût fin, et que leur main est *inspirée !*

Des vers à une prétendue marquise de T. sur la philosophie de Newton, dans lesquels on trouve cette élégante tirade :

> Tout est en mouvement ; la terre, suspendue,
> En atome léger nage dans l'étendue;

Des arts qui t'ont nourri les déesses augustes
Ont mis sur ton front chauve un brin de ce laurier
Qui Coiffa Chapelain, Desmarets, Saint-Didier[a].

> L'espace, ou plutôt Dieu dans son immensité
> Balance sur son poids l'univers agité.
> Les travaux de la nuit, les phases, sont prédites.
> Newton des premiers mois retraça les orbites.

Et les éditeurs suisses, qui ont imprimé ces bêtises venues de Paris, ont l'assurance d'imprimer en notes que c'est la véritable leçon.

On a fait pourtant un recueil immense de ces fadaises barbares sans consulter jamais l'auteur, ce qui est aussi incroyable que vrai. Tant pis pour les libraires qui ont ainsi déshonoré leur art et la littérature.

C'est sur quoi l'auteur disait : On fait mon inventaire, quoique je ne sois pas encore mort; et chacun y glisse ses meubles pour les vendre (1774).

— Quelques uns des ouvrages que désavoue ici Voltaire sont cependant regardés comme étant de lui. La *Collection d'anciens évangiles*, etc., *par l'abbé B***, est au tome XLV, page 325 ; les vers sur la mort de madame du Châtelet sont dans les *Poésies mêlées* sous le n° CLXXXIX ; l'ode sur *le Vrai Dieu* est au tome XII, page 407. Quant à l'*Épitre à mademoiselle Sallé*, si je l'ai conservée tome XIII, page 105, c'est qu'un renvoi l'exigeait.

Voltaire revient sur le désaveu de quelques unes de ces pièces dans sa *Lettre* écrite sous le nom *de La Visclède* (voyez tome XLVIII, page 271), et dans sa lettre à d'Argence de Dirac, du 12 novembre 1764 (voyez tome LXII, page 89).

C'est dans le tome V des *Nouveaux mélanges* qu'on avait, en 1768, imprimé le dialogue intitulé *Périclès, un Grec moderne, un Russe*. Ce dialogue, qui est de Suard, fait aussi partie du tome XIII de l'édition in-4° des *OEuvres de Voltaire*. B.

[a] M. Clément et M. Sabotier ont imprimé que notre auteur avait pillé le poëme de *la Henriade* d'un poëme intitulé *Clovis*, par M. Saint-Didier. Cela est encore peu honnête, car ce *Clovis* ne parut que trois ans après *la Henriade*; mais une erreur de trois ans est peu de chose.

Il en a échappé une de quinze ans à M. l'abbé Sabotier; car il a imprimé que notre auteur avait pillé son *Siècle de Louis XIV* dans les *Annales politiques* de l'abbé de Saint-Pierre; mais le *Siècle de Louis XIV* fut imprimé pour la première fois en 1752, et le livre de l'abbé de Saint-Pierre en 1767; sur quoi un mauvais plaisant, se souvenant mal-à-propos que Sabatier est le fils d'un bon perruquier de Castres, chassé de chez son père, a écrit qu'il aurait dû plutôt faire des perruques pour l'auteur de *la Henriade*, que

N'as-tu pas vu cent fois à la tragique scène,
Sous le nom de Clairon, l'altière Melpomène,
Et l'éloquent Lekain, le premier des acteurs,
De tes drames rampants ranimant les langueurs,
Corriger, par des tons que dictait la nature,
De ton style ampoulé la froide et sèche enflure?
De quoi te plaindrais-tu? Parle de bonne foi :
Cinquante bons esprits, qui valent mieux que toi,
N'ont-ils pas, à leurs frais, érigé la statue
Dont tu n'étais pas digne, et qui leur était due?
Malgré tous tes rivaux, mon écuyer Pigal
Posa ton corps tout nu sur un beau piédestal;
Sa main creusa les traits de ton visage étique,
Et plus d'un connaisseur le prend pour un antique.
Je vis Martin Fréron, à le mordre attaché,
Consumer de ses dents tout l'ébène ébréché.
Je vis ton buste rire à l'énorme grimace
Que fit, en le rongeant, cet apostat d'Ignace.
Viens donc rire avec nous; viens fouler à tes pieds
De tes sots ennemis les fronts humiliés.
Aux sons de ton sifflet, vois rouler dans la crotte
Sabatier sur Clément[a], Patouillet[b] sur Nonotte[c];

de le dépouiller cruellement de ses prétendus lauriers, et d'exposer sa tête octogénaire à la rigueur des saisons (1774).

— Voltaire à son tour se trompe dans cette note. La première édition des *Annales de l'abbé de Saint-Pierre* a été imprimée en 1757, comme Voltaire le dit dans son *Siècle de Louis XIV;* voyez t. XIX, p. 200-201.

[a] Cet homme était venu de Dijon à Paris avec sa tragédie de *Charles I*[er], et sa tragédie de *Médée*. Il ne put venir à bout de les faire représenter. La faim le pressait; il s'engagea avec un libraire à lui fournir des critiques contre les premiers livres qui auraient du succès. Il obtint quelque argent à compte sur ses satires à venir. M. de Saint-Lambert donnait alors ses *Saisons*, M. Delille sa traduction de Virgile, M. Dorat son poëme sur la

Leurs clameurs un moment pourront te divertir.
LE VIEILLARD.
Les cris des malheureux ne me font point plaisir.

déclamation, M. Watelet son poëme sur la peinture. Voilà l'écolier Clément qui se met vite à écrire contre ces maîtres de l'art, et qui leur donne des leçons comme à des disciples dont il serait mécontent. S'il n'avait eu que ce ridicule on n'en aurait pas parlé, on ne l'aurait pas connu; mais pour rendre ses leçons plus piquantes il y mêle des traits personnels; il outrage une dame respectable. Alors on sait qu'il existe, la police met mon pédant dans je ne sais quelle prison, soit Bicêtre, soit le For-l'Évêque. M. de Saint-Lambert a la générosité de solliciter sa grace, et d'obtenir son élargissement. Que fait le critique alors? il persuade qu'on ne lui a fait cette correction que pour avoir enseigné l'art d'écrire, pour avoir soutenu la cause du bon goût, qui sans lui allait expirer en France, et qu'il est, comme Fréron, victime de ses grands talents.

Sorti de prison, il fait un nouveau libelle, dans lequel il insulte un conseiller de grand'chambre, fils d'un magistrat de la chambre des comptes; il dit ingénieusement qu'il est fils d'un pâtissier, et ce magistrat a dédaigné de le faire remettre à Bicêtre. Il s'associe depuis à Fréron, à Sabotier, et à d'autres gens de cette espèce. Il broche libelle sur libelle contre un vieillard solitaire, retiré depuis trente années, qu'on peut outrager impunément. Il avait écrit auparavant à ce même solitaire plusieurs lettres dont nous avons les originaux entre les mains. En voici un fragment:

« Jugez, monsieur, si votre silence peut ne pas m'affliger. Peut-être,
« hélas! vous êtes-vous imaginé que vous me verriez payer votre amitié,
« vos bienfaits, par la plus noire ingratitude; que je serais assez lâche,
« assez criminel, pour n'être pas plus reconnaissant que tant d'autres! Ah,
« monsieur! ne me faites pas l'injure de soupçonner ainsi ma probité. C'est
« ce bien précieux que je voudrais délivrer de la contagion générale; vos
« soupçons le flétriraient. Votre générosité, votre grandeur d'ame, peuvent
« en conserver et en relever l'éclat. Ma tendresse, mon zèle, mon respect,
« voilà mes seuls biens, ils sont tous à vous, et ils y seront toujours, etc. A
« Dijon, ce sixième décembre 1769. Voici mon adresse: A Clément fils,
« chez son père, procureur à Dijon, derrière les Minimes. »

Il a eu depuis l'intention de désavouer cette lettre, et la probité de dire qu'elle était falsifiée. Nous la conservons pourtant, quoique ce ne soit pas une pièce bien curieuse; mais c'est toujours un témoignage subsistant de l'honneur que cette petite cabale met dans sa conduite. C'est ce qui fesait dire à M. Duclos, secrétaire de l'académie, qu'il ne connaissait rien de plus méprisable et de plus méchant que la canaille de la littérature. Il est

De quoi viens-tu flatter le déclin de mon âge?
La jeunesse est maligne, et la vieillesse est sage.
Le sage en sa retraite, occupé de jouir,

à croire que M. Clément s'étant marié deviendra plus juste et plus sage, qu'il sera plus modeste, qu'il ne calomniera plus des personnes dont il n'eut jamais sujet de se plaindre, qu'il n'a même jamais envisagées, et qu'il se repentira d'avoir débuté dans le monde par une conduite si infame (1774).

— Le libelle dont il est question dans le second alinéa de cette note est la *Quatrième lettre à M. de Voltaire*, par Clément; il avait dit, à l'occasion de l'*Épître* de Voltaire *à Boileau* : « Peut-être M. de V. veut-il se venger de ce que ce fameux satirique avait traité d'*empoisonneur* le traiteur *Mignot*, dont M. de V. est le petit-neveu, à ce qu'on dit. » L'abbé Mignot, conseiller-clerc au parlement, et neveu de Voltaire, n'était pas de la famille du pâtissier Mignot. Voltaire se plaignit au chancelier (voyez tome LXVIII, pages 397-399); et Clément écrivit à l'abbé Mignot une lettre d'excuse, insérée au *Mercure* de mars 1774, dans laquelle sont ces mots : « Je suis fâché d'avoir publié, sur la foi d'autrui, une erreur sur monsieur votre oncle et sur votre famille. Je vous en fais mille excuses bien sincères. »

La lettre de Clément, du 6 décembre 1769, dont Voltaire rapporte un passage, est en entier parmi les *Pièces justificatives* de la *Vie de Voltaire*, dans le tome I.

Au lieu du mot *infame* qui termine cette note depuis 1775, on lisait précédemment *condamnable*. B.

ᵇ Patouillet est un ex-jésuite qui débitait, il y a quelques années, des déclamations de collége nommées *mandements*, pour des évêques qui ne pouvaient pas en faire. Il en débita un contre notre auteur et contre d'autres gens de lettres : c'est dommage qu'il ait été brûlé par la main du bourreau. Ce Patouillet était un des plus forts écrivains dans le genre calomnieux que nous ayons eus depuis Garasse (1775). — Le mandement dont il s'agit avait été composé pour l'archevêque d'Auch; voyez tome XII, page 305; et XLII, 314, 692. B.

ᶜ Nonotte est un autre ex-jésuite, digne compagnon de Patouillet. Il a fait deux gros volumes sous le titre d'*Erreurs de Voltaire*, et qu'il aurait pu intituler *Erreurs de Nonotte*. Il commence par reprocher à l'auteur de l'*Essai sur les mœurs et l'esprit des nations*, d'avoir dit *que l'ignorance chrétienne* regarde le règne des empereurs romains comme une Saint-Barthélemi continuelle; et l'auteur n'a point dit cela. Nonotte, pour rendre odieux celui qu'il attaque, ajoute de sa grâce ce mot *chrétienne*. L'auteur ne parle point là des autres empereurs; il parle du seul Dioclétien que

Sans chercher les humains, et pourtant sans les fuir,
Ne s'embarrasse point des bruyantes querelles
Des auteurs ou des rois, des moines ou des belles.
Il regarde de loin sans dire son avis,
Trois états polonais doucement envahis;
Saint Ignace dans Rome écrasé par saint Pierre,
Ou Clément dans Paris acharné sur Le Mierre.
Dans ses champs cultivés, à l'abri des revers,
Le sage vit tranquille, et ne fait point de vers.
Monsieur l'abbé Terray, pour le bien du royaume,
Préfère un laboureur, un prudent économe,
A tous nos vains écrits, qu'il ne lira jamais.
Triptolème est le dieu dont je veux les bienfaits.
Un bon cultivateur est cent fois plus utile
Que ne fut autrefois Hésiode ou Virgile.

Galérius engagea à être persécuteur après dix-neuf ans d'un règne de douceur et de tolérance. Sur quoi l'auteur avait remarqué la faute qu'ont faite tous les chronologistes de placer l'ère des martyrs la première année de ce règne; il la fallait dater de l'an 303, et non de l'an 284.

Il fait dire à l'auteur que Dioclétien *ne punit que quelques chrétiens, qui étaient des hommes brouillons, emportés, et factieux.* L'auteur n'a pas dit un mot de cela, et n'a pu le dire. Il n'a pas assez oublié sa langue pour se servir de cette expression, *hommes brouillons.*

Nonotte accuse l'auteur d'avoir dit que Charlemagne n'était qu'un heureux brigand. L'auteur n'a rien écrit de semblable. Ainsi voilà en deux pages trois calomnies dont ce bon Nonotte est convaincu. M. Damilaville daigna prendre le soin de relever deux ou trois cents erreurs de Nonotte. Elles sont imprimées à la suite de l'*Essai sur les mœurs et l'esprit des nations*. Et Nonotte était tout étonné qu'on lui manquât ainsi de respect, à lui qui avait eu l'honneur de prêcher dans un village de Franche-Comté, et de régenter en sixième. L'orgueil a du bon; et quand il est soutenu par l'ignorance, il est parfait (1774).

— Il était tout naturel que Voltaire parlât souvent de Nonotte; c'est ce qu'il a fait; voyez tome XLI, page 38; XLII, 667; XLIV, 1; XLVII, 549, 551, et suiv.; XLVIII, 211, 567. L'écrit de Damilaville contre Nonotte est tome XLI, page 85. B.

Le besoin, la raison, l'instinct doit nous porter
A faire nos moissons plutôt qu'à les chanter ;
J'aime mieux t'atteler toi-même à ma charrue,
Que d'aller sur ton dos voltiger dans la nue.

PÉGASE.

Ah, doyen des ingrats ! ce triste et froid discours
Est d'un vieux impuissant qui médit des amours.
Un pauvre homme épuisé se pique de sagesse.
Eh bien, tu te sens faible, écris avec faiblesse ;
Corneille en cheveux blancs sur moi caracola,
Quand en croupe avec lui je portais Attila ;
Je suis tout fier encor de sa course dernière.
Tout mortel jusqu'au bout doit fournir sa carrière,
Et je ne puis souffrir un changement grossier.
Quoi ! renoncer aux arts, et prendre un vil métier !
Sais-tu qu'un villageois sans esprit, sans science,
N'ayant pour tout talent qu'un peu d'expérience,
Fait jaunir dans son champ de plus riches moissons
Que n'en eut Mirabeau par ses doctes leçons[a] ?
Laisse un travail pénible aux mains du mercenaire,
Aux journaliers la bêche, aux maçons leur équerre :
Songe que tu naquis pour mon sacré vallon ;
Chante encore avec Pope, et pense avec Platon ;
Ou rime en vers badins les leçons d'Épicure,
Et ce *Système* heureux qu'on dit *de la nature*.
Pour la dernière fois veux-tu me monter ?

LE VIEILLARD.

Non.
Apprends que tout système offense ma raison.

[a] Il a fort encouragé l'agriculture par son livre intitulé *l'Ami des hommes* (1775).

Plus de vers, et surtout plus de philosophie.
A rechercher le vrai j'ai consumé ma vie;
J'ai marché dans la nuit sans guide et sans flambeau:
Hélas! voit-on plus clair au bord de son tombeau?
A quoi peut nous servir ce don de la pensée,
Cette lumière faible, incertaine, éclipsée?
Je n'ai pensé que trop. Ceux qui par charité
Ont au fond de leur puits noyé la Vérité
Font repentir souvent l'imprudent qui l'en tire.
Je me tais. Je ne veux rien savoir, ni rien dire.

PÉGASE.

Eh bien, végète et meurs. Je revole à Paris
Présenter mon service à de profonds esprits;
Les uns, dans leurs greniers fondant des républiques;
Les autres ébranchant les verges monarchiques.
J'en connais qui pourraient, loin des profanes yeux,
Sans le secours des vers, élevés dans les cieux,
Émules fortunés de l'essence éternelle,
Tout faire avec des mots, et tout créer comme elle.
Ils ont besoin de moi dans leurs inventions.
J'avais porté René[a] parmi ses tourbillons;
Son disciple plus fou[b], mais non pas moins superbe,
Était monté sur moi quand il parlait au Verbe.
J'ai des amis en prose, et bien mieux inspirés
Que tes héros du Pinde aux rimes consacrés;
Je vais porter leurs noms dans les deux hémisphères.

---

[a] René Descartes. On sait qu'il était excellent géomètre, mais que toute sa philosophie n'est fondée que sur des chimères (1774).

[b] On sait aussi que Malebranche s'est entretenu familièrement avec le Verbe, quoique la première partie de son livre sur les erreurs des sens et de l'imagination soit un chef-d'œuvre de philosophie (1774).

LE VIEILLARD.

Adieu donc; bon voyage au pays des chimères[a] !

[a] Rien n'est plus chimérique en effet que la plupart des systèmes de physique. Burnet et Voodwart n'ont écrit que des folies raisonnées sur le déluge universel. Malebranche a inventé de petits tourbillons mous pour expliquer la lumière et les couleurs ; et cela plus de vingt ans après que Newton avait fait son *Optique*. Maillet a osé dire que la mer avait formé les montagnes, que les hommes avaient été poissons, que notre globe est de verre, qu'il est le débris d'une comète ; d'autres ont retrouvé le monde primitif, la langue primitive, la manière dont les métaux se formaient dans ce monde primitif. On sait qu'un philosophe très doux, très modeste, très judicieux, et point jaloux, a eu le secret d'enduire les hommes de poix résine pour les empêcher de tomber malades, qu'il disséquait des géants pour connaître la nature de l'ame, et qu'il prédisait l'avenir : de tels hommes pourtant en ont imposé (1775).

— Le philosophe que, dans cette note, Voltaire appelle ironiquement *très doux, très modeste, très judicieux, et point jaloux*, est Maupertuis ; voyez tome XXXIX, page 473 et suiv. B.

NOTE

DU DIALOGUE DE PÉGASE ET DU VIEILLARD.

1 Ce dialogue est du mois d'avril 1774. On voit, par la lettre à d'Argental, du 30 avril, qu'il avait déjà été envoyé à Marin. On voit, par les *Mémoires secrets*, à la date du 2 mai 1774, que déjà il circulait dans Paris. L'édition originale de 2 et 22 pages in-8° est suivie d'une *Lettre sur Ninon de Lenclos;* c'est celle qui, dans la présente édition, est tome LXVIII, page 436.

En imprimant le *Dialogue* dans le *Mercure* de mai 1774, on en supprima quelques vers. Voltaire le reproduisit entier à la suite de *Don Pèdre;* voyez tome IX, page 366.

Dès la première édition, les notes qui y étaient jointes portaient le nom de M. de Morza, si souvent pris par l'auteur : car je ne regarde pas comme première édition les 14 pages in-8°, sans aucune note.

On a de Dorat un *Dialogue de Pégase et de Clément*. Pégase, un peu piqué du ton cavalier dont le traite le vieillard agriculteur, arrive dans le cabinet de Clément; mais après une conversation un peu vive, où il défend et venge Voltaire, il retourne à Ferney demander de l'emploi. B.

LE TEMPS PRÉSENT,

PAR M. JOSEPH LAFFICHARD,

DE PLUSIEURS ACADÉMIES [1].

1775.

Dans un coin de mes bois, loin du bruit des cités,
Mes tablettes en main, j'étais tenté d'écrire,
En vers assez communs, d'utiles vérités
Qu'à Paris on condamne, ou dont on aime à rire.
De nos pédants fourrés j'esquissais la satire,
Lorsque je vis de loin des filles, des garçons,
Des vieillards, des enfants, qui dansaient aux chansons.
Aux transports du plaisir ils se livraient en proie :
J'étais presque joyeux de leur bruyante joie.
J'en demandai la cause; un d'eux me répondit :
« Nous sommes tous heureux, à ce qu'on nous a dit. »
« Heureux ! c'est un grand mot. Il est vrai que peut-être
Par vos travaux constants vous méritez de l'être.
Virgile et Saint-Lambert ont quelquefois vanté
A Mécène, à Beauvau, votre félicité ;
Mais ce sont, entre nous, des discours de poëtes,
De douces fictions, d'élégantes sornettes.
Leurs vers étaient heureux, et vous ne l'étiez pas.
Le bonheur nous appelle, et fuit devant nos pas :
Sous le dais, sous le chaume, il trompe notre vie.
C'est en vain qu'on a dit en pleine académie,
Choiseul est agricole, et Voltaire est fermier [2] :

L'art qui nourrit le monde est un méchant métier.
Laissons là ce Choiseul si grand, si magnanime,
Ce Voltaire mourant qui radote et qui rime,
Qu'un fripon persécute, et qui dans son hameau
Rit encor des Frérons au bord de son tombeau.
Songez à vous, amis; contemplez les misères
Qu'accumulent sur vous des brigands mercenaires,
Subalternes tyrans munis d'un parchemin,
Ravissant les épis qu'a semés votre main,
Vous traînant aux cachots, à la rame, aux corvées;
Tandis que de leurs pleurs vos femmes abreuvées
Pressent en vain vos fils mourants entre leurs bras.
Travaillez, succombez, invoquez le trépas,
Mourez sur un fumier, le seul bien qui vous reste:
Ou, si vous survivez à cet état funeste,
Sous l'horrible débris de vos toits écrasés,
Sans vêtements, sans pain, dansez, si vous l'osez. »
A peine eus-je parlé, mille voix éclatèrent;
Jusqu'aux bords étrangers les échos répétèrent:
Ce temps affreux n'est plus; on a brisé nos fers[a].
    Justement étonné de ces nouveaux concerts:
« Quel Hercule, disais-je, a fait ce grand ouvrage?
Quel dieu vous a sauvés? » On répond: « C'est un sage. »
« Un sage! Ah, juste ciel! à ce nom je frémis.
Un sage! il est perdu: c'en est fait, mes amis.
Ne les voyez-vous pas ces monstres scolastiques,
Ces partisans grossiers des erreurs tyranniques,
Ces superstitieux qu'on vit dans tous les temps

---

[a] Le roi Louis XVI venait d'abolir les corvées, et de défendre qu'on poursuivît arbitrairement les débiteurs du fisc. Ces deux opérations si simples n'ont rien coûté à la couronne, et auraient été le salut du peuple....

Du vrai qui les irrite ennemis si constants,
Rassemblant les poisons dont leur troupe est pourvue?
Socrate est seul contre eux, et je crains la ciguë[3]. »

Dans mon profond chagrin je restais éperdu :
Je plaignais le génie, et surtout la vertu.
Ariston mon ami[a] survint dans mes bocages,
Que j'avais attristés par ces sombres images.
On connaît Ariston, ce philosophe humain,
Dédaignant les grandeurs qui lui tendaient la main,
De la vérité simple ami noble et fidèle;
Son esprit réunit Euclide et Fontenelle :
Il rendit le courage à mon cœur affligé.
« Ne vois-tu pas, dit-il, que le siècle est changé?
Va, de vaines terreurs ne doivent point t'abattre :
Quand un Sully renaît, espère un Henri quatre. »

Ce propos ranima mes esprits languissants;
La gaîté renoua le fil de mes vieux ans;
Et, revenant chez moi, je repris mes tablettes
Pour écrire à loisir ces rimes indiscrètes.

[a] M. le marquis de Condorcet.

NOTES
DU TEMPS PRÉSENT.

1 Cette pièce de vers fut envoyée à d'Argental le 12 septembre 1775. Cependant les *Mémoires secrets* n'en parlent qu'à la date du 18 décembre, et l'intitulent *Le Temps présent, épître à Turgot*. Il y a eu un auteur du nom de Laffichard; il s'appelait Thomas, et non Joseph, et était mort en 1753 (voyez ma note, tome XLI, page 571). La première édition des *OEuvres de Voltaire* qui contienne le *Temps présent* est l'édition de Kehl, qui indique deux notes comme étant de Voltaire. B.

2 Le 16 février 1775, jour de la réception de Malesherbes à l'académie française, l'abbé Delille avait lu deux chants d'un poëme sur la nature champêtre, qu'il a depuis intitulé *l'Homme des champs*, dont la première édition est de 1800. Mais je n'y ai pas trouvé ce vers que Voltaire cite encore dans sa lettre au chevalier De Lisle, du 25 mars 1775. B.

3 Il faut être juste; les prêtres n'eurent aucune part aux intrigues, aux calomnies qui privèrent la France du ministre le plus éclairé et le plus vertueux qui ait jamais gouverné un grand empire. K. — Le ministre vertueux dont parlent les éditeurs de Kehl est Turgot, qui avait quitté le 11 mai 1776, quelques mois après la publication du *Temps présent*. B.

FIN DES SATIRES.

POÉSIES

MÊLÉES.

AVIS
DU NOUVEL ÉDITEUR.

J'ai dû porter mon attention à faire disparaître des *Poésies mêlées* les pièces qui ne sont point de Voltaire. Voici à ce sujet quelques explications.

I. Le quatrain sur les sonneurs :

> Persécuteurs du genre humain, etc.,

est imprimé dans la première édition du *Ménagiana*, qui est de 1693. Voltaire n'est né que l'année suivante.

II. Le madrigal :

> Projets flatteurs d'engager une belle, etc.,

est formellement attribué au marquis de La Faye par un homme qui n'est pas disposé à dépouiller Voltaire, Dalembert. Cette pièce est imprimée dans *le Mercure galant* de 1710, page 215, avec les initiales M. D. L. F. (monsieur de La Faye).

III. J'ai le premier, en 1823, admis dans les poésies de Voltaire un autre madrigal :

> Il n'en est plus, Thémire, de ces cœurs, etc.,

parceque je l'avais trouvé dans les *Amusements littéraires*, à la suite du madrigal, *Projets flatteurs*, etc., qui est de La Faye, ainsi qu'on l'a vu. Il n'y a donc plus de motif, même léger, de croire que le second madrigal soit de Voltaire.

IV. Treize vers au maréchal de Richelieu :

> Rival du conquérant de l'Inde, etc.,

ont pour auteur le poëte Lebrun, surnommé *Pindare*, et sont imprimés dans ses *OEuvres*.

V. Les bouts-rimés :

> Un simple soliveau me tient lieu d'architrave, etc.,

qu'on avait admis sur l'autorité de Grimm, avaient, il est vrai, été imprimés sous le nom de Voltaire dans l'*Année littéraire*, 1759, tome VIII, page 359; mais ils sont de Dalmas, commissaire des guerres provincial, et ordonnateur de la Lorraine, résidant à Nanci; voyez l'*Année littéraire*, 1760, tome I, page 263. Réimprimés sous le nom de Voltaire dans le *Journal encyclopédique* du 1er mars 1763, ces bouts-rimés ont été désavoués par Voltaire dans une lettre dont j'ai donné le fragment qui en a été publié (voyez tome LXI, page 26) dans le *Journal encyclopédique* du 1er avril. Potier, gendre de Dalmas, fit insérer dans le même journal du 15 mai une lettre où il réclame la pièce pour son beau-père.

VI. L'inscription pour un cadran solaire :

> Vous qui vivez dans ces demeures, etc.,

est rapportée par Villette pour avoir été récitée par Voltaire comme une vieillerie. En effet, dans le *Mercure* de 1722, second volume de novembre, page 100, on lit ces vers :

> Amants contents,
> Soyez constants;
> Ne changez jamais de demeures.
> Êtes-vous bien ? tenez-vous-y,
> Et n'allez pas chercher midi
> A quatorze heures.

Ils font partie de la *Suite du journal du voyage du roi à Reims* (et Relation des fêtes de Villers-Cotterets). L'auteur est l'abbé de Vayrac.

VII. L'énigme sur la tête à perruque :

> A la ville, ainsi qu'en province, etc.,

est du chevalier de La Touraille, à qui Voltaire écrivit quelques lettres, et qui la réclame en la reproduisant page 161 de la première partie du *Nouveau recueil de gaîté et de philosophie*, 1785, deux parties in-12.

VIII. Le prétendu *Impromptu fait à Cirey sur la beauté du ciel dans une nuit d'été* :

> Tous ces vastes pays d'azur et de lumière, etc.,

est du P. Lemoine, auteur du poëme de SAINT LOUIS; voyez les *OEuvres poétiques du P. Lemoine*, 1671, in-folio, épître XI du livre I.

IX. Un autre impromptu, supposé fait à Auteuil dans la maison de Gendron, qui avait appartenu à Boileau :

> C'est ici le vrai Parnasse, etc.,

a été imprimé dans la notice sur cet oculiste, en tête du catalogue de sa bibliothèque. Des éloges donnés par Voltaire ne sont pas sans importance ; et les héritiers Gendron, pour la gloire de leur parent, ne pouvaient mieux faire que d'attribuer à Voltaire le quatrain dont il s'agit. Fréron, en le réimprimant dans l'*Année littéraire*, 1770, tome IV, page 347, souligna les mots *vrai* et *vrais*, dont la répétition n'est pas une élégance. Voltaire désavoue ces vers dans une note de son *Dialogue de Pégase et du Vieillard* ; voyez page 287.

X. Les vers sur l'envoi d'une branche de laurier cueillie au tombeau de Virgile par la margrave de Bareuth, pour le roi de Prusse son frère :

> Sur l'urne de Virgile un immortel laurier, etc.,

imprimés sans nom d'auteur, en 1756, dans *le Mercure*, tome II de janvier, page 20, réimprimés dans le même journal en septembre 1768, page 5, comme attribués à Voltaire, ont été réclamés par La Condamine par une lettre insérée dans le tome II d'octobre 1768, pages 60-62.

XI. Dans le *Journal de Paris*, du 12 janvier 1779, parut, sous le nom de Voltaire, une pièce de dix-huit vers, adressés à madame la comtesse de Boufflers. Ils furent, dans le *Journal* du 7 février, réclamés par M. Pons de Verdun, qui les a compris pages 48-49 de son *Recueil de contes et poésies en vers*, 1783, in-12 ; mais non dans les *Loisirs, ou Contes et Poésies diverses*, 1807, in-8°.

XII. Le madrigal :

> Aimable Églé, vous lirez les écrits, etc.,

est de M. Leroy, aujourd'hui nonagénaire, qui le composa pour une dame de Brest.

XIII. Le quatrain à madame de Prie :

> Io, sans avoir l'art de feindre, etc.,

est de Desalleurs ; voyez la *Vie de Voltaire*, par Du Vernet, chapitre VI des premières éditions, ou chapitre VII de la dernière.

Il est permis, comme on le verra par mes notes, d'avoir des doutes pour les n°s VII, XLVI et LXVIII, et même pour le n° CCXXXII. Dans ce doute, les suppressions m'étaient interdites.

Il est d'autres pièces que j'ai cru pouvoir et même devoir exclure des *Poésies mêlées*, où quelques éditeurs les ont conservées; mais je dois compte des raisons qui m'ont déterminé.

Le quatrain commençant par:

Si Pygmalion la forma, etc.,

fait partie de la lettre à d'Argental, du 12 février 1764.

Le quatrain à l'abbé de Sade:

On brûlait autrefois les gens, etc.,

n'est qu'une variante de six vers de la lettre 239; voyez tome LI, page 426.

Les vers adressés au comte de Sade:

Vous suivez donc les étendards, etc.,

sont rapportés dans la lettre à l'abbé de Sade, du 3 novembre 1733 (voyez tome LI, page 448).

Les huit vers à madame d'Aiguillon:

Deux héros différents, l'un superbe et sauvage, etc.,

sont un fragment d'une lettre à cette dame; voyez tome LI, page 468.

Cinq vers au marquis de Valory:

Modeste et généreux, Louis nous fait chérir, etc.,

n'étaient qu'un passage de la lettre du 1er mai 1745; voyez tome LV, page 18.

C'est dans la même lettre que se trouve le quatrain:

Apollon chez Admète autrefois fut berger, etc.;

voyez tome LV, page 19.

Cinq vers sur le jésuite qu'on disait roi du Paraguay:

Du bon Nicolas premier, etc.,

sont dans la lettre à Bertrand, du 10 novembre 1759; voyez tome LVIII, page 241.

Un huitain sur Ovide, Catulle, et Tibulle :

> Celui qui fut puni de sa coquetterie, etc.,

fait partie d'une épître qui est tome XIII, page 116.

Le quatrain à madame Du Barri :

> Votre portrait, etc.,

est un des trois qui sont dans la lettre du 20 juin 1773; voyez tome LXVIII, page 258.

Le huitain :

> Autrefois, pour payer le zèle, etc.,

est dans une lettre à madame de Champbonin, de 1734; voyez tome LI, page 528.

Les deux quatrains :

> Dans ce saint temps nous savons comme, etc.,

et

> Je ne suis plus jaloux, mon crime est expié, etc.,

font partie de la *Lettre sur un écrit anonyme*, tome XLVII, page 23.

Les quinze vers :

> Dans le fond de mon ermitage, etc.,

dont les éditeurs de Kehl ne donnaient pas l'adresse, sont dans la lettre à Bertrand, n° 4191, tome LXI, page 549.

Les *vers sur le baiser donné* par Marguerite d'Écosse *à Alain Chartier* font partie de la *Fête de Bélébat;* voyez tome II, page 340.

Le *Commencement du seizième livre de l'Iliade* (double traduction, en prose et en vers) a dû être classé parmi les *Traductions et imitations de divers auteurs anciens et modernes,* tome XII, page 368.

La Prophétie de la Sorbonne :

> Au *prima mensis* tu boiras, etc.,

est au tome XLIII, page 558; je n'ai pu me décider à mettre ce morceau au nombre des poésies.

C'est dans le *Dictionnaire philosophique* que sont, au mot CALEBASSE, le quatrain sur la vanité de l'homme :

> Homme chétif, la vanité te point, etc.;

au mot Adultère, celui sur Bayle :

> Le matin rigoriste et le soir libertin, etc. ;

au mot Bouc, celui sur les filles de Mendès :

> Charmantes filles de Mendès, etc.

Je n'énumérerai point les autres pièces de vers disséminées dans le *Dictionnaire philosophique*, et qui feraient ici double emploi. Ces petites pièces de vers font, pour ainsi parler, partie intégrante des articles où elles se trouvent.

Il n'en est pas de même de quelques autres pièces qui sont déjà la plupart dans la *Correspondance*, que je n'en ai pas retranchées pour ne pas encourir le reproche d'avoir dénaturé ou altéré les textes, mais qui ont été composées hors de la lettre. Je citerai les n°s XLI, LVI, CIV, CCXXIX, CXLI, CXLVIII, CL, CLVII, CLXXIII, CLXXIV, CLXXXII, CCXI, CCXX, CCXXII, CCXL (le seul rondeau qu'ait fait Voltaire), CCLXI, CLXXXVIII, CCXC, CCXCI, CCCXIV, CCCXVII, CCCXIX, CCCXXIII.

Les pièces qui n'étaient encore dans aucune édition sont les n°s LXIII à LXVII, LXXXIX, CIII, CLIII, CLXIII, CLXXXI, CCXXIX, CXLIV, CCCXII, CCCXIII ; une seule est publiée aujourd'hui pour la première fois, c'est le n° CLXIII.

Il m'eût été facile d'ajouter quelques pièces imprimées plusieurs fois sous le nom de Voltaire, telles que *le Janséniste et le Moliniste*; mais je ne tiens pas du tout à grossir inconsidérément le bagage de Voltaire.

Sur les huit pièces en vers latins, une seule ne fait pas double emploi : c'est la seconde.

Les deux pièces en vers anglais ne sont dans aucune des compositions de Voltaire.

Les notes signées d'un K sont des éditeurs de Kehl, MM. Condorcet et Decroix. Il est impossible de faire rigoureusement la part de chacun.

La signature Cl. désigne M. Clogenson.

Les additions que j'ai faites à diverses notes en sont séparées par un —, et sont, comme mes notes, signées de l'initiale de mon nom. BEUCHOT.

POÉSIES
MÊLÉES.

I. A M. DUCHÉ[1].

Dans tes vers, Duché, je te prie,
Ne compare point au Messie
Un pauvre diable comme moi :
Je n'ai de lui que sa misère,
Et suis bien éloigné, ma foi,
D'avoir une vierge pour mère.

II. SUR UNE TABATIÈRE CONFISQUÉE[2].

Adieu, ma pauvre tabatière ;
Adieu, je ne te verrai plus ;
Ni soins, ni larmes, ni prière,
Ne te rendront à moi ; mes efforts sont perdus[3].

---

[1] On croit que Voltaire n'avait que douze ans quand il composa ce sixain, qui est alors de 1706. Il ne peut par conséquent avoir été adressé à l'auteur dramatique Duché, qui était mort en 1704, mais à un homonyme, ou peut-être à M. d'Ussé. B.

[2] Le P. Porée, régent de rhétorique de Voltaire, ayant confisqué la tabatière de son écolier, lui donna, dit-on, en *pensum*, pour en obtenir la restitution, l'obligation de composer une pièce de vers. B.

[3] VAR. . . . . tous mes pas sont perdus.
J'irai plutôt vider les coffres de Plutus :
Mais ce n'est point en lui que l'on veut que j'espère :
Pour te revoir, hélas ! il faut prier Phébus ;

>   Adieu, ma pauvre tabatière;
>   Adieu, doux fruit de mes écus!
> S'il faut à prix d'argent te racheter encore,
> J'irai plutôt vider les trésors de Plutus.
> Mais ce n'est pas ce dieu que l'on veut que j'implore :
> Pour te revoir, hélas! il faut prier Phébus...
> Qu'on oppose entre nous une forte barrière!
> Me demander des vers! hélas! je n'en puis plus.
>   Adieu, ma pauvre tabatière ;
>   Adieu, je ne te verrai plus.

III. SUR NÉRON[1].

De la mort d'une mère exécrable complice,
Si je meurs de ma main, je l'ai bien mérité;
Car, n'ayant jamais fait qu'actes de cruauté,
J'ai voulu, me tuant, en faire un de justice.

IV. LE LOUP MORALISTE[2].

  Un loup, à ce que dit l'histoire,
Voulut donner un jour des leçons à son fils,

> Et de Phébus à moi si forte est la barrière,
> Que je m'épuiserais en efforts superflus.
> C'en est donc fait : adieu, ma pauvre tabatière ;
>   Adieu, je ne te verrai plus.

[1] Luchet, qui rapporte ces vers dans son *Histoire littéraire de Voltaire*, dit qu'un jour le P. Porée, alors professeur de rhétorique, n'ayant pas le temps de donner aux écoliers une matière pour le devoir du lendemain, leur dit de faire des vers sur le suicide de Néron, et que le jeune Arouet apporta ce quatrain. B.

[2] Cette fable a été imprimée dans le *Portefeuille trouvé*, 1757, deux vo-

Et lui graver dans la mémoire,
Pour être honnête loup, de beaux et bons avis.
« Mon fils, lui disait-il, dans ce désert sauvage,
A l'ombre des forêts vous passerez vos jours;
Vous pourrez cependant avec de petits ours
Goûter les doux plaisirs qu'on permet à votre âge.
Contentez-vous du peu que j'amasse pour vous,
Point de larcin; menez une innocente vie;
    Point de mauvaise compagnie;
Choisissez pour amis les plus honnêtes loups;
Ne vous démentez point, soyez toujours le même;
Ne satisfaites point vos appétits gloutons:
Mon fils, jeûnez plutôt l'avent et le carême,
Que de sucer le sang des malheureux moutons;
    Car enfin quelle barbarie!
Quels crimes ont commis ces innocents agneaux?
Au reste, vous savez qu'il y va de la vie:
    D'énormes chiens défendent les troupeaux.
Hélas! je m'en souviens, un jour votre grand-père
Pour apaiser sa faim entra dans un hameau.
Dès qu'on s'en aperçut: O bête carnassière!
Au loup! s'écria-t-on; l'un s'arme d'un hoyau,
L'autre prend une fourche; et mon père eut beau faire,
    Hélas! il y laissa sa peau:
De sa témérité ce fut là le salaire.
Sois sage à ses dépens, ne suis que la vertu,

---

lumes in-12 (voyez tome VIII, page 278), dont l'éditeur est d'Aquin de Châteaulyon. Voltaire désavoue *le Loup moraliste* dans son *Commentaire historique* (voyez tome XLVIII, page 400); mais ce désaveu n'a pas empêché feu Decroix, l'un des éditeurs de Kehl, de reproduire la fable dan' les *Pièces inédites de Voltaire*, 1820, in-8° et in-12. B.

Et ne sois point battant, de peur d'être battu.
Si tu m'aimes, déteste un crime que j'abhorre. »
Le petit vit alors dans la gueule du loup
De la laine, et du sang qui dégouttait encore :
  Il se mit à rire à ce coup.
« Comment, petit fripon, dit le loup en colère,
  Comment, vous riez des avis
  Que vous donne ici votre père !
Tu seras un vaurien, va, je te le prédis :
Quoi ! se moquer déjà d'un conseil salutaire ! »
  L'autre répondit en riant :
  « Votre exemple est un bon garant ;
Mon père, je ferai ce que je vous vois faire. »

Tel un prédicateur sortant d'un bon repas
  Monte dévotement en chaire,
  Et vient, bien fourré, gros, et gras,
  Prêcher contre la bonne chère.

v. ÉPITAPHE[1].

Ci-gît qui toujours babilla,
Sans avoir jamais rien à dire ;
Dans tous les livres farfouilla,
Sans avoir jamais pu s'instruire,
Et beaucoup d'écrits barbouilla,
Sans qu'on ait jamais pu les lire.

---

[1] Laplace, dans son recueil d'épitaphes, II, 48, dit que cette épitaphe est attribuée à Voltaire, et qu'elle a été faite pour un M. de Sardières. B.

vi. ÉPIGRAMME[1].

1712.

Danchet, si méprisé jadis,
Fait voir aux pauvres de génie
Qu'on peut gagner l'académie
Comme on gagne le paradis.

vii. SUR LA MOTTE[2].

1714.

La Motte, présidant aux prix [3]
Qu'on distribue aux beaux-esprits,
Ceignit de couronnes civiques [4]
Les vainqueurs des jeux olympiques :

---

[1] Ces vers fesaient partie d'une lettre à l'abbé de Chaulieu, qu'on n'a point trouvée. K. — Danchet (Antoine), né en 1671, mort en 1748, fut reçu à l'académie française en 1712. Ce qui donne la date de cette épigramme. B.

[2] Les éditeurs de Kehl, en réimprimant, dans le tome XLIX de leur édition in-8°, la lettre de Voltaire aux auteurs de la *Bibliothèque française*, du 20 septembre 1736 (voyez tome LII, page 285), y ajoutèrent en note ces huit vers, avec les mots : *Cette note est ajoutée.* Je les introduisis en 1823 dans une édition des *Poésies de Voltaire*. Mais je doute aujourd'hui qu'il en soit l'auteur, et crois qu'ils appartiennent à Gacon. B.

[3] C'était La Motte qui avait fait obtenir à l'abbé Dujarri le prix de poésie; voyez tome LII, page 287. B.

[4] La couronne civique était de chêne; la couronne des jeux olympiques était d'olivier. La Motte avait probablement fait quelque confusion dans le *Discours* qu'il prononça, le 25 août 1714, *sur les prix que l'académie française distribue.* Que la faute ait ou n'ait pas été commise, elle n'est pas dans l'impression qui est au tome IV du *Recueil des harangues de l'académie française.* B.

Il fit un vrai pas d'écolier,
Et prit, aveugle agonothète[1],
Un chêne pour un olivier,
Et Dujarry pour un poëte.

VIII. COUPLET

A MADEMOISELLE DUCLOS[2].

1714.

Belle Duclos,
Vous charmez toute la nature !
Belle Duclos,
Vous avez les dieux pour rivaux ;
Et Mars tenterait l'aventure,
S'il ne craignait le dieu Mercure,
Belle Duclos.

IX. ÉPIGRAMME[3].

1715.

Terrasson, par lignes obliques,
Et par règles géométriques,
Prétend démontrer avec art
Qu'Homère prend toujours l'écart ;

---

[1] Juge des combats. B.

[2] Je crois ce quatrain du même temps que l'épître à madame de Montbrun, où il est question de la Duclos ; voyez tome XIII, page 12 ; et ma note sur cette actrice, tome LI, page 32. B.

[3] Cette épigramme, datée jusqu'à présent de 1716, est dans une lettre de Brossette à J.-B. Rousseau, du 26 juin 1715. B.

Que ses images poétiques,
Que tant de richesses antiques,
Ne nous charment que par hasard.
Il s'en avise sur le tard :
Mais quoi que ce docteur décide,
D'un ton à gagner son procès,
Gacon, avec même succès,
Peut faire un rondeau contre Euclide.

x. NUIT BLANCHE DE SULLY.

1716.

A MADAME DE LA VRILLIÈRE.

Quelle beauté, dans cette nuit profonde,
Vient éclairer nos rivages heureux?
Serait-ce point la nymphe de cette onde
Qu'amène ici le satyre amoureux?
Je vois s'enfuir la jalouse dryade,
Je vois venir le faune dangereux;
Non, ce n'est point une simple naïade;
A tant d'attraits dont nos cœurs sont frappés,
A tant de grace, à cet art de nous plaire,
A ces Amours autour d'elle attroupés,
Je reconnais Vénus, ou La Vrillière.
O déité! qui que ce soit des deux,
Vous qui venez prendre un rhume en ces lieux,
Heureux cent fois, heureux l'aimable asile
Qui vers minuit possède vos appas!
Et plus heureux les rimeurs qu'on exile
Dans ces jardins honorés par vos pas!

A MADAME DE LISTENAY.

Aimable Listenay, notre fête grotesque
    Ne doit point déplaire à vos yeux :
Les Amours, en chiants-lit déguisés dans ces lieux,
Sont toujours les Amours, et l'habit romanesque
Dont ils sont revêtus ne les a pas changés :
Vous les voyez encore autour de vous rangés ;
Ces guenillons brillants, ces masques, ce mystère,
Ces méchants violons dont on vous étourdit,
    Ce bal, et ce sabbat maudit,
Tout cela dit pourtant que l'on voudrait vous plaire.

A MADAME DE LA VRILLIÈRE.

Venez, charmant moineau [1], venez dans ce bocage :
    Tous nos oiseaux, surpris et confondus,
      Admireront votre plumage ;
    Les pigeons du char de Vénus
      Viendront même vous rendre hommage.
    Joli moineau, que vous dire de plus ?
Heureux qui peut vous voir, et qui peut vous entendre !
Vous plaisez par la voix, vous charmez par les yeux ;
Mais le nom de moineau vous siérait un peu mieux,
    Si vous étiez un peu plus tendre.

---

[1] Dans la société du château de Sulli, où se trouvait Voltaire, madame de La Vrillière était appelée *le Moineau*. B.

xi. SUR M. LE DUC D'ORLÉANS

ET

Mme DE BERRY, SA FILLE [1].

1716.

Ce n'est point le fils, c'est le père ;
C'est la fille, et non point la mère ;
A cela près tout va des mieux.
Ils ont déjà fait Étéocle ;
S'il vient à perdre les deux yeux,
C'est le vrai sujet de Sophocle.

xii. A Mme LA DUCHESSE DE BERRI,

FILLE DU RÉGENT [2].

1716.

Enfin votre esprit est guéri
    Des craintes du vulgaire ;
Belle duchesse de Berri,
    Achevez le mystère.
Un nouveau Lot vous sert d'époux,
    Mère des Moabites :
Puisse bientôt naître de vous
    Un peuple d'Ammonites !

---

[1] Ces six vers, attribués par Cideville à Voltaire, feraient présumer que ce dernier est aussi l'auteur du couplet suivant, malgré son poétique désaveu : dans ce cas, le régent aurait fait grace au jeune Arouet. CL.

[2] Ce couplet est désavoué dans la pièce qui suit. B.

XIII. AU RÉGENT[1].

1716.

Non, monseigneur, en vérité,
Ma muse n'a jamais chanté
Ammonites ni Moabites.
Brancas[2] vous répondra de moi.
Un rimeur sorti des jésuites
Des peuples de l'ancienne loi
Ne connaît que les Sodomites.

XIV. A M. L'ABBÉ DE CHAULIEU.

1716.

Cher abbé, je vous remercie
Des vers que vous m'avez prêtés :
A leurs ennuyeuses beautés,
J'ai reconnu l'académie.
La Motte n'écrit pas fort bien.
Vos vers m'ont servi d'antidote
Contre ce froid rhétoricien ;
Danchet écrit comme La Motte :
Mais surtout n'en dites rien.

---

[1] Les éditeurs de Kehl avaient mis ces vers dans une note de l'épître XIV (voyez tome XIII, page 39). Je n'ai pas supprimé leur note; mais c'est ici la véritable place de la pièce. B.

[2] Voyez tome LI, page 38. B.

xv. SUR M. DE FONTENELLE.

D'un nouvel univers il ouvrit la barrière;
Des mondes infinis autour de lui naissants,
Mesurés par ses mains, à son ordre croissants,
A nos yeux étonnés il traça la carrière;
L'ignorant l'entendit, le savant l'admira :
Que voulez-vous de plus? il fit un opéra.

xvi. AU DUC DE LORRAINE LÉOPOLD,

ET A MADAME LA DUCHESSE SON ÉPOUSE,

En leur présentant la tragédie d'*OEdipe*.

1719[1].

O vous, de vos sujets l'exemple et les délices!
Vous qui régnez sur eux en les comblant de biens,
De mes faibles talents acceptez les prémices :
C'est aux dieux qu'on les doit, et vous êtes les miens.

xvii. ÉPIGRAMME[2].

1719.

De Beausse et moi, criailleurs effrontés,
Dans un souper clabaudions à merveille,

---

[1] Ce quatrain, adressé au duc de Lorraine, mort en 1729, plus de quinze ans avant sa femme, Élisabeth-Charlotte d'Orléans, sœur du régent, est des premiers mois de 1719, époque où Voltaire leur présenta un exemplaire de la première édition d'*OEdipe*. B.

[2] Cette épigramme a été imprimée à la page 399 d'un volume intitulé *Troisième suite des Mélanges*, 1761, in-8°, dont j'ai déjà parlé tome VIII, page 278; et XXXIX, 419. B.

Et tour à tour épluchions les beautés
Et les défauts de Racine et Corneille.
A piailler serions encor, je croi,
Si n'eussions vu sur la double colline
Le grand Corneille et le tendre Racine,
Qui se moquaient et de Beausse et de moi.

XVIII. A MADEMOISELLE LECOUVREUR[1].

1719.

Adieu, divinité du parterre adorée,
Vous, Iris, que le ciel envoya parmi nous
Pour unir à jamais Minerve et Cythérée,
Et la vertu sincère aux plaisirs les plus doux!
Faites le bien d'un seul et le desir de tous;
Et puissent vos amours égaler la durée
De la pure amitié que mon cœur a pour vous!

XIX. SUR LA MÉTAPHYSIQUE DE L'AMOUR[2].

1720.

De l'amour la métaphysique
Est, je vous jure, un froid roman.
Fanchon, reprenons la physique:
Mais, las! que j'y suis peu savant!

---

[1] Adrienne Lecouvreur, pour laquelle Voltaire eut plus que de l'amitié. Ces vers sont attribués, par Cideville, à son illustre ami, dans un manuscrit que j'ai vu. CL.

[2] Quatrain de Voltaire, selon Cideville. CL.

xx. CHANSON[1].

1720.

Connaissez-vous Saint-Disant,
    Soi-disant
      Gentilhomme?
C'est le plus insuffisant
    Suffisant
Qui soit de Paris à Rome.

xxi. IMPROMPTU

A MADEMOISELLE DE CHAROLOIS,

PEINTE EN HABIT DE CORDELIER[2].

Frère Ange de Charolois,
Dis-nous par quelle aventure
Le cordon de saint François
Sert à Vénus de ceinture[3]?

---

[1] Elle est de Voltaire, selon Cideville. CL.

[2] Mademoiselle de Charolois était sœur de mademoiselle de Clermont (voyez ma note, tome LI, page 110). B.

[3] M. de Voltaire, sachant qu'on chantait ces vers sur l'air de *Robin Turelure*, y ajouta, dit-on, d'autres couplets fort plaisants. Ce portrait donna lieu à d'autres plaisanteries; c'était le ton de cette cour. En voici un échantillon :

    Beau saint François, ne souffrez pas
    Qu'on perce vos mains délicates.
    Dites à l'ange : « C'est plus bas
    Qu'il faut appliquer les stygmates. » K.

—Voici un des couplets dont parlent les éditeurs de Kehl :

    Frère ange de Charolois,
    Par une rare aventure,
    Un cordon de saint François,

XXII. A MADAME DE ***,

En lui envoyant les OEuvres mystiques de FÉNELON.

Quand de la Guion le charmant directeur
Disait au monde: « Aimez Dieu pour lui-même,
Oubliez-vous dans votre heureuse ardeur; »
On ne crut point à cet amour extrême,
On le traita de chimère et d'erreur :
On se trompait; je connais bien mon cœur,
Et c'est ainsi, belle Églé, qu'il vous aime.

XXIII. A LA MÊME.

De votre esprit la force est si puissante,
Que vous pourriez vous passer de beauté;
De vos attraits la grace est si piquante,
Que sans esprit vous auriez enchanté.
Si votre cœur ne sait pas comme on aime,
Ces dons charmants sont des dons superflus :
Un sentiment est cent fois au-dessus
Et de l'esprit et de la beauté même.

XXIV. A M. LE DUC DE RICHELIEU,

SUR SA RÉCEPTION A L'ACADÉMIE[1].

DÉCEMBRE 1720.

Vous que l'on envie et qu'on aime,

Turelure,
De Vénus joint la ceinture,
Robin, turelure.   B.

[1] Le duc (depuis maréchal) de Richelieu fut reçu le 12 décembre 1720 à l'académie française, où il prononça un petit discours assez bon pour

Entrez dans la savante cour;
L'on vous prend pour Apollon même
Sous la figure de l'Amour.
Déjà vers vous l'académie
A député l'abbé Gédoyn,
Directeur de la compagnie,
Pour avoir en son nom le soin
De ..... votre seigneurie.
Heureux ceux qu'en pareil besoin
On traite avec cérémonie!

XXV. A LA MARQUISE DE RUPELMONDE[1].

Quand Apollo , avec le dieu de l'onde,
Vint autrefois habiter ces bas lieux,
L'un sut si bien cacher sa tresse blonde,
L'autre ses traits, qu'on méconnut les dieux:
Mais c'est en vain qu'abandonnant les cieux,
Vénus comme eux veut se cacher au monde;
On la connaît au pouvoir de ses yeux,
Dès que l'on voit paraître Rupelmonde.

XXVI. A MADAME DE***[2].

VERS 1722.

Si ton amour n'est qu'une fantaisie,

---

faire croire que Voltaire, qui daigna quelquefois être son feseur dans des circonstances à peu près pareilles, en est l'auteur. Ces onze vers sont attribués à Voltaire par Cideville, bien instruit de tout ce que composait son ami. CL.

[1] Cette pièce est aussi imprimée parmi les poésies de Ferrand. B.

[2] Ce dizain, que j'ai extrait d'un manuscrit fait sous les yeux de Voltaire, est aussi dans les *Pièces inédites* du même auteur, publiées en 1820. CL.

Qu'un faible goût qui doit passer un jour;
Si tu m'as pris pour me quitter, Sylvie,
Cruelle, hélas! que je hais ton amour!
Ton changement me coûtera la vie.
Viens dans mes bras te livrer sans retour;
Que tes baisers dissipent mes alarmes;
Que la fureur de tes embrassements
Ajoute encore à mes emportements;
Que ton amour soit égal à tes charmes.

xxvii. A M. LOUIS RACINE[1].

1722.

Cher Racine, j'ai lu dans tes vers didactiques
De ton Jansénius les leçons fanatiques.
Quelquefois je t'admire, et ne te crois en rien.
Si ton style me plaît, ton Dieu n'est pas le mien:
Tu m'en fais un tyran; je veux qu'il soit un père;
Ton hommage est forcé, mon culte est volontaire;
Mieux que toi de son sang je reconnais le prix:
Tu le sers en esclave, et je l'adore en fils.
Crois-moi, n'affecte plus une inutile audace:
Il faut comprendre Dieu pour comprendre sa grace.
Soumettons nos esprits, présentons-lui nos cœurs,
Et soyons des chrétiens, et non pas des docteurs.

---

[1] Ces vers furent sans doute composés vers la fin de 1722, année où parut la première édition du poëme de *la Grace;* voyez la lettre 39. Ils furent imprimés en 1724, à la fin d'une édition clandestine de *la Henriade,* publiée par l'abbé Desfontaines, sous le titre de *la Ligue.* CL.

XXVIII. IMPROMPTU

A M. LE COMTE DE VINDISGRATZ[1].

1722.

Seigneur, le congrès vous supplie
D'ordonner tout présentement
Qu'on nous donne une tragédie
Demain pour divertissement ;
Nous vous le demandons au nom de Rupelmonde :
Rien ne résiste à ses desirs ;
Et votre prudence profonde
Doit commencer par nos plaisirs
A travailler pour le bonheur du monde.

[1] M. de Voltaire, passant à Cambrai avec madame la marquise de Rupelmonde pendant le congrès de 1722, et soupant chez madame de Saint-Contest, toute la compagnie marqua le desir qu'elle avait de voir jouer la tragédie d'*OEdipe* en présence de son auteur. Mais la comédie des *Plaideurs* ayant été précédemment annoncée pour le lendemain, à la demande de M. de Vindisgratz, premier plénipotentiaire de l'Empire, les convives chargèrent M. de Voltaire de lui demander la représentation d'*OEdipe*. Le poëte, sans sortir de table, fit cette espèce de placet impromptu, qu'il se chargea de porter lui-même à M. de Vindisgratz. Il obtint facilement ce qu'on demandait, et rapporta le placet à madame de Rupelmonde, avec cette apostille au bas :

>   L'Amour vous fit, aimable Rupelmonde,
>   Pour décider de nos plaisirs :
>   Je n'en sais pas de plus parfait au monde
>   Que de répondre à vos desirs.
>   Sitôt que vous parlez, on n'a point de réplique :
>   Vous aurez donc *OEdipe*, et même sa critique *.
>   L'ordre est donné pour qu'en votre faveur
>   Demain l'on joue et la pièce et l'auteur.   K.

* La parodie d'*OEdipe*, que M. de Voltaire avait demandée lui-même. K.

XXIX.

SUR LES FÊTES GRECQUES ET ROMAINES[1].

1723.

  Chantez, petit Colin,
  Chantez une musette;
  Pauvre petit Colin,
  Chantez un air badin.
  Quélque Mélophilète,
  Quelque nymphe à lunette
   Vous applaudira;
   Mais à l'Opéra
   L'on vous sifflera.

xxx. IMPROMPTU

A MADAME LA DUCHESSE DE LUXEMBOURG,

Qui devait souper avec M. le duc DE RICHELIEU.

Un dindon tout à l'ail, un seigneur tout à l'ambre,
  A souper vous sont destinés :
On doit, quand Richelieu paraît dans une chambre,
Bien défendre son cœur, et bien boucher son nez.

---

[1] Opéra dont la musique est de Colin de Blamont, cité dans une lettre d'août 1745, de Voltaire à Hénault (voyez tome LV, page 62). Ce couplet épigrammatique est de Voltaire, selon Cideville; voyez la lettre 53 (t. LJ, p. 96). CL.

XXXI. LES DEUX AMOURS.

A MADAME LA MARQUISE DE RUPELMONDE[1].

Certain enfant[2] qu'avec crainte on caresse,
Et qu'on connaît à son malin souris,
Court en tous lieux, précédé par les Ris,
Mais trop souvent suivi de la Tristesse ;
Dans les cœurs des humains il entre avec souplesse,
Habite avec fierté, s'envole avec mépris.
Il est un autre Amour, fils craintif de l'Estime,
Soumis dans ses chagrins, constant dans ses desirs,
Que la vertu soutient, que la candeur anime,
Qui résiste aux rigueurs, et croît par les plaisirs.
 De cet Amour le flambeau peut paraître
 Moins éclatant, mais ses feux sont plus doux :
 Voilà le dieu que mon cœur veut pour maître,
 Et je ne veux[3] le servir que pour vous.

[1] Cette pièce a souvent été imprimée avec l'adresse *A madame la marquise du Châtelet*. Un manuscrit corrigé de la main de Voltaire, et qu'a vu M. Clogenson, porte le nom de madame de Rupelmonde. Imprimée dans le *Mercure* de juin 1725, page 1288, et répétée dans le volume de janvier 1733, cette pièce ne peut avoir été faite pour madame du Châtelet, que Voltaire ne connut que dans le courant de cette dernière année, ainsi que le remarque M. Clogenson, qui pense que cette pièce peut être de 1722 à 1724. B.

[2] VAR. Certain amour.
[3] VAR. Mais il ne veut.

XXXII. A MADAME DE LUXEMBOURG[1],

En lui envoyant *la Henriade*.

1724.

Mes vers auront donc l'avantage
D'attirer vos regards sur eux :
Ne pourrai-je jamais attirer vos beaux yeux
Sur l'auteur comme sur l'ouvrage?

XXXIII.

SUR UN CHRIST HABILLÉ EN JÉSUITE[2].

1724.

Admirez l'artifice extrême
De ces moines industrieux;
Ils vous ont habillé comme eux,
Mon Dieu, de peur qu'on ne vous aime.

XXXIV. TRIOLET[3]

A M. TITON DU TILLET.

Dépêchez-vous, monsieur Titon,
Enrichissez votre Hélicon;

---

[1] Née Colbert-Seignelay; voyez tome LIV, page 643. B.

[2] Ces vers, composés vers 1724, sont attribués par Cideville à Voltaire, qui les cite, avec une très légère variante, et sans se nommer, dans le *Dictionnaire philosophique*, au mot CONVULSIONS (voyez tome XXVIII, page 223). CL.

[3] Ce huitain, que les éditeurs de Kehl ont intitulé *triolet*, attira l'atten-

Placez-y sur un piédestal
Saint-Didier, Danchet, et Nadal ;
Qu'on voie armés du même archet
Nadal, Saint-Didier, et Danchet ;
Et couverts du même laurier
Danchet, Nadal, et Saint-Didier.

xxxv. A MADAME DE***.

Oui, Philis, la coquetterie
Est faite pour vos agréments :
Croyez-moi, la galanterie,
Malgré tous les grands sentiments,
Est sœur de la friponnerie.

Vénus versa sur vous tous ses dons précieux :
Ce serait être injuste et les mal reconnaître

tion de Fréron, qui, en disant qu'il est d'une tournure plaisante (*Année littéraire*, 1770, VI, 138), ajoute que l'idée n'en appartient pas à Voltaire, et rappelle deux pièces du même genre, l'une sur Calvin, Bèze et Luther, l'autre sur Maugiron, Caylus, et Saint-Mesgrin. Qu'aurait dit Fréron s'il avait su que, dans une pièce manuscrite qui est de 1725, et intitulée *Vers de Tiriot contre l'abbé Nadal et autres*, on lit :

> Allons vite, monsieur Titon ;
> Dépêchez-vous sur l'Hélicon
> De graver sur un piédestal
> Saint-Didier, Danchet et Nadal ;
> Qu'on voie armés du même archet
> Saint-Didier, Nadal et Danchet ;
> Et couverts du même laurier
> Danchet, Nadal et Saint-Didier.

Toute la pièce est-elle de Voltaire, ou n'a-t-il fait que retoucher ce huitain ? Je serais pour cette dernière conjecture. Il est à propos de rappeler que Voltaire est auteur d'une *Lettre de M. Thieriot à M. l'abbé Nadal* (voyez tome XXXVII, page 16). Nadal et Danchet sont mis à côté de Pradon dans la lettre de Voltaire à d'Argental, du 1er mai 1764. B.

Que de vous obstiner à faire un seul heureux,
Lorsque avec vous le monde entier veut l'être.

Qu'est-ce que la constance? un vieux mot rebattu,
Des amants ennuyeux languissant apanage;
Mais l'infidélité devient une vertu,
Quand on a vos attraits, votre esprit, et votre âge.

XXXVI. IMPROMPTU

Écrit sur un cahier de lettres de madame la duchesse DU MAINE et de M. DE LA MOTTE-HOUDART, qui avait perdu la vue.

Dans ses filets elle savait vous prendre
Sitôt qu'elle se laissait voir :
Un pauvre aveugle aussi ressentit son pouvoir :
Je le crois bien, car il pouvait l'entendre.

XXXVII. A MADEMOISELLE ***,

Qui avait promis un baiser à celui qui ferait les meilleurs vers pour sa fête [1].

Quoi! pour le prix des vers accorder au vainqueur
D'un baiser la douce caresse!
Céphise, quelle est votre erreur [2]!
Vous donnez à l'esprit ce qui n'est dû qu'au cœur.

---

[1] Collé, dans son *Journal*, tome I, page 208, rapporte ces vers comme étant de Saurin; mais les éditeurs de Kehl ayant placé cette pièce au commencement des *Poésies mêlées* (sous le n° XXI), je n'ai point adopté l'opinion de Collé. B.

[2] VAR. Quoi! d'un baiser faire la récompense
De celui dont les vers auront la préférence!
Pauline, quelle est votre erreur!

Un baiser fut toujours le prix de la tendresse,
Et c'est à l'amour seul qu'en appartient le don :
Les habitants du Pinde en leur plus grande ivresse
N'ont jamais espéré qu'un laurier d'Apollon.
Des vers à mes rivaux je cède l'avantage;
Ils riment mieux que moi, mais je sais mieux aimer :
  Que le laurier soit leur partage,
  Et le mien sera le baiser.

XXXVIII. ÉPIGRAMME.

N'a pas long-temps, de l'abbé de Saint-Pierre
On me montrait le buste tant parfait,
Qu'onc ne sus voir si c'était chair ou pierre,
Tant le sculpteur l'avait pris trait pour trait.
Adonc restai[1] perplexe et stupéfait,
Craignant en moi de tomber en méprise;
Puis dis soudain : Ce n'est là qu'un portrait;
L'original dirait quelque sottise.

XXXIX.

A MADAME LA MARÉCHALE DE VILLARS,

En lui envoyant *la Henriade*.

Quand vous m'aimiez, mes vers étaient aimables;
Je chantais dignement vos graces, vos vertus[2];
Cet ouvrage naquit dans ces temps favorables :
Il eût été parfait, mais vous ne m'aimez plus.

---

[1] Var. Si que restai.
[2] Var. Alors que vous m'aimiez, mes vers furent aimables;
  Je peignais dignement, etc.

XL. IMPROMPTU

A LA MARQUISE DE CRILLON,

A souper dans une petite maison de M. le duc de Richelieu[1].

Dans le plus scandaleux séjour
La vertu même est amenée ;
Et la débauche est étonnée
De respecter ici l'amour.

XLI. A M. L'ABBÉ COUET[2],

GRAND-VICAIRE DU CARDINAL DE NOAILLES,

En lui envoyant la tragédie de *Mariamne*.

20 AOUT 1725.

Vous m'envoyez un mandement,
Recevez une tragédie,
Afin que mutuellement
Nous nous donnions la comédie.

XLII. A M. DE LA FAYE[3].

1729.

Pardon, beaux vers, La Faye, et Polymnie :
Las ! je deviens prosateur ennuyeux.

---

[1] Au lieu de cet intitulé, un manuscrit porte : *Sur M. le duc de Richelieu, qui avait voulu séduire une femme de rien.* B.

[2] Voyez tome XLIII, page 562. B.

[3] Jean-François Leriget de La Faye, né à Vienne en Dauphiné en 1674, est mort le 11 juillet 1731. B.

Non, ce n'était qu'en langage des dieux
Qu'il eût fallu parler de l'harmonie [1].
Donnez-le-moi cet aimable génie,
Cet art charmant de savoir enfermer
Un sens précis dans des rimes heureuses ;
Joindre aux raisons des graces lumineuses ;
En instruisant savoir se faire aimer ;
A la dispute, autrefois si caustique,
Oter son air pédantesque et jaloux ;
Être à-la-fois juste, sincère, et doux,
Ami, rival, et poëte, et critique :
A ce grand art vainement je m'applique ;
Heureux La Faye, il n'est donné qu'à vous.

XLIII. INSCRIPTION

POUR UNE STATUE DE L'AMOUR DANS LES JARDINS DE MAISONS [2].

Qui que tu sois, voici ton maître ;

---

[1] Je présume que Voltaire parle ici de la nouvelle préface qu'il mit à son *OEdipe* en 1729, et dans laquelle il combattait les sentiments de La Motte contre la poésie. La Faye avait composé, contre les sentiments de La Motte, une ode dont tout le monde sait par cœur la strophe qui commence ainsi :
   De la contrainte rigoureuse, etc.   B.

[2] On a quelquefois daté cette inscription de 1730. Mais tout ce qu'il y a de certain, c'est qu'elle est antérieure à 1731, année de la mort du président de Maisons (voyez tome LI, page 100). On la mit depuis sur le socle d'une statue de l'Amour, à Cirey (voyez tome LII, page 469), et aussi dans les jardins de Sceaux. M. Breghot du Lut, dans les *Archives historiques et statistiques du département du Rhône*, tome XI, page 196, observe que « long-temps avant Voltaire, Amyot avait dit, en traduisant deux vers de Ménandre cités par Plutarque, *Comment il faut entendre les poëtes* :

  Tout ce qui est en ce monde vivant,
  Et la chaleur du soleil recevant,

Il l'est, le fut, ou le doit être [1].

XLIV. A M. DE CIDEVILLE,

Écrits sur un exemplaire de *la Henriade* [2].

1730.

Mon cher confrère en Apollon,
Censeur exact, ami facile,
Solide et tendre Cideville,
Accepte ce frivole don :
Je ne serai pas ton Virgile,
Mais tu seras mon Pollion.

> Commune à tous, il est, il a esté
> Et sera serf tousiours à volupté.

C'est, comme on voit, la même pensée et la même tournure. On connait le passage du Roman de la Rose : *Toutes estes, serez, ou futes*, etc. Rabelais fait dire à Rondibilès, livre III, chap. 32, que d'un homme marié on peut assurer, sans craindre de se méprendre, qu'*il est donc, ou a esté, ou sera, ou peut estre c....* Il y a encore ici rapport au moins dans les mots. Enfin on se rappelle l'inscription du temple égyptien : *Je suis celui qui est, qui fut, et qui sera.* »

Dans les *Pièces inédites de Voltaire*, 1820, in-8° et in-12, on trouve ces autres vers *Sur une statue de l'Amour* :

> En repos, en tranquillité,
> Philosophe autant qu'on peut l'être,
> Amoureux de ma liberté,
> Je regrette pourtant ce maître. B.

[1] VAR. Il l'est, il le fut, ou doit l'être.
Il le fut, il l'est, ou doit l'être,
Il l'est, où le fut, ou doit l'être.

[2] Cet exemplaire est conservé dans la bibliothèque publique du département de la Seine-Inférieure, à Rouen. B.

XLV. A MADAME DE NOINTEL.

A ses écarts Nointel allie
L'amour du vrai, le goût du bon :
En vérité, c'est la Raison,
Sous le masque de la Folie.

XLVI. VERS[1]

Envoyés à M. Sylva, premier médecin de la reine, avec le portrait de l'auteur.

Au temple d'Épidaure on offrait les images
Des humains conservés et guéris par les dieux :
Sylva, qui de la mort est le maître comme eux,
    Mérite les mêmes hommages.
Esculape nouveau, mes jours sont tes bienfaits,
Et tu vois ton ouvrage en revoyant mes traits.

XLVII. A MADAME LA MARQUISE D'USSÉ[2].

1730.

L'Art dit un jour à la Nature :
« Vous n'égalez jamais les œuvres de ma main ;

---

[1] Ces vers, désavoués par Voltaire dans une note du *Dialogue de Pégase et du Vieillard* (voyez page 287), ont cependant été conservés dans toutes les éditions de Voltaire, sans doute à cause des éloges donnés à ce médecin dans le deuxième *Discours sur l'Homme* (voy. tome XII, page 60), et dans une première version d'un passage du quatrième (voyez tome XII, page 77). B.

[2] Anne-Théodore de Carvoisin, mariée en 1718 à M. d'Ussé, fils de celui à qui fut écrite, en 1716, la lettre du 20 juillet (voyez t. LI, p. 39). Sa belle-mère, Jeanne-Françoise Le Prestre de Vauban, était morte dès 1713. Ces vers furent composés avant la mort de Houdart de La Motte.
                                                                                         Cl.

Vous agissez sans choix, vous créez sans dessein :
    Que feriez-vous sans ma parure?
Un teint flétri par vous s'embellit par mon fard;
C'est moi qui d'une prude arrange la sagesse ;
Des coquettes beautés je conduis la finesse,
    Et mène sous mon étendard
    Et les beaux-esprits et les belles ;
J'ai seul dicté sans vous les vers de Fontenelles,
    Et les fables du sieur Houdart. »
Ainsi, belle d'Ussé, l'art se croyait le maître,
Et le monde à son char paraissait s'attacher ;
    Mais la Nature vous fit naître,
    Et l'Art confus s'alla cacher.

XLVIII. CHANSON[1]

POUR MADEMOISELLE GAUSSIN, LE JOUR DE SA FÊTE,

25 AOUT 1731.

Le plus puissant de tous les dieux,
Le plus aimable, le plus sage,
Louison, c'est l'Amour dans vos yeux.
De tous les dieux le moins volage,
Le plus tendre et le moins trompeur,
Louison, c'est l'Amour dans mon cœur.

---

[1] C'est Grimm qui rapporte cette chanson dans sa *Correspondance* (1er juin 1756). La première édition des *OEuvres de Voltaire* où elle ait été admise est celle en quatre-vingt-quinze volumes. Voyez la note sur mademoiselle Gaussin, t. LVIII, p. 569. B.

XLIX. PORTRAIT DE M. DE LA FAYE.

Il a réuni le mérite
Et d'Horace et de Pollion,
Tantôt protégeant Apollon,
Et tantôt chantant à sa suite.
Il reçut deux présents des dieux,
Les plus charmants qu'ils puissent faire:
L'un était le talent de plaire;
L'autre, le secret d'être heureux.

L. ÉPIGRAMME

SUR L'ABBÉ TERRASSON.

1731.

On dit que l'abbé Terrasson,
De Lass et de La Motte apôtre,
Va du b..... à l'Hélicon,
N'étant fait pour l'un ni pour l'autre.
Pour avoir un léger prurit,
Il se fait chatouiller la fesse.
Manon le fouette, il la caresse;
Mais il b.... comme il écrit.
Un jour, dans la cérémonie,
On l'étrillait, il frétillait;
Notre p..... se travaillait
Dessus sa fesse racornie.
Entre monsieur l'abbé Dubos,
Qui, voyant fesser son confrère,

Dit tout haut, approuvant l'affaire :
« Frappez fort, il a fait *Séthos*[1]. »

LI. RÉPONSE A M. DE FORMONT.

On m'a conté (l'on m'a menti, peut-être)
Qu'Apelle un jour vint entre cinq et six
Confabuler chez son ami Zeuxis[2];
Mais, ne trouvant personne en son taudis,
Fit, sans billet, sa visite connaître :
Sur un tableau par Zeuxis commencé
Un simple trait fut hardiment tracé.
Zeuxis revint; puis, en voyant paraître
Ce trait léger, et pourtant achevé,
Il reconnut son maître et son modèle.
Ne suis Zeuxis, mais chez moi j'ai trouvé
Des traits formés de la main d'un Apelle[3].

---

[1] Voltaire n'avait pas encore lu le *Séthos* de l'abbé Terrasson le 8 septembre 1731 (voyez tome LI, page 239). Plus tard il reconnut qu'il y a de beaux morceaux dans cet ouvrage; voyez tome XIX, page 214. B.

[2] C'était Protogènes; il demeurait alors dans un *taudis* de Rhodes. CL.

[3] M. de Formont de Rouen étant allé chez M. de Voltaire, qui fesait alors son séjour en cette ville, et ne le trouvant pas, avait laissé sur son bureau cet impromptu :

> Assis devant votre pupitre,
> Avec votre plume j'écris.
> Cela semble d'abord un titre
> Pour façonner des vers polis;
> Aussi je voulais vous en faire;
> Mais Apollon m'a reconnu;
> J'eus beau vouloir vous contrefaire,
> De lui je n'ai rien obtenu.
> Je vois trop que c'est temps perdu,
> Et qu'il ne répond qu'à Voltaire.

LII. A M. LE MARÉCHAL DE RICHELIEU,

En lui envoyant plusieurs pièces détachées.

1731[1].

Que de ces vains écrits, enfants de mes beaux jours,
    La lecture au moins vous amuse :
Mais, charmant Richelieu, ne traitez point ma muse
    Ainsi que vos autres amours ;
Ne l'abandonnez point, elle sera plus belle :
Votre aimable suffrage animera sa voix.
    Richelieu, soyez-lui fidèle,
Vous le serez pour la première fois.

LIII.

SUR L'ESTAMPE

DU R. P. GIRARD ET DE LA CADIÈRE.

Cette belle voit Dieu ; Girard voit cette belle :
    Ah ! Girard est plus heureux qu'elle !

LIV. MADRIGAL.

JANVIER 1732.

Ah ! Camargo[2], que vous êtes brillante !

---

[1] Cette date est celle que Cideville donna à ces vers il y a plus de quatre-vingts ans. Cr..

[2] Marie-Anne de Cupis de Camargo, de la même famille que le cardinal de ce nom, était née à Bruxelles en 1710, entra comme danseuse à l'Opéra en 1730, et se retira après 1750 ; voyez tome XII, page 370. B.

Mais que Sallé ¹, grands dieux, est ravissante!
Que vos pas sont légers, et que les siens sont doux!
Elle est inimitable, et vous êtes nouvelle:
    Les Nymphes sautent comme vous,
    Mais les Graces dansent comme elle.

LV. ÉPIGRAMME.

Néricault dans sa comédie
Croit qu'il a peint le glorieux;
Pour moi, je crois, quoi qu'il nous die,
Que sa préface le peint mieux.

LVI.

POUR LE PORTRAIT

DE MADEMOISELLE SALLÉ ².

De tous les cœurs et du sien la maîtresse,
Elle allume des feux qui lui sont inconnus:
    De Diane c'est la prêtresse,
    Dansant sous les traits de Vénus ³.

---

¹ Mademoiselle Sallé était aussi danseuse à l'Opéra, et se retira en 1741: Thieriot, qui en était amoureux, mit à contribution pour elle la verve de ses amis; voyez ci-après, n° LVI; et t. XIII, p. 105 et 107. B.

² Ces vers se trouvent dans une lettre de Voltaire à Thieriot, du 9 juillet 1732, qui fait partie des *Pièces inédites* publiées en 1820. CL.

³ VAR. Qui vient danser sous les traits de Vénus.

LVII. A MADEMOISELLE AÏSSÉ,

En lui envoyant du ratafiat pour l'estomac[1].

1732.

Va, porte dans son sang la plus subtile flamme;
Change en desirs ardents la glace de son cœur;
 Et qu'elle sente la chaleur
 Du feu qui brûle dans mon ame.

LVIII. IMPROMPTU

Écrit chez madame DU DEFFAND.

1732.

Qui vous voit et qui vous entend
Perd bientôt sa philosophie;
Et tout sage avec Du Deffand
Voudrait en fou passer sa vie.

LIX. A MADAME DE FONTAINE-MARTEL,

En lui envoyant *le Temple de l'Amitié*[2].

1733.

Pour vous, vive et douce Martel,
Pour vous, solide et tendre amie,

---

[1] Ces vers sont de Voltaire, selon Cideville. Mademoiselle Aïssé, née en Circassie, fut élevée avec Pont-de-Veyle et d'Argental; elle mourut âgée de trente-huit ans, en 1733. L'auteur de cette note possède son portrait, de grandeur naturelle; il a appartenu long-temps au comte d'Argental. Cr.

[2] Un autre envoi, aussi en huit vers, du *Temple de l'Amitié*, est imprimé tome XII, page 37, et un autre t. LI, p. 332. B.

J'ai bâti ce temple immortel.
Mon cœur est digne de l'autel
Où rarement on sacrifie.
C'est vous que j'y veux encenser,
Et c'est là que je veux passer
Les jours les plus beaux de ma vie.

LX. A M. BERNARD.

Ma muse épique, historique, et tragique,
Sur un vieux luth, qu'il faut monter toujours,
S'en va raclant quelque air mélancolique;
Ton flageolet enchante les Amours.
Lorsque Apollon régla notre apanage,
Il nous dota de présents inégaux :
J'eus les sifflets, les tourments, les travaux;
Toi, les plaisirs. Garde bien ton partage.

LXI. ÉPITAPHE[1].

1732.

Ci-gît, au bord de l'Hippocrène,
Un mortel long-temps abusé :
Pour vivre pauvre et méprisé
Il se donna bien de la peine.

LXII. A MADEMOISELLE DE GUISE,

Depuis duchesse DE RICHELIEU, sœur de madame DE BOUILLON.

Vous possédez fort inutilement

---

[1] Cette épitaphe est rapportée par Voltaire dans sa lettre 171. B.

Esprit, beauté, grace, vertu, franchise :
Qu'y manque-t-il ? quelqu'un qui vous le dise,
Et quelque ami dont on en dise autant.

LXIII. A MADEMOISELLE DELAUNAY[1].

1732.

Qui vous voit un moment voudrait vous voir toujours;
Et si d'un doux regard le sort me favorise,
De mes jours près de vous je bornerai le cours.
    Mon cœur vous parle avec franchise,
Et des vains compliments que la mode autorise
      Ne connaît point les faux détours.
    Avec vous le plaisir arrive :
A table, à vos côtés, cet aimable convive
      Ne manque guère de s'asseoir.
Il verse avec le vin cette gaîté naïve
Qui brille en mots plaisants, sans jamais les prévoir,
Donne aux traits du bon sens une pointe plus vive,
Et rend, en unissant les graces au savoir,
La science agréable et la joie instructive.
    Sous la lyre d'Anacréon
    Ainsi s'exprimait la Sagesse,
    Ou tantôt, sur un plus haut ton,
    Fesait admirer à la Grèce
    Ses augustes traits dans Platon.
    De l'une et de l'autre leçon

---

[1] Ces vers font partie d'une lettre à mademoiselle Delaunay, depuis madame de Staal (voyez tome IV, une note du prologue de *l'Échange*), qui n'est point encore dans les *OEuvres de Voltaire*. B.

Fesant usage avec adresse,
A la plus austère raison
Vous ôtez son air de rudesse :
Votre art, sans affectation,
Unit la vigueur de Lucrèce
Au tour, à la délicatesse
De la maîtresse de Phaon.

LXIV. A LA MÊME[1].

J'ai deux ressources dans ma vie,
Le sommeil et l'oisiveté.
J'aime mieux la tranquillité
De cette douce léthargie
Qu'une inutile activité.
L'ennuyeuse Uniformité,
Que de Paris on a bannie,
Dans ces climats est établie;
Et sa rivale si jolie,
La piquante Diversité,
Jamais dans notre Normandie
N'apporta sa légèreté.
Sous les lois de son ennemie,
On y prend pour solidité
Ce qu'ailleurs, avec vérité,
On nomme froideur de génie;
Et le jugement escorté
De quelque brillante saillie
Y passerait pour la folie.

---

[1] Ces vers font partie de la même lettre que les précédents. B.

De ces sottises dégoûté,
Je cours, de la Philosophie,
Contre les efforts de l'ennui
Implorer le solide appui.
Descarte, en sa nouvelle école,
Surprit, éclaira les esprits ;
Sur Aristote et ses débris
Nous élevâmes son idole.
L'Anglais, en tout notre rival,
Veut abattre aujourd'hui ce culte.
Le Français, toujours inégal,
Lui-même approuve cette insulte.
Moi, dans mon petit tribunal,
Du préjugé national
Et des passions en tumulte
Évitant le ton magistral,
Philosophe, jurisconsulte,
Soit que je juge bien ou mal,
Je suis au moins impartial.
Par la clarté la plus brillante
Dissipant une affreuse nuit,
Locke, en sa démarche un peu lente,
Vers la vérité nous conduit;
Mais, dans sa route fatigante,
Avec peine un lecteur le suit.
D'un air trop sombre il nous instruit,
Et des fleurs la couleur riante
Chez lui n'annonce pas le fruit.
Par ces fleurs Malbranche sait plaire:
Tout chez lui n'est pas vérité ;
Mais, de ses graces enchanté,

L'esprit ne peut être sévère,
Quand le cœur est si bien traité.
S'il dort, c'est du sommeil d'Homère ;
Son sommeil même est respecté.
Eh ! qu'importe qu'il nous éclaire,
Puisqu'ici-bas tout est chimère ?
N'écoutons point un vain desir
Pour un secret impénétrable ;
Et, satisfaits du vraisemblable,
Cherchons seulement le plaisir.

LXV. A LA MÊME.

Cette tête ne s'emplit pas [1]
De chiffons ni de babioles,
Et comme celles de nos folles
N'est grenier à nicher des rats ;
Mais logis meublé haut et bas,
Plus orné que palais d'idoles,
Où sont rangés sans embarras
L'astrolabe et les falbalas,
Et l'éventail et le compas ;
Où, sous bons et sûrs cadenas,
Sont trésors plus chers que pistoles ;
Ces précieux et longs amas
De vérités de tous états,
Cette richesse de paroles,

---

[1] Ces dix-huit vers sont de décembre 1732, et font, ainsi que les deux pièces suivantes, partie d'une lettre à mademoiselle Delaunay, qui n'est pas encore dans les OEuvres de Voltaire. B.

Sans le clinquant des hyperboles;
Ces tours heureux et délicats
Qui font des riens les plus frivoles
Des choses dont on fait grand cas.

LXVI. A LA MÊME.

Un des quarante peut arranger un volume;
Quelquefois le bon sens fait un livre précis.
 C'est là le fort de nos esprits.
 Mais chez vous, comme en vos écrits,
Sexe aimable, l'Amour tient-il toujours la plume?

LXVII. A LA MÊME.

Vous prêchez pour la liberté
Bien mieux que Locke en son grimoire :
Mais, prouvant à votre auditoire
Le droit de choix si contesté,
Vous l'en privez en vérité,
Car qui peut ne pas vous en croire?

LXVIII. ÉPITAPHE[1].

1733.

Ci-gît dont la suprême loi
Fut de ne vivre que pour soi.

---

[1] La Place, en la rapportant tome I, page 433, de son *Recueil d'Épitaphes*, 1782, trois volumes in-12, ajoute en note : « Cette épitaphe se trouve écrite de la main de Voltaire; on ignore s'il en est l'auteur. » L'édition en quatre-vingt-quinze volumes est la première des *OEuvres de Voltaire* où cette pièce ait été admise. B.

Passant, garde-toi de le suivre;
Car on pourrait dire de toi :
« Ci-gît qui ne dut jamais vivre. »

LXIX. A M. LINANT[1].

1733.

Connaissez mieux l'oisiveté :
Elle est ou folie ou sagesse;
Elle est vertu dans la richesse,
Et vice dans la pauvreté.
On peut jouir en paix dans l'hiver de sa vie
De ces fruits qu'au printemps sema notre industrie :
Courtisans de la gloire, écrivains ou guerriers,
Le sommeil est permis, mais c'est sur des lauriers.

LXX. VERS PRÉSENTÉS A LA REINE[2],

Sur la seconde élection du roi STANISLAS au trône de Pologne.

1733.

Il fallait un monarque aux fiers enfants du Nord :
Un peuple de héros s'assemblait pour l'élire;
Mais l'aigle de Russie et l'aigle de l'Empire

---

[1] Ces vers sont cités dans une lettre de Bernard à Chenevières, de l'année 1733; ils sont du mois d'avril (voyez tome LI, page 369). Michel Linant, né à Louviers en 1768, est mort le 11 décembre 1749; il est auteur de quelques pièces de théâtre et autres opuscules. C'est à un autre Linant, précepteur du fils de madame d'Épinai, que Voltaire a adressé quelques lettres qui font partie de sa correspondance. Voyez lettre 2652. B.

[2] Marie Leckzinska. — On lit ce titre dans un manuscrit des poésies de Voltaire, qui dut composer ces vers à la fin de 1733. Cr..

Menaçaient la Pologne, et maîtrisaient le sort.
De la France aussitôt, son trône et sa patrie,
La Vertu descendit aux champs de Varsovie.
Mars conduisait ses pas; Vienne en frémit d'effroi :
La Pologne respire en la voyant paraître[1].
« Peuples nés, lui dit-elle, et pour Mars et pour moi,
De nos mains à jamais recevez votre maître :
Stanislas à l'instant vint, parut, et fut roi[2]. »

LXXI. A M. DE FORCALQUIER[3],

Qui avait eu ses cheveux coupés par un boulet de canon au siége de Kehl.

OCTOBRE 1733.

Des boulets allemands la pesante tempête
    A, dit-on, coupé vos cheveux :
    Les gens d'esprit sont fort heureux
    Qu'elle ait respecté votre tête.
On prétend que César, le phénix des guerriers,
N'ayant plus de cheveux, se coiffa de lauriers :
Cet ornement est beau, mais n'est plus de ce monde.

---

[1] VAR. La Pologne à genoux courut la reconnaître.

[2] Dans la *Bibliothèque germanique*, tome XXX, pages 173-74, on trouve de cette pièce la continuation anonyme que voici :

    Mais ayant remarqué du haut d'une fenêtre
    L'invincible Thémis, campée à l'autre bord,
    « Partons, s'écria-t-il; cette dame peut-être
    Ne voudra pas de nous: retournons à Chambord. »
    On le vit à l'instant partir et disparaître;
    L'espoir le fit venir, le remords le chassa :
    Stanislas, en un mot, vint, parut, s'éclipsa. B.

[3] Louis-Bufile de Brancas, duc de Forcalquier, mort le 3 février 1753; voyez tome LI, page 454. B.

Si César nous était rendu,
Et qu'en servant Louis il eût été tondu,
Il n'y gagnerait rien qu'une perruque blonde.

LXXII. A M. LEFEBVRE[1],

En réponse à des vers qu'il avait envoyés à l'auteur.

N'attends de moi ton immortalité,
Tu l'obtiendras un jour par ton génie :
N'attends de moi ta première santé ;
Ton protecteur, le dieu de l'harmonie,
Te la rendra par son art enchanté :
De tes beaux jours la fleur n'est point flétrie.
Mais je voudrais, de tes destins pervers
En corrigeant l'influence ennemie,
Contribuer au bonheur d'une vie
Que tu rendras célèbre par tes vers.

---

[1] A qui est adressée la lettre 171, tome LI, page 305 ; voici les vers qu'il avait envoyés à Voltaire :

  Je n'étais plus, et ma foi dans sa barque
  Nocher d'enfer me jachait tout de bon ;
  Quand, ne sais comme, avint que gente parque
  A de mes jours renoué le cordon.
  Divin harpeur, est-ce par la donzelle
  Ou bien par toi que suis ravigoté ?
  Le veux savoir : présent d'une chandelle
  Destine à qui plus mieux l'a mérité.
  Dame Atropos, aux humains si farouche,
  Onc ne trahit ce qu'elle a projeté ;
  Mais on m'a dit qu'un seul mot de ta bouche
  Peut donner mort ou l'immortalité. B.

LXXIII. A MADEMOISELLE DE GUISE,

Dans le temps qu'elle devait épouser M. le duc DE RICHELIEU [1].

1734.

Guise, des plus beaux dons avantage céleste,
Vous dont la vertu simple et la gaîté modeste
Rend notre sexe amant, et le vôtre jaloux ;
 Vous qui ferez le bonheur d'un époux
  Et les desirs de tout le reste,
  Quoi! dans un recoin de Monjeu,
  Vos doux appas auront la gloire
  De finir l'amoureuse histoire
  De ce volage Richelieu!
Ne vous aimez pas trop, c'est moi qui vous en prie ;
C'est le plus sûr moyen de vous aimer toujours :
Il vaut mieux être amis tout le temps de sa vie
  Que d'être amants pour quelques jours.

LXXIV. A M. DE CORLON,

Qui était avec l'auteur à Monjeu, chez M. le duc DE GUISE, alors malade.

1734.

Je sais ce que je dois, et n'en fais jamais rien :
Au lieu d'aller tâter le pouls de son altesse,
J'abandonne son lit sans dormir dans le mien ;
Je renonce aux dîners, au piquet, à la messe,
Très mauvais courtisan, bien plus mauvais chrétien,

---

[1] Ces vers furent composés au mois d'avril 1734, quelques jours avant le mariage d'Élisabeth-Sophie de Lorraine avec le duc de Richelieu. CL.

Libertin dans l'esprit, et rempli de paresse.
Ah, monsieur de Corlon! que vous êtes heureux!
Plus libertin que moi sans être paresseux,
On vous trouve à toute heure, et vous savez tout faire.
De grace, enseignez-moi ce secret précieux
De vous lever matin, de dîner, et de plaire.

LXXV. A M. LE DUC DE GUISE,

Qui prêchait l'auteur à l'occasion des vers précédents.

1734.

Lorsque je vous entends et que je vous contemple,
Je profite avec vous de toutes les façons :
 Vous m'instruisez par vos leçons,
 Et me gâtez par votre exemple [1].

LXXVI.

A MADAME LA DUCHESSE DE RICHELIEU.

1734.

Plus mon œil étonné vous suit et vous observe,
Et plus vous ravissez mes esprits éperdus;
 Avec les yeux noirs de Vénus
 Vous avez l'esprit de Minerve.
Mais Minerve et Vénus ont reçu des avis;
 Il faut bien que je vous en donne :
Ne parlez désormais de vous qu'à vos amis,
 Et de votre père à personne [2].

---

[1] Voyez la note de la pièce suivante. B.
[2] Madame de Richelieu ne parlait que d'elle-même; et son père, le duc de Guise, trichait au jeu. B.

LXXVII. A MADAME DU CHATELET,

En lui envoyant un traité de métaphysique [1].

L'auteur de la *Métaphysique*
  Que l'on apporte à vos genoux
Mérita d'être cuit dans la place publique;
  Mais il ne brûla que pour vous.

LXXVIII.

A MADAME LA DUCHESSE DE BOUILLON,

Qui vantait son portrait fait par CLINCHETET.

Cesse, Bouillon, de vanter davantage
Ce Clinchetet qui peignit tes attraits :
Un meilleur peintre, avec de plus beaux traits,
Dans tous nos cœurs a tracé ton image,
Et cependant tu n'en parles jamais.

LXXIX. A LA MÊME.

Deux Bouillon tour à tour ont brillé dans le monde
  Par la beauté, le caprice, et l'esprit :
  Mais la première eût crevé de dépit,
  Si, par malheur, elle eût vu la seconde [2].

---

[1] Ce *Traité de métaphysique*, composé en 1734, a été imprimé pour la première fois dans les éditions de Kehl; voyez t. XXXVII, p. 277. B.

[2] La première est Marie-Anne Mancini, nièce du cardinal Mazarin, mariée, le 20 avril 1662, à Godefroi-Maurice de La Tour, deuxième du nom, duc de Bouillon, morte le 20 juin 1714, à soixante-quatre ans.

La seconde est Louise-Henriette-Françoise de Lorraine, mariée le 21

LXXX. CONTRE LES PHILOSOPHES.

SUR LE SOUVERAIN BIEN [1].

1734.

L'esprit sublime et la délicatesse,
L'oubli charmant de sa propre beauté,
L'amitié tendre et l'amour emporté,
Sont les attraits de ma belle maîtresse.
Vieux rêvasseurs, vous qui ne sentez rien,
Vous qui cherchez dans la philosophie
L'être suprême et le souverain bien,
Ne cherchez plus, il est dans Uranie.

LXXXI. A M.ᵐᵉ LA MARQUISE DU CHATELET,

Fesant une collation sur une montagne appelée Saint-Blaise,
près de Monjeu.

1734.

Saint-Blaise a plus d'attraits encor
Que la montagne du Thabor.
Vous valez le fils de Marie;
Mais lorsqu'il s'y transfigura,
Souvenez-vous qu'il y gagna,
Et vous y perdriez, Sylvie.

---

mars 1725, avec Emmanuel-Théodose de La Tour, duc de Bouillon, morte à Paris le 31 mars 1737, âgée de trente ans. Elle était sœur de madame de Richelieu. B.

[1] Ce huitain, qu'on lit avec de légères différences dans les *Pièces inédites de Voltaire,* publiées en 1820, fait partie d'un recueil écrit par Céran, valet de chambre copiste de l'ami d'Émilie, désignée sous le nom d'Uranie. Cʟ.

LXXXII. A LA MÊME.

Nymphe aimable, nymphe brillante,
Vous en qui j'ai vu tour à tour
L'esprit de Pallas la savante
Et les graces du tendre Amour,
De mon siècle les vains suffrages
N'enchanteront pas mes esprits;
Je vous consacre mes ouvrages :
C'est de vous que j'attends leur prix.

LXXXIII. A LA MÊME.

Vous m'ordonnez de vous écrire,
Et l'Amour, qui conduit ma main,
A mis tous ses feux dans mon sein,
Et m'ordonne de vous le dire.

LXXXIV. A LA MÊME.

Allez, ma muse, allez vers Émilie;
Elle le veut : qu'elle soit obéie.
De son esprit admirez les clartés,
Ses sentiments, sa grace naturelle,
Et désormais que toutes ses beautés
Soient de vos chants l'objet et le modèle.

LXXXV. A LA MÊME,

Qui soupait avec beaucoup de prêtres.

Un certain dieu, dit-on, dans son enfance,
Ainsi que vous, confondait les docteurs;

Un autre point qui fait que je l'encense,
C'est que l'on dit qu'il est maître des cœurs.
Bien mieux que lui vous y régnez, Thémire;
Son règne au moins n'est pas de ce séjour;
Le vôtre en est, c'est celui de l'amour:
Souvenez-vous de moi dans votre empire.

LXXXVI. A LA MÊME,

Lorsqu'elle apprenait l'algèbre.

Sans doute vous serez célèbre
Par les grands calculs de l'algèbre
Où votre esprit est absorbé:
J'oserais m'y livrer moi-même;
Mais, hélas! $A + D - B$
N'est pas $=$ à je vous aime.

LXXXVII. IMPROMPTU[1].

1735.

Sais-tu que celui dont tu parles
D'Apollon est le favori,
Qu'il est le Quint-Curce de Charles
Et l'Homère du grand Henri?

---

[1] Verrières, qui rapporte cet impromptu à la page 9 de son *Épître à M. de Voltaire*, 1736, in-8°, dit qu'il fut fait pour réponse au portrait en prose que l'on avait fait de Voltaire l'année précédente. Les éditeurs de Kehl avaient fait de cet impromptu une note de la seconde version du n° CVII. B.

LXXXVIII. VERS

Écrits au bas d'une lettre de madame DU CHATELET
à madame DE CHAMPBONIN.

1735.

C'est l'architecte [1] d'Émilie
Qui ce petit mot vous écrit;
Je me sers de sa plume, et non de son génie;
Mais je vous aime, aimable amie :
Ce seul mot vaut beaucoup d'esprit.

LXXXIX. RÉPONSE A M. DE FORMONT,

AU NOM DE MADAME DU CHATELET [2].

1735.

Chacun cherche le paradis [3] :
Je l'ai trouvé, j'en suis certaine.
Les vrais plaisirs, la raison saine,
La liberté, tous gens maudits
Par la sainte Église romaine,

---

[1] On bâtissait alors le château de Cirey; et Voltaire dirigeait l'ouvrage. K.

[2] Formont avait adressé à madame du Châtelet vingt-trois vers sur *le Mondain* de Voltaire; on les trouve dans les *Pièces inédites de Voltaire*, 1820, in-8° et in-12. C'est à ces vers que répondent ceux de Voltaire composés au nom de madame du Châtelet, et qui doivent être de 1736. B.

[3] Ces vers ont été imprimés à la page 22 d'un petit volume in-24 de quarante-huit pages, intitulé *Opuscules poétiques,* et publié par le libraire Desnos, qui le reproduisit, sans le réimprimer, sous le titre de *le Voltaire galant*. On a compris cette pièce dans le volume des *Pièces inédites de Voltaire*, 1820, in-8° et in-12. B.

Habitent dans ce beau pays;
Les préjugés en sont bannis;
Le bonheur est notre domaine.
Vous, heureux proscrit du jardin
Qu'a chanté la Bible chrétienne,
Venez au véritable Éden,
Si vous m'en croyez souveraine;
Venez; de cet aimable lieu
Les plaisirs purs ouvrent l'entrée :
Vous savez qu'il est plus d'un dieu
Et plus d'un rang dans l'empyrée.

xc. A MADAME DE FLAMARENS,

Qui avait brûlé son manchon, parcequ'il n'était plus à la mode.

Il est une déesse inconstante, incommode,
Bizarre dans ses goûts, folle en ses ornements,
Qui paraît, fuit, revient, et naît en tous les temps :
Protée était son père, et son nom est *la Mode*.
Il est un dieu charmant, son modeste rival,
Toujours nouveau comme elle, et jamais inégal,
Vif sans emportement, sage sans artifice :
Ce dieu, c'est *le Mérite*. On l'adore dans vous.
Mais le Mérite enfin peut avoir un caprice;
Et ce dieu si prudent, que nous admirions tous,
A la Mode à son tour a fait un sacrifice.
Vous que pour Flamarens nous voyons soupirer,
    Vous qui redoutez sa sagesse,
        Amants, commencez d'espérer :
Flamarens vient enfin d'avoir une faiblesse.

INSCRIPTION

POUR L'URNE QUI RENFERME LES CENDRES DU MANCHON.

Je fus manchon, je suis cendre légère :
Flamarens me brûla, je l'ai pu mériter ;
   Et l'on doit cesser d'exister [1]
   Quand on commence à lui déplaire.

XCI. A M.*** [2],

Qui était à l'armée d'Italie.

1735.

Ainsi le bal et la tranchée,
   Les boulets, le vin, et l'amour,
   Savent occuper tour-à-tour
Votre vie, aux devoirs, aux plaisirs attachée.
Vous suivez de Villars les glorieux travaux,
A de pénibles jours joignant des nuits passables.
Eh bien, vous serez donc le second des héros,
   Et le premier des gens aimables.

XCII. A MADAME DU CHATELET.

Lorsque Linus chante si tendrement,
   Crois-tu que l'amour seul l'anime ?
Non, il sait l'art d'exprimer dans son chant
   Plus d'amour que son cœur n'en sent ;
   Et j'en sens plus qu'il n'en exprime.

---

[1] Var.   Je devais cesser d'exister,
           Je commençais à lui déplaire.

[2] Le comte de Sade était aide-de-camp du maréchal de Villars (voyez t. LI, p. 441) ; et c'est peut-être à lui qu'est adressée cette pièce. B.

XCIII. A M. GRÉGOIRE,

DÉPUTÉ DU COMMERCE DE MARSEILLE.

Voyageur fortuné, dont les soins curieux
Ont emporté les pas aux confins de la terre,
Vous avez vu Paphos, Amathonte, et Cythère,
    Et vous pouvez voir en ces lieux
Hébé [1], Mars [2], et Vénus [3], réunis sous vos yeux.

XCIV. QUATRAIN

POUR LE PORTRAIT DE MADEMOISELLE LECOUVREUR.

Seule de la nature elle a su le langage;
Elle embellit son art, elle en changea les lois.
L'esprit, le sentiment, le goût fut son partage;
L'Amour fut dans ses yeux, et parla par sa voix.

XCV. DEVISE POUR MADAME DU CHATELET.

    Du repos, des riens, de l'étude [4],
    Peu de livres, point d'ennuyeux,

---

[1] Madame la duchesse de Villars, née Noailles. B.
[2] Le maréchal de Villars. B.
[3] La maréchale de Villars, née de Maisons. B.

[4] VAR.   Du repos, une douce étude.
Tel est le commencement de cette devise, qui fut d'abord placée dans un belvédère construit par Voltaire à Cirey, et que madame la comtesse de Simiane, née Damas, a fait mettre dans l'ancienne chambre à coucher de Voltaire. Cette espèce d'inscription est tracée assez grossièrement à l'encre, sur une tablette de marbre blanc que j'ai vue en 1821 et 1827 à Cirey. CL.

Un ami dans la solitude,
Voilà mon sort; il est heureux [1].

xcvi. A MADAME DU CHATELET,

En lui envoyant l'*Histoire de Charles XII*.

Le voici ce héros si fameux tour-à-tour
Par sa défaite et sa victoire :
S'il eût pu vous entendre et vous voir à sa cour,
Il n'aurait jamais joint (et vous pouvez m'en croire)
A toutes les vertus qui l'ont comblé de gloire
Le défaut d'ignorer l'amour.

xcvii. ÉPIGRAMME.

Quand les Français à tête folle
S'en allèrent dans l'Italie,
Ils gagnèrent à l'étourdie
Et Gêne, et Naple, et la v......
Puis ils furent chassés partout,
Et Gêne et Naple on leur ôta :
Mais ils ne perdirent pas tout;
Car la v..... leur resta [2].

---

[1] Voyez ci-après, parmi les vers latins, le n° 11. B.

[2] Cette épigramme n'est qu'une imitation de ce distique de La Monnoye :

Parthenopes regnum simul olim, Galle, luemque
Cepisti : restat nunc tibi sola lues.

Cependant j'ai laissé cette pièce parmi les *Poésies mêlées*, où l'on a l'habitude de la voir. B.

XCVIII. A M. CLÉMENT,

DE MONTPELLIER,

Qui avait adressé des vers à l'auteur, en l'exhortant à ne pas abandonner la poésie pour la physique [1].

Un certain chantre abandonnait sa lyre ;
Nouveau Kepler, un télescope en main,
Lorgnant le ciel, il prétendait y lire,
Et décider sur le vide et le plein.
Un rossignol, du fond d'un bois voisin,
Interrompit son morne et froid délire ;
Ses doux accents l'éveillèrent soudain
(A la nature il faut qu'on se soumette) ;
Et l'astronome, entonnant un refrain,
Reprit sa lyre, et brisa sa lunette.

XCIX. ÉPIGRAMME.

On dit que notre ami Coypel [2]
Imite Horace et Raphaël :
A les surpasser il s'efforce ;
Et nous n'avons point aujourd'hui
De rimeur peignant de sa force,
Ni peintre rimant comme lui.

---

[1] Ces vers sont une réponse à Clément de Montpellier, qui avait envoyé à Voltaire seize vers commençant ainsi :
　　　　Laisse Clairaut tracer la ligne.　　B.

[2] Voyez tome LI, page 77. B.

c. ÉPIGRAMME.

JANVIER 1736.

On dit qu'on va donner *Alzire*[1].
Rousseau va crever de dépit,
S'il est vrai qu'encore il respire :
Car il est mort quant à l'esprit;
Et s'il est vrai que Rousseau vit,
C'est du seul plaisir de médire.

ci. SUR M. DE LA CONDAMINE,

Qui était occupé de la mesure d'un degré du méridien au Pérou,
lorsque Voltaire fesait *Alzire*.

1736.

Ma muse et son compas sont tous deux au Pérou :
Il suit, il examine; et je peins la nature.
Je m'occupe à chanter les pays qu'il mesure :
   Qui de nous deux est le plus fou?

cii. SUR LE CHATEAU DE CIREY.

FÉVRIER 1736.

Un voyageur qui ne mentit jamais[2]
Passe à Cirey, l'admire, le contemple;

---

[1] Ces vers sont donnés comme inédits par l'abbé Du Vernet dans sa *Vie de Voltaire* (chapitre ix des premières éditions; chapitre xi de la dernière, qui est de 1797). B.

[2] A la fin de sa lettre du 9 février 1736, à Thieriot, Voltaire cite, comme étant de Linant, quatre vers dont ceux-ci sont la copie corrigée. CL.

Il croit d'abord que ce n'est qu'un palais ;
Mais il voit Émilie : « Ah ! dit-il, c'est un temple. »

CIII. A MADAME DU CHATELET.

De Cirey, où il était pendant son exil, et où il lui avait écrit de Paris[1].

On dit qu'autrefois Apollon,
Chassé de la voûte immortelle,
Devint berger et puis maçon,
Et laissa là son violon
Pour la houlette et la truelle.
Je suis cent fois plus malheureux :
Votre présence m'est ravie ;
Je ne vois donc plus vos beaux yeux ;
Je vous perds, charmante Émilie ;
C'est moi qui suis chassé des cieux.
Pour vous, dans ce triste séjour,
Je m'adonne à l'architecture ;
Les talents ne sont pas enfants de la nature,
Ils sont tous enfants de l'Amour.

CIV. A MADEMOISELLE GAUSSIN.

1736.

Ce n'est pas moi qu'on applaudit,
C'est vous qu'on aime et qu'on admire ;
Et vous damnez, charmante Alzire,
Tous ceux que Guzman convertit.

---

[1] Je donne ces vers d'après le *Petit Magasin des Dames*, p. 172. B.

cv. A M. PALLU,

INTENDANT DE MOULINS.

1736.

Pope l'Anglais, ce sage si vanté,
Dans sa morale au Parnasse embellie,
Dit que les biens, les seuls biens de la vie,
Sont le repos, l'aisance, et la santé.
Il s'est mépris : quoi ! dans l'heureux partage
Des dons du ciel faits à l'humain séjour,
Ce triste Anglais n'a pas compté l'amour !
Que je le plains ! il n'est heureux ni sage.

cvi. A M. DE LA CHAUSSÉE,

En réponse à son *Épître à Clio.*

1736.

Lorsque sa muse courroucée
Quitta le coupable Rousseau,
Elle te donna son pinceau,
Sage et modeste La Chaussée.

cvii. A M. DE VERRIÈRES[1].

1736.

Élève heureux du dieu le plus aimable,
Fils d'Apollon, digne de ses concerts,

---

[1] Cette pièce est rapportée par Voltaire dans sa lettre à Thieriot, du 18

Voudriez-vous être encor plus louable?
Ne me louez pas tant, travaillez plus vos vers.
Le plus bel arbre a besoin de culture :
Émondez-moi ces rameaux trop épars;
Rendez leur sève et plus forte et plus pure.
Il faut toujours, en suivant la nature,
La corriger : c'est le secret des arts.

CVIII. SONNET

A M. LE COMTE ALGAROTTI[1].

1736.

On a vanté vos murs bâtis sur l'onde,
Et votre ouvrage est plus durable qu'eux.

---

mars 1736. Les éditeurs de Kehl en ont donné, dans les *Poésies mêlées*, une seconde version que voici :

> Vous qu'Apollon admit à ses concerts,
> Ne me louez pas tant, travaillez mieux vos vers;
> Le plus bel arbre a besoin de culture.
> Émondez ces rameaux confusément épars ;
> Ménagez cette sève, elle en sera plus pure.
> Sachez que le secret des arts
> Est de corriger la nature.

Une troisième version est ainsi conçue :

> Vous qu'Apollon admit à ses concerts,
> Louez-moi moins, travaillez mieux vos vers ;
> Le plus bel arbre a besoin de culture.
> Émondez-moi ces rameaux trop épars;
> Rendez leur sève et plus forte et plus pure.
> Il faut, Verrière, en suivant la nature,
> La corriger ; c'est le secret des arts.

Les quatre derniers vers de la seconde version font partie d'un sixain qui est dans la lettre à Cideville, du 2 mars 1731. B.

[1] Voltaire, en parlant de ce sonnet dans sa lettre à Thieriot, du 18 mars 1736, dit que c'est le premier qu'il ait fait de sa vie. Cl.

Venise et lui semblent faits pour les dieux;
Mais le dernier sera plus cher au monde.

Qu'admirons-nous dans ce dieu merveilleux
Qui, dans sa course éternelle et féconde,
Embrasse tout, et traverse à nos yeux
Des vastes airs la campagne profonde?

L'invoquons-nous pour avoir sur les mers
Bâti ces murs que la cendre a couverts,
Cet Ilion caché dans la poussière?

Ainsi que vous il est le dieu des vers,
Ainsi que vous il répand la lumière :
Voilà l'objet des vœux de l'univers.

CIX. IMPROMPTU A M. THIERIOT[1],

Qui s'était fait peindre *la Henriade* à la main.

1736.

Si je voyais ce monument,
Je dirais, rempli d'allégresse :
« Messieurs, c'est mon plus cher enfant
Que mon meilleur ami caresse. »

---

[1] Ce quatrain dut être composé vers le commencement d'avril 1736, peu de temps avant un voyage fait, par Voltaire, de Cirey à Paris. L'auteur dit, dans une de ses lettres d'avril 1736, à Berger : « Mon ami Thieriot s'est fait peindre avec *la Henriade* à la main. » CL.

CX. A M. DE LA BRUÈRE,

Sur son opéra intitulé *les Voyages de l'Amour*[1].

1736.

L'Amour t'a prêté son flambeau;
Quinault, son ministre fidèle,
T'a laissé son plus doux pinceau :
Tu vas jouir d'un sort si beau
Sans jamais trouver de cruelle,
Et sans redouter un Boileau.

CXI. A M. BERNARD,

AUTEUR DE L'ART D'AIMER.

LES TROIS BERNARDS.

En ce pays trois Bernards sont connus :
L'un est ce saint, ambitieux reclus,
Prêcheur adroit, fabricateur d'oracles;
L'autre Bernard est celui de Plutus,
Bien plus grand saint, fesant plus de miracles;
Et le troisième est l'enfant de Phébus,
Gentil Bernard, dont la muse féconde
Doit faire encor les délices du monde,
Quand des deux saints l'on ne parlera plus.

CXII. SIXAIN.

De ces trois Bernards que l'on vante,
Le premier n'a rien qui me tente :

---
[1] Voyez ma note, tome LII, page 238. B.

Il dînait mal, et souvent tard;
Mais mon plaisir serait extrême
De dîner chez l'autre Bernard,
Si j'y rencontrais le troisième.

CXIII. INVITATION AU MÊME.

Au nom du Pinde et de Cythère,
Gentil Bernard, sois averti
Que l'art d'aimer doit samedi
Venir souper chez l'art de plaire [1].

CXIV. A MADAME DE BASSOMPIERRE [2],

ABBESSE DE POUSSAI.

Avec cet air si gracieux
L'abbesse de Poussai me chagrine, me blesse.
De Montmartre la jeune abbesse
De mon héros [3] combla les vœux;
Mais celle de Poussai l'eût rendu malheureux :
Je ne saurais souffrir les beautés sans faiblesse.

CXV.

POUR LE PORTRAIT

DE JEAN BERNOUILLI.

Son esprit vit la vérité,

---

[1] Madame la marquise du Châtelet. On sait que Bernard a fait un poëme de *l'Art d'aimer*. K. — Une copie manuscrite nomme madame de Luxembourg, au lieu de madame du Châtelet. B.

[2] Charlotte de Beauvau, sœur de la marquise de Boufflers, née en 1717, mariée, en 1734, à Léopold-Clément de Bassompierre. CL.

[3] Le maréchal de Richelieu. B.

Et son cœur connut la justice ;
Il a fait l'honneur de la Suisse,
Et celui de l'humanité.

cxvi. LE PORTRAIT MANQUÉ.

A MADAME LA MARQUISE DE B*** [1].

On ne peut faire ton portrait :
Folâtre et sérieuse, agaçante et sévère,
Prudente avec l'air indiscret,
Vertueuse, coquette, à toi-même contraire,
La ressemblance échappe en rendant chaque trait.
Si l'on te peint constante, on t'aperçoit légère :
Ce n'est jamais toi qu'on a fait.
Fidèle au sentiment avec des goûts volages,
Tous les cœurs à ton char s'enchaînent tour-à-tour :
Tu plais aux libertins, tu captives les sages,
Tu domptes les plus fiers courages,
Tu fais l'office de l'Amour.
On croit voir cet enfant en te voyant paraître ;
Sa jeunesse, ses traits, son art,
Ses plaisirs, ses erreurs, sa malice peut-être :
Serais-tu ce dieu, par hasard ?

cxvii. VERS

Mis au bas d'un portrait de LEIBNITZ.

Il fut dans l'univers connu par ses ouvrages,

---

[1] Si c'est la marquise de Boufflers, née Beauvau-Craon, mère de l'abbé, chevalier, marquis de Boufflers, ces vers sont postérieurs au mois d'avril 1735, époque de son mariage avec François-Louis de Boufflers. Cr.

Et dans son pays même il se fit respecter ;
Il éclaira les rois, il instruisit les sages[1] :
   Plus sage qu'eux, il sut douter.

CXVIII. SUR J.-B. ROUSSEAU.

1736.

Rousseau, sujet au camouflet,
Fut autrefois chassé, dit-on,
Du théâtre à coups de sifflet,
De Paris à coups de bâton :
Chez les Germains chacun sait comme
Il s'est garanti du fagot ;
Il a fait enfin le dévot,
Ne pouvant faire l'honnête homme.

CXIX. A Mme LA MARQUISE DU CHATELET[2].

Tout est égal, et la nature sage
Veut au niveau ranger tous les humains :
Esprit, raison, beaux yeux, charmant visage,
Fleur de santé, doux loisir, jours sereins,
Vous avez tout, c'est là votre partage.
Moi, je parais un être infortuné,
De la nature enfant abandonné,

---

[1] Dans le *Mercure*, août 1748, on lit :
   Il instruisit les rois, il éclaira les sages.   B.

[2] Voltaire, en envoyant à madame du Châtelet cette pièce et la suivante, les accompagna de quelques mots en prose, qui sont dans la *Correspondance*, tome LII, note de la lettre 519. B.

Et n'avoir rien semble mon apanage :
Mais vous m'aimez, les dieux m'ont tout donné.

cxx. ÉPIGRAMME.

Certain émérite envieux,
Plat auteur du *Capricieux*[1],
Et de ces *Aïeux chimériques*[2],
Et de tant de vers germaniques,
Et de tous ces sales écrits,
D'un père infame enfants proscrits,
Voulait d'une audace hautaine
Donner des lois à Melpomène[3],
Et régenter ses favoris,
Quand du sifflet le bruit utile,
Dont aux pièces de ce Zoïle
Nous étions toujours assourdis,
Pour notre repos a fait taire
La voix débile et téméraire
De ce doyen des étourdis.

cxxi. RÉPONSE A M. DE LINANT[4].

Mais vous, Linant, que le ciel a doté
De minois rond, de croupe rebondie,

---

[1] Titre d'une comédie de J.-B. Rousseau; voy. t. XXXVII, p. 491. B.
[2] Autre comédie de J.-B. Rousseau; voyez t. XXXVII, p. 519. B.
[3] Allusion à l'*Épître au P. Brumoy*, qui parut vers juillet 1736, avec les épîtres à *Thalie* et à *Rollin*. CL.
[4] Voici les vers de Linant auxquels Voltaire répondait :
Le nom qu'au prix de ta santé
T'ont fait tes vers et ton histoire,

Et, qui plus est, de cet art enchanté
Par qui l'esprit se joint à l'harmonie,
Votre Apollon, dieu de la poésie,
Est bien aussi le dieu de la santé.

CXXII. A MADAME DU CHATELET,

A qui l'auteur avait envoyé une bague où son portrait était gravé [1].

Barier grava ces traits destinés pour vos yeux ;
Avec quelque plaisir daignez les reconnaître :
Les vôtres dans mon cœur furent gravés bien mieux,
Mais ce fut par un plus grand maître.

CXXIII. IMPROMPTU

Fait dans les jardins de Cirey, en se promenant au clair de la lune.

Astre brillant, favorable aux amants,
Porte ici tous les traits de ta douce lumière :
Tu ne peux éclairer, dans ta vaste carrière,
Deux cœurs plus amoureux, plus tendres, plus constants.

>Crois-moi, n'est pas trop acheté :
>Tu te portes, en vérité,
>Encor trop bien pour tant de gloire.

Les éditeurs de Kehl avaient placé ces vers avant la *Réponse* de Voltaire. Il m'a semblé qu'ils devaient être mis en note. B.

[1] Ce quatrain est de la fin de 1736. En septembre de cette année, Voltaire écrivait à l'abbé Moussinot de déterrer un habile graveur en pierres fines. La commission, n'étant pas difficile, a dû être bientôt faite; voyez tome LII, page 308. B.

CXXIV. A MADAME DU CHATELET,

EN RECEVANT SON PORTRAIT.

Traits charmants, image vivante
Du tendre et cher objet de ma brûlante ardeur,
L'image que l'amour a gravée en mon cœur
    Est mille fois plus ressemblante.

CXXV. A MADAME DU CHATELET.

Mon cœur est pénétré de tout ce qui vous touche;
De la félicité je vous fais des leçons;
Mais j'y suis peu savant : un mot de votre bouche
    Vaut bien mieux que tous mes sermons.

CXXVI.

POUR LE PORTRAIT
DE Mme LA PRINCESSE DE TALMONT.

Les dieux, en lui donnant naissance
  Aux lieux par la Saxe envahis,
Lui donnèrent pour récompense
  Le goût qu'on ne trouve qu'en France,
  Et l'esprit de tous les pays.

CXXVII. A MADAME D'ARGENTAL[1],

LE JOUR DE SAINTE-JEANNE SA PATRONNE.

Jean fut un saint (si l'on en croit l'histoire

---

[1] Jeanne Du Bouchet, mariée au comte d'Argental en octobre 1737, morte en décembre 1774. CL.

De saint Matthieu) qui buvait l'eau du ciel,
D'un rocher creux fesait son réfectoire,
Et tristement soupait avec du miel.
Jeanne, au rebours, sainte sans prud'homie,
Au sentiment unissait la raison,
Sans opulence avait bonne maison,
Et de l'esprit était la bonne amie :
On l'adorait, et c'était bien raison.
Or vous, grand saint, mangeur de sauterelle,
Dans vos déserts vivez avec les loups,
Prêchez, jeûnez, priez; mais vous, la belle,
Quand vous voudrez j'irai souper chez vous.

CXXVIII. A M. JORDAN,

A BERLIN.

1738.

Un prince jeune, et pourtant sage,
Un prince aimable, et c'est bien plus,
Au sein des arts et des vertus,
Jordan, vous donne son suffrage;
Ses mains mêmes vous ont paré
De ces fleurs que la poésie
Sous ses pas fait naître à son gré.
Par vous ce prince est adoré,
Et chaque jour de votre vie
A Frédéric est consacré.
Si je n'étais pas à Cirey,
Que je vous porterais d'envie !

CXXIX. ÉPIGRAMME[1]

SUR L'ABBÉ DESFONTAINES,

Qui se prononçait contre l'attraction.

1738.

Pour l'amour anti-physique
Desfontaines flagellé
A, dit-on, fort mal parlé
Du système newtonique.
Il a pris tout à rebours
La vérité la plus pure;
Et ses erreurs sont toujours
Des péchés contre nature.

CXXX.

L'ABBÉ DESFONTAINES ET LE RAMONEUR[2],

OU LE RAMONEUR ET L'ABBÉ DESFONTAINES.

CONTE PAR FEU M. DE LA FAYE.

1738.

Un ramoneur à face basanée,
Le fer en main, les yeux ceints d'un bandeau,

---

[1] Cette épigramme est rapportée dans la lettre du 5 juin 1738. En la répétant ici, je crois qu'il suffit de rappeler qu'on peut voir d'autres épigrammes sur Desfontaines, t. XXXVIII, p. 297, 298; LIII, 518 et 541; voyez aussi la pièce qui suit. B.

[2] Dans sa lettre à Thieriot, du 5 juin 1738, Voltaire parle de ce conte comme étant ancien. Cette indication, fût-elle vraie, est trop vague. J'ai donc laissé cette pièce à 1738. B.

S'allait glissant dans une cheminée,
Quand de Sodome un antique bedeau,
Qui pour l'Amour prenait ce jouvenceau,
Vint endosser son échine inclinée.
L'Amour cria : le quartier accourut.
On verbalise; et Desfontaine en rut
Est encagé dans le clos de Bicêtre.
On vous le lie, on le fait dépouiller.
Un bras nerveux se complaît d'étriller
Le lourd fessier du sodomite prêtre.
Filles riaient, et le cuistre écorché
Criait : « Monsieur, pour Dieu, soyez touché;
Lisez, de grace, et mes vers et ma prose. »
Le fesseur lut; et soudain, plus fâché,
Du renégat il redoubla la dose,
Vingt coups de fouet pour son vilain péché,
Et trente en sus pour l'ennui qu'il nous cause.

CXXXI. VERS

Écrits à la marge d'un manuscrit de madame DU CHATELET sur NEWTON.

Penser avec solidité,
Et d'un style brillant et sage
Oser écrire avec courage
Ce que le génie a dicté;
Être femme, avoir en partage
Et la grandeur et la beauté,
Sans être vaine ni volage :
Sur les hommes, en vérité,
C'est avoir par trop d'avantage.

CXXXII. A M. H....[1],

ANGLAIS,

Qui avait comparé l'auteur au soleil.

Le soleil des Anglais, c'est le feu du génie,
C'est l'amour de la gloire et de l'humanité,
Celui de la patrie et de la liberté :
Voilà leur Apollon, voilà leur Polymnie.
Le feu que Prométhée au ciel avait surpris
N'est point dans les climats, il est dans les esprits;
Le nord n'en éteint point les flammes immortelles;
Partout vous en portez les vives étincelles.
Vous brillerez partout, dans la chaire, au sénat;
Vous servirez le prince, et beaucoup mieux l'état;
  Et, né pour instruire et pour plaire,
Ce feu que vous tenez de votre illustre père
  A dans vous un nouvel éclat.

CXXXIII. A MADAME DE BOUFFLERS[2],

En lui envoyant un exemplaire de *la Henriade*.

Vos yeux sont beaux, mais votre ame est plus belle;
 Vous êtes simple et naturelle,
Et, sans prétendre à rien, vous triomphez de tous;

---

[1] Les initiales M. H... désignent très probablement *milord Hervey* (nommé Harvey dans la xxe des *Lettres philosophiques*, par une erreur typographique qui s'est propagée jusqu'à présent dans les *OEuvres de Voltaire*). Voyez, dans la *Correspondance* (tome LIV, page 65), la lettre que Voltaire écrit à Jules Hervey, alors garde des sceaux. Cl.

[2] Mère du chevalier de Boufflers, morte en 1787; voyez ma note, t. LV, p. 311. B.

Si vous eussiez-vécu du temps de Gabrielle,
 Je ne sais pas ce qu'on eût dit de vous,
 Mais l'on n'aurait point parlé d'elle.

CXXXIV.
A Mme LA DUCHESSE DE LA VALLIÈRE[1],

AU NOM DE MADAME LA DUCHESSE DE ***,

En lui envoyant une navette.

L'emblême frappe ici vos yeux :
Si les Graces, l'Amour, et l'Amitié parfaite,
 Peuvent jamais former des nœuds,
 Vous devez tenir la navette.

CXXXV. À MADAME DU BOCCAGE.

 J'avais fait un vœu téméraire
 De chanter un jour à-la-fois
 Les graces, l'esprit, l'art de plaire,
 Le talent d'unir sous ses lois
 Les dieux du Pinde et de Cythère :
 Sur cet objet fixant mon choix,
 Je cherchais ce rare assemblage,
 Nul autre ne put me toucher ;
 Mais hier je vis Du Boccage,
 Et je n'eus plus rien à chercher.

---

[1] Anne-Julie de Crussol d'Uzès, mariée en 1732 à Louis-César Le Blanc de La Baume, d'abord duc de Vaujour et ensuite duc de La Vallière, avec lequel Voltaire fut en correspondance ; voyez plus bas son portrait en huit vers (n° CXLIX). B.

CXXXVI. LES SOUHAITS.

SONNET[1].

Il n'est mortel qui ne forme des vœux :
L'un de Voisin[2] convoite la puissance ;
L'autre voudrait engloutir la finance
Qu'accumula le beau-père d'Évreux[3].

Vers les quinze ans, un mignon de couchette
Demande à Dieu ce visage imposteur,
Minois friand, cuisse ronde et douillette
Du beau de Gesvre, ami du promoteur.

Roy versifie, et veut suivre Pindare ;
Du Bousset chante, et veut passer Lambert.
En de tels vœux mon esprit ne s'égare :

Je ne demande au grand dieu Jupiter
Que l'estomac du marquis de La Fare,
Et les c.....ons de monsieur d'Aremberg.

CXXXVII. A M. L'ABBÉ,

DEPUIS CARDINAL DE BERNIS.

Votre muse vive et coquette,
Cher abbé, me paraît plus faite

---

[1] Dans sa lettre du 18 mars 1736, à Thieriot, Voltaire dit qu'il n'avait encore fait aucun sonnet, si ce n'est celui qu'il venait d'adresser à Algarotti. Il s'ensuit que celui-ci est postérieur à 1736. CL.

[2] Le chancelier Voisin. B.

[3] Croxat. B.

Pour un souper avec l'Amour
Que pour un souper de poëte.
Venez demain chez Luxembourg,
Venez la tête couronnée
De lauriers, de myrte, et de fleurs;
Et que ma muse un peu fanée
Se ranime par les couleurs
Dont votre jeunesse est ornée.

cxxxviii. AU ROI DE PRUSSE.

BILLET DE CONGÉ [1].

1740.

Non, malgré vos vertus, non, malgré vos appas,
    Mon ame n'est pas satisfaite;
    Non, vous n'êtes qu'une coquette
Qui subjugue les cœurs, et ne vous donnez pas [2].

cxxxix. L'ÉPIPHANIE DE 1741.

Stuart, chassé par les Anglais,
Dit son rosaire en Italie;
Stanislas, ex-roi polonais,
Fume sa pipe en Austrasie;
L'empereur, chéri des Français,

---

[1] Ce quatrain, daté jusqu'à présent de 1753, est de décembre 1740; il doit avoir précédé le billet dont un fragment est t. LIV, p. 249. B.

[2] Le roi écrivit au bas:

    Mon ame sent le prix de vos divins appas;
    Mais ne présumez pas qu'elle soit satisfaite.
    Traître, vous me quittez pour suivre une coquette:
        Moi, je ne vous quitterais pas.

Vit à l'auberge en Franconie :
La belle reine des Hongrais
Se rit de cette épiphanie.

CXL. — A M. DE LA NOUE,

AUTEUR DE MAHOMET II, TRAGÉDIE,

En lui envoyant celle de Mahomet le prophète.

1741.

Mon cher La Noue, illustre père
De l'invincible Mahomet,
Soyez le parrain d'un cadet
Qui sans vous n'est point sûr de plaire.
Votre fils est un conquérant;
Le mien a l'honneur d'être apôtre,
Prêtre, fripon, dévot, brigand;
Faites-en l'aumônier du vôtre.

CXLI. SUR LA BANQUEROUTE

D'UN NOMMÉ MICHEL,

RECEVEUR GÉNÉRAL [1].

Michel, au nom de l'Éternel,
Mit jadis le diable en déroute;
Mais, après cette banqueroute,
Que le diable emporte Michel!

---

[1] Michel, dont il est parlé tome LII, page 438, avait fait une banqueroute dans laquelle Voltaire se trouvait pour *une assez bonne partie de son bien*; voyez tome LIV, page 383. B.

CXLII. VERS

Gravés au bas d'un portrait de MAUPERTUIS[1].

1741.

Ce globe mal connu, qu'il a su mesurer,
Devient un monument où sa gloire se fonde;
Son sort est de fixer la fortune du monde,
  De lui plaire, et de l'éclairer.

CXLIII.

SUR LES DISPUTES EN MÉTAPHYSIQUE.

1741.

Tels, dans l'amas brillant des rêves de Milton,
On voit les habitants du brûlant Phlégéton,
Entourés de torrents de bitume et de flamme,
Raisonner sur l'essence, argumenter sur l'ame,
Sonder les profondeurs de la fatalité,
Et de la prévoyance et de la liberté.
Ils creusent vainement dans cet abîme immense.

---

[1] Ces vers sont dans la lettre de Voltaire à Locmaria, du 17 juillet 1741 (voyez tome LIV, page 378). Une note des éditeurs de Kehl (voyez t. XII, p. 78) exige leur reproduction ici.

Dans le portrait pour lequel ils ont été faits, Maupertuis, en habit de Lapon, avait la main appuyée sur le globe de la terre, et semblait aplatir les pôles. B.

CXLIV. A M. MAURICE DE CLARIS[1],

Qui avait envoyé à l'auteur un poëme sur la grace.

1741.

Lorsque vous me parlez des graces naturelles
  Du héros votre commandant[2],
Et de la déité qu'on adore à Bruxelles[3],
  C'est un langage qu'on entend.
La grace du Seigneur est bien d'une autre espèce ;
Moins vous me l'expliquez, plus vous en parlez bien :
  Je l'adore, et n'y comprends rien.
L'attendre et l'ignorer, voilà notre sagesse.
Tout docteur, il est vrai, sait le secret de Dieu ;
Élus de l'autre monde, ils sont dignes d'envie[4].
  Mais qui vit auprès d'Émilie,
  Ou bien auprès de Richelieu,
  Est un élu dans cette vie.

---

[1] Le *Mercure* de décembre 1754 donne ces vers comme étant adressés à M. Closier ; et c'est sous cette adresse qu'on les trouve dans les éditions de Voltaire. Dans les *Mélanges historiques, satiriques, et anecdotiques de M. de B... Jourdain*, III, 78, cette pièce est transcrite comme ayant été envoyée *à M. Claris, conseiller de la cour des aides de Montpellier ;* elle est précédée des vers de M. Claris. M. de Claris est depuis devenu président de la cour des aides ; j'ai vu ses manuscrits il y a quelques années, et parmi eux les vers à Voltaire, et la réponse. Je n'ai rien pu découvrir sur Closier, qui n'est peut-être que le nom de Claris mal écrit ou mal lu. B.

[2] M. le duc de Richelieu. K.

[3] La marquise du Châtelet était alors à Bruxelles. K.

[4] Var. Et dans un autre monde il est digne d'envie.

CXLV. SUR LE MARIAGE

DU FILS DU DOGE DE VENISE AVEC LA FILLE D'UN ANCIEN DOGE.

Venise et la mère d'Amour
Naquirent dans le sein de l'onde ;
Ces deux puissances tour-à-tour
Ont été la gloire du monde.
C'est pour éterniser un triomphe si beau
Qu'aujourd'hui l'Amour sans bandeau
Unit deux cœurs qu'il favorise ;
Et c'est un triomphe nouveau
Et pour Vénus et pour Venise.

CXLVI.

A Mme LA PRINCESSE ULRIQUE DE PRUSSE[1].

Souvent un peu de vérité
Se mêle au plus grossier mensonge :
Cette nuit, dans l'erreur d'un songe,

---

[1] Ce madrigal est, sans contredit, de l'année 1743, puisque la princesse Ulrique y fait allusion dans sa lettre à Voltaire, d'octobre 1743 (voyez tome LIV, page 607). On prétend que Frédéric y fit la réponse que voici :

On remarque pour l'ordinaire
Qu'un songe est analogue à notre caractère.
Un héros peut rêver qu'il a passé le Rhin,
Un marchand qu'il a fait fortune,
Un chien qu'il aboie à la lune.
Mais que Voltaire, en Prusse, à l'aide d'un mensonge,
S'imagine être roi pour faire le faquin,
Ma foi, c'est abuser du songe.

Ces vers se trouvent à la page 376 du tome III du *Supplément aux OEuvres posthumes de Frédéric II*, Cologne, 1789, six volumes in-8°. D'un passage

Au rang des rois j'étais monté.
Je vous aimais, princesse, et j'osais vous le dire!
Les dieux à mon réveil ne m'ont pas tout ôté;
Je n'ai perdu que mon empire.

de la lettre de Frédéric, du 7 avril 1744 (voyez tome LIV, page 635), les éditeurs de Kehl concluent que le roi ne pouvait être l'auteur des vers ci-dessus.

Une autre réponse fut faite à Voltaire sur les mêmes rimes que celles de sa pièce :

> Je ne fais cas que de la *vérité:*
> Je ne me repais point d'un séduisant *mensonge.*
> Je vois sans peine dans un *songe.*
> La perte d'un haut rang où vous êtes *monté.*
> Mais ce qui vous en reste et que vous n'osez *dire,*
> S'il est vrai qu'il ne peut jamais vous être *ôté,*
> Vaut à mes yeux le plus puissant *empire.*

M. de Modène, capitaine au régiment Dauphin, a traduit ainsi le madrigal de Voltaire :

> Sæpe aliquid veri secum mendacia ducunt,
> Hac nocte, in somno, demens, regnare putavi.
> Te ardebam, princeps, audebam dicere. Mane
> Amisi imperium, non abstulit omnia numen.

Fréron imprima dans ses feuilles, en 1752 (*Lettres sur quelques écrits du temps*, VI, 40), que le madrigal était de La Motte, et qu'on le trouvait dans les OEuvres de cet auteur. Il cite la *Bibliothèque des gens de cour* comme disant que les vers ont été faits pour une princesse de France. Un éclaircissement fut donné dans le *Mercure* de juin 1752, page 198. Le madrigal n'est ni dans les OEuvres de La Motte, ni dans ses manuscrits. La *Bibliothèque des gens de cour* a eu plusieurs éditions, et ce n'est que dans celle de 1746 qu'est là pièce dont il s'agit : malgré ces explications, Fréron ne lâcha pas prise. Il argua de la différence des textes entre la version de la *Bibliothèque des gens de cour* et celle qui est ici, pour soutenir que la version de la *Bibliothèque* a bien l'air d'être l'originale. Il reconnaît toutefois que l'édition de 1746 est la première qui les donne, et produit une lettre de l'abbé Pérau, à qui l'on doit l'édition de 1746. L'abbé dit ne pas se rappeler d'où il a tiré cette pièce, mais qu'elle se trouvait sous le nom de La Motte parmi les papiers de Gayot de Pitaval, mort en 1743, premier compilateur de la *Bibliothèque des gens de cour*; voyez tome XX, pages 175 et 541; LV, 422; et LVI, 317. B.

CXLVII. LA MUSE DE SAINT-MICHEL.

1744.

Notre monarque, après sa maladie [1],
Était à Metz, attaqué d'insomnie.
Ah! que de gens l'auraient guéri d'abord!
Le poète Roy dans Paris versifie:
La pièce arrive, on la lit, le roi dort.
De Saint-Michel la muse soit bénie [2]!

CXLVIII. VERS

Gravés au-dessus de la porte de la galerie de VOLTAIRE, à Cirey [3].

1744.

Asile des beaux-arts, solitude où mon cœur
Est toujours demeuré dans une paix profonde,
  C'est vous qui donnez le bonheur
  Que promettrait en vain le monde.

CXLIX. PORTRAIT

DE MADAME LA DUCHESSE DE LA VALLIÈRE [4].

  Être femme sans jalousie,
  Et belle sans coquetterie;

---

[1] Louis XV commença à entrer en convalescence le 19 auguste 1744. CL.
[2] Roy était chevalier de Saint-Michel. K.
[3] Ce quatrain est ici tel qu'il a été copié par M. Clogenson en 1821 et 1827; voyez t. LIV, p. 640. Voyez ci-après le n° 11 des VERS LATINS. B.
[4] Anne-Julie-Françoise de Crussol d'Uzès, née à Paris le 11 décembre 1713, mariée, le 19 février 1732, à Louis-César Le Blanc de La Baume,

Bien juger sans beaucoup savoir,
Et bien parler sans le vouloir ;
N'être haute, ni familière ;
N'avoir point d'inégalité :
C'est le portrait de La Vallière ;
Il n'est ni fini, ni flatté.

CL. IMPROMPTU.

1745.

Mon *Henri quatre*, et ma *Zaïre*,
Et mon Américaine *Alzire*,
Ne m'ont valu jamais un seul regard du roi :
J'avais mille ennemis avec très peu de gloire.
Les honneurs et les biens pleuvent enfin sur moi
　　Pour une farce de la Foire [1].

CLI. A L'IMPÉRATRICE DE RUSSIE,

ÉLISABETH PETROWNA,

En lui envoyant un exemplaire de *la Henriade*, qu'elle avait demandé à l'auteur.

Sémiramis du Nord, auguste impératrice,
　　Et digne fille de Ninus ;

---

duc de La Vallière. On a dit que le portrait que Voltaire fait de madame de La Vallière était une contre-vérité. B.

[1] Cet impromptu est rapporté par Voltaire lui-même dans son *Commentaire historique* (voyez tome XLVIII, page 344); l'auteur, en récompense de *la Princesse de Navarre*, qu'il avait composée pour le mariage de la dauphine, avait été gratifié d'une charge de gentilhomme ordinaire de la chambre du roi. B.

Le ciel me destinait à peindre les vertus,
Et je dois rendre grace à sa bonté propice :
Il permet que je vive en ces temps glorieux
Qui t'ont vu commencer ta carrière immortelle.
Au trône de Russie il plaça mon modèle;
    C'est là que j'élève mes yeux.

CLII. ÉPIGRAMME.

Connaissez-vous certain rimeur obscur,
Sec et guindé, souvent froid, toujours dur,
Ayant la rage et non l'art de médire,
Qui ne peut plaire, et peut encor moins nuire;
Pour ses méfaits dans la geôle encagé,
A Saint-Lazare après ce fustigé,
Chassé, battu[1], détesté pour ses crimes,
Honni, berné, conspué pour ses rimes,
Cocu, content, parlant toujours de soi?
Chacun s'écrie : « Eh! c'est le poète Roy. »

CLIII. IMPROMPTU

SUR LA FONTAINE DE BUDÉE, A YÈRE[2].

Toujours vive, abondante, et pure,
  Un doux penchant règle mon cours :

---

[1] Moncrif est un de ceux qui se firent justice, avec le bâton, des épigrammes de Roy. M. Michaud jeune va même jusqu'à dire (*Biographie universelle*) que le comte de Clermont, reçu à l'académie française en 1754, ayant été l'objet à cette occasion des sarcasmes poétiques de Roy, celui-ci fut si maltraité par les gens du prince, qu'*il expira peu de jours après*. Mais Roy n'est mort que le 23 octobre 1764, de sorte que cette anecdote n'est guère qu'à moitié vraie. Ci..

[2] J'ai trouvé cette pièce dans une note des *Fragments épiques, par B. de*

Heureux l'ami de la nature
Qui voit ainsi couler ses jours!

CLIV. A MADAME DE POMPADOUR,

Alors madame d'Étiole, qui venait de jouer la comédie aux petits appartements.

Ainsi donc vous réunissez
Tous les arts, tous les goûts, tous les talents de plaire:
Pompadour, vous embellissez
La cour, le Parnasse, et Cythère.
Charme de tous les cœurs, trésor d'un seul mortel,
Qu'un sort si beau soit éternel!
Que vos jours précieux soient marqués par des fêtes!
Que la paix dans nos champs revienne avec Louis!
Soyez tous deux sans ennemis,
Et tous deux gardez vos conquêtes.

CLV. A MADAME DE BOUFFLERS,

QUI S'APPELAIT MADELEINE [1].

Chanson sur l'air des Folies d'Espagne.

Votre patronne en son temps savait plaire;
Mais plus de cœurs vous sont assujettis.
Elle obtint grace, et c'est à vous d'en faire,
Vous qui causez les feux qu'elle a sentis.

Malpière, 1829, page 229. C'est sans aucune donnée sur sa date que je la place ici. B.

[1] Voyez tome LVIII, page 507. B.

Votre patronne, au milieu des apôtres,
Baisa les pieds du maître le plus doux :
Belle Boufflers, il eût baisé les vôtres,
Et saint Jean même en eût été jaloux.

CLVI. QUATRAIN[1]

SUR LE MARÉCHAL DE SAXE.

Ce héros que nos yeux aiment à contempler
A frappé d'un seul coup l'envie et l'Angleterre;
  Il force l'histoire à parler ;
  Et les courtisans à se taire.

CLVII. A MADAME DE POMPADOUR,

En lui envoyant l'*Abrégé de l'Histoire de France*, du président HÉNAULT.

1745.

Le voici ce livre vanté.
Les Graces daignèrent l'écrire
Sous les yeux de la Vérité ;
Et c'est aux Graces de le lire[2].

---

[1] M. Fayolle (à qui je dois la connaissance de la lettre 6373) a, dans le tome V de ses *Quatre Saisons du Parnasse*, imprimé ce quatrain sous le nom de Voltaire, et le donne comme inédit. M. Auguste de Labouïsse, dans l'*Anecdotique* (journal qui s'imprimait à Castelnaudary en 1821 et suiv.), dit, tome I, page 192, qu'il est de madame de Capron, et sur le maréchal de Richelieu. Ce n'est pas moi qui ai admis la pièce dans les *OEuvres de Voltaire*, et je n'ose l'en retrancher. B.

[2] Il ne reste que ces quatre vers de la pièce de Voltaire; voyez t. LV, p. 62. B.

CLVIII. INSCRIPTIONS

Mises sur la nouvelle porte de Nevers, élevée en l'honneur de Louis XV.

1746.

(Du côté de Paris.)

Au grand homme modeste, au plus doux des vainqueurs,
Au père de l'état, au maître de nos cœurs.

(En dedans de la ville.)

A ce grand monument, qu'éleva l'abondance,
Reconnaissez Nevers, et jugez de la France[1].

(En dedans de la porte.)

Dans ces temps fortunés de gloire et de puissance,
Où Louis, répandant les bienfaits et l'effroi,
Triomphait des Anglais aux champs de Fontenoy,
Et fesait avec lui triompher sa clémence;
Tandis que tous les arts, armés et soutenus,
Embellissaient l'état que sa main sut défendre;
Tandis qu'il renversait les portes de la Flandre
Pour fermer à jamais les portes de Janus,
Les peuples de Nevers, dans ces jours de victoire,
Ont voulu signaler leur bonheur et sa gloire.
Étalez à jamais, augustes monuments,
Le zèle et la vertu de ceux qui vous fondèrent;
Instruisez l'avenir: soyez vainqueurs du temps,
Ainsi que le grand nom dont leurs mains vous ornèrent.

---

[1] M. L. de Sainte-Marie, dans ses *Recherches historiques sur Nevers*, 1810, in-8°, rapporte les quatre premiers vers de cette pièce, qu'on n'avait pas alors admise dans les *OEuvres de Voltaire*, et dit qu'elle fut payée cent louis. B.

CLIX. A M. CLÉMENT DE DREUX[1].

1746.

On voit sans peine, à vos rimes gentilles
Dont vous ornez ce salutaire don,
Que dans vos champs les lauriers d'Apollon
Sont cultivés ainsi que vos lentilles.
Si, dans son temps, ce gourmand d'Ésaü
Pour un tel mets vendit son droit d'aînesse,
C'est payer cher, il faut qu'on le confesse;
Mais de surcroît si ce Juif eût reçu
D'aussi bons vers, il n'aurait jamais eu
De quoi payer les fruits de cette espèce.

CLX. COUPLETS

Chantés par Polichinelle, et adressés à M. le comte D'Eu, qui avait fait venir les marionnettes à Sceaux.

1746.

Polichinelle, de grand cœur,

[1] Madame de Goulet ayant remarqué chez la duchesse du Maine que Voltaire aimait beaucoup les lentilles, lui en fit envoyer de sa terre de Goulet près d'Argentan. L'envoi était accompagné de ces vers :

  Fruit cultivé dans ce lieu solitaire,
   Connaissez tout votre bonheur :
  Du Châtelet chérit votre saveur,
  Et vous serez l'aliment de Voltaire.
  Soyez celui de mon ambition :
  Les demi-dieux qui vous trouvent si bon
   Vont vous mêler à l'ambroisie
  Dont les nourrit le divin Apollon.
  Vous n'avez eu jusqu'ici nul renom,
   Aucun pouvoir sur le génie :
  Puissiez-vous en avoir sur l'inclination,
  Et de deux cœurs dont mon âme est remplie
   M'assurer la possession ! B.

Prince, vous remercie :
En me fesant beaucoup d'honneur
Vous faites mon envie ;
Vous possédez tous les talents,
Je n'ai qu'un caractère ;
J'amuse pour quelques moments,
Vous savez toujours plaire.

On sait que vous faites mouvoir
De plus belles machines¹ ;
Vous fîtes sentir leur pouvoir
A Bruxelle, à Malines :
Les Anglais se virent traiter
En vrais polichinelles ;
Et vous avez de quoi dompter
Les remparts et les belles.

CLXI. A MADAME DUMONT²,

Qui avait adressé des vers à l'auteur, en lui demandant d'entrer avec sa fille aux fêtes de Versailles pour le mariage du dauphin.

1747.

Il faut au duc d'Ayen montrer vos vers charmants :
De notre paradis il sera le saint Pierre ;
Il aura les clefs ; et j'espère
Qu'on ouvrira la porte aux beautés de quinze ans.

---

1. L'artillerie, dont le comte d'Eu était grand'-maître. B.
2. Madame Dumont, née Lutel, avait adressé à Voltaire une épitre en trente-huit vers, qui est imprimée pages 10 et 11 du *Nouveau recueil de pièces en vers et en prose*, Paris, Dehansy, 1764, in-12. B.

CLXII.

Sur ce que l'auteur occupait à Sceaux la chambre de M. DE SAINT-AULAIRE, que madame la duchesse DU MAINE appelait son berger.

1747.

J'ai la chambre de Saint-Aulaire,
Sans en avoir les agréments;
Peut-être à quatre-vingt-dix ans
J'aurai le cœur de sa bergère :
Il faut tout attendre du temps,
Et surtout du desir de plaire.

CLXIII. A Mme LA DUCHESSE DU MAINE[1].

Vous en qui je vois respirer
Du grand Condé l'ame éclatante,
Dont l'esprit se fait admirer
Lorsque son aspect nous enchante,
Il faut que mes talents soient protégés par vous,
Ou toutes les vertus auront lieu de se plaindre;
Et je dois être à vos genoux,
Puisque j'ai des vertus et des graces à peindre.

CLXIV. A Mme LA MARQUISE DU CHATELET,

LE JOUR QU'ELLE A JOUÉ A SCEAUX LE RÔLE D'ISSÉ[2].

1747.

Être Phébus aujourd'hui je desire,

---

[1] Je possède de ces vers, inédits jusqu'à ce jour (novembre 1833), une copie de la main de Voltaire; elle est sans adresse aucune, et sans date. B.

[2] Un anonyme, par une lettre insérée dans le *Journal encyclopédique*

Non pour régner sur la prose et les vers,
Car à du Maine il remet cet empire;
Non pour courir autour de l'univers,
Car vivre à Sceaux est le but où j'aspire;
Non pour tirer des accords de sa lyre,
De plus doux chants font retentir ces lieux;
Mais seulement pour voir et pour entendre
La belle Issé qui pour lui fut si tendre,
Et qui le fit le plus heureux des dieux.

CLXV. A LA MÊME.

PARODIE DE LA SARABANDE D'ISSÉ.

1747.

Charmante Issé, vous nous faites entendre
Dans ces beaux lieux les sons les plus flatteurs;
  Ils vont droit à nos cœurs:
Leibnitz n'a point de monade plus tendre,
Newton n'a point d'xx plus enchanteurs;
A vos attraits on les eût vus se rendre;

---

du 1er mars 1770, tout en reconnaissant Marot pour auteur premier de ce madrigal, croit en avoir vu l'idée dans une pièce de Giolito. Il pense que Ferrand, à qui l'on doit une imitation de la pièce de Marot, ne donna la sienne que comme *bouts-rimés*. Il en rapporte deux imitations ou parodies, et ajoute que Voltaire, très jeune lorsqu'il fit ce madrigal, avait pu aussi s'amuser à remplir cette espèce de *bouts-rimés*. Dans cette supposition, non seulement les vers ne seraient point de 1747, mais ils n'auraient pas été faits pour madame du Châtelet; car Voltaire avait environ quarante ans quand il se lia avec madame du Châtelet.

 La pièce de Ferrand, que l'on comprend, je ne sais pourquoi, dans les OEuvres de J.-B. Rousseau, tout en disant qu'elle n'est pas de ce dernier, est rapportée dans la *Connaissance des beautés et des défauts de la poésie et de l'éloquence dans la langue française*; voyez t. XXXIX, p. 214. B.

Vous tourneriez la tête à nos docteurs :
>Bernouilli dans vos bras,
>Calculant vos appas,
>Eût brisé son compas.

CLXVI. A MADAME DU CHATELET,

Qui dînait avec l'auteur dans un collége, et qui avait soupé la veille avec lui dans une hôtellerie.

M'est-il permis, sans être sacrilége,
>De révéler votre secret ?

Vénus vint, sous vos traits, souper au cabaret,
Et Minerve aujourd'hui vient dîner au collége.

CLXVII. A UN BAVARD.

Il faudrait penser pour écrire ;
Il vaut encor mieux effacer.
Les auteurs quelquefois ont écrit sans penser,
Comme on parle souvent sans avoir rien à dire.

CLXVIII. IMPROMPTU

Écrit sur la feuille du suisse de M. le duc DE LA VALLIÈRE, à qui l'auteur allait demander la romance de *Gabrielle de Vergy*.

Envoyez-moi par charité
>Cette romance qui sait plaire,

Et que je donnerais par pure vanité,
>Si j'avais eu le bonheur de la faire.

CLXIX. A Mme LA DUCHESSE D'ORLÉANS,

Qui demandait des vers pour une de ses dames d'atour.

>Que pourrait-on dire de plus
>De la nymphe qui suit vos traces?
>Un jeune objet qui suit Vénus
>Doit être mis au rang des Graces.

CLXX. A MADAME DE POMPADOUR.

Les esprits, et les cœurs, et les remparts terribles,
Tout cède à ses efforts, tout fléchit sous sa loi;
Et Berg-op-Zoom et vous, vous êtes invincibles;
>Vous n'avez cédé qu'à mon roi :
Il vole dans vos bras, du sein de la victoire;
Le prix de ses travaux n'est que dans votre cœur;
>Rien ne peut augmenter sa gloire,
>Et vous augmentez son bonheur.

CLXXI. SUR LE SERIN

DE MADEMOISELLE DE RICHELIEU[1].

J'appartiens à l'Amour; non, j'appartiens aux Graces;
>Non, j'appartiens à Richelieu;
L'un dans ses yeux, les autres sur ses traces,
>A la méprise ont donné lieu.

---

[1] Voyez tome LXVIII, page 363. B.

CLXXII. A M. DE LA POPELINIERE,

En lui envoyant un exemplaire de *Sémiramis*.

1748.

Mortel de l'espèce très rare
    Des solides et beaux esprits,
Je vous offre un tribut qui n'est pas de grand prix :
Vous pourriez donner mieux, mais vos charmants écrits
Sont le seul de vos biens dont vous soyez avare.

CLXXIII. VERS[1]

Récités par une pensionnaire du couvent de Beaune avant la représentation de *la Mort de César*, pour la fête de la prieure.

1748.

Osons-nous retracer de féroces vertus
    Devant des vertus si paisibles?
Osons-nous présenter ces spectacles terribles
A ces regards si doux, à nous plaire assidus?
César, ce roi de Rome, et si digne de l'être,
Tout héros qu'il était, fut un injuste maître ;
Et vous régnez sur nous par le plus saint des droits :
On détestait son joug, nous adorons vos lois.
Pour nous et pour ces lieux quelle scène étrangère
Que ces troubles, ces cris, ce sénat sanguinaire,
Ce vainqueur de Pharsale, au temple assassiné,

---

[1] Ces vers, que l'on croyait de 1747, sont de juin 1748, ainsi qu'on le voit par la lettre d'envoi à madame de Truchis de La Grange, tome LV, page 185. B.

Ces meurtriers sanglants, ce peuple forcené!
Toutefois des Romains on aime encor l'histoire;
Leur grandeur, leurs forfaits, vivent dans la mémoire.
La jeunesse s'instruit dans ces faits éclatants;
Dieu lui-même a conduit ces grands événements;
Adorons de sa main ces coups épouvantables,
Et jouissons en paix de ces jours favorables
Qu'il fait luire aujourd'hui sur les peuples soumis,
Éclairés par sa grace, et sauvés par son Fils.

CLXXIV.

SUR LE PANÉGYRIQUE DE LOUIS XV[1].

1748.

Cet éloge a très peu d'effet;
Nul mortel ne m'en remercie:
Celui qui le moins s'en soucie
Est celui pour qui je l'ai fait.

CLXXV. ÉPIGRAMME

SUR BOYER, THÉATIN, ÉVÊQUE DE MIREPOIX[2],

Qui aspirait au cardinalat.

En vain la fortune s'apprête
A t'orner d'un lustre nouveau;

---

[1] Ces vers, rapportés par Voltaire dans son *Commentaire historique* (voyez tome XLVIII, page 349), fesaient partie d'une lettre à Formont qu'on n'a pas. Le *Panégyrique de Louis XV* est t. XXXIX, p. 49. B.

[2] Voyez tome LIV, page 518; Voltaire a souvent parlé de ce prélat; voyez tome XXXIII, page 65; XXXIX, 533; XL, 66; LV, 21; LVII, 172. B.

Plus ton destin deviendra beau,
Et plus tu nous paraîtras bête.
Benoît donne bien un chapeau,
Mais il ne donne point de tête.

CLXXVI. IMPROMPTU

A MADAME DU CHATELET,

Déguisée en Turc, et conduisant au bal madame DE BOUFFLERS, déguisée en sultane.

Sous cette barbe qui vous cache,
Beau Turc, vous me rendez jaloux!
Si vous ôtiez votre moustache,
Roxane le serait de vous.

CLXXVII. AU ROI STANISLAS.

Le ciel, comme Henri, voulut vous éprouver.
La bonté, la valeur, à tous deux fut commune;
Mais mon héros fit changer la fortune;
Que votre vertu sait braver.

CLXXVIII. A M. DE PLEEN,

Qui attendait l'auteur chez madame DE GRAFFIGNY, où l'on devait lire *la Pucelle.*

Comment, Écossais que vous êtes,
Vous voilà parmi nos poëtes!
Votre esprit est de tout pays.
Je serai sans doute fidèle
Au rendez-vous que j'ai promis;

Mais je ne plains pas vos amis,
Car cette veuve aimable et belle,
Par qui nous sommes tous séduits,
Vaut cent fois mieux qu'une pucelle.

CLXXIX. A MADAME DU CHATELET.

Il est deux dieux qui font tout ici-bas,
J'entends qui font que l'on plaît et qu'on aime :
Si ce n'est tout, du moins je ne crois pas
Être le seul qui suive ce système.
Ces deux divinités sont l'Esprit et l'Amour,
    Qui rarement vivent ensemble ;
L'Intérêt les sépare, et chacun a sa cour.
    Heureux celui qui les rassemble !
    Assez d'ouvrages imparfaits
    Sont les fruits de leur jalousie.
Ils voulurent pourtant un jour faire la paix :
    Ce jour de paix fut unique en leur vie ;
    Mais on ne l'oubliera jamais,
    Car il produisit Émilie.

CLXXX. ÉTRENNES A LA MÊME,

AU NOM DE MADAME DE BOUFFLERS.

Une étrenne frivole à la docte Uranie !
Peut-on la présenter ? oh ! très bien, j'en réponds.
Tout lui plaît, tout convient à son vaste génie :
Les livres, les bijoux, les compas, les pompons,
Les vers, les diamants, le biribi, l'optique,

L'algèbre, les soupers, le latin, les jupons,
L'opéra, les procès, le bal, et la physique[1].

CLXXXI. A MADAME DE BOUFFLERS[2].

Le nouveau Trajan des Lorrains,
Comme roi, n'a pas mon hommage;
Vos yeux seraient plus souverains;
Mais ce n'est pas ce qui m'engage.
Je crains les belles et les rois:
Ils abusent trop de leurs droits;
Ils exigent trop d'esclavage.
Amoureux de ma liberté,
Pourquoi donc me vois-je arrêté
Dans les chaînes qui m'ont su plaire?
Votre esprit, votre caractère,
Font sur moi ce que n'ont pu faire
Ni la grandeur ni la beauté.

CLXXXII. VERS SUR L'AMOUR.

1749.

L'Amour règne par le délire
Sur ce ridicule univers :

[1] RÉPONSE DE MADAME DU CHATELET.

Hélas! vous avez oublié,
Dans cette longue kirielle,
De placer la tendre amitié:
Je donnerais tout le reste pour elle.

[2] A qui est déjà adressé le n° CXXXIII. B.

Tantôt aux esprits de travers
Il fait rimer de mauvais vers ;
Tantôt il renverse un empire.
L'œil en feu, le fer à la main,
Il frémit dans la tragédie;
Non moins touchant et plus humain,
Il anime la comédie;
Il affadit dans l'élégie,
Et dans un madrigal badin
Il se joue aux pieds de Sylvie.
Tous les genres de poésie,
De Virgile jusqu'à Chaulieu,
Sont aussi soumis à ce dieu
Que tous les états de la vie[1].

CLXXXIII. A M. DESTOUCHES.

1749.

Auteur solide, ingénieux,
Qui du théâtre êtes le maître,
Vous qui fîtes *le Glorieux*,
Il ne tiendrait qu'à vous de l'être:
Je le serai, j'en suis tenté,
Si mardi ma table s'honore
D'un convive si souhaité ;
Mais je sentirai plus encore
De plaisir que de vanité.

---

[1] Ces vers terminent la préface de *Nanine;* voyez t. VI, p. 8. B.

CLXXXIV. COMPLIMENT

Adressé au roi STANISLAS et à madame la princesse de LA ROCHE-SUR-YON, sur le théâtre de Lunéville, par VOLTAIRE, qui venait d'y jouer le rôle de l'assesseur dans *l'Étourderie*.

O roi dont la vertu, dont la loi nous est chère,
Esprit juste, esprit vrai, cœur tendre et généreux,
    Nous devons chercher à vous plaire,
    Puisque vous nous rendez heureux.
Et vous, fille des rois, princesse douce, affable,
Princesse sans orgueil, et femme sans humeur,
De la société, vous, le charme adorable,
    Pardonnez au pauvre assesseur.

CLXXXV. CHANSON [1]

Composée pour la marquise de Boufflers.

Pourquoi donc le Temps n'a-t-il pas,
    Dans sa course rapide,
Marqué la trace de ses pas
    Sur les charmes d'Armide?
C'est qu'elle en jouit sans ennui,
    Sans regret, sans le craindre.
Fugitive encor plus que lui,
    Il ne saurait l'atteindre.

---

[1] Ce couplet, composé par Voltaire pour la maîtresse du dévot mais bon roi Stanislas, est extrait des notes du *Voyage à Saint-Léger*, par M. de Labouisse. CL.

CLXXXVI. AU ROI STANISLAS,

A LA CLÔTURE DU THÉATRE DE LUNÉVILLE.

Des jeux où présidaient les Ris et les Amours
    La carrière est bientôt bornée;
    Mais la vertu dure toujours:
    Vous êtes de toute l'année.
Nous faisions vos plaisirs, et vous les aimiez courts;
Vous faites à jamais notre bonheur suprême,
    Et vous nous donnez, tous les jours,
Un spectacle inconnu trop souvent dans les cours:
    C'est celui d'un roi que l'on aime.

CLXXXVII. A MADAME DU BOCCAGE.

En vain Milton, dont vous suivez les traces,
Peint l'âge d'or comme un songe effacé;
Dans vos écrits, embellis par les Graces,
On croit revoir un temps trop tôt passé.
Vivre avec vous dans le temple des muses,
Lire vos vers, et les voir applaudis,
Malgré l'enfer, le serpent et ses ruses,
Charmante Églé, voilà le *Paradis* [1].

---

[1] Voyez, dans la *Correspondance*, les lettres du 21 auguste et du 12 octobre 1749, à madame Du Boccage, qui avait déjà publié une imitation du *Paradis perdu*, et qui venait de donner sa tragédie intitulée *les Amazones*. CL.

CLXXXVIII. A LA MÊME,

SUR SON *PARADIS PERDU.*

Par le nouvel essai que vous faites briller,
Vous nous contraignez tous à vous rendre les armes :
Continuez, Iris, à nous humilier;
On vous pardonne tout en faveur de vos charmes.

CLXXXIX. ÉPITAPHE

DE MADAME DU CHATELET[1].

L'univers a perdu la sublime Émilie!
Elle aima les plaisirs, les arts, la vérité.
Les dieux, en lui donnant leur ame et leur génie,
N'avaient gardé pour eux que l'immortalité.

CXC. A MADAME DE POMPADOUR,

Qui trouvait qu'une caille servie à son dîner était grassouillette[2].

Grassouillette, entre nous, me semble un peu caillette.
Je vous le dis tout bas, belle Pompadourette.

---

[1] Ce quatrain est probablement celui que Voltaire désavoue dans sa lettre à madame Du Boccage, du 12 octobre 1749. Mais Longchamp, dans ses *Mémoires,* tome II, page 251, dit affirmativement qu'il est de Voltaire, à qui il servait alors de secrétaire. B.

[2] Ces vers sont imprimés dans une note, page 137, de la réimpression publiée en 1824 des *Mémoires de madame Du Hausset, femme de chambre de madame de Pompadour.* J.-B.-D. Després (mort en 1832) dit tenir ces vers de Laujon, qui était présent lorsque Voltaire les récita. Les courtisans de la favorite trouvèrent que c'était une impertinence; et Voltaire s'aperçut, dès le lendemain, du refroidissement de madame de Pompadour pour lui. B.

CXCI. A M. D'ARNAUD[1],

Qui lui avait adressé des vers très flatteurs.

Mon cher enfant, tous les rois sont loués
    Lorsque l'on parle à leur personne;
    Mais ces éloges qu'on leur donne
    Sont trop souvent désavoués.
J'aime peu la louange, et je vous la pardonne;
Je la chéris en vous, puisqu'elle vient du cœur.
    Vos vers ne sont pas d'un flatteur;
Vous peignez mes devoirs, et me faites connaître,
Non pas ce que je suis, mais ce que je dois être.
Poursuivez, et croissez en graces, en vertus:
Si vous me louez moins, je vous louerai bien plus.

CXCII. A MADAME DE POMPADOUR,

DESSINANT UNE TÊTE.

Pompadour, ton crayon divin
Devait dessiner ton visage:
Jamais une plus belle main
N'aurait fait un plus bel ouvrage.

CXCIII. A LA MÊME,

APRÈS UNE MALADIE.

Lachésis tournait son fuseau,
Filant avec plaisir les beaux jours d'Isabelle:

---

[1] Voyez ma note, tome LII, page 229. B.

J'aperçus Atropos qui, d'une main cruelle,
Voulait couper le fil, et la mettre au tombeau.
J'en avertis l'Amour; mais il veillait pour elle,
 Et du mouvement de son aile
Il étourdit la Parque, et brisa son ciseau.

cxciv. IMPROMPTU A LA MÊME,

En entrant à sa toilette, le lendemain d'une représentation d'*Alzire* au théâtre des petits appartements, où elle avait joué le rôle d'Alzire.

Cette Américaine parfaite
Trop de larmes a fait couler.
Ne pourrai-je me consoler,
Et voir Vénus à sa toilette?

cxcv. VERS

Faits en passant au village de Lawfelt.

1750.

Rivage teint de sang, ravagé par Bellone,
 Vaste tombeau de nos guerriers,
J'aime mieux les épis dont Cérès te couronne,
Que des moissons de gloire et de tristes lauriers.
Fallait-il, justes dieux! pour un maudit village,
Répandre plus de sang qu'aux bords du Simoïs?
Ah! ce qui paraît grand aux mortels éblouis
 Est bien petit aux yeux du sage [1]!

---

[1] Voltaire, avant d'entrer à Clèves en se rendant de Compiègne à Potsdam, traversa, au commencement de juillet 1750, le village de Lawfelt, où les Français avaient été vainqueurs le 2 juillet 1747; voyez, tome XIII, page 177, l'épître lxxvii, à madame la duchesse du Maine. CL.

CXCVI. AU ROI DE PRUSSE[1].

O fils aîné de Prométhée,
Vous eûtes, par son testament,
L'héritage du feu brillant
Dont la terre est si mal dotée.
On voit encor, mais rarement,
Des restes de ce feu charmant
Dans quelques françaises cervelles.
Chez nous, ce sont des étincelles;
Chez vous, c'est un embrasement.
    Pour ce Boyer, ce lourd pédant,
Diseur de sottise et de messe,
Il connaît peu cet élément;
Et, dans sa fanatique ivresse,
Il voudrait brûler saintement
Dans des flammes d'une autre espèce.

CXCVII. IMPROMPTU

SUR UNE ROSE DEMANDÉE PAR LE MÊME ROI.

Phénix des beaux-esprits, modèle des guerriers,
Cette rose naquit au pied de vos lauriers.

---

[1] Je laisse ces vers à la place que leur ont donnée les éditeurs de Kehl. Ils peuvent être une réponse aux vers qui sont dans la lettre du roi de Prusse, du 25 avril 1750 (voyez tome LV, page 414). Mais je croirais plutôt qu'ils répondent à ceux qui sont dans la lettre de Frédéric, du 26 mars 1744 (voyez tome LIV, page 634). B.

CXCVIII. PLACET

POUR UN HOMME A QUI LE ROI DE PRUSSE DEVAIT DE L'ARGENT.

Grand roi, tous vos voisins vous doivent leur estime,
  Vos sujets vous doivent leurs cœurs;
Vous recevez partout un tribut légitime
  D'amour, de respect, et d'honneurs.
Chacun doit son hommage à votre ardeur guerrière.
O vous qui me devez quelque mille ducats,
Prince, si bien payé de la nature entière,
  Pourquoi ne me payez-vous pas?

CXCIX. AU ROI DE PRUSSE.

J'ai vu la beauté languissante
Qui par lettres me consulta
Sur les blessures d'une amante :
Son bon médecin lui donna
La recette de l'inconstance.
Très bien, sans doute, elle en usa,
En use encore, en usera
Avec longue persévérance :
Le tendre Amour applaudira;
Certain prince aimable en rira,
Mais le tout avec indulgence.
Oui, grand prince, dans vos états
On verra quelques infidèles :
J'entends les amants et les belles;
Car pour vous seul on ne l'est pas.

cc. A LA MÉTRIE,

Qui était malade.

Je ne suis point inquiété
Si notre joyeux La Métrie
Perd quelquefois cette santé
Qui rend sa face si fleurie.
Quelque peu de gloutonnerie,
Avec beaucoup de volupté,
Sont les doux emplois de sa vie.
Il se conduit comme il écrit;
A la nature il s'abandonne;
Et chez lui le plaisir guérit,
Tous les maux que le plaisir donne.

cci. IMPROMPTU A M. DE MAUPERTUIS,

Qui était à la toilette du roi de Prusse avec l'auteur, lorsque ce prince, encore à la fleur de son âge, leur fit remarquer qu'il avait des cheveux blancs.

Ami, vois-tu ces cheveux blancs
Sur une tête que j'adore?
Ils ressemblent à ses talents:
Ils sont venus avant le temps,
Et comme eux ils croîtront encore.

ccii. AUTRE IMPROMPTU

SUR UN CARROUSEL DONNÉ PAR LE ROI DE PRUSSE,

et où présidait la princesse AMÉLIE.

Jamais dans Athène et dans Rome

On n'eut de plus beaux jours, ni de plus digne prix.
J'ai vu le fils de Mars sous les traits de Pâris,
　　Et Vénus qui donnait la pomme.

CCIII.

AUX PRINCESSES

ULRIQUE ET AMÉLIE [1].

Si Pâris venait sur la terre
　Pour juger entre vos beaux yeux,
　Il couperait la pomme en deux,
　Et ne produirait plus de guerre.

CCIV. AUX MÊMES.

Pardon, charmante Ulric, pardon, belle Amélie;
J'ai cru n'aimer que vous le reste de ma vie,
　　Et ne servir que sous vos lois;
　　Mais enfin j'entends et je vois
Cette adorable sœur dont l'Amour suit les traces [2].
　　Ah! ce n'est pas outrager les trois Graces
　　　Que de les aimer toutes trois.

[1] Je laisse cette pièce et la suivante à la place où les ont mises les éditeurs de Kehl. Mais, en 1750, la princesse Ulrique était mariée depuis six ans à un prince de Suède (voyez tome LIV, page 607); et ces deux pièces pourraient bien être de 1743, date du premier voyage de Voltaire à Berlin. B.

[2] Madame la margrave de Bareuth. K.

CCV.

SUR LE DÉPART DU ROI DE PRUSSE DE POTSDAM POUR BERLIN.

1750.

Je vais donc vous quitter, ô champêtre séjour,
Retraite du vrai sage, et temple du vrai juste!
    J'y voyais Horace et Sallusté,
J'étais auprès d'un roi, mais sans être à la cour.
Il va donc étaler des pompes qu'il dédaigne,
D'un peuple qui l'attend contenter les desirs;
Il va donc s'ennuyer pour donner des plaisirs.
Que j'aimais l'homme en lui! pourquoi faut-il qu'il règne?

CCVI. A M. DARGET.

1751.

Bonsoir, monsieur le secrétaire,
De la part d'un vieux solitaire
Qui de penser fait son emploi,
Et pourtant n'y profite guère.
O désert, puissiez-vous me plaire,
Et puissé-je y vivre avec moi!
Sans-Souci, beaux lieux qu'on renomme,
Je suis encor trop près d'un roi,
Mais trop éloigné d'un grand homme.

CCVII.

A monsieur, monsieur le joyeux DE LA MÉTRIE,
Fléau des médecins et de la mélancolie.

1751.

Allez, courez, joyeux lecteur [1],
Et le verre à la main, coiffé d'une serviette,
De vos desirs brûlants communiquez l'ardeur
  Au sein de Phyllis et d'Annette.
Chaque âge a ses plaisirs : je suis sur mon déclin ;
  Il me faut de la solitude,
  A vous des amours et du vin.
De mes jours trop usés j'attends ici la fin
  Entre Frédéric et l'étude,
Jouissant du présent, exempt d'inquiétude,
  Sans compter sur le lendemain.

CCVIII. AU ROI DE PRUSSE.

1751.

Je baise avec transport un livre si charmant [2] :
Le seigneur de Saint-Jame et celui de Versailles
  Ne peuvent faire un tel présent :
  Et je m'écrie en vous lisant,
  Comme en parlant de vos batailles :
« Non, il n'est point de roi qui puisse en faire autant. »

---

[1] Ces vers sont déjà dans la lettre 1732 (voyez t. LV, p. 615); mais il fallait bien répéter cette pièce pour conserver le titre rimé qu'elle a ici. B.

[2] C'est peut-être l'édition de 1751 en un volume in-4° des *Mémoires pour servir à l'Histoire de Brandebourg*, dont j'ai parlé tome XL, page 88. B.

CCIX. AU MÊME.

1751.

On dit que tout prédicateur
Dément assez souvent ce qu'il annonce en chaire :
Grand roi, soit dit sans vous déplaire,
Vous êtes de la même humeur.
Vous nous annoncez avec zèle
Une importante vérité ;
Et vous allez pourtant à l'immortalité,
En nous prêchant l'ame mortelle.

CCX. AU MÊME.

1751.

Affublé d'un bonnet qui couvre de ses bords
Le peu que les destins m'ont donné de visage,
Sur un grabat étroit où gît mon maigre corps,
Oublié des plaisirs, et mis au rang des morts,
Que fais-je, à votre avis ? J'enrage.

Il est vrai, Salomon, que dans un bel ouvrage
Vous m'avez enseigné qu'il faut savoir vieillir,
Souffrir, mourir, s'anéantir.
Faute de mieux, grand roi, c'est un parti fort sage.

Je fais assez gaîment ce triste apprentissage,
Du mal qui me poursuit je brave en paix les coups.
Je me sens assez de courage

Pour affronter la nuit du ténébreux rivage,
 Mais non pas pour vivre sans vous.

CCXI.

SUR LA NAISSANCE

DU DUC DE BOURGOGNE[1].

1751.

Rejeton de cent rois, espoir fragile et tendre
 D'un héros adoré de nous,
Que vous êtes heureux de ne pouvoir entendre
 Les mauvais vers qu'on fait pour vous!

CCXII. AU ROI DE PRUSSE.

1752.

Je n'ai point cultivé votre terre fertile,
J'en ai vu les progrès, et j'en goûte les fruits.
O séjour des neuf Sœurs, où Mars même est tranquille,
Paré des dons divers qu'à mes yeux tu produis,
 Tu seras mon dernier asile!

Je renvoie au héros dont je suis enchanté
Cet ampoulé fatras d'un ministre entêté,
Triomphe du faux goût plus que de l'*innocence*;
 Et je garde la vérité,
Que vous daignez m'offrir des mains de l'éloquence.

---

[1] Né le 13 septembre 1751, mort le 22 mars 1761. C'était le frère aîné de Louis XVI. B.

CCXIII. ÉPIGRAMME

SUR LA MORT DE M. D'AUBE[1],

NEVEU DE M. DE FONTENELLE.

« Qui frappe là? » dit Lucifer.
« Ouvrez, c'est d'Aube. » Tout l'enfer,
A ce nom, fuit et l'abandonne.
« Oh, oh! dit d'Aube, en ce pays
On me reçoit comme à Paris :
Quand j'allais voir quelqu'un, je ne trouvais personne. »

CCXIV. A M. MINGARD[2],

Qui demandait un billet pour voir *Nanine* au spectacle de la cour à Berlin.

Qui sait si fort intéresser
Mérite bien qu'on le prévienne;
Oui, parmi nous viens te placer;
Nous dirons tous : « Qu'il y revienne. »

[1] Ancien intendant de Soissons, homme fort instruit, mais si contredisant que tout le monde le fuyait. C'est lui dont il est parlé dans les *Disputes* de M. de Rhulières. Outre ce neveu, M. de Fontenelle avait encore un frère, qui était prêtre. Quelqu'un lui demandait un jour ce que fesait son frère : *Le matin il dit la messe, et le soir il ne sait ce qu'il dit.* K. — La pièce des *Disputes*, dont il est parlé dans cette note, a été réimprimée par Voltaire; voyez tome XXVIII, page 418. B.

[2] C'était un élève de l'école militaire de Berlin. Desirant, en 1753, assister au spectacle de la cour, il avait adressé à Voltaire ce quatrain :

> Ne pouvant plus gourmander
> Le goût vif qui me domine,
> Daignez, seigneur, m'accorder
> Un billet pour voir *Nanine!*

Les deux quatrains sont imprimés dans les *Mémoires secrets*, à la date du 5 décembre 1769. B.

ccxv. AU ROI DE PRUSSE,

En lui renvoyant la clef de chambellan et la croix de son ordre.

1753.

Je les reçus avec tendresse,
Je vous les rends avec douleur ;
Comme un amant jaloux, dans sa mauvaise humeur[1],
Rend le portrait de sa maîtresse.

ccxvi. A Mme LA DUCHESSE DE SAXE-GOTHA.

1753.

Grand Dieu, qui rarement fais naître parmi nous
De graces, de vertus, cet heureux assemblage,
Quand ce chef-d'œuvre est fait, sois un peu plus jaloux
    De conserver un tel ouvrage :
Fais naître en sa faveur un éternel printemps ;
Étends dans l'avenir ses belles destinées,
Et raccourcis les jours des sots et des méchants
    Pour ajouter à ses années.

ccxvii. A LA MÊME.

Loin de vous et de votre image,
Je suis sur le sombre rivage ;
Car Plombière est, en vérité,
De Proserpine l'apanage.

---

[1] Colini rapporte que le troisième vers écrit sur le paquet portait :
  C'est ainsi qu'un amant, dans son extrême ardeur, etc. B.

Mais les eaux de ce lieu sauvage
Ne sont pas celles du Léthé;
Je n'y bois point l'oubli du serment qui m'engage;
Je m'occupe toujours de ce charmant voyage
Que dès long-temps j'ai projeté :
Je veux vous porter mon hommage;
Je n'attends rien des eaux et de leur triste usage,
C'est le plaisir qui donne la santé.

CCXVIII. A Mme LA MARQUISE DE BELESTAT,

Qui se plaignait qu'on lui avait pris deux contrats au jeu,
et qui choisit l'auteur pour arbitre.

1754.

Vous vous plaignez à tort, on ne vous a rien pris;
C'est vous qui ravissez des biens d'un plus haut prix;
Qui sur nos libertés ne cessez d'entreprendre.
Votre cœur attaqué sait trop bien se défendre;
Et la mère des Jeux, des Graces, et des Ris,
Vous condamne à le laisser prendre.

CCXIX. A Mlle DE LA GALAISIÈRE[1],

Jouant le rôle de Lucinde dans *l'Oracle*.

J'allais pour vous au dieu du Pinde,
Et j'en implorais la faveur.
Il me dit : « Pour chanter Lucinde
Il faut un dieu plus séducteur. »

[1] Fille du chancelier du roi de Pologne, Stanislas. B.

Je cherchai loin de l'Hippocrène
Ce dieu si puissant et si doux;
Bientôt je le trouvai sans peine,
Car il était à vos genoux.
Il me dit : « Garde-toi de croire
Que de tes vers elle ait besoin;
De la former j'ai pris le soin,
Je prendrai celui de sa gloire. »

ccxx. A M. DE CIDEVILLE.

SUR LES LIVRES DE DOM CALMET [1].

1754.

Ses antiques fatras ne sont point inutiles;
Il faut des passe-temps de toutes les façons,
Et l'on peut quelquefois supporter les Varrons,
    Quoiqu'on adore les Virgiles.

ccxxi. AUX HABITANTS DE LYON [2].

1754.

Il est vrai que Plutus est au rang de vos dieux,
Et c'est un riche appui pour votre aimable ville :

---

[1] Ce quatrain est un peu moins flatteur que celui qui fut composé trois ans plus tard; voyez n° ccxxv. B.

[2] Ces vers sont dans le *Mercure* de juin 1755, avec cette note : « On les attribue à M. de V...... » Ils sont imprimés avec la date de 1754, 1° à la page 485 du tome XVIII de l'édition in-4° des *OEuvres de Voltaire*; 2° à la page 334 de la cinquième partie des *Nouveaux Mélanges philosophiques, historiques, critiques*, etc.; 3° à la page 336 du tome XIII de l'édition encadrée des *OEuvres de Voltaire*, publiée en 1775, in-8°.

M. Breghot, dans les *Archives historiques et statistiques du département*

Il n'est point de plus bel asile;
Ailleurs il est aveugle, il a chez vous des yeux.
Il n'était autrefois que dieu de la richesse ;
    Vous en faites le dieu des arts :
    J'ai vu couler dans vos remparts
Les ondes du Pactole et les eaux du Permesse.

ccxxii. INSCRIPTION

POUR LE PORTRAIT DE M. DE LUTZELBOURG.

1754.

Il eut un cœur sensible, une ame non commune;
Il fut par ses bienfaits digne de son bonheur :
Ce bonheur disparut; il brava l'infortune.
Pour l'homme de courage il n'est point de malheur.

ccxxiii. IMPROMPTU

A M. DE CHENEVIÈRES[1],

A qui VOLTAIRE avait demandé sa confession, et qui lui avait récité quelques vers.

    Vous êtes dans la saison
    Des plus aimables faiblesses :

---

du Rhône, tome III, page 346, pense qu'ils furent envoyés à M. de Fleurieu peu de temps après que Voltaire eut quitté Lyon. Arrivé dans cette ville le 15 novembre 1754, il prit séance à l'académie le 26 du même mois, et partit le 9 décembre. Voyez, dans le même volume des *Archives*, etc., *du Rhône*, p. 450 et 460, les articles de M. Dumas. B.

[1] Dans l'édition in-4°, tome XIX, page 519, on lit en tête de cette pièce: « *A M. le marquis de Chauvelin, sur cette jolie pièce de vers qu'il
« appelait* LES SEPT PÉCHÉS MORTELS. » C'est ce qu'on lit aussi dans l'édition

Puissiez-vous servir vos maîtresses
Comme vous servez Apollon!
Entre des vers et vos Lisettes
Goûtez le destin le plus doux :
Votre confesseur est jaloux
Des jolis péchés que vous faites.

ccxxiv. AU ROI DE PRUSSE[1].

1756.

O Salomon du Nord, ô philosophe roi,
Dont l'univers entier contemplait la sagesse!
Les sages, empressés de vivre sous ta loi,
Retrouvaient dans ta cour l'oracle de la Grèce :
La terre en t'admirant se baissait devant toi;
Et Berlin, à ta voix sortant de la poussière,
A l'égal de Paris levait sa tête altière,
A l'ombre des lauriers moissonnés à Molvitz[2].

encadrée, tome XIII, page 401. Les éditeurs de Kehl ont, au nom du marquis de Chauvelin, substitué celui de M. de Chenevières, en quoi ils ont été, comme en beaucoup d'autres points, suivis par leurs successeurs. Cependant un éditeur moderne, dans le tome XII de son édition, p. 334, a rétabli le nom de Chauvelin, en ayant l'air de reprocher aux éditeurs de Kehl le changement qu'ils avaient fait. J'ai restitué le nom de Chenevières en tête de la pièce, mais j'en ai changé l'intitulé, d'après *Les Loisirs de M. de C**** (Chenevières), tome I, pages 146 et 147. Les vers relatifs à la pièce de Chauvelin, intitulée *les Sept Péchés mortels*, sont ci-après sous le n° ccxxviii. B.

[1] Voltaire parle de ces vers dans deux lettres du mois de novembre 1756 (voyez tome LVII, pages 170 et 181). Je les admis, en 1823, dans une édition de ses poésies, avec la date de 1756. C'est par erreur qu'on les date de 1753 dans les *Pièces inédites*, publiées en 1820. B.

[2] La bataille de Molwitz, livrée le 10 avril 1741, fut la première que gagna le roi de Prusse, ou que l'on gagnait pour lui pendant qu'il avait pris la fuite; voyez tome XL, page 59. B.

Appelés sur tes bords des rives de la Seine,
Les arts encouragés défrichaient ton pays ;
Transplantés par leurs soins, cultivés, et nourris,
Le palmier du Parnasse et l'olive d'Athène
S'élevaient sous tes yeux enchantés et surpris ;
La Chicane à tes pieds avait mordu l'arène,
Et ce monstre, chassé du palais de Thémis,
Du timide orphelin n'excitait plus les cris.
Ton bras avait dompté le démon de la guerre ;
Son temple était fermé, tes états agrandis,
Et tu mettais Bourbon au rang de tes amis.
Mais parjure à la France, ami de l'Angleterre,
Que deviendront les fruits de tes nobles travaux ?
L'Europe retentit du bruit de ton tonnerre ;
Ta main de la Discorde allume les flambeaux ;
Les champs sont hérissés de tes fières cohortes,
Et déjà de Leipsick [1] tu vas briser les portes.
Malheureux ! sous tes pas tu creuses des tombeaux.
Tu viens de provoquer deux terribles rivaux.
Le fer est aiguisé, la flamme est toute prête,
Et la foudre en éclats va tomber sur ta tête.
Tu vécus trop d'un jour, monarque infortuné !
Tu perds en un instant ta fortune et ta gloire ;
Tu n'es plus ce héros, ce sage couronné,
Entouré des beaux arts, suivi de la victoire !
Je ne vois plus en toi qu'un guerrier effréné,
Qui, la flamme à la main, se frayant un passage,
Désole les cités, les pille, les ravage,

---

[1] Le 29 août 1756, un corps de troupes prussiennes s'empara inopinément de Leipsick ; ce fut le début de la guerre de sept ans. B.

Foule les droits sacrés des peuples et des rois,
Offense la nature, et fait taire les lois.

CCXXV. VERS

POUR ÊTRE MIS AU BAS DU PORTRAIT DE DOM CALMET[1].

1757.

Des oracles sacrés que Dieu daigna nous rendre,
Son travail assidu perça l'obscurité :
Il fit plus; il les crut avec simplicité,
Et fut, par ses vertus, digne de les entendre.

CCXXVI. VERS

POUR ÊTRE MIS AU BAS DU PORTRAIT DU DUC DE ROHAN, GÉNÉRAL DES GRISONS,

Qui conquit la Valteline.

1758.

Sur un plus grand théâtre il aurait dû paraître :
Il agit en héros, en sage il écrivit.
Il fut même un grand homme en combattant son maître,
Et plus grand lorsqu'il le servit.

CCXXVII. A MME LA DUCHESSE D'ORLÉANS[2],

Sur une énigme inintelligible qu'elle avait donnée à deviner à l'auteur[3].

1758.

Votre énigme n'a point de mot :

---

[1] Voyez n° CCXX. B.
[2] Voyez tome LVII, page 540. B.
[3] Voici cette énigme, que Voltaire appelait une *attrape Foncemagne* :
  Je suis des musulmans l'horreur et le modèle ;

Expliquer chose inexplicable
Est d'un docteur, ou bien d'un sot;
L'un à l'autre est assez semblable :
Mais si l'on donne à deviner
Quelle est la princesse adorable
Qui sur les cœurs sait dominer
Sans chercher cet empire aimable,
Pleine de goût sans raisonner,
Et d'esprit sans faire l'habile ;
Cette énigme peut étonner,
Mais le mot n'est pas difficile.

CCXXVIII.

A MADAME LA MARQUISE DE CHAUVELIN,

Dont l'époux avait chanté les sept péchés mortels [1].

1758.

Les sept péchés que mortels on appelle
Furent chantés par monsieur votre époux :
Pour l'un des sept nous partageons son zèle,

J'ai suivi les Césars, et suis encor pucelle;
Soit qu'il pleuve, soit qu'il tonne,
Je vais à l'abreuvoir;
Et la place que j'abandonne
Ne sera prise par personne
Qu'il n'ait pissé sur son mouchoir.

« Ce n'est pas la première fois, dit Voltaire, que les belles se sont moquées des savants. » B.

[1] La pièce de vers du marquis de Chauvelin, intitulée *les Sept Péchés mortels*, se trouve dans la *Correspondance* de Grimm, au 15 mai 1758; mais ce ne fut que six semaines plus tard que Voltaire put se procurer les vers de Chauvelin; voyez sa lettre à d'Argental, du 30 juin 1758, t. LVII, p. 570. B.

Et pour vous plaire on les commettrait tous.
C'est grand' pitié que vos vertus défendent
Le plus chéri, le plus digne de vous,
Lorsque vos yeux malgré vous le demandent.

CCXXIX. INSCRIPTION

POUR LA TOMBE DE PATU[1].

SEPTEMBRE 1758.

Tendre et pure amitié, dont j'ai senti les charmes,
Tu conduisis mes pas dans ces tristes déserts;
Tu posas cette tombe et tu gravas ces vers,
 Que mes yeux arrosent de larmes.

CCXXX. A MADAME LULLIN[2],

En lui envoyant un bouquet, le 6 janvier 1759, jour auquel elle avait cent ans accomplis.

Nos grands-pères vous virent belle;
Par votre esprit vous plaisez à cent ans :
Vous méritiez d'épouser Fontenelle,
 Et d'être sa veuve long-temps.

CCXXXI. ÉPIGRAMME SUR GRESSET.

1759.

Certain cafard, jadis jésuite,
Plat écrivain, depuis deux jours

---

[1] Voyez tome LVI, page 781. B.
[2] Dame de Genève, parente de celle à qui Voltaire adressa des stances le 16 novembre 1773; voyez tome XII, page 552. B.

Ose gloser sur ma conduite,
Sur mes vers, et sur mes amours :
En bon chrétien je lui fais grace,
Chaque pédant peut critiquer mes vers ;
Mais sur l'amour jamais un fils d'Ignace
Ne glosera que de travers.

CCXXXII. ÉPIGRAMME[1].

Savez-vous pourquoi Jérémie
A tant pleuré pendant sa vie?
C'est qu'en prophète il prévoyait
Qu'un jour Le Franc le traduirait.

---

[1] Dans un *Éloge de M. de La Marche*, par M. L. F., qui est dans le *Nécrologe des Hommes célèbres de France*, année 1770, on attribue à La Marche ce distique contre la traduction des *Lamentations de Jérémie* par feu l'abbé Cotin :

Le triste Jérémie avec raison pleurait,
Prévoyant bien qu'un jour Cotin le traduirait.

M. Bréghot du Lut, dans les *Archives historiques et statistiques du département du Rhône*, tome XIV, page 91, pense que M. L. F., auteur de l'*Éloge de La Marche*, pourrait bien être Le Franc de Pompignan, et que les vers aussi pourraient bien être, non de La Marche, mais de l'auteur de son Éloge, c'est-à-dire de Le Franc lui-même. Cette ingénieuse conjecture me semble très probable. Comme le remarque M. Bréghot, c'était de la part de Le Franc une manière adroite de détourner l'épigramme que d'en faire soupçonner l'auteur de plagiat.

Mais j'ai bien d'autres doutes. Le quatrième vers présente, dans quelques impressions, une variante remarquable. On y lit :

Que Baculard le traduirait.

Arnaud Baculard publia en effet *les Lamentations de Jérémie, odes sacrées*, 1752, in-4°, qui ont eu plusieurs éditions; et dans les *Poésies sacrées de Le Franc de Pompignan*, il ne se trouve point de traductions de Jérémie; il y en a de Joël, d'Abdias, de Nahum et d'Habacuc.

J'ai vainement cherché dans les éditions de Voltaire, données de son vivant, le quatrain sur la traduction de Jérémie. Il me parait difficile qu'il

CCXXXIII. LES POUR [1].

1760.

Pour vivre en paix joyeusement,
Croyez-moi, n'offensez personne :
C'est un petit avis qu'on donne
Au sieur Le Franc de Pompignan.

Pour plaire il faut que l'agrément
Tous vos préceptes assaisonne :
Le sieur Le Franc de Pompignan
Pense-t-il donc être en Sorbonne ?

Pour instruire il faut qu'on raisonne,
Sans déclamer insolemment ;
Sans quoi plus d'un sifflet fredonne
Aux oreilles d'un Pompignan.

Pour prix d'un discours impudent,
Digne des bords de la Garonne,

ait été fait contre Le Franc ; il est probable au contraire qu'il l'a été contre Baculard, qui, en 1750, s'était fort mal conduit envers Voltaire (voyez la lettre à d'Argental, du 15 mars 1751, tome LV, page 587).

C'est auprès des pièces de 1760 que les éditeurs de Kehl ont placé cette épigramme ; c'était une conséquence de la version qu'ils avaient adoptée. Il se peut que, lors des plaisanteries dont Le Franc fut l'objet en 1760, on ait rajeuni l'épigramme contre d'Arnaud Baculard, qui doit être de 1752, si elle porte sur d'Arnaud. B.

[1] Cette pièce et les cinq qui la suivent sont dans le *Recueil des facéties parisiennes pour les six premiers mois de l'an 1760*, imprimées sous ce titre : *l'Assemblée des monosyllabes*, les Pour, les Que, les Qui, les Quoi, les Oui, *et les* Non. Voltaire disait à ce sujet avoir fait passer Le Franc par les monosyllabes. B.

Paris offre cette couronne
Au sieur Le Franc de Pompignan.

Dédié par le sieur A....

ccxxxiv. LES QUE.

Que Paul Le Franc de Pompignan
Ait fait en pleine académie
Un discours fort impertinent,
Et qu'elle en soit tout endormie;

Qu'il ait bu jusques à la lie
Le calice un peu dégoûtant
De vingt censures qu'on publie,
Et dont je suis assez content;

Que, pour comble de châtiment,
Quand le public le mortifie,
Un Fréron le béatifie,
Ce qui redouble son tourment;

Qu'ailleurs un noir petit pédant
Insulte à la philosophie,
Et qu'il serve de truchement
A Chaumeix qui se crucifie;

Que l'orgueil et l'hypocrisie
Contre ces gens de jugement
Étalent une frénésie
Que l'on siffle unanimement;

Que parmi nous à tout moment
Cinquante espèces de folie
Se succèdent rapidement,
Et qu'aucune ne soit jolie;

Qu'un jésuite avec courtoisie
S'intrigue partout sourdement,
Et reproche un peu d'hérésie
Aux gens tenant le parlement;

Qu'un janséniste ouvertement
Fronde la cour avec furie:
Je conclus très patiemment
Qu'il faut que le sage s'en rie.
Prononcé par le sieur F.

ccxxxv. LES QUI.

Qui pilla jadis Métastase,
Et qui crut imiter Maron?
Qui, bouffi d'ostentation,
Sur ses écrits est en extase?

Qui si longuement paraphrase
David en dépit d'Apollon,
Prétendant passer pour un vase
Qu'on appelle d'élection?

Qui, parlant à sa nation,
Et l'insultant avec emphase,
Pense être au haut de l'Hélicon
Lorsqu'il barbote dans la vase?

Qui dans plus d'une périphrase
A ses maîtres fait la leçon ?
Entre nous, je crois que son nom
Commence en *V*, finit en *aze*.

Offert par R<small>AMPONEAU</small>.

CCXXXVI. LES QUOI.

Quoi! c'est Le Franc de Pompignan,
Auteur de chansons judaïques,
Barbouilleur du *Vieux Testament*,
Qui fait des discours satiriques?

Quoi! dans des odes hébraïques,
Qu'il translata si tristement,
A-t-il pris ces propos caustiques
Qu'il débite si lourdement?

Quoi! verrait-on patiemment
Tant de pauvretés emphatiques?
L'ennui, dans nos temps véridiques,
Ne se pardonne nullement.

Quoi! Pompignan dans ses répliques
M'ennuiera comme ci-devant?
Nous le poursuivrons très gaîment
Pour ses fatras mélancoliques.

Présenté par A<small>RNOUD</small>.

CCXXXVII. LES OUI.

Oui, ce Le Franc de Pompignan
Est un terrible personnage;

Oui, ses psaumes sont un ouvrage
Qui nous fait bâiller longuement.

Oui, de province un président
Plein d'orgueil et de verbiage
Nous paraît un pauvre pédant,
Malgré son riche mariage.

Oui, tout riche qu'il est, je gage
Qu'au fond de l'ame il se repent.
Son mémoire est impertinent;
Il est bien fier, mais il enrage.

Oui, tout Paris, qui l'envisage
Comme un seigneur de Montauban,
Le chansonne, et rit au visage
De ce Le Franc de Pompignan.

Essayé par MATTHIEU BALLOT.

CCXXXVIII. LES NON.

Non, cher Le Franc de Pompignan,
Quoi que je dise et que je fasse,
Je ne peux obtenir ta grace
De ton lecteur peu patient.

Non, quand on a maussadement
Insulté le public en face,
On ne saurait impunément
Montrer la sienne avec audace.

Non, quand tu quitteras la place
Pour retourner à Montauban,
Les sifflets partout sur ta trace
Te suivront sans ménagement.

Non, si le ridicule passe,
Il ne passe que faiblement.
Ces couplets seront la préface
Des ouvrages de Pompignan.

Répondu par Jacques Agard.

CCXXXIX. LES FRÉRON[1].....

D'où vient que ce nom de Fréron
Est l'emblème du ridicule?
Si quelque maître Aliboron,
Sans esprit comme sans scrupule,
Brave les mœurs et la raison;
Si de Zoïle et de Chausson[2]
Il se montre le digne émule,
Les enfants disent : « C'est Fréron. »

Sitôt qu'un libelle imbécile
Croqué par quelque polisson
Court dans les cafés de la ville,
« Fi, dit-on, quel ennui! quel style!
C'est du Fréron, c'est du Fréron! »

---

[1] Ces vers avaient été imprimés, en 1760, à la page 258 du *Recueil des Facéties parisiennes*; mais ce n'est qu'en 1828 qu'ils ont été admis dans les *OEuvres de Voltaire*, par M. Clogenson. B.

[2] Voyez sur ce personnage la note, tome XII, page 258. B.

Si quelque pédant fanfaron
Vient étaler son ignorance,
S'il prend Gillot pour Cicéron,
S'il vous ment avec impudence,
On lui dit : « Taisez-vous, Fréron. »

L'autre jour un gros ex-jésuite,
Dans le grenier d'une maison,
Rencontra fille très instruite
Avec un beau petit garçon.
Le bouc s'empara du giton.
On le découvre, il prend la fuite.
Tout le quartier à sa poursuite
Criait : « Fréron, Fréron, Fréron. »

Lorsqu'au drame de monsieur Hume [1]
On bafouait certain fripon,
Le parterre, dont la coutume
Est d'avoir le nez assez bon,
Se disait tout haut : « Je présume
Qu'on a voulu peindre Fréron. »

Cependant, fier de son renom,
Certain maroufle se rengorge;
Dans son antre à loisir il forge
Des traits pour l'indignation.
Sur le papier il vous dégorge
De ses lettres le froid poison,

---

[1] C'est sous le nom de Hume que Voltaire a donné *l'Écossaise*; voyez tome VII, page 1. B.

Sans songer qu'on serre la gorge
Aux gens du métier de Fréron.

Pour notre petit embryon,
Délateur de profession [1],
Qui du mensonge est la trompette,
Déjà sa réputation
Dans le monde nous semble faite :
C'est le perroquet de Fréron.

CCXL. RONDEAU.

1760.

En riant quelquefois on rase
D'assez près ces extravagants
A manteaux noirs, à manteaux blancs,
Tant les ennemis d'Athanase,
Honteux ariens de ces temps,
Que les amis de l'hypostase,
Et ces sots qui prennent pour base
De leurs ennuyeux arguments
De Baïus quelque paraphrase.
Sur mon bidet, nommé Pégase,
J'éclabousse un peu ces pédants ;
Mais il faut que je les écrase
En riant.

---

[1] Probablement Le Franc de Pompignan, qui, dans son *Discours de réception* à l'académie française, avait indirectement dénoncé Voltaire, Dalembert, Diderot, et autres gens de lettres, comme philosophes. Voyez ce que Voltaire dit des hypocrites et des persécuteurs, à propos de ce *Discours*, dans sa lettre du 5 mai 1760, à Saurin. CL.

CCXLI. VERS

Gravés au bas d'une estampe où l'on voit un âne qui se met à braire en regardant une lyre suspendue à un arbre [1].

Que veut dire
Cette lyre?
C'est Melpomène ou Clairon.
Et ce monsieur qui soupire
Et fait rire,
N'est-ce pas Martin Fréron?

CCXLII. A M. LE COMTE DE SAINT-ÉTIENNE,

Qui avait adressé à l'auteur une épître sur la comédie de l'Écossaise.

1760.

Vous m'avez attendri, votre épître est charmante [2];
En philosophe vous pensez,
Lindane est dans vos vers plus belle et plus charmante;
Et c'est vous qui l'embellissez.

CCXLIII. VERS

POUR UNE ESTAMPE DE PIERRE-LE-GRAND.

1761.

Ses lois et ses travaux ont instruit les mortels;

---

[1] J'ai donné l'histoire de cette estampe, tome VII, page 4. B.
[2] Les éditeurs de Kehl avaient placé ce quatrain à la fin de la lettre adressée, par Voltaire, à Duverger de Saint-Étienne (voyez tome LIX, pages 222-223); mais, comme je l'ai dit, il n'est pas dans l'impression de la lettre qui est dans le *Mercure*. B.

Il fit tout pour son peuple, et sa fille l'imite :
Zoroastre, Osiris, vous eûtes des autels,
 Et c'est lui seul qui les mérite.

CCXLIV. AU PÈRE BETTINELLI[1].

Compatriote de Virgile,
Et son secrétaire aujourd'hui,
C'est à vous d'écrire sous lui :
Vous avez son ame et son style.

CCXLV.

SUR LA MORT DE L'ABBÉ DE LA COSTE,

QUI ÉTAIT CONDAMNÉ AUX GALÈRES.

1761[2].

La Coste est mort; il vaque dans Toulon,
Par ce trépas, un emploi d'importance :
Ce bénéfice exige résidence,
Et tout Paris y nomme Jean Fréron.

---

[1] On a une lettre de Voltaire à Bettinelli, de mars 1761 (voyez t. LIX, p. 355). Le quatrain peut être de la même année. Un récit de Bettinelli, dont Suard fit un abrégé (tome I de ses *Mélanges de littérature*), ne donne aucun renseignement précis. B.

[2] Les *Mémoires secrets* parlent de la mort de l'abbé La Coste, au 27 janvier 1762. On a contesté cette date, et prétendu que La Coste n'était mort que le 7 juillet 1762. Mais on ne peut contester la date de 1761 pour l'épigramme qui fait partie de la lettre à Lebrun, du mois de mai (voyez tome LIX, page 430), et qui même est mentionnée dans une lettre à Damilaville, classée au 26 mars 1761 (voyez t. LIX, p. 346). J'ai parlé de l'abbé La Coste, tome LIX, page 430. B.

CCXLVI. À M. LE COMTE DE***,

Au sujet de l'impératrice-reine.

Marc-Aurèle, autrefois des princes le modèle,
Sur les devoirs des rois instruisit nos aïeux;
  Et Thérèse fait à nos yeux
  Tout ce qu'écrivait Marc-Aurèle.

CCXLVII. CHANSON

EN L'HONNEUR DE MAÎTRE LE FRANC DE POMPIGNAN,

ET DE RÉVÉREND PÈRE EN DIEU, SON FRÈRE, L'ÉVÊQUE DU PUY,

Lesquels ont été comparés, dans un discours public,
à Moïse et à Aaron [1].

Nota bene que maître Le Franc est le Moïse, et maître du Puy, l'Aaron; et que maître Le Franc a donné de l'argent à maître Aliboron, dit Fréron, pour être préconisé dans ses belles feuilles.

Sur l'air de la musette de Rameau : SUIVEZ LES LOIS, etc.
(dans les *Talents lyriques*.)

1761.

  Moïse, Aaron,
Vous êtes des gens d'importance;
  Moïse, Aaron,
Vous avez l'air un peu gascon.
  De vous on commence
A ricaner beaucoup en France;
  Mais en récompense
Le veau d'or est cher à Fréron.
  Moïse, Aaron,

---

[1] Voyez tome XL, page 348. B.

Vous êtes des gens d'importance;
Moïse, Aaron,
Vous avez l'air un peu gascon.

ccxlviii. IMPROMPTU

Sur l'aventure tragique d'un jeune homme de Lyon, qui se jeta dans le Rhône, en 1762, pour une infidèle qui n'en valait pas la peine.

Églé, je jure à vos genoux
Que s'il faut, pour votre inconstance,
Noyer ou votre amant ou vous,
Je vous donne la préférence.

ccxlix. ÉPIGRAMME

IMITÉE DE L'ANTHOLOGIE.

L'autre jour, au fond d'un vallon,
Un serpent piqua Jean Fréron.
Que pensez-vous qu'il arriva?
Ce fut le serpent qui creva.

ccl. IMPROMPTU

A MADAME LA PRINCESSE DE VIRTEMBERG,

Qui avait appelé le vieillard *papa* dans un souper.

O le beau titre que voilà!
Vous me donnez la première des places:
Quelle famille j'aurais là!
Je serais le père des Graces.

CCLI. HYMNE

CHANTÉ AU VILLAGE DE POMPIGNAN[1].

Sur l'air de *Béchamel*.

[1] Cet hymne fut envoyé, avec musique, à Dalembert, le 21 février 1763 (voyez la lettre de ce jour, tome LX, page 575); mais cette musique ne peut être celle de Grétry, qui ne connut Voltaire qu'en 1767 (voyez tome VIII, page 457). B.

Il a récrépi sa chapelle
　　Et tous ses vers;
Il poursuit avec un saint zèle
　　Les gens pervers.
Tout son clergé s'en va chantant :
Et vive le roi, etc.

En aumusse un jeune jésuite
    Allait devant ;
Gravement marchait à sa suite
    Sir Pompignan,
En beau satin de président.
Et vive le roi, etc.

Je suis marquis, robin, poëte,
    Mes chers amis ;
Vous voyez que je suis prophète
    En mon pays.
A Paris, c'est tout autrement.
Et vive le roi, etc.

J'ai fait un psautier judaïque,
    On n'en sait rien ;
J'ai fait un beau panégyrique,
    Et c'est le mien :
De moi je suis assez content.
Et vive le roi, etc.

Je retourne à la cour en poste
    Charmer les grands ;
Je protége l'abbé La Coste[1]
    Et mes parents ;
Je suis sifflé par les méchants.
Et vive le roi, etc.

Bientôt il revient à Versaille
    D'un air humain,

---

[1] Voyez n° ccxlv, et tome XLI, page 5. B.

Aux ducs et pairs, à la canaille,
Serrant la main;
Récitant ses vers dignement.
Et vive le roi, et Simon Le Franc,
Son favori,
Son favori!

CCLII.

A Mme LA MARQUISE DE SAINT-AUBIN,

Auteur du livre intitulé *le Danger des liaisons* [1].

J'ai lu votre charmant ouvrage:
Savez-vous quel est son effet?
On veut se lier davantage
Avec la muse qui l'a fait.

CCLIII. LES RENARDS ET LES LOUPS.

FABLE [2].

1763.

Les renards et les loups furent long-temps en guerre:
Nos moutons respiraient; les bergers diligents
Ont chassé par arrêt les renards de nos champs;

---

[1] Madame Ducrest de Saint-Aubin, mère de madame de Genlis, qui dit, dans le premier volume de ses *Mémoires*, que ces quatre vers étaient le commencement d'une lettre *remplie de choses flatteuses*. Le *Danger des liaisons* est en trois volumes in-12, divisé chacun en deux parties. CL.

[2] Sur l'expulsion des jésuites. Dans sa lettre à Damilaville, du 19 juin 1763, Voltaire attribue cette fable à *quelqu'un*. Les éditeurs de Kehl, sans avoir la lettre à Damilaville, avaient placé la fable dans les *Poésies mêlées*. Voltaire est revenu sur cette idée des renards et des loups, tome LXIV, page 314; et XXXIV, 92. B.

Les loups vont désoler la terre :
Nos bergers semblent, entre nous,
Un peu d'accord avec les loups.

CCLIV. CHANSON,

Sur l'air *D'un Inconnu.*

Simon Le Franc, qui toujours se rengorge,
Traduit en vers tout le *Vieux Testament :*
    Simon les forge
    Très durement ;
Mais pour la prose, écrite horriblement,
Simon le cède à son puîné Jean-George.

CCLV. A LA SIGNORA JULIA URSINA,

DE VENISE,

Qui avait adressé une lettre très flatteuse et très agréable à VOLTAIRE sans se faire connaître.

Êtes-vous la déesse Isis,
Sous son grand voile méconnue ?
Êtes-vous la mère des Ris ?
Mais quelquefois elle était nue.
Nous voyons de vous un écrit
Plein de raison, brillant, et sage ;
Mais, en nous montrant tant d'esprit,
Ne cachez plus votre visage.

CCLVI. IMPROMPTU

A UNE DAME DE GENÈVE,

Qui prêchait l'auteur sur la Trinité.

Oui, j'en conviens, chez moi la Trinité
Jusqu'à présent n'avait pas fait fortune;
Mais j'aperçois les trois Grâces en une :
Vous confondez mon incrédulité.

CCLVII. INSCRIPTION

POUR LA STATUE DE LOUIS XV A REIMS.

1763.

Esclaves qui tremblez sous un roi conquérant[1],
    Que votre front touche la terre[2].
Levez-vous, citoyens, sous un roi bienfesant :
    Enfants, bénissez votre père.

CCLVIII. AUTRE,

SUR LE MÊME SUJET.

Peuple fidèle et juste, et digne d'un tel maître,
L'un par l'autre chéri, vous méritez de l'être.

---

[1] Cette version est donnée par l'auteur dans la lettre à d'Argental, du 18 septembre 1763 (voyez tome LXI, page 156). Une première version est dans la lettre à Damilaville, du 3 septembre (voyez t. LXI, p. 141). B.

[2] VAR. De vos pleurs arrosez la terre.

CCLIX. AUTRE.

Il chérit ses sujets comme il est aimé d'eux ;
C'est un père entouré de ses enfants heureux.

CCLX. A L'IMPÉRATRICE DE RUSSIE
CATHERINE II,

Qui invitait l'auteur à faire un voyage dans ses états.

Dieux qui m'ôtez les yeux et les oreilles,
Rendez-les-moi, je pars au même instant.
Heureux qui voit vos augustes merveilles,
O Catherine! heureux qui vous entend!
Plaire et régner, c'est là votre talent ;
Mais le premier me touche davantage.
Par votre esprit vous étonnez le sage,
Qui cesserait de l'être en vous voyant.

CCLXI. SUR LE BUSTE DE Mme DE BRIONNE.

1764.

Brionne, de ce buste admirable modèle,
Le fut de la vertu comme de la beauté :
L'amitié le consacre à la postérité,
    Et s'immortalise avec elle.

CCLXII. A MADAME ÉLIE DE BEAUMONT.

1764.

    L'histoire dit ce qu'on a fait;
    Un bon roman, ce qu'il faut faire.

Vous nous avez peint trait pour trait
Les vertus avec l'art de plaire :
Et l'on peut dire en cette affaire
Que le peintre a fait son portrait.

CCLXIII.

A M. LE CHEVALIER DE LA TREMBLAYE[1],

SUR LA RELATION EN VERS ET EN PROSE DE SON VOYAGE D'ITALIE.

Ce Chapelle, ce Bachaumont,
Ont fait un moins heureux voyage;
Tout est épigramme ou chanson
Dans leur renommé badinage.
Vous parlez d'un plus noble ton;
Et je crois entendre Platon
Qui, revenant de Syracuse,
Dans Athène emprunte la muse
De Pindare et d'Anacréon.

CCLXIV. AU MÊME.

Ce beau lac de Genève, où vous êtes venu,
Du Cocyte bientôt m'offre les rives sombres :
Vous êtes un Orphée en ces lieux descendu
    Pour venir enchanter les ombres.

CCLXV. A MADAME DU BOCCAGE,

APRÈS SON VOYAGE D'ITALIE.

Sur ces bords, fameux dans l'histoire,

---

[1] Voyez ma note, tome LXI, page 551. B.

Que vous venez de parcourir,
Qu'avez-vous admiré ? des débris pleins de gloire,
Où rien n'a pu vous retenir [1],
Des noms d'éternelle mémoire.
Ces chefs-d'œuvre vantés, vous les avez vus tous;
Ils ont mérité vos suffrages;
Mais vous n'avez rien vu de plus charmant que vous,
Ni de plus beau que vos ouvrages.

CCLXVI. COUPLETS A M. DE LA MARCHE [2],

PREMIER PRÉSIDENT AU PARLEMENT DE BOURGOGNE,

Qui avait fait des vers pour sa fille.

Plus d'un amant sur sa lyre a formé
Les tendres sons qui charment les amantes.
Un père a fait des chansons plus touchantes:
Pourquoi cela? c'est qu'il a mieux aimé.

Je suis bien loin de blasphémer l'Amour;
C'est un grand dieu; je le sers, et je jure
De le servir jusqu'à mon dernier jour:
Mais il faut bien qu'il cède à la nature.

CCLXVII. PARODIE

D'UNE ANCIENNE ÉPIGRAMME.

1765.

Voici donc mes *Lettres secrètes* [3];

---

[1] Var. Des monuments pompeux qui ne peuvent périr.

[2] Claude-Philibert Fiot de La Marche, premier président du parlement de Bourgogne, né quelques mois après Voltaire, avec lequel il fut en correspondance, mourut le 3 juin 1768. CL.

[3] Ces vers sont tirés du *Commentaire historique;* voyez tome XLVIII,

Si secrètes, que pour lecteur
Elles n'ont que leur imprimeur,
Et ces messieurs qui les ont faites.

CCLXVIII. ÉPIGRAMME[1].

Aliboron, de la goutte attaqué,
Se confessait; car il a peur du diable :
Il détaillait, de remords suffoqué,
De ses méfaits une liste effroyable;
Chrétiennement chacun fut expliqué,
Stupide orgueil, mensonge, ivrognerie,
Basse impudence, et noire hypocrisie :
Il ne croyait en oublier aucun.
Le confesseur dit : « Vous en passez un. »
« Un ? de par Dieu ! j'en dis assez, je pense. »
« Eh, mon ami, le péché d'ignorance ! »

CCLXIX. A M. MARMONTEL.

1765.

On nous écrit que maître Aliboron,
Étant requis de faire pénitence :
« Est-ce un péché, dit-il, que l'ignorance ? »
Un sien confrère aussitôt lui dit : « Non ;
On peut très bien, malgré l'*An littéraire*,

---

page 401. Robinet avait publié des *Lettres secrètes de M. de Voltaire*, 1765, in-8°; voyez tome XLII, 478. B.

[1] Cette épigramme contre Fréron est citée dans la lettre de Voltaire à Marmontel, du 19 mars 1765. En 1761, le poëte Le Brun avait publié un volume in-12 intitulé *l'Ane littéraire, ou les Aneries de maître Aliboron, dit Fr.* (Fréron), qui mourut étouffé par la goutte le 10 mars 1776. CL.

Sauver son ame en se fesant huer :
En conscience il est permis de braire;
Mais c'est péché de mordre et de ruer. »

CCLXX. A M. DE LA HARPE,

Qui avait prononcé un compliment en vers sur le théâtre de Ferney,
avant une représentation d'*Alzire*.

1765.

Des plaisirs et des arts vous honorez l'asile,
  Il s'embellit de vos talents :
  C'est Sophocle dans son printemps,
Qui couronne de fleurs la vieillesse d'Eschyle.

CCLXXI. COUPLETS D'UN JEUNE HOMME[1],

Chantés à Ferney, le 11 auguste 1765, veille de Sainte-Claire,
à mademoiselle CLAIRON.

Sur l'air, *Annette, à l'âge de quinze ans.*

  Dans la grand' ville de Paris
  On se lamente, on fait des cris,
  Le plaisir n'est plus de saison ;
    La comédie
    N'est plus suivie :
    Plus de Clairon.

  Melpomène et le dieu d'Amour
  La conduisirent tour-à-tour ;
  En France elle donne le ton.

---

[1] Ce jeune homme était Voltaire, alors dans sa soixante-douzième année. CL.

Paris répète :
« Que je regrette
Notre Clairon ! »

Dès qu'elle a paru parmi nous
Nos bergers sont devenus fous :
Tircis vient de quitter Fanchon.
    Si l'infidèle
    Laisse sa belle,
    C'est pour Clairon.

Je suis à peine en mon printemps,
Et j'ai déjà des sentiments :
Vous êtes un petit fripon.
    Sois bien discrète ;
    La faute est faite,
    J'ai vu Clairon.

Clairon, daigne accepter nos fleurs ;
Tu vas en ternir les couleurs :
Ton sort est de tout effacer.
    La rose expire ;
    Mais ton empire
    Ne peut passer [1].

---

[1] COUPLET AJOUTÉ PAR M. ***.

Nous sommes privés de Vanlo ;
Nous avons vu passer Rameau :
Nous perdons Voltaire et Clairon.
    Rien n'est funeste,
    Car il nous reste
    Monsieur Fréron.

CCLXXII. VERS A MESDAMES D. L. C. ET G.,

Présentés par un enfant de dix ans, en 1765.

A tout âge il est dangereux
De vous voir et de vous entendre :
Sans faire un choix entre vous deux,
A toutes deux il faut se rendre.

A MADAME D. L. C.

Par vous l'Amour sait tout dompter.
Songez que je suis de son âge;
Et, si vous avez son visage,
Dans mon cœur il peut habiter.

A MADAME G.

Avec tant de beauté, de grace naturelle[1],
 Qu'a-t-elle affaire de talents?
 Mais avec des sons si touchants,
 Qu'a-t-elle affaire d'être belle?

CCLXXIII. A M. LE COMTE DE SCHOWALOW,

Qui avait adressé une épître à l'auteur.

Puisqu'il faut croire quelque chose,
J'avouerai qu'en lisant vos séduisants écrits
 Je crois à la métempsycose.
 Orphée, aux bords du Tanaïs,

---

[1] Grimm, à la date du 15 novembre 1759, cite ce quatrain comme adressé à madame de Chauvelin. B.

Expira dans votre pays.
Près du lac de Genève il vient se faire entendre;
En vous il renaît aujourd'hui;
Et vous ne devez pas attendre
Que les femmes jamais vous battent comme lui.

CCLXXIV. A M. L'ABBÉ DE VOISENON,

Qui lui avait envoyé l'opéra d'*Isabelle et Gertrude*, tiré du conte intitulé *l'Éducation d'une fille* [1].

1765.

J'avais un arbuste inutile
Qui languissait dans mon canton;
Un bon jardinier de la ville
Vient de greffer mon sauvageon :
Je ne recueillais de ma vigne
Qu'un peu de vin grossier et plat;
Mais un gourmet l'a rendu digne
Du palais le plus délicat.
Ma bague était fort peu de chose,
On la taille en beau diamant :
Honneur à l'enchanteur charmant [2]
Qui fait cette métamorphose !

[1] Voyez tome LXII, page 469. B.

[2] RÉPONSE DE M. L'ABBÉ DE VOISENON.

« Vos jolis vers à mon adresse
Immortaliseront Favart;
C'est Apollon qui le caresse
Quand vous lui jetez un regard.
Ce dieu l'a placé dans la classe
De ceux qui parent ses jardins ;

CCLXXV. COUPLET A MADAME CRAMER,

POUR M. LE CHEVALIER DE BOUFFLERS.

1766.

Mars l'enlève au séminaire ;
Tendre Vénus, il te sert ;
Il écrit avec Voltaire ;
Il sait peindre avec Hubert ;
Il fait tout ce qu'il veut faire,
Tous les arts sont sous sa loi :
De grace, dis-moi, ma chère,
Ce qu'il sait faire avec toi.

CCLXXVI. A M. DUMOURIEZ,

AUTEUR DU POEME DE RICHARDET.

1766.

Vous ne parlez que d'un moineau,

    Sa délicatesse ramasse
    Les fleurs qui tombent de vos mains.
    Il vous a choisi pour son maître ;
    Vos richesses lui font honneur.
    Il vous fait respirer l'odeur
    Des bouquets que vous faites naître. »

Ces vers de Voisenon étaient suivis de trois alinéa de prose ; voyez tome LXII, page 487. B.

[1] C'est de cette dame que Voltaire parle au commencement de ses *Stances* au chevalier de Boufflers (voyez tome XII, page 540) :

    Certaine dame honnête, et savante, et profonde.

Wagnière la cite comme femme de beaucoup d'esprit et très aimable. CL.

[2] Anne-François Du Perrier Dumouriez, né en 1707, mort en 1769

Et vous avez une volière :
Il est chez vous plus d'un oiseau
Dont la voix tendre et printanière
Plaît par un ramage nouveau.
Celui qui n'a plumes qu'aux ailes,
Et qui fait son nid dans les cœurs,
Répandit sur vous ses faveurs :
Il vous fait trouver des lecteurs,
Comme il vous a soumis des belles.

CCLXXVII. AU PRINCE DE BRUNSWICK[1].

Vers prononcés à Ferney par mademoiselle CORNEILLE.

JANVIER 1766.

Quoi! vous venez dans nos hameaux!
Corneille, dont je tiens le sang qui m'a fait naître,
Corneille à cet honneur eût prétendu peut-être :
Il aurait pu vous plaire; il peignait vos égaux.

(père du général mort en 1823), avait publié *Richardet, poëme dans le genre bernesque imité de l'italien*, 1764, in-8°, contenant six chants où étaient réduits les quinze premiers chants de Fortiguerra. Une édition intitulée *Richardet, poëme en douze chants*, parut en 1766, deux parties in-8° et petit in-12. C'est à douze chants que sont réduits les trente de l'original. Voici les vers de Dumouriez auxquels répond Voltaire :

> O vous, l'Apollon de notre âge,
> Qui tour à tour badin, sublime, sage,
> Vous soumettant tous les genres divers,
> Par vos accords ravissez l'univers,
> J'ose vous offrir mon ouvrage.
> En recevant ce médiocre don,
> Songez qu'au grand Virgile, au sommet d'Hélicon,
> Jadis, de son moineau, Catulle fit hommage.   B.

[1] A qui sont adressées les *Lettres sur Rabelais*, etc.; voyez tome XLIII, page 466. B.

On vous reçoit bien mal en ce désert sauvage :
Les respects à la fin deviennent ennuyeux.
Votre gloire vous suit ; mais il faut davantage ;
Et si j'avais quinze ans je vous recevrais mieux.

CCLXXVIII. A MADAME DE SCALLIER[1],

Qui jouait parfaitement du violon.

AUGUSTE 1766.

Sous tes doigts l'archet d'Apollon
Étonne mon ame, et l'enchante ;
J'entends bientôt ta voix touchante,
J'oublie alors ton violon ;
Tu parles, et mon cœur plus tendre
De tes chants ne se souvient plus :
Mais tes regards sont au-dessus
De tout ce que je viens d'entendre.

CCLXXIX. A MADAME DE SAINT-JULIEN[2],

Qui était à Ferney.

AUGUSTE 1766.

J'étais dans ma solitude
Sans espoir et sans lien,

---

[1] Cette dame, dont Voltaire parle dans sa lettre du 30 auguste 1766, à Chabanon, fit une apparition à Ferney, quelques jours avant l'arrivée de madame de Saint-Julien. CL.

[2] Cette dame, à laquelle Voltaire donna plus tard le nom de *Papillon-philosophe*, était à Ferney vers le milieu du mois d'auguste 1766, comme le prouve la lettre de Voltaire à Richelieu, du 19 du même mois. Madame de Saint-Julien, née de La Tour-du-Pin, ressemblait à madame du Châ-

Et de n'aspirer à rien
C'était ma pénible étude :
Je vous vois : je sens très bien
Qu'il faut que mon cœur desire ;
Et vous me forcez à dire
L'oraison de saint Julien[1].

CCLXXX. SUR LA MORT DU DAUPHIN[2].

1766.

Connu par ses vertus plus que par ses travaux,
Il sut penser en sage, et mourut en héros.

CCLXXXI. A MADAME LA MARQUISE DE M.,

Pendant son voyage à Ferney[3].

On dit que les dieux autrefois
Dans de simples hameaux se plaisaient à paraître :
On put souvent les méconnaître,
On ne peut se méprendre aux charmes que je vois.

---

telet, selon Voltaire, qui lui écrivit le 14 septembre 1766 : « *Je suis amoureux de votre ame.* » CL.

[1] Voyez, dans les *Contes* de La Fontaine, l'*Oraison de saint Julien*, nouvelle tirée de Boccace. B.

[2] Mort le 20 décembre 1765 ; voyez tome XLII, page 317. B.

[3] J'ignore la date de ce quatrain, que j'extrais du *Magasin des Dames*, 1806, quatrième année, page 31. B.

CCLXXXII. A M. DESRIVIÈRES[1],

SERGENT AUX GARDES FRANÇAISES,

Qui avait adressé à l'auteur le livre intitulé *Loisirs d'un soldat.*

Soldat digne de Xénophon,
Ou d'un César, ou d'un Biron[2],
Ton écrit dans les cœurs allume
Le feu d'une héroïque ardeur :
Ton régiment sera vainqueur
Par ton courage et par ta plume.

CCLXXXIII. SUR J.-J. ROUSSEAU.

Cet ennemi du genre humain,
Singe manqué de l'Arétin,
Qui se croit celui de Socrate;
Ce charlatan trompeur et vain,
Changeant vingt fois son mithridate;
Ce basset hargneux et mutin,
Bâtard du chien de Diogène,
Mordant également la main
Ou qui le fesse, ou qui l'enchaîne,
Ou qui lui présente du pain.

---

[1] Ces vers ont été imprimés dans le *Mercure* de septembre 1767, p. 29. Ferdinand Desrivières était né en Bourgogne en 1734. Ses *Loisirs d'un soldat* forment un volume, 1767, in-12. B.

[2] Louis-Antoine de Gontaut, duc de Biron, né en 1701, colonel du régiment des gardes françaises depuis 1745, maréchal de France depuis 1757, mort en 1787. B.

CCLXXXIV. RÉPONSE

A MM. DE LA HARPE ET DE CHABANON,

Qui lui avaient donné des vers à l'occasion de saint François son patron, en octobre 1767 [1].

« Ils ont berné mon capuchon;
Rien n'est si gai ni si coupable.
Qui sont donc ces enfants du diable? »
Disait saint François, mon patron.
C'est La Harpe, c'est Chabanon:
Ce couple agréable et fripon
A Vénus vola sa ceinture,
Sa lyre au divin Apollon,
Et ses pinceaux à la Nature.
« Je le crois, dit le penaillon;
Car plus d'une fille m'assure
Qu'ils m'ont aussi pris mon cordon. »

CCLXXXV. A M. LE COMTE DE FÉKÉTÉ [2].

1767.

Un descendant des Huns veut voir mon drame scythe;
Ce Hun, plus qu'Attila rempli d'un vrai mérite,
A fait des vers français qui ne sont pas communs.
Puissiez-vous dans les miens en trouver quelques uns
Dont jamais au Parnasse Apollon ne s'irrite!

---

[1] La Harpe et Chabanon étaient à Ferney quand madame Denis, le jour de la Saint-François, donna une fête à son oncle, qui en parle dans sa lettre du 12 octobre 1767, à madame de Florian (madame de Fontaine). B.

[2] Voyez tome LXIV, page 273. B.

Ceux qu'on rime à présent dans la Gaule maudite
    Sont bien durs et bien importuns.
Il faut que désormais la France vous imite :
Nos rimeurs d'aujourd'hui sont devenus des Huns[1].

CCLXXXVI. VERS

POUR LE PORTRAIT DE M. DE LA BORDE.

1768.

Avec tous les talents le Destin l'a fait naître,
Il fait tous les plaisirs de la société :
    Il est né pour la liberté,
   Mais il aime bien mieux son maître.

CCLXXXVII. LE HUITAIN BIGARRÉ.

AU SIEUR DE LA BLETTERIE,

Aussi suffisant personnage que traducteur insuffisant.

1768.

   On dit que ce nouveau Tacite
   Aurait dû garder le *tacet :*
   Ennuyer ainsi, *non licet.*
   Ce petit pédant prestolet
   Movet bilem (la bile excite).
   En français le mot de sifflet
   Convient beaucoup (*multum decet*)
   A ce translateur de Tacite.

---

[1] Pour d'autres vers de Voltaire au comte de Fékété, voyez ma note sur le n° CCCXXVI. B.

CCLXXXVIII. A L'ABBÉ DE LA BLETTERIE,

Auteur d'une *Vie de Julien*, et traducteur de TACITE.

1768.

Apostat[1] comme ton héros,
Janséniste signant la bulle,
Tu tiens de fort mauvais propos
Que de bon cœur je dissimule ;
Je t'excuse, et ne me plains pas :
Mais que t'a fait Tacite, hélas!
Pour le tourner en ridicule?

CCLXXXIX. REMERCIEMENT D'UN JANSÉNISTE

AU SAINT DIACRE FRANÇOIS DE PARIS.

Dans un recueil divin par Montgeron formé,
    Jadis le pieux La Blettrie
Attesta que la toux d'un saint prêtre enrhumé
Par le bienheureux diacre en trois mois fut guérie.
L'espoir d'un vain fauteuil d'académicien
A ce traître depuis fit accepter la bulle :
Tu punis l'apostat, saint diacre, et tu fis bien.
    Chez le dévot, chez l'incrédule
Il n'est qu'un renégat méprisé de tous deux ;
    Chez les grands il rampe et mendie ;
Il transforme Tacite en un cuistre ennuyeux,
    Et n'est point de l'académie.

---

[1] L'abbé de La Blelterie (voyez tome LVII, page 442), auteur d'une *Vie de Julien* surnommé l'*Apostat*, avait, dans l'espoir d'être reçu à l'académie française, accepté la bulle *Unigenitus*, qu'il avait d'abord repoussée. B.

CCXC. A M. SAURIN,

SUR LA TRADUCTION DE TACITE PAR LA BLETTERIE.

1768.

Un pédant, dont je tais le nom,
En inlisible caractère
Imprime un auteur qu'on révère,
Tandis que sa traduction
Aux yeux, du moins, a de quoi plaire.
Le public est d'opinion
    Qu'il eût dû faire
    Tout le contraire.

CCXCI. A M. MARIN,

Sur ce que LA BLETTERIE disait que VOLTAIRE avait oublié de se faire enterrer.

Je ne prétends point oublier
Que mes œuvres et moi nous avons peu de vie;
Mais je suis très poli; je dis à La Blettrie:
« Ah! monsieur, passez le premier! »

CCXCII. LA CHARITÉ MAL REÇUE.

Un mendiant poussait des cris perçants;
Choiseul le plaint, et quelque argent lui donne.
Le drôle alors insulte les passants;
Choiseul est juste : aux coups il l'abandonne.
Cher La Blettrie, apaise ton courroux;
Reçois l'aumône, et souffre en paix les coups.

CLXCIII. A UNE JEUNE DAME DE GENÈVE,

Qui avait chanté dans un repas[1].

Que j'ai goûté le plaisir de l'entendre!
Que j'ai senti le danger de la voir!
Dans tous ses traits l'Amour mit son pouvoir;
Même on m'a dit qu'il lui fit un cœur tendre:
Je suis venu trop tard pour y prétendre,
Mais assez tôt pour l'aimer sans espoir.

CCXCIV. A MADAME DU BOCCAGE,

Qui avait adressé à l'auteur un compliment en vers, à l'occasion de sa fête.

1768.

Qui parle ainsi de saint François?
Je crois reconnaître la sainte
Qui de ma retraite autrefois
Visita la petite enceinte.
Je crus avoir sainte Vénus,
Sainte Pallas, dans mon village:
Aisément je les reconnus,
Car c'était sainte Du Boccage.
L'Amour même aujourd'hui se plaint
Que, dans mon cœur étant fêtée,

---

[1] Tel est l'intitulé de cette pièce dans le *Mercure* de décembre 1768, page 52. La jeune dame était Lucrèce-Angélique Denormandie, alors divorcée d'avec Théodore Rilliet (voyez tome XII, page 270; XLIV, 193; LIX, 50), et qui, en 1772, épousa le marquis de Florian, alors veuf de madame de Fontaine, nièce de Voltaire (voyez tome LXVII, pages 348-49). Elle n'était pas encore madame de Florian quand elle inspira ces vers. B.

Elle ne fut que respectée:
Ah! que je suis un pauvre saint!

ccxcv. PORTRAIT

DE MADAME DE SAINT-JULIEN.

L'esprit, l'imagination,
Les graces, la philosophie,
L'amour du vrai, le goût du bon,
Avec un peu de fantaisie;
Assez solide en amitié,
Dans tout le reste un peu légère:
Voilà, je crois, sans vous déplaire,
Votre portrait fait à moitié.

ccxcvi. ÉPITAPHE

DU PAPE CLÉMENT XIII.

1769.

Ci-gît des vrais croyants le mufti téméraire,
Et de tous les Bourbons l'ennemi déclaré:
De Jésus sur la terre il s'est dit le vicaire;
Je le crois aujourd'hui mal avec son curé.

ccxcvii. A Mme LA COMTESSE DE B...[1].

A quoi peut-on servir sur la fin de sa vie?
  Ah! croyez-moi, choisissez mieux:

---

[1] Je crois que c'est madame de Brionne à qui sont consacrés les n°^s cclxi et cccxii. B.

Sans doute un vieil aveugle ennuie;
C'est un aveugle enfant qu'il faut à vos beaux yeux.

CCXCVIII. A M.***.

Beau rossignol de la belle Italie,
Votre sonnet cajole un vieux hibou,
Au mont Jura retiré dans un trou,
Sans voix, sans plume, et surtout sans génie.
Il veut quitter son pays morfondu;
Auprès de vous, à Naple il va se rendre:
S'il peut vous voir, et s'il peut vous entendre,
Il reprendra tout ce qu'il a perdu.

CCXCIX. SUR UN RELIQUAIRE.

Ami, la Superstition
Fit ce présent à la Sottise:
Ne le dis pas à la Raison;
Ménageons l'honneur de l'Église.

CCC. A M.***,

SUR L'IMPÉRATRICE DE RUSSIE [1].

Tu cherches sur la terre un vrai héros, un sage,
Qui méprise les sots et leur fasse du bien,
Qui parle avec esprit, qui pense avec courage:
Va trouver Catherine, et ne cherche plus rien.

---

[1] J'ai sous les yeux une copie de ce madrigal, avec ce titre: *Sur mademoiselle de Soubise.* Cl.

CCCI. A MADAME DE ***,

Qui avait fait présent d'un rosier à l'auteur.

Vous embellissez la retraite
Où, loin des sots et de leur bruit,
Dans le sein d'une étude abstraite,
De la paix je goûte le fruit.
C'est par vos bienfaits qu'il arrive
Que le plus charmant arbrisseau
Au verger que ma main cultive
Va prêter un éclat nouveau :
De ce don mon amé est touchée.
Ainsi, dans l'âge heureux d'Astrée,
La main brillante des talents,
En dépit des traits de l'envie,
Sur les épines de la vie
Sema les roses du printemps.

CCCII. SUR CATHERINE II.

Ses bontés font ma gloire, et causent mon regret ;
Elle daigne à mes vers accorder son suffrage :
Si j'étais né plus tard, elle en serait l'objet ;
    Je réussirais davantage.

CCCIII. A MADEMOISELLE DE VAUDEUIL[1].

1769.

La figure un peu décrépite

---

[1] Cette pièce est imprimée dans la lettre à l'abbé Audra, du 10 décem-

D'un vieux serviteur d'Apollon
Était dans la barque à Caron,
Prête à traverser le Cocyte.
Le maître du sacré vallon
Dit à sa muse favorite:
« Écrivez à ce vieux barbon. »
Elle écrivit; je ressuscite.

CCCIV. A M. LE CHANCELIER DE MAUPEOU[1].

1771.

Je veux bien croire à ces prodiges

bre 1769. Une version qu'on dit adressée à madame de Bourdic est ainsi conçue :

Ancien disciple d'Apollon,
J'errais sur les bords du Cocyte,
Lorsque le dieu de l'Hélicon
Dit à sa muse favorite :
« Écrivez à ce vieux barbon. »
Elle écrivit, je ressuscite. B.

[1] J'ai dit, page 484 du tome XLVI, quelles raisons avaient porté Voltaire à applaudir aux réformes que fit le chancelier Maupeou. Ce n'était pas l'opinion du plus grand nombre; et les vers de Voltaire furent ainsi parodiés :

Je veux bien croire à tous ces crimes
Que la fable vient nous conter,
A ces monstres, à ces victimes
Qu'on ne cesse de nous vanter :
Je veux bien croire aux fureurs de Médée,
A ses meurtres, à ses poisons;
A l'horrible banquet de Thyeste et d'Atrée,
A la barbare faim des cruels Lestrigons :
De tels contes pourtant ne sont crus de personne.
Mais que Maupeou tout seul ait renversé les lois,
Et qu'en usurpant la couronne,
Par ses forfaits il règne au palais de nos rois ;
Voilà ce que j'ai vu, voilà ce qui m'étonne.
J'avoue avec l'antiquité
Que ses monstres sont détestables :
Aussi ce ne sont que des fables,
Et c'est ici la vérité. B.

Que la fable vient nous conter ;
A ces héros, à leurs prestiges,
Qu'on ne cesse de nous citer ;
Je veux bien croire à ce fier Diomède
Qui ravit le palladium ;
Aux généreux travaux de l'amant d'Andromède ;
A tous ces fous qui bloquaient Ilium ;
De tels contes pourtant ne sont crus de personne :
Mais que Meaupou tout seul du dédale des lois
Ait su retirer la couronne,
Qu'il l'ait seul rapportée au palais de nos rois ;
Voilà ce que je sais, voilà ce qui m'étonne.
J'avoue avec l'antiquité
Que ses héros sont admirables :
Mais par malheur ce sont des fables ;
Et c'est ici la vérité.

CCCV.

SUR Mme LA MARQUISE DE MONTFERRAT,

Assise à table entre un jésuite et un ministre protestant.

Les malins qu'Ignace engendra,
Les raisonneurs de jansénistes,
Et leurs cousins les calvinistes,
Se disputent à qui l'aura.
Les Graces, dont elle est l'ouvrage,
Ont dit : « Elle est notre partage,
C'est à nous qu'elle restera. »

CCCVI. A M. LE PRÉSIDENT DE FLEURIEU,

Qui reprochait à l'auteur de n'avoir pas répondu à l'une de ses lettre et d'avoir écrit à son fils, M. DE LA TOURETTE.

Également à tous je m'intéresse ;
Je vois partout les vertus, les talents.
Que l'on écrive au père, à la mère, aux enfants,
C'est au mérite qu'est l'adresse.

CCCVII. AU LANDGRAVE DE HESSE [1],

Au nom d'une dame à qui ce prince avait donné une boîte ornée de son portrait.

J'ai baisé ce portrait charmant,
Je vous l'avouerai sans mystère :
Mes filles en ont fait autant ;
Mais c'est un secret qu'il faut taire :
Une fille dit rarement
Ce qu'elle fit, ou voulut faire.
Vous trouverez bon qu'une mère
Vous parle un peu plus hardiment ;
Et vous verrez qu'également
En tous les temps vous savez plaire.

---

[1] Frédéric II, né en 1720, mort en 1785. Voltaire était en correspondance avec ce prince. CL.

CCCVIII. A M. ***,

OFFICIER RUSSE QUI AVAIT SERVI CONTRE LES TURCS,

Sur un présent que lui avait fait l'impératrice de Russie.

Reçois de cette amazone
Le noble prix de tes combats;
C'est Vénus qui te le donne,
Sous la figure de Pallas.

CCCIX. IMPROMPTU

Fait devant un rigoriste qui parlait de vertu avec un peu de pédanterie.

Le dieu des dieux assez mal raisonna
Lorsqu'à Vénus le bon homme ordonna
D'être à jamais de graces entourée :
C'est à Minerve, et pédante et sucrée,
Que ces conseils devaient être adressés.
Écoutez bien, gens à morale austère :
Sans nos avis la beauté songe à plaire,
Et la vertu n'y songe pas assez.

CCCX. A MADEMOISELLE CLAIRON.

1772.

Les talents, l'esprit, le génie,
Chez Clairon sont très assidus;
Car chacun aime sa patrie:
Chez elle ils se sont tous rendus

Pour célébrer certaine orgie[1]
Dont je suis encor tout confus.
Les plus beaux moments de ma vie
Sont donc ceux que je n'ai point vus!
Vous avez orné mon image
Des lauriers qui croissent chez vous :
Ma gloire, en dépit des jaloux,
Fut en tous les temps votre ouvrage.

CCCXI. A M. ***[2].

Croyez-moi, je renonce à toutes les chimères
 Qui m'ont pu séduire autrefois.
Les faveurs du public, et les faveurs des rois,
 Aujourd'hui ne me touchent guères.
Le fantôme brillant de l'immortalité
Ne se présente plus à ma vue éblouie.
Je jouis du présent, j'achève en paix ma vie
 Dans le sein de la liberté ;
Je l'adorai toujours, et lui fus infidèle.
 J'ai bien réparé mon erreur ;
 Je ne connais le vrai bonheur
Que du jour que je vis pour elle.

---

[1] L'inauguration de la statue de Voltaire, fête célébrée chez mademoiselle Clairon, en octobre 1772. Cette actrice, habillée en prêtresse d'Apollon, posa une couronne de laurier sur le buste de l'auteur de *Zaïre*, et récita une ode de Marmontel en son honneur. K. — Cette petite apothéose de Voltaire est de septembre 1772 ; voyez tome LXVII, pages 539-540. B.

[2] Je laisse cette pièce à la place où l'ont mise les éditeurs de Kehl. S'il faut en croire Luchet, ces vers ont été composés peu après le retour de Prusse. L'*autrefois* du second vers me fait penser qu'ils ont été écrits longtemps après. B.

CCCXII. A Mᵐᵉ LA COMTESSE DE BRIONNE[1],

Que l'auteur reconduisait à Genève.

Oui, vous avez raison, j'applaudis à vos yeux :
J'en suis plus satisfait cent fois que vous ne l'êtes.
Je vous vois, il suffit : un autre fera mieux.
  Je voudrais voir ce que vous faites.

CCCXIII. QUATRAIN[2]

Écrit au crayon chez madame MALLET, *de Ferney, au bas d'un portrait que la nièce de cette dame envoyait à sa famille.*

 Si le Sort injuste et jaloux
Condamne votre Adèle aux tourments de l'absence,
Tous ses traits vous diront que, malgré la distance,
 Son cœur est au milieu de vous.

CCCXIV. SUR LE VOL

Fait par le contrôleur des finances de tout l'argent mis en dépôt par des particuliers chez MAGON, *banquier du roi*[3].

1772.

 Au temps de la grandeur romaine,
 Horace disait à Mécène :
 « Quand cesserez-vous de donner ? »

---

[1] Voyez n°ˢ CCLXI et CCXCVII. B.
[2] Extrait de l'*Almanach des Muses du Midi*, première année (1822), page 40. B.
[3] Ces vers sont tirés du *Commentaire historique;* voyez tome XLVIII, page 377. B.

Ce discours peut nous étonner:
Chez le Welche on n'est pas si tendre.
Je dois dire, mais sans douleur,
A monseigneur le contrôleur:
« Quand cesserez-vous de me prendre? »

cccxv. SUR LA DESTRUCTION DES JÉSUITES

EN 1773.

C'en est donc fait, Ignace, un moine[1] vous condamne:
C'est le lion qui meurt d'un coup de pied de l'âne.

CCCXVI.

A M. GUÉNEAU DE MONTBELLIARD[2].

Dans le séjour d'Euclide, un compagnon d'Horace,
Par des vers délicats, pleins d'esprit et de grace,
Veut en vain ranimer mes esprits languissants:
Ma muse eut quelque feu, l'âge vient la morfondre.
Que votre épouse et vous me prêtent leurs talents,
　　Alors je pourrai vous répondre.

---

[1] Le pape Clément XIV avait été franciscain. Voltaire avait beaucoup d'estime pour ce pape; il avait applaudi à la destruction des jésuites: en voilà plus qu'il ne faut pour douter que Voltaire soit l'auteur de ce distique. B.

[2] Né en 1720, mort le 28 novembre 1785. Ce fut M. Guéneau qui concourut à la réconciliation de Voltaire et de Buffon vers la fin de 1774. M. Decroix dit, dans une note des *Mémoires sur Voltaire*, par Longchamp et Wagnière, que *Guéneau prenait un vif intérêt à l'édition des OEuvres de Voltaire* (celle de Kehl), et qu'il remit dans le temps aux éditeurs *plusieurs lettres et pièces de vers inédites qui y ont été insérées*. CL.

CCCXVII. A L'ABBÉ DE VOISENON.

1773.

Il est bien vrai que l'on m'annonce[1]
Les lettres de maître Clément :
Il a beau m'écrire souvent,
Il n'obtiendra point de réponse ;
Je ne serai pas assez sot
Pour m'embarquer dans ces querelles :
Si c'eût été Clément Marot,
Il aurait eu de mes nouvelles.

CCCXVIII. IMPROMPTU

Écrit de Genève à messieurs mes ennemis, au sujet de mon portrait en Apollon[2].

1774.

Oui, messieurs, c'est ma fantaisie
De me voir peint en Apollon ;
Je conçois votre jalousie,
Mais vous vous plaignez sans raison :
Si mon peintre, par aventure,

---

[1] Ces vers, tirés du *Commentaire historique* (voyez t. XLVIII, p. 394), fesaient partie d'une lettre à Voisenon qui est perdue. J'ai parlé des *Lettres de Clément*, page 394 du tome XLVIII. B.

[2] On voit encore dans le salon voisin de la chambre de Voltaire, à Ferney, un tableau que madame de Genlis appelle une *enseigne à bière,* et qui représente Voltaire offrant *la Henriade* à Apollon, en présence de ses ennemis flagellés par les Furies. J'ai vu aussi, en 1825 et en 1827, ce tableau, de l'invention de madame Denis, et c'est très probablement celui au sujet duquel cette épigramme fut composée. CL.

Tenté d'égayer son pinceau,
Eu Silène eût mis ma figure,
Vous auriez tous place au tableau :
Messieurs, vous seriez ma monture.

cccxix. AU ROI DE PRUSSE,

Sur le mot *immortali*, que ce prince avait fait mettre au bas d'un buste de porcelaine qui représente l'auteur, et qu'il lui envoya en 1775.

Vous êtes généreux ; vos bontés souveraines
Me font de trop riches présents :
Vous me donnez dans mes vieux ans
Une terre dans vos domaines[1].

cccxx. SUR L'ESTAMPE

Mise par le libraire LE JAY à la tête d'un commentaire sur *la Henriade*, où le portrait de VOLTAIRE est entre ceux de LA BEAUMELLE et de FRÉRON[2].

1774.

Le Jay vient de mettre Voltaire
Entre La Beaumelle et Fréron :
Ce serait vraiment un Calvaire,
S'il s'y trouvait un bon larron[3].

---

[1] Ces vers, tirés du *Commentaire historique* (voyez t. XLVIII, p. 383), sont une variante de ceux qui sont dans la lettre de Voltaire à Frédéric, de janvier 1775. CL. — Voyez aussi tome XII, page 555. B.

[2] Le Jay avait fait remettre par le sieur Rosset, libraire à Lyon, une épreuve de cette estampe à Voltaire, qui, pour réponse, lui fit tenir ces quatre vers. K.

[3] Voici comment madame du Deffand rapporte ces quatre vers :

Quelqu'un, dit-on, a peint Voltaire
Entre La Beaumelle et Fréron :

CCCXXI.— A M. DECROIX [1],

SUR DES VERS PRÉSENTÉS LE JOUR DE SAINT FRANÇOIS.

Pourquoi vous plaisez-vous, avec ce doux langage,
    A me reprocher mon patron?
    Ne me raillez pas davantage,
    Monsieur, et gardez son cordon.

CCCXXII.

INSCRIPTION SUR L'ILE DE MALTE [2].

Ce rocher sourcilleux, que défend la vaillance,
Est le rempart de Rome et l'écueil de Byzance.

CCCXXIII.

ÉPITAPHE DE L'ABBÉ DE VOISENON [3].

1775.

Ici gît, ou plutôt frétille

    Cela ferait un vrai Calvaire,
    S'il n'y manquait un bon larron. B.

---

[1] Jacques-Joseph-Marie Decroix, né à Lille le 15 mars 1746, mort en 1827, fut l'un des éditeurs de l'édition de Kehl. Il n'a cessé de s'occuper de Voltaire pendant soixante ans. Je lui suis redevable de communications importantes. La veille de sa mort, il m'envoya son manuscrit de la comédie de *l'Envieux*, pièce inédite de Voltaire, et qui fait partie du tome IV de la présente édition. B.

[2] Ces vers sont dans une note de la lettre de Voltaire au marquis de Courtivron, du 12 octobre 1775. Voltaire dit dans sa lettre avoir oublié cette inscription faite, *il y a si long-temps*, chez le bailli de Froulay. C'est indiquer que la pièce est bien antérieure à 1775; mais ce n'est pas en donner la date. B.

[3] Mort le 22 novembre 1775 (voyez tome LV, page 63). Ces vers sont extraits de la lettre de madame de Saint-Julien, du 8 décembre 1775. B.

Voisenon, frère de Chaulieu.
A sa muse vive et gentille
Je ne prétends point dire adieu;
Car je m'en vais au même lieu,
Comme un cadet de la famille.

CCCXXIV.

A M. LE CHEVALIER DE CHASTELLUX,

Qui avait envoyé à l'auteur son discours de réception à l'académie française, lequel traitait du goût.

1775.

Dans ma jeunesse, avec caprice,
Ayant voulu tâter de tout,
Je bâtis un Temple du Goût;
Mais c'était un mince édifice.
Vous en élevez un plus beau;
Vous y logez auprès du maître:
Et le Goût est un dieu nouveau
Qui vous a nommé son grand-prêtre.

CCCXXV. IMPROMPTU SUR M. TURGOT.

Je crois en Turgot fermement:
Je ne sais pas ce qu'il veut faire,
Mais je sais que c'est le contraire
De ce qu'on fit jusqu'à présent.

CCCXXVI. A M. LE PRINCE DE BELOSELSKI.

1775.

Dans des climats glacés Ovide vit un jour
 Une fille du tendre Orphée;
 D'un beau feu leur ame échauffée
Fit des chansons, des vers, et surtout fit l'amour.
 Les dieux bénirent leur tendresse,
Il en naquit un fils orné de leurs talents;
Vous en êtes issu : connaissez vos parents,
 Et tous vos titres de noblesse [1].

CCCXXVII. RÉPONSE A MADEMOISELLE***,

De Plaisance (département du Gers), âgée de onze ans.

1775.

A l'âge de douze ans faire d'aussi beaux vers [2]
 Pour un vieillard octogénaire,

---

[1] Une lettre de Voltaire au comte de Fékété, du 23 octobre 1767, et imprimée dans l'ouvrage intitulé *Mes Rapsodies*, Genève, 1781, deux volumes, commence ainsi :

> Au bord du Pont-Euxin le tendre Ovide un jour
> Vit un jeune tendron de la race d'Orphée;
>   D'un beau feu, etc.

Voyez tome LXIV, pages 411, 412; et ci-dessus le n° CCLXXXV. B.

[2] Voici les vers auxquels répondait Voltaire :

> Vous qui d'Homère embouchant la trompette,
> Des chantres de la Grèce égalez les concerts,
> Vous qui d'Anacréon et du berger d'Admète
>   Unissez les talents divers,
> Permettez qu'en ce jour, marqué pour votre fête,
> Une jeune bergère éprise de vos vers,
> Vous offre une des fleurs qui ceignent sa houlette.   B.

C'est lui donner, Églé, le plus charmant salaire
　　Que puissent briguer ses concerts.
　　Je crois votre estime sincère ;
Mais quittez les moutons, les bois, et la fougère ;
　　Allez sur des bords plus heureux
Charmer les beaux-esprits, et captiver les dieux :
Quand on a vos talents, on naquit pour leur plaire.

CCCXXVIII. A M. L'ABBÉ DELILLE[1].

　　Vous n'êtes point savant en *us* ;
　　D'un Français vous avez la grace ;
　　Vos vers sont de *Virgilius*,
　　Et vos épîtres sont d'Horace.

CCCXXIX. A M. LEKAIN[2].

Acteur sublime, et soutien de la scène,
Quoi ! vous quittez votre brillante cour,
Votre Paris, embelli par sa reine !
De nos beaux-arts la jeune souveraine[3]
Vous fait partir pour mon triste séjour !
On m'a conté que souvent elle-même,

---

[1] Ces vers doivent être du mois d'avril 1776. L'abbé Delille, qui était alors chez le patriarche, dit en lisant, sur la façade de la chapelle, l'inscription *Deo erexit Voltaire :* « Voilà un grand mot entre deux grands noms. » Quelques mois plus tard, madame de Genlis vit l'inscription, et elle dit dans ses *Mémoires* qu'elle en frémit. C'était sans doute à cause du *grand mot.* CL.

[2] On voit par la lettre à d'Argental, du 5 auguste 1776, que Lekain avait donné plusieurs représentations soit à Ferney, soit aux environs. B.

[3] Marie-Antoinette. B.

Se dérobant à la grandeur suprême,
Sèche en secret les pleurs des malheureux :
Son moindre charme est, dit-on, d'être belle.
Ah! laissons là les héros fabuleux :
Il faut du vrai, ne parlons plus que d'elle.

CCCXXX. A MADAME DE FLORIAN,

Qui voulait que l'auteur vécût long-temps [1]..

SEPTEMBRE 1776.

Vous voulez arrêter mon ame fugitive :
    Ah! madame, je le vois bien,
De tout ce qu'on possède on ne veut perdre rien ;
    On veut que son esclave vive.

CCCXXXI. VERS AU CHEVALIER DE RIVAROL.

1777.

    En vain ma muse surannée
Voudrait, ainsi que vous, rimer des vers aisés ;
    Je sens que ma force est bornée,
Ma chaleur est éteinte, et mes sens sont usés :
    Mais vous brillez à votre aurore ;
    Vous êtes l'ami des neuf Sœurs,
    Et je vois vos talents éclore
    Avec les plus belles couleurs.
    Seize lustres brisent mon être ;

---

[1] Louise-Bernade Joly, troisième femme du marquis de Florian ; voyez lettres 6773 et 6785. B.

Je respire avec peine l'air;
Mais vous commencez à paraître,
Et l'on voit le printemps renaître
Des tristes débris de l'hiver.

CCCXXXII. A M. LE PRINCE DE LIGNE [1].

Sous un vieux chêne un vieux hibou
Prétendait aux dons du génie;
Il fredonnait dans son vieux trou
Quelques vieux airs sans harmonie :
Un charmant cygne, au cou d'argent,
Aux sons remplis de mélodie,
Se fit entendre au chat-huant,
Et le triste oiseau sur-le-champ
Mourut, dit-on, de jalousie.
Non, beau cygne, c'est trop mentir,
Il n'avait pas tant de faiblesse :
Il eût expiré de plaisir,
Si ce n'eût été de vieillesse.

CCCXXXIII. A M. NECKER,

DIRECTEUR GÉNÉRAL DES FINANCES.

1777.

On vous damne comme hérétique;
On vous damne bien autrement
Pour votre plan économique,

---

[1] La réponse du prince de Ligne est dans la *Correspondance* de Grimm de février 1777. CL.

Fruit du génie et du talent :
Mais ne perdez point l'espérance,
Allez toujours à votre but
En réformant notre finance.
On ne peut manquer son salut,
Quand on fait celui de la France.

CCCXXXIV. A M. D'HERMENCHES [1],

BARON DE CONSTANT, ETC.,

Qui avait joué la comédie à Ferney, et chanté des couplets à la louange de l'auteur, sur l'air *Vive la sorcellerie*, à la suite d'une petite pièce où il fesait le rôle d'un magicien.

De nos hameaux vous êtes l'enchanteur ;
De mes écrits vous voilez la faiblesse ;
Vous y mettez, par un art séducteur,
Ce qu'ils n'ont point, la grace, la noblesse.
C'est bien raison qu'un sorcier si flatteur
Pour son épouse ait une enchanteresse.

CCCXXXV. A MADAME DE SAINT-JULIEN.

Dans un désert un vieux hibou
Tombait sous le fardeau de l'âge :
Un serin fit près de son trou
Briller sa voix et son plumage.
Que faites-vous, serin charmant ?
Pourquoi prodiguer vos merveilles,

---

[1] Voltaire l'appelait le *bel Orosmane* ; voyez tome LVII, page 86. On l'a quelquefois confondu avec son frère Samuel. B.

Sans pouvoir à ce chat-huant
Rendre des yeux et des oreilles?

CCCXXXVI. A MADAME DENIS[1].

Si par hasard, pour argent ou pour or[2],
A vos boutons vous trouviez un remède,
Peut-être vous seriez moins laide;
Mais vous seriez bien laide encor.

CCCXXXVII. A M.***.

Je le ferai bientôt ce voyage éternel
Dont on ne revient point au séjour de la vie:
En vain vous prétendez que le Dieu d'Israël
Daignera me prêter, comme au bon homme Élie,
Un beau cabriolet des remises du ciel,
Avec quatre chevaux de sa grande écurie;
Dieu fait depuis ce temps moins de cérémonie:
Le luxe était permis dans le Vieux Testament;
De la nouvelle loi la rigueur le condamne;
Tout change sur la terre et dans le firmament:
Élie eut un carrosse, et Jésus n'eut qu'un âne.

---

[1] C'est le marquis de Villette qui, dans une lettre datée de Ferney, 1777, (*OEuvres*, 1784, in-12, page 122, lettre XIX), rapporte ces vers échappés à Voltaire dans un moment d'impatience et d'humeur contre madame Denis arrangeant son visage. B.

[2] Var. Quand vous pourriez pour argent ou pour or
A vos boutons apporter un remède.

CCCXXXVIII.

SUR LE MARIAGE
DE M. LE MARQUIS DE VILLETTE.

1777.

Il est vrai que le dieu d'amour,
Fatigué du plaisir volage,
Loin de la ville et de la cour,
Dans nos champs a fait un voyage.
Je l'ai vu, ce dieu séducteur :
Il courait après le bonheur,
Il ne l'a trouvé qu'au village.

CCCXXXIX. A M. PIGALLE,

SCULPTEUR,

Chargé par le roi de faire les statues du maréchal de SAXE et de VOLTAIRE.

Le roi connaît votre talent :
Dans le petit et dans le grand
Vous produisez œuvre parfaite :
Aujourd'hui, contraste nouveau,
Il veut que votre heureux ciseau
Du héros descende au trompette[1].

---

[1] Madame du Deffand, dans sa lettre à Horace Walpole, du 1er mars 1778, rapporte ainsi cette pièce :

    Le roi sait que votre talent
    Dans le petit et dans le grand
    Fait toujours une œuvre parfaite ;
    Et, par un contraste nouveau,

CCCXL. A MADAME DU DEFFAND,

Pour s'excuser de ne pouvoir aller avec elle voir l'opéra de *Roland.*

FÉVRIER 1778.

De ce Roland que l'on nous vante
Je ne puis avec vous aller, ô Du Deffand,
Savourer la musique et douce et ravissante !
Si Tronchin le permet, Quinault me le défend[1].

CCCXLI. A MADAME HÉBERT[2].

1778.

Je perdais tout mon sang, vous l'avez conservé;
Mes yeux étaient éteints, et je vous dois la vue.
 Si vous m'avez deux fois sauvé,
 Grace ne vous soit point rendue;
Vous en faites autant pour la foule inconnue
 De cent mortels infortunés;
 Vos soins sont votre récompense :
 Doit-on de la reconnaissance
 Pour les plaisirs que vous prenez?

  Il veut que votre heureux ciseau
  Du héros descende au trompette.

« On avait dit à Voltaire, ajoute madame du Deffand, que le roi avait
« commandé à Pigalle, pour la galerie du Louvre, la statue du maréchal de
« Saxe et celle de Voltaire. C'était le comte d'Angivilliers qui les avait com-
« mandées; et les statues ou bustes sont pour M. de Marigny. » B.

[1] Marmontel avait retouché l'opéra de Quinault. — Ce quatrain est attribué à Voltaire par Wagnière. CL.

[2] Cette dame avait conseillé à Voltaire de prendre de la purée de fèves, à cause de son crachement de sang, et lui avait indiqué un remède contre une fluxion sur les yeux. CL. — Le mari de cette dame était depuis 1725 trésorier de l'argenterie et des menus plaisirs du roi. B.

CCCXLII. A M. LE MARQUIS DE SAINT-MARC,

Sur les vers qu'il fit prononcer lors du couronnement de l'auteur au Théâtre-Français.

Vous daignez couronner, aux jeux de Melpomène,
D'un vieillard affaibli les efforts impuissants :
Ces lauriers, dont vos mains couvraient mes cheveux blancs,
 Étaient nés dans votre domaine.
On sait que de son bien tout mortel est jaloux ;
Chacun garde pour soi ce que le ciel lui donne :
 Le Parnasse n'a vu que vous
 Qui sût partager sa couronne.

CCCXLIII. A M. GRÉTRY,

SUR SON OPÉRA DU *JUGEMENT DE MIDAS*,

Représenté sans succès devant une nombreuse assemblée de grands seigneurs, et très applaudi quelques jours après sur le théâtre de Paris.

 La cour a dénigré tes chants,
 Dont Paris a dit des merveilles.
 Hélas ! les oreilles des grands[1]
 Sont souvent de grandes oreilles.

---

[1] Var. La cour a sifflé tes talents,
   Paris applaudit tes merveilles.
   Grétry, les oreilles des grands, etc.

Mais j'ai rapporté la pièce telle qu'elle est dans les *Mémoires de Grétry*, I, 306. B.

CCCXLIV. ÉPITAPHE DE M. JAYEZ,

MINISTRE DE L'ÉVANGILE A NOYON,

Demandée par sa veuve à VOLTAIRE.

1778.

Sans superstition ministre des autels,
  Il fut plus citoyen que prêtre :
Il instruisait, aimait, soulageait les mortels,
Et fut digne de Dieu, si quelqu'un le peut être.

CCCXLV. ADIEUX A LA VIE.

1778.

 Adieu ; je vais dans ce pays
D'où ne revint point feu mon père[1] :
Pour jamais adieu, mes amis,
Qui ne me regretterez guère.
Vous en rirez, mes ennemis ;
C'est le *requiem* ordinaire.
Vous en tâterez quelque jour ;
Et lorsqu'aux ténébreux rivages
Vous irez trouver vos ouvrages,
Vous ferez rire à votre tour.
 Quand sur la scène de ce monde

---

[1] Dans sa lettre à Voltaire, du 24 avril 1747 (voyez tome LV, page 159), Frédéric avait dit :

  Mais de cette demeure sombre
  ....
  Je n'ai point vu revenir d'ombre. B.

Chaque homme a joué son rôlet,
En partant il est à la ronde
Reconduit à coups de sifflet.
Dans leur dernière maladie
J'ai vu des gens de tous états,
Vieux évêques, vieux magistrats,
Vieux courtisans à l'agonie :
Vainement en cérémonie
Avec sa clochette arrivait
L'attirail de la sacristie;
Le curé vainement oignait
Notre vieille ame à sa sortie ;
Le public malin s'en moquait;
La satire un moment parlait
Des ridicules de sa vie;
Puis à jamais on l'oubliait;
Ainsi la farce était finie.
Le purgatoire ou le néant
Terminait cette comédie.
 Petits papillons d'un moment,
Invisibles marionnettes,
Qui volez si rapidement
De Polichinelle au néant,
Dites-moi donc ce que vous êtes.
Au terme où je suis parvenu,
Quel mortel est le moins à plaindre?
C'est celui qui ne sait rien craindre,
Qui vit et qui meurt inconnu.

VERS LATINS.

I. INSCRIPTION

GRAVÉE SUR UNE PORTE DU CHATEAU DE CIREY.

1736.

Hæc ingens incœpta domus fit parva; sed ævum [1]
Degitur hic felix et bene, magna sat est.

II. AUTRE,

GRAVÉE AUSSI A CIREY.

Hic virtutis amans, vulgi contemptor et aulæ,
Cultor amicitiæ vates latet abditus agro [2].

---

[1] Je rapporte ces vers tels qu'ils ont été copiés sur les lieux mêmes, en 1821, par M. Clogenson, qui a bien voulu me les communiquer. Voltaire, qui les transcrit dans sa lettre à M. de La Faye, de septembre 1736, a mis :
    Ingens incœpta est, fit parvula casa; sed, etc.
Il paraît que ces vers n'étaient pas encore gravés au moment où Voltaire écrivait à La Faye. B.

[2] Ce distique, que j'ai publié en 1823, m'avait été communiqué simultanément par M. Clogenson et M. Leroy, le même à qui appartient un huitain long-temps imprimé parmi les OEuvres de Voltaire. Voy. mon Avis, page 305.

Au-dessous de ces vers latins on lisait les quatre vers français imprimés ci-dessus, sous le n° CXLVIII; voyez aussi n° XCV. B.

III. VERS SUR LE FEU [1].

1738.

Ignis ubique latet, naturam amplectitur omnem,
  Cuncta parit, renovat, dividit, unit, alit.

IV. VERS

POUR LE PORTRAIT DU PAPE BENOIT XIV.

1745.

Lambertinus hic est, Romæ decus et pater orbis,
Qui mundum scriptis docuit, virtutibus ornat.

V. AU CARDINAL QUIRINI.

1745.

Sic veneranda suis plaudebat Roma Quirinis,
  Laus antiqua redit, Romaque surgit adhuc;
Non jam Marte ferox, dirisque superba triumphis :
  Plus mulcere orbem quam domuisse fuit.

VI. A M. AMMAN,

SECRÉTAIRE DE M. L'AMBASSADEUR DE NAPLES A PARIS,

Qui avait adressé de jolis vers latins à M. DE VOLTAIRE.

1746.

Tu vatem vates laudatus Apolline laudas,

---

[1] Ces vers servaient de devise au *Mémoire sur la nature du feu et sa propagation*, envoyé à l'académie des sciences. Voyez la lettre de Voltaire à Dalembert, du 1er juillet 1766. B.

Concedisque tua decerptas fronte coronas.
Carminibus nostram petis ad certamina musam :
O utinam videar tibi respondere paratus !
Sed quondam dulcis vox deficit, atque labore
Nunc defessus, iners, ignava silentia servans,
Semper amans Phœbi, non exauditus ab illo,
Te miror, victus; non invidus, arma repono.

vii. INSCRIPTION

PROPOSÉE POUR L'ÉCOLE DE CHIRURGIE.

Arte manus regitur, genius prælucet utrique [1].

viii. VERS

POUR LE PORTRAIT DE ***.

Musarum amicus, judex, patronus fuit [2].

---

[1] Ce vers est dans la lettre au comte de Rochefort, du 28 avril 1773 (voyez tome LXVIII, page 216). B.

[2] Ce vers est dans une lettre à Maret, du 28 avril 1773 (voy. t. LXVIII, p. 217). Cette même année, Voltaire avait chez lui Durey de Morsan, à qui il avait donné asile. Durey de Morsan avait, au-dessous d'un crucifix, placé dans sa chambre le portrait de J.-J. Rousseau, avec ce distique :

  Ante meos oculos pendet tua, Rufe, tabella.
  Pendentis colitur sic mihi forma Dei.

Un jour qu'il était absent, Voltaire entra par hasard dans cette chambre; et ayant aperçu les deux vers, il effaça sur-le-champ le dernier, et y substitua celui-ci :

  Sed cur non pendet vera figura viri ?   B.

VERS ANGLAIS.

1. TO LAURA HARLEY[1].

1727.

Laura, would you know the passion
  You have kindled in my breast?
Trifling is the inclination
  That by words can be express'd.
In my silence see the lover;
True love is by silence known:
In my eyes you'll best discover
  All the power of your own.

---

[1] Quand je communiquai ces vers en 1819, je croyais, d'après M. Hennet, auteur de la *Poétique anglaise*, que Voltaire les avait adressés à lady Hervey; mais M. de Châteauneuf assure, dans les *Divorces anglais*, ouvrage publié en 1821, que Voltaire composa ce madrigal pour Laura Harley, femme d'un marchand qui se connaissait mieux en chiffres qu'en mots alignés, et qui, fort chatouilleux sur l'article de l'honneur marital, *le fit figurer dans le procès-verbal* dressé contre *deux autres séducteurs de sa femme*.

Ces vers, dont voici la traduction, furent composés dans les derniers mois de 1727 ou en 1728:

A Laure Harley.

Desirez-vous connaître, Harley, la passion
  Que dans mon sein vous avez allumée?
Bien légère serait une inclination
  Qui par des mots pourrait être exprimée.
Le véritable amour s'exprime par les yeux;
  Un tel langage est moins trompeur que d'autres.
Lisez dans mes regards, vous découvrirez mieux,
  Charmante Harley, tout le pouvoir des vôtres.

II. SUR LES ANGLAIS.

Capricious, proud; the same axe avails
To chop off monarchs' heads or horses' tails [1].

[1] Je trouve ces vers à la page 337 du second volume de la *Poétique anglaise*, par M. Hennet. M. Clogenson les croit de 1760. Dans une lettre de Villette à Villevieille, de 1777, on lit : « Un de ces jours, à table avec le lord Littleton, à la suite d'une conversation au vin de Champagne, Voltaire lui répondit par ces vers :

> Fier et bizarre Anglais, qui des mêmes conteaux
> Coupez la tête aux rois et la queue aux chevaux. »

C'est d'après Villette que ces deux vers français sont rapportés page 80 de la deuxième partie des *Mémoires pour servir à l'Histoire de M. de Voltaire* (par Chaudon), 1785, deux parties in-12. B.

FIN

DU TOME TROISIÈME ET DERNIER DES POÉSIES.

TABLE

DES PIÈCES CONTENUES DANS LE TROISIÈME VOLUME

DES POÉSIES.

CONTES.

Préface des Éditeurs de l'édition de Kehl.	Page 3
L'ANTI-GITON. A mademoiselle Lecouvreur. 1714.	5
Notes et Variantes.	8
LE CADENAS, envoyé, en 1716, à madame de B.	10
Notes et Variantes.	13
LE COCUAGE. 1716.	16
Note.	18
LA MULE DU PAPE. 1733.	19
Notes et Variantes.	21
Préface de Catherine Vadé, pour les contes de Guillaume Vadé. 1764.	23
Notes.	29
CE QUI PLAIT AUX DAMES.	31
Notes.	45
L'ÉDUCATION D'UN PRINCE.	46
Notes et Variantes.	53
GERTRUDE, ou L'ÉDUCATION D'UNE FILLE.	54
Notes.	58
LES TROIS MANIÈRES.	59
Notes.	72
THÉLÈME ET MACARE.	73
Notes.	77
AZOLAN, ou LE BÉNÉFICIER.	78
Note.	80
L'ORIGINE DES MÉTIERS.	81
Notes.	82
LA BÉGUEULE, conte moral. 1772.	83
Notes.	91

LES FINANCES. 1775. 92
   Note. 94
LE DIMANCHE, ou LES FILLES DE MINÉE. A madame Arnanche.
   1775. 95
   Notes. 105
SÉSOSTRIS. 107
   Notes et Variantes. 109
LE SONGE CREUX. 110
   Note. 112

SATIRES.

Avis du nouvel Éditeur. 114
LE BOURBIER. 1714. 115
   Notes. 117
LA CRÉPINADE. 119
   Notes. 121
Avertissement des Éditeurs de l'édition de Kehl. 122
LE MONDAIN. 1736. 126
   Notes et Variantes. 131
Lettre de M. Melon, ci-devant secrétaire du régent du royaume, à madame la comtesse de Verrue, sur l'*Apologie du luxe*. 133
   Note. 134
DÉFENSE DU MONDAIN, ou L'APOLOGIE DU LUXE. 1737. 135
   Notes. 140
SUR L'USAGE DE LA VIE. Pour répondre aux critiques qu'on avait faites du *Mondain*. 141
   Notes et Variantes. 144
LE PAUVRE DIABLE, ouvrage en vers aisés, de feu M. Vadé, mis en lumière par Catherine Vadé, sa cousine. 1758. 145
   A maître Abraham Chaumeix. 147
   Notes. 148
   Le Pauvre Diable. 149
   Notes et Variantes. 167
LA VANITÉ. 1760. 168
   Notes. 173
LE RUSSE A PARIS. 1760. 175
   Avertissement des Éditeurs de l'édition de Kehl. 177
   Le Russe a Paris, petit poëme en vers alexandrins, composé à Paris au mois de mai 1760, par M. Van Alethof, secrétaire de l'ambassade russe. 178
   Dialogue d'un Parisien et d'un Russe. 179
   Notes et Variantes. 194

LES CHEVAUX ET LES ANES, ou ÉTRENNES AUX SOTS. 1761. 195
   Notes. 199
ÉLOGE DE L'HYPOCRISIE. 1766. 201
   Notes. 205
LE MARSEILLOIS ET LE LION. 1768. 207
   Avertissement. 208
   Notes. ibid.
   Le Marseillois et le Lion, par M. de Saint-Didier, secrétaire perpétuel de l'académie de Marseille. 209
   Avertissement des Éditeurs de l'édition de Kehl, sur *les Trois Empereurs en Sorbonne*. 219
LES TROIS EMPEREURS EN SORBONNE. 1768. 222
   Avertissement des Éditeurs de l'édit. de Kehl, sur *les Deux Siècles*. 230
LES DEUX SIÈCLES. 231
   Notes et Variantes. 235
LE PÈRE NICODÈME ET JEANNOT. 236
   Notes et Variantes. 240
LES SYSTÈMES. 242
   Notes et Variantes. 253
LES CABALES. 1772. 255
   Notes et Variantes. 267
LA TACTIQUE. 1773. 269
   Notes et Variantes. 278
DIALOGUE DE PÉGASE ET DU VIEILLARD. 1774. 280
   Notes. 296
LE TEMPS PRÉSENT, par M. Joseph Laffichard, de plusieurs académies. 1775. 297
   Notes. 300

POÉSIES MÊLÉES.

Avis du nouvel Éditeur. 303
I. A. M. Duché. 309
II. Sur une tabatière confisquée. ibid.
III. Sur Néron. 310
IV. Le Loup moraliste. ibid.
V. Épitaphe. 312
VI. Épigramme. 1712. 313
VII. Sur La Motte. 1714. ibid.
VIII. Couplet à mademoiselle Duclos. 1714. 314
IX. Épigramme. 1715. ibid.
X. Nuit blanche de Sulli. 1716. 315

XI. Sur M. le duc d'Orléans et madame de Berry, sa fille. 1716. 317
XII. A madame la duchesse de Berry, fille du régent. 1716. ibid.
XIII. Au régent. 1716. 318
XIV. A M. l'abbé de Chaulieu. 1716. ibid.
XV. Sur M. de Fontenelle. 319
XVI. Au duc de Lorraine Léopold, et à madame la duchesse son épouse, en leur présentant la tragédie d'*OEdipe*. 1719. ibid.
XVII. Épigramme. 1719. ibid.
XVIII. A mademoiselle Lecouvreur. 1719. 320
XIX. Sur la métaphysique de l'amour. 1720. ibid.
XX. Chanson. 1720. 321
XXI. Impromptu à mademoiselle de Charolois, peinte en habit de cordelier. ibid.
XXII. A madame de ***, en lui envoyant les OEuvres mystiques de Fénelon. 322
XXIII. A la même. ibid.
XXIV. A M. le duc de Richelieu, sur sa réception à l'académie. Décembre 1720. ibid.
XXV. A la marquise de Rupelmonde. 323
XXVI. A madame de ***, vers 1722. ibid.
XXVII. A M. Louis Racine. 1722. 324
XXVIII. Impromptu à M. le comte de Vindisgratz. 1722. 325
XXIX. Sur les fêtes grecques et romaines. 1723. 326
XXX. Impromptu à madame la duchesse de Luxembourg, qui devait souper avec M. le duc de Richelieu. ibid.
XXXI. Les deux Amours. A madame la marquise de Rupelmonde. 327
XXXII. A madame de Luxembourg, en lui envoyant *la Henriade*. 1724. 328
XXXIII. Sur un Christ habillé en jésuite. 1724. ibid.
XXXIV. Triolet à M. Titon Du Tillet. ibid.
XXXV. A madame de ***. 329
XXXVI. Impromptu écrit sur un cahier de lettres de madame la duchesse du Maine et de M. de La Motte-Houdard, qui avait perdu la vue. 330
XXXVII. A mademoiselle ***, qui avait promis un baiser à celui qui ferait les meilleurs vers pour sa fête. ibid.
XXXVIII. Épigramme. 331
XXXIX. A madame la maréchale de Villars, en lui envoyant *la Henriade*. ibid.
XL. Impromptu à la marquise de Crillon, à souper dans une petite maison de M. le duc de Richelieu. 332
XLI. A M. l'abbé Couet, grand-vicaire du cardinal de Noailles, en lui

envoyant la tragédie de *Mariamne.* 20 août 1725. 332
XLII. A M. de La Faye. 1729. ibid.
XLIII. Inscription pour une statue de l'Amour dans les jardins de Maisons. 333
XLIV. A M. de Cideville, écrit sur un exemplaire de *la Henriade.* 1730. 334
XLV. A madame de Nointel. 335
XLVI. Vers envoyés à M. Sylva, premier médecin de la reine, avec le portrait de l'auteur. ibid.
XLVII. A madame la marquise d'Ussé. 1730. ibid.
XLVIII. Chanson pour mademoiselle Gaussin, le jour de sa fête, 25 août 1731. 336
XLIX. Portrait de M. de La Faye. 337
L. Épigramme sur l'abbé Terrasson. 1731. ibid.
LI. Réponse à M. de Formont. 338
LII. A M. le maréchal de Richelieu, en lui envoyant plusieurs pièces détachées. 1731. 339
LIII. Sur l'estampe du R. P. Girard et de La Cadière. ibid.
LIV. Madrigal. Janvier 1732. ibid.
LV. Épigramme. 340
LVI. Pour le portrait de mademoiselle Sallé. ibid.
LVII. A mademoiselle Aïssé, en lui envoyant du ratafiat pour l'estomac. 1732. 341
LVIII. Impromptu écrit chez madame du Deffand. 1732. ibid.
LIX. A madame de Fontaine-Martel, en lui envoyant *le Temple de l'Amitié.* 1733. ibid.
LX. A M. Bernard. 342
LXI. Épitaphe. 1732. ibid.
LXII. A mademoiselle de Guise, depuis duchesse de Richelieu, sœur de madame de Bouillon. ibid.
LXIII. A mademoiselle Delaunay. 1732. 343
LXIV. A la même. 344
LXV. A la même. 346
LXVI. A la même. 347
LXVII. A la même. ibid.
LXVIII. Épitaphe. 1733. ibid.
LXIX. A M. Linant. 1733. 348
LXX. Vers présentés à la reine, sur la seconde élection du roi Stanislas au trône de Pologne. 1733. ibid.
LXXI. A M. de Forcalquier, qui avait eu ses cheveux coupés par un boulet de canon au siège de Kehl. Octobre 1733. 349

LXXII. A M. Lefebvre, en réponse à des vers qu'il avait envoyés à l'auteur. 350

LXXIII. A mademoiselle de Guise, dans le temps qu'elle devait épouser M. le duc de Richelieu. 1734. 351

LXXIV. A M. de Corlon, qui était avec l'auteur à Monjeu, chez M. le duc de Guise, alors malade. 1734. ibid.

LXXV. A M. le duc de Guise, qui prêchait l'auteur à l'occasion des vers précédents. 1734. 352

LXXVI. A madame la duchesse de Richelieu. 1734. ibid.

LXXVII. A madame du Châtelet, en lui envoyant un traité de métaphysique. 353

LXXVIII. A madame la duchesse de Bouillon, qui vantait son portrait fait par Clinchetet. ibid.

LXXIX. A la même. ibid.

LXXX. Contre les philosophes. Sur le souverain bien. 1734. 354

LXXXI. A madame la marquise du Châtelet, fesant une collation sur une montagne appelée Saint-Blaise, près de Monjeu. 1734. ibid.

LXXXII. A la même. 355

LXXXIII. A la même. ibid.

LXXXIV. A la même. ibid.

LXXXV. A la même, qui soupait avec beaucoup de prêtres. ibid.

LXXXVI. A la même, lorsqu'elle apprenait l'algèbre. 356

LXXXVII. Impromptu. 1735. ibid.

LXXXVIII. Vers écrits au bas d'une lettre de madame du Châtelet à madame de Champbonin. 1735. 357

LXXXIX. Réponse à M. de Formont, au nom de madame du Châtelet. 1735. ibid.

XC. A madame de Flamarens, qui avait brûlé son manchon, parcequ'il n'était plus à la mode. 358

XCI. A M.***, qui était à l'armée d'Italie. 1735. 359

XCII. A madame du Châtelet. ibid.

XCIII. A M. Grégoire, député du commerce de Marseille. 360

XCIV. Quatrain pour le portrait de mademoiselle Lecouvreur. ibid.

XCV. Devise pour madame du Châtelet. ibid.

XCVI. A madame du Châtelet, en lui envoyant l'*Histoire de Charles XII*. 361

XCVII. Épigramme. ibid.

XCVIII. A M. Clément, de Montpellier, qui avait adressé des vers à l'auteur, en l'exhortant à ne pas abandonner la poésie pour la physique. 362

XCIX. Épigramme. ibid.

C. Épigramme. Janvier 1736. 363

CI. Sur M. de La Condamine, qui était occupé de la mesure d'un degré du méridien au Pérou, lorsque Voltaire fesait *Alzire*. 1736.   363
CII. Sur le château de Cirey. Février 1736.   ibid.
CIII. A madame du Châtelet, de Cirey, où il était pendant son exil, et où il lui avait écrit de Paris.   364
CIV. A mademoiselle Gaussin. 1736.   ibid.
CV. A M. Pallu, intendant de Moulins. 1736.   365
CVI. A M. de La Chaussée, en réponse à son Épître à Clio. 1736.   ibid.
CVII. A M. de Verrières. 1736.   ibid.
CVIII. Sonnet à M. le comte Algarotti. 1736.   366
CIX. Impromptu à M. Thieriot, qui s'était fait peindre *la Henriade* à la main. 1736.   367
CX. A M. de La Bruère, sur son opéra intitulé *les Voyages de l'Amour*. 1736.   368
CXI. A M. Bernard, auteur de *l'Art d'aimer*. Les trois Bernards.   ibid.
CXII. Sixain.   ibid.
CXIII. Invitation au même.   369
CXIV. A madame de Bassompierre, abbesse de Poussai.   ibid.
CXV. Pour le portrait de Jean Bernouilli.   ibid.
CXVI. Le Portrait manqué. A madame la marquise de B***.   370
CXVII. Vers mis au bas d'un portrait de Leibnitz.   ibid.
CXVIII. Sur J.-B. Rousseau. 1736.   371
CXIX. A madame la marquise du Châtelet.   ibid.
CXX. Épigramme.   372
CXXI. Réponse à M. de Linant.   ibid.
CXXII. A madame du Châtelet, à qui l'auteur avait envoyé une bague où son portrait était gravé.   373
CXXIII. Impromptu fait dans les jardins de Cirey, en se promenant au clair de la lune.   ibid.
CXXIV. A madame du Châtelet, en recevant son portrait.   374
CXXV. A madame du Châtelet.   ibid.
CXXVI. Pour le portrait de madame la princesse de Talmont.   ibid.
CXXVII. A madame d'Argental, le jour de sainte Jeanne sa patronne.   ibid.
CXXVIII. A M. Jordan, à Berlin. 1738.   375
CXXIX. Épigramme sur l'abbé Desfontaines, qui se prononçait contre l'attraction. 1738.   376
CXXX. L'abbé Desfontaines et le Ramoneur, ou le Ramoneur et l'abbé Desfontaines, conte, par feu M. de La Faye. 1738.   ibid.
CXXXI. Vers écrits à la marge d'un manuscrit de madame du Châtelet sur Newton.   377
CXXXII. A M...., Anglais, qui avait comparé l'auteur au soleil.   378

CXXXIII. A madame de Boufflers, en lui envoyant un exemplaire de *la Henriade*. 378

CXXXIV. A madame la duchesse de La Vallière, au nom de madame la duchesse de ***, en lui envoyant une navette. 379

CXXXV. A madame Du Boccage. ibid.

CXXXVI. Les Souhaits, sonnet. 380

CXXXVII. A M. l'abbé, depuis cardinal de Bernis. ibid.

CXXXVIII. Au roi de Prusse. Billet de congé. 1740. 381

CXXXIX. L'Épiphanie de 1741. ibid.

CXL. A M. de La Noue, auteur de *Mahomet II*, tragédie, en lui envoyant celle de *Mahomet le prophète*. 1741. 382

CXLI. Sur la banqueroute d'un nommé Michel, receveur général. ibid.

CXLII. Vers gravés au bas d'un portrait de Maupertuis. 1741. 383

CXLIII. Sur les disputes en métaphysique. 1741. ibid.

CXLIV. A M. Maurice de Claris, qui avait envoyé à l'auteur un poëme sur la grace. 1741. 384

CXLV. Sur le mariage du fils du doge de Venise avec la fille d'un ancien doge. 385

CXLVI. A madame la princesse Ulrique de Prusse. ibid.

CXLVII. La Muse de Saint-Michel. 1744. 387

CXLVIII. Vers gravés au-dessus de la porte de la galerie de Voltaire, à Cirey. 1744. ibid.

CXLIX. Portrait de madame la duchesse de La Vallière. ibid.

CL. Impromptu. 1745. 388

CLI. A l'impératrice de Russie, Élisabeth Petrowna, en lui envoyant un exemplaire de *la Henriade*, qu'elle avait demandé à l'auteur. ibid.

CLII. Épigramme. 389

CLIII. Impromptu sur la fontaine de Budée à Yère. ibid.

CLIV. A madame de Pompadour, alors madame d'Étiole, qui venait de jouer la comédie aux petits appartements. 390

CLV. A madame de Boufflers, qui s'appelait Madeleine. Chanson sur l'air des *Folies d'Espagne*. ibid.

CLVI. Quatrain sur le maréchal de Saxe. 391

CLVII. A madame de Pompadour, en lui envoyant l'*Abrégé chronologique de l'Histoire de France*, du président Hénault. 1745. ibid.

CLVIII. Inscriptions mises sur la nouvelle porte de Nevers, en l'honneur de Louis XV. 1746. 392

CLIX. A M. Clément de Dreux. 1746. 393

CLX. Couplets chantés par Polichinelle, et adressés à M. le comte d'Eu, qui avait fait venir les marionnettes à Sceaux. 1746. ibid.

CLXI. A madame Dumont, qui avait adressé des vers à l'auteur, en lui demandant d'entrer avec sa fille aux fêtes de Versailles pour le mariage du dauphin. 1747. 394

CLXII. Sur ce que l'auteur occupait à Sceaux la chambre de M. de Saint-Aulaire, que madame la duchesse du Maine appelait son berger. 1747. 395

CLXIII. A madame la duchesse du Maine. ibid.

CLXIV. A madame la marquise du Châtelet, le jour qu'elle a joué à Sceaux le rôle d'Issé. 1747. ibid.

CLXV. A la même. Parodie de la sarabande d'*Issé*. 1747. 396

CLXVI. A madame du Châtelet, qui dînait avec l'auteur dans un collége, et qui avait soupé la veille avec lui dans une hôtellerie. 397

CLXVII. A un bavard. ibid.

CLXVIII. Impromptu écrit sur la feuille du suisse de M. le duc de La Vallière, à qui l'auteur allait demander la romance de *Gabrielle de Vergy*. ibid.

CLXIX. A madame la duchesse d'Orléans, qui demandait des vers pour une de ses dames d'atour. 398

CLXX. A madame de Pompadour. ibid.

CLXXI. Sur le serin de mademoiselle de Richelieu. ibid.

CLXXII. A M. de La Popelinière, en lui envoyant un exemplaire de *Sémiramis*. 1748. 399

CLXXIII. Vers récités par une pensionnaire du couvent de Beaune avant la représentation de *la Mort de César*, pour la fête de la prieure. 1748. ibid.

CLXXIV. Sur le *Panégyrique de Louis XV*. 1748. 400

CLXXV. Épigramme sur Boyer, théatin, évêque de Mirepoix, qui aspirait au cardinalat. ibid.

CLXXVI. Impromptu à madame du Châtelet, déguisée en Turc, et conduisant au bal madame de Boufflers, déguisée en sultane. 401

CLXXVII. Au roi Stanislas. ibid.

CLXXVIII. A M. de Pleen, qui attendait l'auteur chez madame de Graffigny, où l'on devait lire *la Pucelle*. ibid.

CLXXIX. A madame du Châtelet. 402

CLXXX. Étrennes à la même, au nom de madame de Boufflers. ibid.

CLXXXI. A madame de Boufflers. 403

CLXXXII. Vers sur l'amour. 1749. ibid.

CLXXXIII. A M. Destouches. 1749. 404

CLXXXIV. Compliment adressé au roi Stanislas et à madame la princesse de La Roche-sur-Yon, sur le théâtre de Lunéville, par Voltaire, qui venait d'y jouer le rôle de l'assesseur dans *l'Étourderie*. 405

CLXXXV. Chanson composée pour la marquise de Boufflers. ibid.

CLXXXVI. Au roi Stanislas, à la clôture du théâtre de Lunéville. 406
CLXXXVII. A madame Du Boccage. ibid.
CLXXXVIII. A la même, sur son *Paradis perdu*. 407
CLXXXIX. Épitaphe de madame du Châtelet. ibid.
CXC. A madame de Pompadour, qui trouvait qu'une caille servie à son dîner était grassouillette. ibid.
CXCI. A M. d'Arnaud, qui lui avait adressé des vers très flatteurs. 408
CXCII. A madame de Pompadour, dessinant une tête. ibid.
CXCIII. A la même, après une maladie. ibid.
CXCIV. Impromptu à la même, en entrant à sa toilette, le lendemain d'une représentation d'*Alzire* au théâtre des petits appartements, où elle avait joué le rôle d'Alzire. 409
CXCV. Vers faits en passant au village de Lawfelt. 1750. ibid.
CXCVI. Au roi de Prusse. 410
CXCVII. Impromptu sur une rose demandée par le même roi. ibid.
CXCVIII. Placet pour un homme à qui le roi de Prusse devait de l'argent. 411
CXCIX. Au roi de Prusse. ibid.
CC. A La Métrie, qui était malade. 412
CCI. Impromptu à M. de Maupertuis, qui était à la toilette du roi de Prusse avec l'auteur, lorsque ce prince, encore à la fleur de son âge, leur fit remarquer qu'il avait des cheveux blancs. ibid.
CCII. Autre impromptu sur un carrousel donné par le roi de Prusse, et où présidait la princesse Amélie. ibid.
CCIII. Aux princesses Ulrique et Amélie. 413
CCIV. Aux mêmes. ibid.
CCV. Sur le départ du roi de Prusse de Potsdam pour Berlin. 1750. 414
CCVI. A M. Darget. 1751. ibid.
CCVII. A monsieur, monsieur le joyeux de La Métrie, Fléau des médecins et de la mélancolie. 1751. 415
CCVIII. Au roi de Prusse. 1751. ibid.
CCIX. Au même. 1751. 416
CCX. Au même. 1751. ibid.
CCXI. Sur la naissance du duc de Bourgogne. 1751. 417
CCXII. Au roi de Prusse. 1752. ibid.
CCXIII. Épigramme sur la mort de d'Aube, neveu de M. de Fontenelle. 418
CCXIV. A M. Mingard, qui demandait un billet pour voir *Nanine* au spectacle de la cour à Berlin. ibid.
CCXV. Au roi de Prusse, en lui renvoyant la clef de chambellan et la croix de son ordre. 1753. 419

TABLE. 505

CCXVI. A madame la duchesse de Saxe-Gotha. 1753. 419
CCXVII. A la même. ibid.
CCXVIII. A madame la marquise de Belestat, qui se plaignait qu'on lui avait pris deux contrats au jeu, et qui choisit l'auteur pour arbitre. 1754. 420
CCXIX. A mademoiselle de La Galaisière, jouant le rôle de Lucinde dans *l'Oracle*. ibid.
CCXX. A M. de Cideville, sur les livres de dom Calmet. 1754. 421
CCXXI. Aux habitants de Lyon. 1754. ibid.
CCXXII. Inscription pour le portrait de M. de Lutzelbourg. 1754. 422
CCXXIII. Impromptu à M. de Chenevières, à qui Voltaire avait demandé sa confession, et qui lui avait récité quelques vers. ibid.
CCXXIV. Au roi de Prusse. 1756. 423
CCXXV. Vers pour être mis au bas du portrait de dom Calmet. 1757. 425
CCXXVI. Vers pour être mis au bas du portrait du duc de Rohan, général des Grisons, qui conquit la Valteline. 1758. ibid.
CCXXVII. A madame la duchesse d'Orléans, sur une énigme inintelligible qu'elle avait donnée à deviner à l'auteur. 1758. ibid.
CCXXVIII. A madame la marquise de Chauvelin, dont l'époux avait chanté les sept péchés mortels. 1758. 426
CCXXIX. Inscription pour la tombe de Patu. Septembre 1758. 427
CCXXX. A madame Lullin, en lui envoyant un bouquet, le 6 janvier 1759, jour auquel elle avait cent ans accomplis. ibid.
CCXXXI. Épigramme sur Gresset. 1759. ibid.
CCXXXII. Épigramme. 428
CCXXXIII. Les Pour. 1760. 429
CCXXXIV. Les Que. 430
CCXXXV. Les Qui. 431
CCXXXVI. Les Quoi. 432
CCXXXVII. Les Oui. ibid.
CCXXXVIII. Les Non. 433
CCXXXIX. Les Fréron..... 434
CCXL. Rondeau. 1760. 436
CCXLI. Vers gravés au bas d'une estampe où l'on voit un âne qui se met à braire en regardant une lyre suspendue à un arbre. 437
CCXLII. A M. le comte de Saint-Étienne, qui avait adressé à l'auteur une épître sur la comédie de *l'Écossaise*. 1760. ibid.
CCXLIII. Vers pour une estampe de Pierre-le-Grand. 1761. ibid.
CCXLIV. Au père Bettinelli. 438
CCXLV. Sur la mort de l'abbé de La Coste, qui était condamné aux galères. 1761. ibid.
CCXLVI. A M. le comte de ***, au sujet de l'impératrice-reine. 439

CCXLVII. Chanson en l'honneur de maitre Le Franc de Pompignan, et de révérend père en Dieu, son frère, l'évêque du Puy, lesquels ont été comparés, dans un discours public, à Moïse et à Aaron. 1761.   439

CCXLVIII. Impromptu sur l'aventure tragique d'un jeune homme de Lyon, qui se jeta dans le Rhône, en 1762, pour une infidèle qui n'en valait pas la peine.   440

CCXLIX. Épigramme imitée de l'Anthologie.   ibid.

CCL. Impromptu à madame la princesse de Virtemberg, qui avait appelé le vieillard *papa* dans un souper.   ibid.

CCLI. Hymne chanté au village de Pompignan.   441

CCLII. A madame la marquise de Saint-Aubin, auteur du livre intitulé *le Danger des liaisons*.   444

CCLIII. Les Renards et les Loups. 1763.   ibid.

CCLIV. Chanson.   445

CCLV. A la signora Julia Ursina, de Venise, qui avait adressé une lettre très flatteuse et très agréable à Voltaire sans se faire connaître.   ibid.

CCLVI. Impromptu à une dame de Genève, qui prêchait l'auteur sur la Trinité.   446

CCLVII. Inscription pour la statue de Louis XV à Reims. 1763.   ibid.

CCLVIII. Autre, sur le même sujet.   ibid.

CCLIX. Autre.   447

CCLX. A l'impératrice de Russie, Catherine II, qui invitait l'auteur à faire un voyage dans ses états.   ibid.

CCLXI. Sur le buste de madame de Brionne. 1764.   ibid.

CCLXII. A madame Élie de Beaumont. 1764.   ibid.

CCLXIII. A M. le chevalier de La Tremblaye, sur la relation en vers et en prose de son voyage d'Italie.   448

CCLXIV. Au même.   ibid.

CCLXV. A madame Du Boccage, après son voyage d'Italie.   ibid.

CCLXVI. Couplets à M. de La Marche, premier président au parlement de Bourgogne, qui avait fait des vers pour sa fille.   449

CCLXVII. Parodie d'une ancienne épigramme. 1765.   ibid.

CCLXVIII. Épigramme.   450

CCLXIX. A M. Marmontel. 1765.   ibid.

CCLXX. A M. de La Harpe, qui avait prononcé un compliment en vers sur le théâtre de Ferney, avant une représentation d'*Alzire*. 1765.   451

CCLXXI. Couplets d'un jeune homme, chantés à Ferney, le 11 auguste 1765, veille de Sainte-Claire, à mademoiselle Clairon.   ibid.

CCLXXII. Vers à mesdames D. L. C. et G., présentés par un enfant de dix ans, en 1765.   453

CCLXXIII. A M. le comte de Schowalow, qui avait adressé une épitre à

TABLE. 507

l'auteur. 453

CCLXXIV. A M. l'abbé de Voisenon, qui lui avait envoyé l'opéra d'*Isabelle et Gertrude*, tiré du conte intitulé *l'Éducation d'une fille*. 1765. 454

CCLXXV. Couplet à madame Cramer, pour M. le chevalier de Boufflers. 1766. 455

CCLXXVI. A M. Dumouriez, auteur du poëme de *Richardet*. 1766. ibid.

CCLXXVII. Au prince de Brunswick. Vers prononcés à Ferney par mademoiselle Corneille. Janvier 1766. 456

CCLXXVIII. A madame de Scallier, qui jouait parfaitement du violon. Auguste 1766. 457

CCLXXIX. A madame de Saint-Julien, qui était à Ferney. Auguste 1766. ibid.

CCLXXX. Sur la mort du dauphin. 1766. 458

CCLXXXI. A madame la marquise de M. pendant son voyage à Ferney. ibid.

CCLXXXII. A M. Desrivières, sergent aux gardes françaises, qui avait adressé à l'auteur le livre intitulé *Loisirs d'un soldat*. 459

CCLXXXIII. Sur J.-J. Rousseau. ibid.

CCLXXXIV. A MM. de La Harpe et de Chabanon, qui lui avaient donné des vers à l'occasion de saint François son patron, en octobre 1767. 460

CCLXXXV. A M. le comte de Fékété. 1767. ibid.

CCLXXXVI. Vers pour le portrait de M. de La Borde. 1768. 461

CCLXXXVII. Le Huitain bigarré. Au sieur de La Bletterie, aussi suffisant personnage que traducteur insuffisant. 1768. ibid.

CCLXXXVIII. A l'abbé de La Bletterie, auteur d'une *Vie de Julien*, et traducteur de Tacite. 1768. 462

CCLXXXIX. Remerciement d'un janséniste au saint diacre François de Paris. ibid.

CCXC. A M. Saurin, sur la traduction de Tacite par La Bletterie. 1768. 463

CCXCI. A M. Marin, sur ce que La Bletterie disait que Voltaire avait oublié de se faire enterrer. ibid.

CCXCII. La Charité mal reçue. ibid.

CCXCIII. A une jeune dame de Genève, qui avait chanté dans un repas. 464

CCXCIV. A madame Du Boccage, qui avait adressé à l'auteur un compliment en vers, à l'occasion de sa fête. 1768. ibid.

CCXCV. Portrait de madame de Saint-Julien. 465

CCXCVI. Épitaphe du pape Clément XIII. 1769. ibid.

CCXCVII. A madame la comtesse de B... ibid.

CCXCVIII. A M. ***. 466

CCXCIX. Sur un reliquaire. ibid.

CCC. A M. ***, sur l'impératrice de Russie. 466
CCCI. A madame de ***, qui avait fait présent d'un rosier à l'auteur. 467
CCCII. Sur la même. ibid.
CCCIII. A mademoiselle de Vaudeuil. 1769. ibid.
CCCIV. A M. le chancelier de Maupeou. 1771. 468
CCCV. Sur madame la marquise de Montferrat, assise à table entre un jésuite et un ministre protestant. 469
CCCVI. A M. le président de Fleurieu, qui reprochait à l'auteur de n'avoir pas répondu à l'une de ses lettres, et d'avoir écrit à son fils, M. de La Tourette. 470
CCCVII. Au landgrave de Hesse, au nom d'une dame à qui ce prince avait donné une boîte ornée de son portrait. ibid.
CCCVIII. A M. ***, officier russe qui avait servi contre les Turcs, sur un présent que lui avait fait l'impératrice de Russie. 471
CCCIX. Impromptu fait devant un rigoriste qui parlait de vertu avec un peu de pédanterie. ibid.
CCCX. A mademoiselle Clairon. 1772. ibid.
CCCXI. A M. ***. 472
CCCXII. A madame la comtesse de Brionne, que l'auteur reconduisait à Genève. 473
CCCXIII. Quatrain écrit au crayon chez madame Mallet, de Ferney, au bas d'un portrait que la nièce de cette dame envoyait à sa famille. ibid.
CCCXIV. Sur le vol fait par le contrôleur des finances de tout l'argent mis en dépôt par des particuliers chez Magon, banquier du roi. 1772. ibid.
CCCXV. Sur la destruction des jésuites en 1773. 474
CCCXVI. A M. Guéneau de Montbelliard. ibid.
CCCXVII. A l'abbé de Voisenon. 1773. 475
CCCXVIII. Impromptu écrit de Genève à messieurs mes ennemis, au sujet de mon portrait en Apollon. 1774. ibid.
CCCXIX. Au roi de Prusse, sur le mot *immortali*, que ce prince avait fait mettre au bas d'un buste de porcelaine qui représente l'auteur, et qu'il lui envoya en 1775. 476
CCCXX. Sur l'estampe mise par le libraire Le Jay à la tête d'un commentaire sur *la Henriade*, où le portrait de Voltaire est entre ceux de La Beaumelle et de Fréron. 1774. ibid.
CCCXXI. A M. Decroix, sur des vers présentés le jour de saint François. 477
CCCXXII. Inscription sur l'île de Malte. ibid.
CCCXXIII. Épitaphe de l'abbé de Voisenon. 1775. ibid.
CCCXXIV. A M. le chevalier de Chastellux, qui avait envoyé à l'auteur son discours de réception à l'académie française, lequel traitait du goût. 1775. 478

CCCXXV. Impromptu sur M. Turgot. 478
CCCXXVI. A M. le prince de Beloselski. 1775. 479
CCCXXVII. Réponse à mademoiselle ***, de Plaisance (département du Gers), âgée de onze ans. 1775. ibid.
CCCXXVIII. A M. l'abbé Delille. 480
CCCXXIX. A M. Lekain. ibid.
CCCXXX. A madame de Florian, qui voulait que l'auteur vécût longtemps. Septembre 1776. 481
CCCXXXI. Vers au chevalier de Rivarol. 1777. ibid.
CCCXXXII. A M. le prince de Ligne. 482
CCCXXXIII. A M. Necker, directeur général des finances. 1777. ibid.
CCCXXXIV. A M. d'Hermenches, baron de Constant, etc., qui avait joué la comédie à Ferney, et chanté des couplets à la louange de l'auteur, sur l'air *Vive la sorcellerie*, à la suite d'une petite pièce où il fesait le rôle d'un magicien. 483
CCCXXXV. A madame de Saint-Julien. ibid.
CCCXXXVI. A madame Denis. 484
CCCXXXVII. A M. ***. ibid.
CCCXXXVIII. Sur le mariage de M. le marquis de Villette. 1777. 485
CCCXXXIX. A M. Pigalle, sculpteur, chargé par le roi de faire les statues du maréchal de Saxe et de Voltaire. ibid.
CCCXL. A madame du Deffand, pour s'excuser de ne pouvoir aller avec elle voir l'opéra de *Roland*. Février 1778. 486
CCCXLI. A madame Hébert. 1778. ibid.
CCCXLII. A M. le marquis de Saint-Marc, sur les vers qu'il fit prononcer lors du couronnement de l'auteur au Théâtre-Français. 487
CCCXLIII. A M. Grétry, sur son opéra du *Jugement de Midas*, représenté sans succès devant une nombreuse assemblée de grands seigneurs, et très applaudi quelques jours après sur le théâtre de Paris. ibid.
CCCXLIV. Épitaphe de M. Jayez, ministre de l'Évangile à Noyon, demandée par sa veuve à Voltaire. 1778. 488
CCCXLV. Adieux à la vie. 1778. ibid.

VERS LATINS.

I. Inscription gravée sur une porte du château de Cirey. 1736. 490
II. Autre, gravée aussi à Cirey. ibid.
III. Vers sur le feu. 1738. 491
IV. Vers pour le portrait du pape Benoît XIV. 1745. ibid.
V. Au cardinal Quirini. 1745. ibid.
VI. A M. Amman, secrétaire de M. l'ambassadeur de Naples à Paris, qui

avait adressé de jolis vers latins à M. de Voltaire. 1746.	491
VII. Inscription proposée pour l'école de chirurgie.	492
VIII. Vers pour le portrait de ***.	ibid.

VERS ANGLAIS.

I. To Laura Harley. 1727.	493
II. Sur les Anglais.	494

FIN DE LA TABLE.

www.ingramcontent.com/pod-product-compliance
Lightning Source LLC
Chambersburg PA
CBHW071710230426
43670CB00008B/969